Wege aus der Partnergewalt

Petra Brzank

Wege aus der Partnergewalt

Frauen auf der Suche nach Hilfe

Springer VS

Petra Brzank
Fulda, Deutschland

Dissertation an der Technischen Universität Berlin, Fakultät VII, 2011

ISBN 978-3-531-18755-6 ISBN 978-3-531-18756-3 (eBook)
DOI 10.1007/978-3-531-18756-3

Die Deutsche Nationalbibliothek verzeichnet diese Publikation in der Deutschen Nationalbibliografie; detaillierte bibliografische Daten sind im Internet über http://dnb.d-nb.de abrufbar.

Springer VS

Einbandentwurf: KünkelLopka GmbH, Heidelberg

Gedruckt auf säurefreiem und chlorfrei gebleichtem Papier

Springer VS ist eine Marke von Springer DE. Springer DE ist Teil der Fachverlagsgruppe Springer Science+Business Media
www.springer-vs.de

Inhaltsverzeichnis

Tabellenverzeichnis

Abbildungsverzeichnis

Abkürzungsverzeichnis

2LL-	2 fach Log Likelihood
ANOVA	Analysis of Variance oneway, einfaktorielle Varianzanalyse
AV	Abhängige Variable
BGB	Bürgerliches Gesetzbuch
BMFSFJ	Bundesministerium für Familie, Senioren, Frauen und Jugend
BMG	Bundesministerium für Gesundheit
CDC	Centers for Disease Control and Prevention
CTS	Conflict Tactic Scales
CV	Cramers V, Koeffizient beim Chi²-Test, Kontingenzanalyse
DAILYs	Disability Adjusted Life Years, durch Behinderung belastete Lebensjahre
DfFit	difference in fit-Wert
EUR	Euro
F	Wert der ANOVA-Analyse
f^2	Effektstärke-Index
GewSchG	Gewaltschutzgesetz
ggf.	gegebenenfalls
GV	Gruppenvariable
H	Wert des Kruskall-Wallis-Tests
HTA	Health Technology Assessment
INFAS	Institut für angewandte Sozialwissenschaften
KI	Konfidenz- oder Vertrauensintervall
LKA	Landeskriminalamt
Med.	Median
Mio.	Millionen
Mrd.	Millarde
MW	Mittelwert
n.s.	nicht signifikant

NRW	Nordrhein-Westfalen
OECD	Organisation for Economic Co-operation and Development, Organisation für wirtschaftliche Zusammenarbeit und Entwicklung
PKS	Polizeiliche Kriminalstatistik
PolG	Polizeigesetz
PTSD	Post Traumatic Stress Disorder, Posttraumatische Belastungsstörungen
p-Wert	probability-Wert, Signifikanzwert
QUALYs	Quality Adjusted Life Years, ein Jahr in vollständiger Gesundheit
r	Koeffizient beim Pearsons Produkt-Moment-Korrelationsverfahren (Effektmaß)
R^2	Bestimmtheitsmaß
r_F	Koeffizient beim ANOVA-Verfahren (Effektmaß)
RKI	Robert Koch-Institut
r_{pb}	Koeffizient beim punkt-biseralen Korrelationsverfahren (Effektmaß)
r_S	Koeffizient beim Spearmans Rangkorrelationsverfahren (Effektmaß)
r_T	Koeffizient beim t-Test (Effektmaß)
r_U	Koeffizient des Mann-Whitney-U-Tests (Effektmaß)
SD	Standard Deviation, Standardabweichung
SE	Standard error, Standardfehler
SES	Socio Economic Status; Sozialstatusindex
StaBu	Statistisches Bundesamt
StGB	Strafgesetzbuch
T	Wert des t-Tests
U	Wert des Mann-Whitney-U-Tests
USD	US-Dollar
UV	Unabhängige Variable
VIF	Variationsinflationsfaktor
WHO	World Health Organization, Weltgesundheitsorganisation
χ^2	Chi-Quadrat

Vorwort

Die vorliegende Arbeit wurde im Rahmen einer Promotion erstellt. Sie behandelt ein sensibles Thema, über das zu sprechen den Frauen, die Gewalt in ihrer Paarbeziehung erlebt haben, sicher nicht leicht gefallen ist. Daher möchte ich zu allererst all jenen Frauen danken, die in langen Interviews ihre zum Teil schmerzvollen Erfahrungen in der Studie „Lebenssituation, Sicherheit und Gesundheit von Frauen in Deutschland" mitgeteilt und so dazu beigetragen haben, dass Daten für eine weitreichende Analyse zur Verfügung stehen.

Bedanken möchte ich mich auch bei dem Fachbereich Pflege & Gesundheit der Hochschule Fulda, der mir einen kollegialen und institutionellen Rahmen für meine Dissertation ermöglicht, und der dort angesiedelten Arbeitsgruppe „Gesundheitsschutz bei interpersoneller Gewalt", die mir einen Ort für Diskussionen geboten hat.

Für die kontinuierliche wissenschaftliche Betreuung und die wertvollen Anregungen während des Entstehungsprozesses meiner Dissertation möchte ich mich ganz herzlich sowohl bei Frau Prof. Dr. Ulrike Maschewsky-Schneider von der Berlin School of Public Health als auch Frau Prof. Dr. Beate Blättner von der Hochschule Fulda bedanken, die sich beide zur Begutachtung bereit erklärt haben.

Am Fachbereich Pflege & Gesundheit der Hochschule Fulda möchte ich ebenso Frau Prof. Dr. Dea Niebuhr für ihre Unterstützung in der Endphase der Fertigstellung sowie Frau Prof. Dr. Annette Grewe für ihre Aufmunterungen während des Dissertationsprozesses herzlich danken.

Mein ganz besonderer Dank gilt Frau Prof. Dr. Zita Schillmöller von der Hochschule für Angewandte Wissenschaften Hamburg für ihre Offenheit und ihr Engagement bei der statistischen Betreuung. Ihre stetige Ermunterung war mir eine große Unterstützung. Auch Herrn Dr. Michael Erhart möchte ich sehr für die Beratung bei der Kausalanalyse danken.

Die Diskussionen mit meiner ehemaligen Kollegin Frau Hilde Hellbernd von der S.I.G.N.A.L.-Koordinierungsstelle Berlin sowie Frau Dr. Tanja Braun von der Durham University (UK) haben mich sehr inspiriert, vielen Dank ihnen. Danken möchte ich ebenfalls Frau Katja Grieger vom Bundesverband der Frauenberatungsstellen und Frauennotrufe für ihre fachkompetente Kommentierung. Und auch Frau Dr. Anne-Madeleine Bau von der Charité Berlin gilt mein Dank für ihre Unterstützung.

Ein besonderer Dank geht an meine Mutter und meine Schwester sowie an all meine Freundinnen und Freunde für ihre Geduld und ihre Rücksicht während der stillen Phasen des Schreibens, in denen ich wenig Zeit für andere und anderes hatte.

Und zu guter Letzt möchte ich meinem Lebenspartner Christoph Luckhaus ganz herzlich danken, denn ohne sein Verständnis und seine unermüdliche Unterstützung in allen Dingen der Dissertation und des täglichen Lebens wäre mir der Forschungsprozess und das Verfassen dieser Arbeit ungleich schwerer gefallen.

Einleitung

„Ja, wenn ich das früher gewusst hätte,
dann hätte ich mich mal mit
so einer Institution in Verbindung gesetzt
und hätte gefragt, ob mir mal jemand zuhört.“[1]

Gewalt gegen Frauen und insbesondere Intime Partnergewalt gegen Frauen gilt weltweit wegen seines Ausmaßes und seiner gesundheitlichen Folgen als ein gravierendes Problem. So sieht die Weltgesundheitsorganisation (Krug, Dahlberg, et al. 2002) in der Partnergewalt einen wesentlichen Risikofaktor für die Gesundheit und das Wohlbefinden von Frauen. Auch in Deutschland hat nach Auskunft der Repräsentativstudie (Müller & Schröttle 2004) jede vierte Frau Gewalt in einer Paarbeziehung erlebt. Dabei handelt es sich bei Partnergewalt nicht um ein Problem von Randgruppen, sondern wird als Jederfraus-Risiko angesehen. Die Folgen für die physische, mentale und soziale Gesundheit sind weitreichend und können von einfachen Verletzungen bis zu chronifizierten Beeinträchtigungen reichen oder zum Tod führen (Krug, Dahlberg, et al. 2002). Gesellschaftlich und individuell entstehen durch Partnergewalt hohe Kosten (Brzank 2009). Es besteht Einigkeit darüber, dass Intime Partnergewalt gegen Frauen ein originäres Public Health-Forschungs- und -Aktionsfeld darstellt (Satcher 1995; WHA 1996; Saltzman, Green, et al. 2000; Powell, Mercy, et al. 2008).

Die wissenschaftliche Auseinandersetzung mit Gewalt in ihren strukturellen Dimensionen begann in den 1970er Jahren (Galtung 1971; Senghaas 1971). Deutlich wurde, dass es sich bei Gewalt um ein diskursives Phänomen handelt, das stark von gesellschaftlichen Diskussionen, Werten und Normen geprägt ist. Gerade für Gewalt gegen Frauen lässt sich diese Entwicklung nachzeichnen (Hagemann-White 2002): Was heute als Gewalt gilt, war gestern noch legitim(iert). Im Zuge dieser wissenschaftlichen Diskussion entstand auch die Forschung zu Gewalt gegen Frauen im sozialen Nahraum und insbesondere in der Paarbeziehung. Der feministischen Frauenforschung, die immer stark mit der Frauenbewegung verknüpft war (Schneider 1981: 164), ist es zu verdanken, dass Gewalt aus einer geschlechtertheoretischen Perspektive betrachtet wurde und die Facetten der Partnergewalt in ihren Dimensionen sowie als Misshandlungssystem in ihrer Funktion für das Geschlechterverhältnis beschrieben wurden (vgl.

[1] Aus einem Interview mit einer Frau, die jahrelang in einer Misshandlungsbeziehung gelebt hat, bis sie sich mit Hilfe ihrer Hausärztin in eine Frauenhaus flüchten konnte (Brzank 2002).

Hagemann-White 1992; Godenzi 1993). Ohne diese Berücksichtigung der Geschlechtsspezifik wäre die Bedeutung der „Kontrolle“ als entscheidendes Wesensmerkmal der Partnergewalt gegen Frau nicht deutlich geworden, die erst ein tiefergehendes Verständnis der Gewaltdynamik ermöglicht. An diese Erkenntnis knüpfte die Frauengesundheitsforschung an (Begenau 1996; Helfferich 1996; Maschewsky-Schneider 1996; Hagemann-White 1998). Seit ihrem Entstehen stellt Intime Partnergewalt gegen Frauen ein wichtiges Handlungs- und Forschungsfeld dar (vgl. Verbundprojekt 2001).

Der Initiative der Frauenbewegung ist es zu verdanken, dass von staatlicher Seite Verantwortung übernommen und seit Ende der 1970er Jahren Unterstützung angeboten wird. Mittlerweile ist in Deutschland ein Netz an verschiedenen Formen von Beratung und Zuflucht für von Gewalt betroffene Frauen sowohl in städtischen als auch ländlichen Regionen zu finden. Eine (frühzeitige) Unterstützung kann primärpräventiv dazu beitragen, dass Gewalt nicht eskaliert und die Gewaltfolgen sowohl für die Betroffenen als auch deren Kinder verringert werden. Dieses Angebot wird jedoch nur von einem – im Vergleich zum Ausmaß – geringen Teil der betroffenen Frauen in Anspruch genommen. Scham- und Schuldgefühle, gepaart mit einem durch die erlittene Gewalt minimierten Selbstwertgefühl und der häufig mit Partnergewalt einhergehenden sozialen Isolation, können Frauen daran hindern, Hilfe zu suchen. Wegen diesen Barrieren gilt die Gesundheitsversorgung nach derzeitiger Erkenntnis als ein besonders geeigneter Ort für Interventionen. Voraussetzung hierfür ist, dass betroffene Frauen dort erscheinen und als Opfer identifiziert werden oder sich offenbaren können. Werden unterstützende institutionelle Personengruppen – wie z.B. die Polizei, Rettungskräfte oder Beratende – nicht von Dritten benachrichtigt, dann liegt der erste Schritt bei den Betroffenen selbst. Sie müssen sich an die Einrichtungen der Gesundheitsversorgung, an die Polizei oder an die Beratungsstellen um Hilfe wenden. Dabei sind von den Frauen die internalisierten Barrieren im Hinblick auf die Inanspruchnahme von Unterstützung zu überwinden.

Von entscheidender Bedeutung sind daher jene Faktoren, die das Hilfesuchverhalten der Betroffenen beeinflussen. International haben sich mittlerweile einige qualitative und quantitative Studien (siehe Kapitel 3) mit diesen Faktoren beschäftigt und sie zeigen die Komplexität des Hilfesuchverhaltens im Kontext von Intimer Partnergewalt. Für Deutschland liegen bislang keine ausführlichen Analysen vor – allenfalls wird das Thema gestreift (vgl. GiG-net 2008).

Hier setzt die vorliegende Arbeit an. Die Sekundärdatenanalyse widmet sich der Frage: Welche Faktoren befördern oder behindern das Hilfesuchverhalten der von Partnergewalt betroffenen Frauen? Untersucht werden die mit der Repräsentativstudie „Lebenssituation, Sicherheit und Gesundheit von Frauen in Deutschland“ (Müller & Schröttle 2004) ermittelten Daten. Mit einer Fallbasis größer

10.000 stehen mit diesen Daten momentan die einzigen umfassenden Zahlen als Public Use File zur Verfügung. Die Auswahl der zu untersuchenden Faktoren orientiert sich an dem derzeitigen Erkenntnisstand und berücksichtigt demografische Merkmale, Gesundheitsindikatoren, personale und soziale Ressourcen, multiple Gewalterfahrung, die Schwere der erlittenen Partnergewalt sowie einen Substanzmittelkonsum, das Gefühl von Mitverantwortung für die Gewaltwiderfahrnisse, die Mitbetroffenheit von Kindern und die Bekanntheit des Unterstützungsangebotes. Nach einer univariaten Deskription erfolgt eine Korrelations- sowie Regressionsanalyse, um jene Konstrukte zu ermitteln, deren Einfluss in einem Strukturgleichungsmodell weiter untersucht wird. Die Erkenntnisse dieser Untersuchung können dem Forschungs-Praxis-Transfer dienen und in die praktische Anpassung des Unterstützungsangebotes münden.

Die Arbeit gliedert sich in insgesamt sechs Kapitel und beginnt in Kapitel 1 mit einer theoretischen Verortung. Es wird in den Komplex der interpersonellen Gewalt sowohl aus soziologischer als auch aus gesundheitswissenschaftlicher Sicht eingeführt, um dann auf die Intime Partnergewalt gegen Frauen aus einer Gender-Perspektive zu fokussieren.

Aus den bisherigen epidemiologischen Erkenntnissen zu Prävalenz, gesundheitlichen und sozialen Folgen und ökonomischen Kosten leitet sich in Kapitel 2 die Public Health-Relevanz von Intimer Partnergewalt gegen Frauen ab. Dort werden die besondere Rolle des Gesundheitssektors für Intervention und Prävention sowie ihre grundlegenden Prinzipien verdeutlicht.

Dem komplexen Geschehen des Hilfesuchens der betroffenen Frauen bzw. ihrer Inanspruchnahme professioneller Hilfe widmet sich das anschließende Kapitel 3 ausführlich. Differenziert werden der aktuelle Forschungsstand sowie die Theorien zu den Determinanten des Hilfesuchverhaltens bei Partnergewalt referiert. Es werden insbesondere jene Determinanten detailliert erläutert, die in die Sekundärdatenanalyse eingehen werden.

Das methodische Vorgehen der Sekundäranalyse wird in Kapitel 4 – wie von der Arbeitsgruppe Erhebung und Nutzung von Sekundärdaten (AGENS 2005) empfohlen – nachvollziehbar dargelegt. Zunächst werden die Ziele der Sekundärdatenanalyse und das vorhandene Datenmaterial vorgestellt sowie die Forschungsfragen formuliert. Aus den bestehenden Erkenntnissen zum Hilfe- und Inanspruchnahmeverhalten im Kontext von Partnergewalt werden die Arbeitshypothesen abgeleitet. Im Anschluss wird das Untersuchungskonzept mit seinen Auswertungsschritten, die Auswahl des Untersuchungssamples, die Aufbereitung der Daten und die Operationalisierung der Variabeln sowie die verwendeten Konstrukte ausführlich erläutert.

Kapitel 5 berichtet die Ergebnisse der statistischen Analyse, beginnend mit den deskriptiven Befunden, um mit den Resultaten der bivariaten Analyseschritte

(Korrelationsanalyse und Unabhängigkeitstest) fortzufahren. Es schließen sich die Ergebnisse der multivariaten Analyse (Regressionsmodelle) an, um mit der Darstellung der Strukturgleichungsmodelle zu enden.

Zum Schluss der Arbeit werden in Kapitel 6 die Ergebnisse der Sekundärdatenanalyse zusammengefasst und im Hinblick auf den (inter)nationalen Forschungsstand diskutiert. Aus den Ergebnissen ergeben sich Fragen für weitere Forschungsprojekte. Abschließend werden aus den Analyseerkenntnissen Empfehlungen für die Praxis der Beratung und Versorgung sowie die Politik formuliert.

Der ausführliche Anhang, der das Kodierschema der Gewaltvariablen sowie die Ergebnisse der einzelnen Analyseschritte tabellarisch oder grafisch darstellt, ist in seinen einzelnen Abschnitten auf den Seiten des VS-Verlages zu finden unter :
www.vs-verlag.de/buch/978-3-531-18755-6/Wege-aus-der-Partnergewalt.html.

Diese Untersuchung will letztlich einen Beitrag zum Verständnis des komplexen Geschehens im Kontext der Hilfesuche bei Partnergewalt gegen Frauen und zur Verbesserung der Unterstützung leisten.

1 Gewalt gegen Frauen: eine theoretische Verortung

Das folgende Kapitel dient der theoretischen Verortung von Intimer Partnergewalt gegen Frauen[2] und beginnt mit einer Darstellung der neueren soziologischen Gewaltforschung, ihrem methodologischen Zugang und ihrem Blick auf die Gewalt zwischen Menschen – die interpersonelle Gewalt. Diese wird um die Perspektive der feministischen Forschung erweitert, gleichzeitig wird so die historische und gesellschaftliche Diskursivität des Begriffs verdeutlicht.

Die Definition der Weltgesundheitsorganisation (WHO) greift bestehende soziologische wie feministische Gewaltkonzepte auf, spiegelt den Diskurs wider und bildet den allgemeinen Bezugsrahmen für Gesundheitswissenschaft sowie -praxis im Kontext interpersoneller Gewalt. Von der allgemeinen interpersonellen Gewalt wird die Intime Partnergewalt abgegrenzt und als geschlechtsspezifische Gewalt konkretisiert. Die vorgeschlagene Typologie trägt zur Verortung bei. Die hier vorliegende Arbeit orientiert sich an der Definition der WHO und begreift Intime Partnergewalt als geschlechtsspezifisch.

1.1 Gewalt als soziologisches Phänomen

Nach Peter Imbusch (2002: 27f) stellt ‚Gewalt' einen der „schillerndsten und schwierigsten Begriffe der Sozialwissenschaften" dar und ist durch eine uneinheitliche Verwendung charakterisiert. Zahlreiche „Komposita" – wie Gewaltverhältnisse, Gewaltbeziehungen, Gewaltmonopol etc. – verweisen seiner Meinung nach auf ein überaus komplexes Phänomen. Um sich diesem anzunähern, hilft eine Strukturierung der Bedeutungselemente (siehe Tabelle 1-1) mittels gezielter Fragen (2002: 34-37). Auf das „WER?" erfahren wir Näheres zu den Subjekten, den Tätern; das „WAS?" eröffnet die Tatbestände, die Phänomenologie, die Effekte auf den Körper und beschreibt Ausmaß, Verbreitung, Intensität und die konkreten Zeit-Raum-Bezüge; mit dem „WIE?" erhalten wir Informationen zu

---

[2] Mit dem Begriff ‚Intime Partnergewalt' folgt die Autorin der internationalen Diskussion. Es bezeichnet die Gewalt in einer Ehe oder Beziehung zu einem intimen Partner oder Gewalt durch einen ehemaligen (Ehe)Partner. Eine genaue Definition und Abgrenzung ist in Kapitel 1.3 zu finden. Intime Partnergewalt wird nachfolgend synonym mit ‚Partnergewalt' oder ‚Gewalt in einer Paarbeziehung' verwendet.

der Art und Weise der Gewaltausübung, den eingesetzten Mitteln, den Umständen und dritten Parteien (sog. „by-standers"); das „WEM?" enthüllt die Objekte, die Opfer; das „WARUM?" fragt nach den Ursachen und Gründen; das „WOZU?" gilt den Zielen und Motiven der Gewalt – wie z.B. zielgerichtet zur absichtlichen Verletzung einer anderen Person oder instrumentell als Mittel zum Zweck; das „WESHALB?" zeigt die Rechtfertigungsmuster und Legitimationsstrategien, die eingebettet sind in die gesellschaftlichen Normen und in das Rechtssystem.

Tabelle 1-1: Bedeutungselemente des Gewaltbegriffs

Kategorie	**Bezugsdimension**	**Definitionskriterien**	**Definitionsbestandteile**
Wer?	Subjekte	Täter als Akteure	Personen, Gruppen, Institutionen, Strukturen
Was?	Phänomenologie der Gewalt	Verletzungen, Schädigungen, andere Effekte	Personen, Sachen
Wie?	Art und Weise der Gewaltausübung	Mittel, Umstände	Physisch, Psychisch, Symbolisch, Kommunikativ
Wem?	Objekte	Opfer	Personen, Sachen
Warum?	Ursachen und Gründe	Interessen, Möglichkeiten, Kontingenzen	Begründungsvarianten
Wozu?	Ziele und Motive	Grade der Zweckhaftigkeit	Absichten
Weshalb?	Rechtfertigungsmuster	Normabweichung, Normentsprechung	Legal/Illegal, Legitim/Illegitim

Quelle: Imbusch (2002: 37)

Was jedoch unter Gewalt verstanden wird, differiert je nach Kultur, Gesellschaft, Werten, Normen und Gesetzen. Die Diskursivität des Begriffs zeigt sich in der Konjunkturhaftigkeit des Gewaltverständnisses. So konstatiert der französische Soziologe Michel Wieviorka, dass „...das was als gewalttätig bezeichnet wird, beträchtlichen zeitlichen und räumlichen Schwankungen unterliegt." Es gäbe keine „reine, absolute Gewalt", sie entstehe in historisch, gesellschaftlich, politisch, religiös und kulturell geformten Kontexten (2006: 11). Im Handbuch der Internationalen Gewaltforschung betont Imbusch (2002: 51f): „Gewalt ist nicht nur soziale Praxis, sondern immer auch diskursiv hergestellt, somit Teil einer sozialen Wirklichkeitskonstruktion (...) ist das was zu einem bestimmten Zeitpunkt als Gewalt gilt, weder eindeutig noch unveränderlich festgeschrieben."

Auch Carol Hagemann-White bemerkt (2002: 127): „…der Gewaltcharakter eines Verhaltens ist nicht unabhängig von soziokulturellen und subjektiven Dimensionen zweifelsfrei feststellbar.“ Gerade für die geschlechtsspezifische interpersonelle Gewalt gegen Frauen kann diese – dem Engagement der Frauenbewegung geschuldete – Wandlung des gesellschaftlichen Diskurses rückblickend konstatiert werden (vgl. Müller 2004). So galt doch viel zu lange Gewalt gegen Frauen in der ehelichen Gemeinschaft als rechtlich verbrieft oder sexualisierte Gewalt gegen Frauen in Zeiten bewaffneter Kriege als sog. Kollateralschaden. Erst durch die von der Frauenbewegung eingeforderte Diskussion werden diese Formen der Gewalt heute rechtlich und sozial geächtet. Im Umgang mit Gewalt in Ehe und Familie hat sich in den letzten drei Dekaden ein tiefgreifender Paradigmenwechsel vollzogen. Nach Nadine Bals lässt sich „am Thema häusliche Gewalt (…) der Wandel sozialer Normen (…) besonders anschaulich nachvollziehen“ (2008: 98).[3] Sie spricht von der „Entdeckung des sozialen Problems“.

Eine weitere Annäherung an den Komplex erleichtert die von Johan Galtung vorgeschlagene Gliederung nach vier Dimensionen (1975): 1. die akteurlose strukturelle, indirekte Gewalt; 2. personale, direkte Gewalt; 3. intendierte – nicht-intendierte Gewalt und 4. manifeste – latente Gewalt. Gewalt sieht er dann gegeben, wenn „Menschen so beeinflußt werden, daß ihre aktuelle somatische und geistige Verwirklichung geringer ist, als ihre potentielle Verwirklichung“ (Galtung 1971: 57). Galtung wie auch Dieter Senghaas (1971) haben zwischen struktureller und personaler Gewalt unterschieden, die sich von erster durch die Identifizierung eines handelnden, gewalttätigen Subjektes beschreiben lässt (vgl. Egger, Fröschl, et al. 1995: 20).

In Abgrenzung zu diesem weiten Verständnis bei Galtung rezipiert die neuere Gewaltsoziologie’ (vgl. Trotha 1997a) Heinrich Popitz’ enge Konzentration auf die „Körperlichkeit der Verletzung“ und damit auf die direkte physische Gewalt. Mit seiner anthropologischen Feststellung, „…dass der Mensch nicht Gewalt ausüben muss, aber immer gewaltsam handeln kann…“ rückt Popitz den konkreten Täter in den Fokus. Ihm kommt damit der Verdienst zu, Gewalt als Handlungsoption eines jeden zu begreifen und die Verantwortung für die Gewalt dem Täter zu zuschreiben. Als „Jedermanns-Ressource“ rezipiert Trutz von Trotha später Popitz’ Verständnis von Gewalt (Trotha 1997b: 19). Popitz (1986) betont als Kehrseite die generelle menschliche Verletzbarkeit, d.h. die „Verletzungsoffenheit“. „Die Fähigkeit, die Verletzungsoffenheit anderer auszunutzen, um Macht zu erwerben, diese zu steigern und dauerhaft zu binden, bezeichnet er als ‚Verletzungsmächtigkeit‘ (…) (und) Gewalt als eine ‚Machtaktion, die zur absichtlichen körperlichen Verletzung führt‘“ (Dackweiler & Schäfer 2002: 11).

[3] Der Begriff häusliche Gewalt gegen Frauen wird in der Regel synonym zu Partnergewalt gegen Frauen verwandt. Zur Begriffsdiskussion siehe Kapitel 1.3.

Je nach Intention einer Gewalthandlung unterscheidet er zwischen einer „bloßen Aktionsmacht", die ihren Zweck in sich selbst hat, und „bindender Aktionsmacht", in der Gewalt zum Instrument und zur Drohung wird, um eine „dauerhafte Unterwerfung und (…) Machterlangung" zu erreichen.

Mit der „Verletzungsmächtigkeit" und „Verletzungsoffenheit" hätte ein Konzept zur Verfügung gestanden, Gewalt im Geschlechterverhältnis bei genauer Betrachtung als geschlechtsbezogen zu begreifen. Regina-Maria Dackweiler und Reinhild Schäfer kritisieren an der ‚neuen Gewaltsoziologie', dass sie die vorliegenden feministischen Ansätze zur Geschlechtsspezifik personaler Gewalt nicht berücksichtigt (hat). Gerade die genderspezifische Verteilung von Verletzungsoffenheit und Verletzungsmächtigkeit sei offensichtlich und zeige die ‚Geschlechterblindheit' der Gewaltforscher/innen (Dackweiler & Schäfer 2002: 13) und „…die unterschiedlichen „leibgebundenen Subjektpositionen", die im Kontext soziokultureller Deutungssysteme hervorgebracht werden, (…) gehen (einher) mit geschlechtsspezifischem Bedrohungspotential sowie Macht, Schutz und Furcht" (Wobbe 1994a; 1994b; zit. in Dackweiler & Schäfer 2002: 13).

Einigkeit im Diskurs – sowohl aus feministischer als auch Gewaltforschungs-Perspektive – besteht darüber, dass die personale Gewalt vor allem auch zur Erlangung und Festigung von Macht über eine andere Person dient. „(Physische) Gewalt ist eine Universalsprache (…) entscheidend (ist), daß ihr Einsatz sicherer, unbedingter und allgemeiner als andere Zwangsmittel Wirkung zeitigt und daß sie ein im Ernstfall allen anderen überlegenes Kontrollwerkzeug und (…) Machtinstrument ist" (Neidhardt 1986; zit. in Imbusch 2002: 38). Auch Wilhelm Heitmeyer und John Hagan betonen in ihrem Internationalen Handbuch der Gewaltforschung, dass Gewalt auf der Abwertung von Leben und der Aufwertung von Macht basiert (1992 zit. in Heitmeyer & Hagan 2002: 28).

Die Aufgabe der neueren Gewaltforschung sehen die Vertreter/innen nicht mehr in der Analyse des ätiologischen WARUM?, sondern des phänomenologischen WIE/WAS? (vgl. Nedelmann 1997: 68; Trotha 1997b: 20ff). Brigitta Nedelmann (1997: 63) schreibt: „Die Art und Weise der Gewalthandlung sei das eigentliche Analyseobjekt, denn wie gemordet, gefoltert, gequält, überfallen usw. werde, könne als ‚Text' verstanden werden, der nach genauer Lektüre Rückschlüsse über die Gewaltdynamik selbst erlaube." Im Zentrum der Forschung sollen „das gewaltsame Handeln und Leiden der Beteiligten, ihre Wahrnehmungen, ihr Denken und Empfinden…" stehen (Trotha 1997b: 21). Vor allem geht es um die Sichtbarmachung der Opfer und ihrer Leiden, denn nach Wolfgang Sofsky ist „die Wahrheit der Gewalt (…) nicht das Handeln, sondern das Leiden" (1996: 68). Waren die Gewaltopfer noch bis in die 1960er und -70er Jahre negativ durch die sie getroffene Gewalt definiert und stigmatisiert, werden sie ab den 1980ern nun als Subjekte von Wissenschaft und Öffentlichkeit neu konstituiert (vgl. Wieviorka 2006). Und damit kann sich auch der Blick auf die Opfer (langsam) von seinen Vorurteilen befreien. Partnergewalt gegen Frauen wird aus seinem Tabubereich gezerrt, erkennbar wird ihre gesellschaftsstrukturierende Bedeutung.

Sofsky sieht eine Verantwortung der Forschung (1993: 17): „Extreme Gewalt als ‚unverstehbar' zu erklären oder sie als ‚außerhalb der Verstehenskategorien' liegend anzusiedeln, hieße, der Tabuisierung von Gewalt Vorschub zu leisten: ‚Denn in dem man etwas als unbegreifbar bezeichnet, entgeht man der Notwendigkeit, das ganze Grauen mit all seinen Einzelheiten wahrnehmen zu müssen'."

In der feministischen Forschung zur Gewalt gegen Frauen ist – mit expliziter Parteilichkeit für die Opfer – dieser Weg zumindest in Europa z. T. beschritten worden. Vor allem qualitative Interviews mit Betroffenen zeigen eindrücklich das WIE und das WAS (siehe Kapitel 1.3 und Kapitel 2.1). Auch in der allgemeinen Gewaltforschung sind deutliche Beschreibungen über verschiedene Gewaltformen zu finden. Die Zentrierung auf physische Gewalt und Körperverletzung wurde dabei fallen gelassen, da in den Beschreibungen der Foltertechniken autoritärer Regime deutlich wurde, wie wenig auf physische Gewalt gesetzt werden muss, um Individuen zu ‚brechen'.

So versucht Imbusch (2002: 38) psychische Gewalt folgendermaßen zu erläutern: „(sie) stützt sich auf Worte, Gebärden, Bilder, Symbole oder den Entzug von Lebensnotwendigkeiten, um Menschen durch Einschüchterung und Angst oder spezifische ‚Belohnungen' gefügig zu machen." Im Vergleich zur physischen Gewalt, die häufig sichtbare Verletzungen hinterlässt, ist die Wirkung psychischer Gewalt schwer zu messen, sie wirkt im Verborgenen (siehe Kapitel 1.2 und Kapitel 2.1).

Sehr eindrücklich beschreibt Anton Hügli Gewalt nicht nur mit ihren physischen, sondern auch mit ihren psychischen, ökonomischen und sozialen Gewaltformen und -folgen (2005: 20f): „Gewalt kann aber auch weniger unmittelbar sein und mich nicht in dem treffen, was ich bin, sondern in dem, was ich brauche und was ich habe: Ich kann meines Hab und Guts beraubt werden, Dinge, die mir wichtig und die für mich unabdingbar sind, können zerstört und vernichtet werden (…). Gewalt kann sich schließlich gegen mich als soziales Wesen richten, gegen meine soziale Identität, durch Verletzung meiner Integrität, durch die Distanzierung der anderen, durch ihr Nicht-bemerken-wollen und ihre Kontaktvermeidung, durch Verspottung und Herabsetzung, Demütigung und Degradierung bis hin zum gesellschaftlichen Ausschluss und zur Vertreibung, zu Entmündigung, Versklavung." Angedrohte Gewalt soll seiner Meinung nach auch als Gewaltausübung gewertet werden, da die tatsächliche Gewalthandlung immer auch durch die Drohung, durch das was noch zu erwarten sein könnte, wirke. Daher eigneten sie sich gut zur Erlangung dauerhafter Macht über die bedrohte Person. Popitz (1986) nennt es „Bindungsmacht“. Und Hügli weiter (2005: 28): „Macht, die ihren Ursprung in der Gewalt hat und mit Gewaltandrohung oder mit Versprechungen in Gewaltsituationen operiert, ist darum immer Unterwerfungsmacht, Herrschaftsmacht.“ Gerade die Androhung von Gewalt ist – wie noch gezeigt werden wird – Kennzeichen der besonders schweren Form von Gewalt gegen Frauen in intimen Paarbeziehungen (vgl. Johnsons Konzept des *Intimate Partner Terrorismus* vs. *Situational Couple Violence*, siehe Kapitel 1.3.3).

1.2 Gewaltdefinition der WHO

Die Weltgesundheitsorganisation (WHO) greift den Gewaltdiskurs auf und konzeptualisiert Gewalt in einer umfassenden Weise. Sie definiert sie als „Der absichtliche Gebrauch von angedrohtem oder tatsächlichem körperlichen Zwang oder physischer Macht gegen die eigene oder eine andere Person, gegen eine Gruppe oder Gemeinschaft, der entweder konkret oder mit hoher Wahrscheinlichkeit zu Verletzungen, Tod, psychischen Schäden, Fehlentwicklung oder Deprivation führt“ (WHO 2003: 6).

Der Differenzierung Galtungs (1975) und Senghaas’ (1971) folgend unterscheidet die WHO in ihrem Weltbericht zu Gewalt und Gesundheit im Jahr 2002 Gewalttypen je nach Form sowie Opfergruppen (Krug, Dahlberg, et al. 2002): zum einen der selbstgerichtete Gewalttypus (suizidales/selbstschädigendes Verhalten), zum anderen der interpersonale Gewalttypus (gegen Familienmitglieder wie Kinder, Partner, Ältere oder in der Gemeinde gegen Bekannte, Fremde u.a.) sowie der kollektive, strukturelle Gewalttypus mit den drei Dimensionen soziale, politische und ökonomische Gewalt (siehe Abbildung 1-1). Diese verschiedenen Typen können sich als physische, sexuelle und psychologische Gewalt oder Entzug bzw. Vernachlässigung manifestieren. Aus dieser Typologie können Bedeutungselemente – wie von Imbusch vorgeschlagen – herausgelesen werden.

In der weiteren Betrachtung steht die Gewalt gegen Frauen und insbesondere die Intime Partnergewalt gegen Frauen im Fokus.

Abbildung 1-1: Gewalttypologie

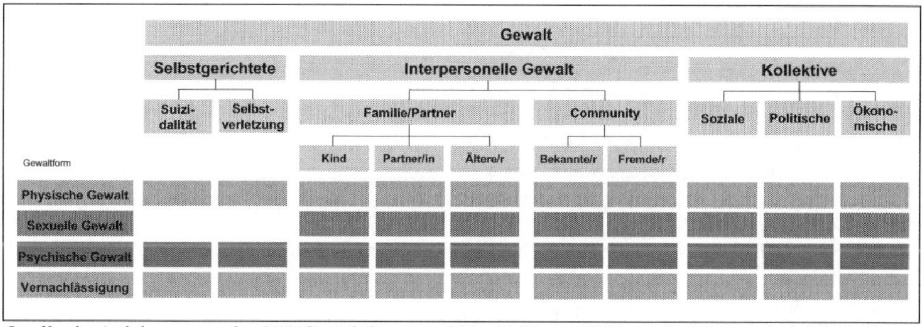

Quelle: in Anlehnung an den WHO-„Violence and Health Report" (Krug, Dahlberg, et al. 2002: 7)

1.3 Häusliche Gewalt oder Partnergewalt gegen Frauen

Interpersonelle Gewalt folgt einem geschlechtsspezifischen Muster: Nach der Polizeilichen Kriminalstatistik (PKS) erfahren Männer häufiger Gewalt im öffentlichen Raum und Frauen eher Gewalt im sozialen Nahraum (vgl. Heiliger, Goldberg, et al. 2005). Bei der Analyse dieser Gewalt gegen Frauen kann zwischen häuslicher Gewalt und Gewalt in intimen Paarbeziehungen/Partnergewalt unterschieden werden, wenn auch beide Termini häufig synonym verwendet werden.

Mit dem Begriff ‚häusliche Gewalt', der sich zur Beschreibung von Gewalt zwischen „erwachsenen Personen (unabhängig vom Tatort und gemeinsamen Wohnsitz), die in einer gegenwärtigen oder ehemaligen intimen Beziehung oder Lebengemeinschaft oder die in einem Angehörigenverhältnis zueinander stehen" (Kavemann, Leopold, et al. 2001), etabliert hat, werden also alle Formen von Gewalt gegen Frauen – verursacht durch das familiäre Umfeld – bezeichnet. Mit dieser Definition wird der Tatsache Rechnung getragen, dass die Familie für viele Frauen ein unfriedlicher Ort ist und sie dort nicht nur durch den Partner oder Ehemann Gewalt erfahren, sondern auch durch andere Familienmitglieder.

Dieser neutrale Terminus, der sich auf den Ort der Gewalt bezieht und die Geschlechtlichkeit von Tätern und Opfern verschleiert, ist umstritten.[4] Gewalt in der Paarbeziehung bzw. Gewalt gegen Frauen durch einen intimen Beziehungs-

[4] Rückblickend kann jedoch konstatiert werden, dass gerade die Neutralität des Begriffes maßgeblich zur Verbreitung und Anerkennung von Gewalt in Paarbeziehungen als ein gesamtgesellschaftliches Problem von hoher Relevanz beigetragen hat. Es war ein konsensfähiger Arbeitsbegriff; ohne verbale Polarisierung zwischen den Geschlechtern wurde so ein breiter Diskurs möglich (vgl. Kavemann, Leopold, et al. 2002).

oder Ehepartner kann nicht ohne Berücksichtigung des Geschlechterverhältnisses betrachtet werden. Diese Geschlechtsspezifik der Gewalt im sozialen Nahraum oder in der Familie wurde von der feministischen Gewaltforschung entgegen der Gender-Symmetrie-These[5] in den letzten 30 Jahren nachgewiesen: In der Mehrzahl der Fälle üben Männer Gewalt gegen Frauen und Kinder aus. Nach den Polizeistatistiken der Bundesländer sind es zu 71% bis 90% Frauen, die von häuslicher Gewalt durch den derzeitigen oder ehemaligen Lebenspartner betroffen sind (Schweikert 2000; Kommoß 2002; LKA-Hessen 2008: 15 (88%); PKS-Berlin 2010: 171 (76,2%)).

Auch wenn in Deutschland in den 2000er Jahren von häuslicher Gewalt gesprochen wurde, war nach Hagemann-White dennoch die „gesamte Forschungsthematik (…) in Deutschland von der feministischen Gewaltanalyse nachhaltig geprägt“ (Hagemann-White 2001) und hatte sich eine „Erkenntniszäsur“ etabliert, die den Geschlechtscharakter von Gewalt stets impliziert: sexualisierte und häusliche Gewalt werden in der Kriminologie, den Sozialwissenschaften, der Psychiatrie und Psychotraumatologie immer in Zusammenhang mit dem Geschlecht gesehen (Hagemann-White 2002: 131).

---

[5] Die vermeintliche Gender-Symmetrie der Gewalttätigkeit in einer Paarbeziehung ist das Ergebnis einer spezifischen Methodik der US-amerikanische Familienkonfliktforschung bei der Untersuchung von Aggression und Gewalt in der Familie: dem Einsatz standardisierter, quantitativer Fragebögen – den Conflict Tactic Scales (CTS) (vgl. Straus 1979) – in repräsentativen Studiensamplen der amerikanischen weiblichen und männlichen Normalbevölkerung. Diese Studien fanden gleich hohe Opfer- bzw. Täterprävalenzen bei Männern und Frauen. Vertreter/innen dieser Richtung kamen aus dem Kreis der New Hampshire-Schule, zu der Straus, Gelles, Steinmetz, Finkelhor, Hotaling, Smith u.a. gehören (vgl. Godenzi 1993: 21f).
Die feministische, patriarchatskritische Frauenforschung, die besonders in Europa vertreten war und ist, widmete sich Ende der 1970er Jahre mittels qualitativer Interviews mit Frauen aus Zufluchts- oder anderen Unterstützungseinrichtungen der geschlechtsspezifischen Gewalt gegen Frauen. Zu ihnen gehören Dobash & Dobash, Yllo, Bogard, Martin, Stets sowie Stark & Flitcraft (vgl. Godenzi 1993: 21f). Sie kritisierten an dem Ansatz der Familienkonfliktforschung, dass sie sexualisierte Gewalt sowie den Kontext der Gewalthandlung, somit die Geschlechtsspezifik, außer Acht lasse. Mit dem Abfragen einfacher bis schwerer Gewaltakte, die gleichviel zur Gewaltbetroffenheit der Befragten beitragen, wiege jede Gewalthandlung gleich schwer. Inzidenz und Verletzungen, so wurde von der Frauenforschung weiter kritisiert, seien ebenfalls nicht Gegenstand der Befragungen. So würde der Eindruck der Gender-Symmetrie entstehen. (Straus 1979; Dobash, Dobash, et al. 1992; vgl. Godenzi 1993: 21f; zur Kontroverse vgl. DeKeseredy & Schwarts 1998; Straus 1999; Dobash & Dobash 2002; Hagemann-White 2002; Kimmel 2002; Gloor & Meier 2003; Johnson 2005)
Als Antwort auf diese Kritik modifizierte Straus die CTS (Straus, Hamby, et al. 1996; Straus 1999), nahm aber nicht alle Kritikpunkte auf. Bis heute ist diese um sexuelle Gewalt ergänzte Version der Standard in bevölkerungsbasierten Surveys und birgt bei der jeweiligen Analyse die früher kritisierten Probleme (vgl. Martinez, Schröttle, et al. 2006; Schröttle, Martinez, et al. 2006).

1.3.1 Intime Partnergewalt gegen Frauen als geschlechtsspezifische Gewalt

(Intime) Partnergewalt gegen Frauen grenzt die erlittene Gewalt auf den derzeitigen oder ehemaligen Ehemann oder Intimpartner ein und referiert – im Vergleich zur häuslichen Gewalt – vielmehr auf die sehr speziellen Beziehungsdynamiken und hierarchischen Verhältnisse zwischen den Geschlechtern.

Carol Hagemann-White fasste 1992 die Diskussion der neuen deutschen Frauenbewegung um Gewalt gegen Frauen (vgl. für Deutschland die Arbeiten von Hagemann-White, Kavemann, Brückner) in einer Definition zusammen: Gewalt im Geschlechterverhältnis meint „...jede Verletzung der körperlichen und seelischen Integrität einer Person, welche mit der Geschlechtlichkeit des Opfers und des Täters zusammenhängt und unter Ausnutzung eines Machtverhältnisses durch die strukturell stärkere Person zugefügt wird" (1992: 22). Aus der feministischen Perspektive wird interpersonelle Gewalt – so Hagemann-White (2002) – allgemein danach befragt, „welchen Stellenwert sie bei der Fortschreibung einer normativ gestützten Ungleichheit der Geschlechter hat, während umgekehrt die jeweiligen Geschlechterverhältnisse danach beurteilt werden, inwiefern Gewalt mit Männlichkeit assoziiert und zur Normalität gehört" (vgl. auch Brückner 1998: 9f).

Rezipiert wird hier die Erkenntnis der feministischen, patriarchatskritischen Gewaltforschung: „Aus dem Zusammenwirken (...) drei(er) Aspekte – empirische Häufigkeit, Beziehungskontext und soziale Akzeptanz der Übergriffe – ergab sich die These von Gewalt gegen Frauen als Kennzeichen des Patriarchats: Ökonomische und soziale Ungleichmächtigkeit der Geschlechter stehen in Verbindung mit systematischer Missachtung für die sexuelle Selbstbestimmung und die körperliche und seelische Integrität von Frauen" (vgl. Dobash & Dobash 1979, zit. in Hagemann-White 2002). Gewalt gegen Frauen gilt als konstituierend für die patriarchale Gesellschaft und ist in der hierarchischen Struktur der Geschlechterverhältnisse verankert (vgl. Dackweiler & Schäfer 2002: 15) wie z.B. durch geschlechtsspezifische Rollenzuschreibungen, emotionale Ausbeutung, männliche Verfügbarmachung des weiblichen Arbeits- und Sozialvermögens, rechtliche Ungleichstellung, Entmündigung, Entmachtung etc. (vgl. Neubauer, Steinbrecher, et al. 1994: 11f). Gewalt in intimen Paarbeziehungen ist in ein Muster verschiedener, auch nur bedingt als gewalttätig empfundener Mechanismen von Kontrolle eingebettet, die dazu dienen, Macht über die andere Person zu erlangen und zu verfestigen (vgl. Godenzi 1993: 21). Diese geschlechtsspezifische Asymmetrie werde ideologisch legitimiert. Die Familie sei hierbei ein wesentliches Struktur- und Funktionselement (vgl. Dobash & Dobash 1979; zit. in Godenzi 1993: 122).

In ihrer Argumentation erhielt die feministische Gewaltforschung Unterstützung durch die Gender-Forschung, nach der sich die geschlechtliche Dimension von interpersoneller Gewalt in der Verteilung von Tätern und Opfern ausdrückt. Nach Michael Meuser (2006)[6] ist „Gewalt (…) eine Form sozialen Handelns, die in erheblich höherem Maße von Männern als von Frauen gewählt wird." Sie dient der Herstellung sozialer Ordnung, erklärt er Bezug nehmend auf Hannah Arendt. Nirgendwo sonst werde das so deutlich wie bei einem Blick auf die Geschlechterordnung, auf die Ordnung der Beziehung von Männern und Frauen (Meuser 2002). Die Gender-Forschung über Gewalt im Geschlechterverhältnis habe mit ihrer „Fragilitäts-Kompensations-Annahme" (Meuser 2006) auch erläutert, dass die stetige Konstruktion von Männlichkeit als eine soziale Interaktion wesentlich auf der Ausübung von Gewalt basiert: Gewalt gegen Frauen und reziproke Gewalt gegen das eigene Geschlecht (vgl. Messerschmidt 1986; Connell 1995; Messerschmidt 1997; Meuser 2002). Theoretisch und empirisch belegt Meuser, dass sich Männlichkeit u.a. auch in und mit der Gewalt gegen Frauen immer wieder neu konstruiert (Meuser 2002; Pühl 2003). Nach Michael Kaufmann liegt „die letztendliche Bestätigung der eigenen Männlichkeit in unserer Macht über Frauen" (Kaufmann 1996; zit. in Meuser 2006). Frauen werden in diesem Prozess zu Opfern gemacht.

Eine Analyse – basierend auf dieser feministischen Annahme – beurteilt Gewalttypen danach, ob sie darauf ausgerichtet sind, Macht und Kontrolle über die andere Person zu erlangen und zu bewahren. Physische Gewalt ist in diesem Muster nur eine von sehr verschiedenen Formen der Gewalt (siehe Rad der Gewalt in Hellbernd, Brzank, et al. 2004: 24), die auf Kontrolle abzielen. Die erklärende Kategorie für Intime Partnergewalt ist daher „Kontrolle".

Kontrollstabilisierungsversuche können der Hintergrund für das Phänomen sein. Studien verdeutlichen den Zusammenhang zwischen Gewalt durch den Partner und einer Statusdisparität zwischen Mann und Frau, die vor allem bei einer höheren sozialen Position der Frau im Vergleich zum männlichen Partner von besonderer Relevanz ist (vgl. Godenzi 1993: 151, 156; Krug, Dahlberg, et al. 2002; Michalski 2004). Bei einer Statusdisparität greifen Männer zu verschiedenen Strategien, um die männliche Dominanz aufrechtzuerhalten und zu manifestieren. Gewalt ist hierbei die letzte Ressource, „die Trumpfkarte, die immer sticht" (Burris 1993: 102; Hearn 1998).[7] Dieser Zusammenhang konnte deskrip-

[6] Meuser ist es zu verdanken, dass er die grundlegenden Gedanken der ‚neuen Gewaltforschung', für die Popitz u.a. stehen, in Zusammenhang zur feministischen Gewaltforschung bzw. genderbasierten Gewaltforschung gebracht hat.

[7] Umgekehrt zeigt sich, dass in Beziehungen mit egalitären Strukturen ein geringer Level an physischer Gewalt zu beobachten ist (Straus et al. 1980 zit. in Godenzi 1993: 112; vgl. Krug, Dahlberg, et al. 2002: 100).

tiv auch für die deutsche Repräsentativstudie nachgewiesen werden (Schröttle & Ansorge 2008).[8]

1.3.2 Phänomenologie von Intimer Partnergewalt gegen Frauen

Mit ihrer Definition von Intimer Partnergewalt trägt die WHO der Diskussion um die kontrollierenden Gewaltmechanismen Rechnung. Demnach umfasst Intime Partnergewalt jedes Verhalten innerhalb einer intimen Beziehung, das der Beziehungspartnerin oder dem Beziehungspartner physisches, psychisches oder sexuelles Leid verursacht. Ein derartiges Verhalten schließt ein: physische Aggressionshandlungen wie Ohrfeigen, Schlagen, Treten und Zusammenschlagen; psychische Misshandlung wie z.B. Einschüchterung, wiederkehrendes Erniedrigen und Demütigen; erzwungener Geschlechtsverkehr und andere Formen sexueller Nötigung; verschiedene Kontrolltaktiken wie Isolierung einer Person von ihrer Familie und Freunden, Überwachen ihrer Bewegungen und Einschränken ihres Zugangs zu Informationen oder Unterstützung (Krug, Dahlberg, et al. 2002: 89).

Interviews mit Betroffenen (Benard & Schlaffer 1978) haben gezeigt, dass Gewalt durch den Partner meist kein einmaliges Ereignis, sondern ein komplexes Misshandlungssystem ist. Vielschichtige Handlungs- und Verhaltensweisen zielen darauf ab, Macht und Kontrolle über eine andere Person – die Ehefrau oder Partnerin – zu gewinnen. Körperliche und sexuelle Gewalttaten sind eingebettet in vielfältige Formen der Machtausübung, durch die Unabhängigkeit, Selbstvertrauen und Handlungsspielräume der Betroffenen unterminiert und Abhängigkeiten aufgebaut bzw. gefestigt werden. Tabelle 1-2 gibt einen Eindruck über fünf häufige Gewaltformen, die sich ineinander greifend potenzieren.

[8] Dieser Zusammenhang ist wegen der gleichstellungspolitischen Entwicklung in Deutschland, die ihre Früchte mittlerweile z.B. in besseren Bildungsabschlüssen von Frauen zeigt, aufmerksam zu beobachten. Gewalt gegen Frauen bleibt daher wegen seiner geschlechtsspezifischen Dimension ein zentraler Gegenstand der Gender-Forschung.

Tabelle 1-2: Formen und Handlungen im Kontext von Partnergewalt gegen Frauen

Gewaltform	Gewalthandlungen
Körperliche Gewalt	Ohrfeigen, Faustschläge, Stöße, Fußtritte, Würgen, Fesseln, tätliche Angriffe mit Gegenständen, Schlag-, Stich- oder Schusswaffen, Morddrohungen, Tötungsdelikten
Sexualisierte Gewalt	Sexuelle Nötigungen, Vergewaltigungen, Zwang zur Prostitution
Psychische Gewalt	Drohungen, der Frau oder ggf. ihren Kindern etwas anzutun, Beleidigungen, Demütigungen, das Erzeugen von Schuldgefühlen, Essensentzug und Einschüchterungen
Ökonomische Gewalt	Arbeitsverbote oder Arbeitszwang, die alleinige Verfügungsmacht über finanzielle Ressourcen durch den Partner, Herstellung und Aufrechterhaltung einer ökonomischen Abhängigkeit
Soziale Gewalt	Soziale Isolierung der Frau durch Kontrolle oder Verbot ihrer Kontakte

Quelle: Hagemann-White & Kavemann (1981), Brückner (1983; Brückner 1998), Egger et al. (1995), BIG e.V. (1997), Brzank et al. (2006)

Nach Berichten von misshandelten Frauen entwickelt Partnergewalt eine eigene Dynamik. Die US-amerikanische Psychologin Leonore Walker beschreibt diese Dynamik mit dem „Kreislauf der Gewalt“ und benennt drei analytisch trennbare, in der Praxis miteinander verwobene Phasen: die Phase des „Spannungsaufbaus“, die Phase des „Gewaltausbruchs“ und die Phase der „Entschuldigungs- und Entlastungsversuche“ (Walker 1983). Die Phase der Entschuldigung, in der der Mann seine Tat bereut und beteuert, er werde sein Verhalten ändern, macht es Frauen schwer, die Misshandlungsbeziehung zu beenden. Betroffene nennen in Interviews weitere Barrieren wie die ökonomische Abhängigkeit und die damit zu erwartenden Probleme, die ein neu aufzubauendes Leben als Alleinerziehende mit Kindern mit sich bringt, die Angst vor gesteigerten Gewaltausbrüchen seitens des Mannes, falls sie ihn verlassen sollte, und die berechtigte Angst vor einer schlecht einzuschätzenden Bedrohung und Verfolgung nach einer Trennung (Hagemann-White & Bohne 2003) (siehe Kapitel 2.2.2 und Kapitel 3). Die meisten Tötungen von Frauen ereignen sich in diesen Trennungsphasen (Schweikert 2000). Zu berücksichtigen ist auch die in der Forschung beschriebene spezielle Bindung zum Gewalttäter,[9] die zuweilen unlösbar erscheint (Brückner 1983). Wiederholen sich diese Phasen des Kreislaufs der Gewalt kommt es vielfach zu einer Eskalation, offene Gewaltausbrüche nehmen an Häufigkeit und Schwere zu, Entlastungs- und Entschuldigungsphasen verringern sich.

[9] Diese Form der Bindung wird mit dem Stockholm Syndrom in Zusammenhang gebracht (siehe Kapitel 3).

1.3.3 Typologie von Intimer Partnergewalt gegen Frauen

Auch wegen der Kontroverse um die vermeintliche Geschlechtersymmetrie bei der Täterschaft von Gewalt in Paarbeziehungen empfiehlt sich bei der Betrachtung von Partnergewalt gegen Frauen eine Differenzierung zwischen verschiedenen Gewalttypen, denn empirisch ist belegt, dass Frauen im Vergleich zu Männern wesentlich gravierendere Gewalt in der Paarbeziehung erleiden (Kwong, Bartholomew, et al. 1999; Kimmel 2002; Johnson 2005; Schwartz 2005; Watson & Parsons 2005; Kelly & Johnson 2008). Frauen sind häufiger Opfer eines andauernden Misshandlungssystems und erleiden vermehrt schwerwiegende Verletzungen (wie z.B. Frakturen, Bewusstlosigkeit, etc.), für die sie doppelt so häufig eine ambulante oder stationäre medizinische Versorgung benötigen als männliche Opfer. Gewalt produziert bei ihnen in einem größeren Ausmaß Angst, Panik, schwere emotionale Folgen sowie den Verlust von Selbstachtung und Selbstvertrauen (Watson & Parsons 2005).

Richtungweisend für eine Differenzierung von Intimer Partnergewalt waren die Erkenntnisse und Erklärung des US-amerikanischen Soziologen Michael P. Johnson. Ausgehend von der feministischen Perspektive, dass geschlechtsspezifische Gewalt vornehmlich durch angestrebte oder bereits existierende Kontrolle gekennzeichnet ist, hat er als Erster eine Einteilung in Typen von gewalttätigen Paarbeziehungen vorgenommen (1995; 1999). Johnson geht phänomenologisch vor – so wie Trotha es später forderte – und unterscheidet nach dem WAS und WIE. Seine Typologisierungskriterien waren Schweregrad, Verletzungsfolgen, Häufigkeiten, Dynamik und Beendigung der Gewalt in Paarbeziehungen sowie einseitige oder beidseitige Gewalt. Er beschreibt vier verschiedene Typen (vgl. Johnson 1995; 1999):

- *common couple violence*: eine sehr verbreitete und weniger massive Form von Gewalt in der Partnerschaft, bei der körperliche Aggression eher sporadisch und eher wechselseitig ausgeübt wird, sich an bestimmten Konflikten festmacht und eher nicht eskaliert;
- *patriarchal terrorism*: systematische, einseitige und regelmäßige Gewalt, die teilweise mehr als einmal pro Woche auftritt und mit vielfältigen Kontrolltaktiken und Dominanzverhalten des männlichen Beziehungspartners verbunden ist (sog. Misshandlungsbeziehung, deren Opfer häufig in Frauenhäusern anzutreffen sind);
- *violent resistance:* Gewaltformen, bei denen die Frau oft nach jahrelangen Misshandlungen des Partners zurückschlägt, dabei mitunter den Mann schwer verletzt oder gar tötet;

- *mutual violent control:* gegenseitige Kontrolle durch Gewaltanwendung, bei der Partner und Partnerin wechselseitig gewalttätig sind; Erlangung von Kontrolle und Macht über den/die Partner/in kann ein Motiv sein.

Spätere Analysen, die sich an den Erkenntnissen von Johnson orientierten, differenzieren zwei verschiedene Typen: *common couple violence* bzw. *situational spouse abuse* vs. *patriarchal terrorism* bzw. *intimate partner terrorism.* Auch die WHO unterscheidet in ihrem Weltbericht einerseits gewalttätige Paarbeziehungen, in denen Gewalt sporadisch und ggf. gleichzeitig auftritt und andererseits Beziehungen, in denen schwere, eskalierende Gewalt vorliegt, die durch multiple Formen der Terrorisierung und Bedrohung sowie gesteigertem Besitz- und Kontrollverhalten seitens des misshandelnden Partners gekennzeichnet ist (Krug, Dahlberg, et al. 2002: 93).

Angesichts der Tatsache, dass Gesellschaften wie z.B. die finnische mit einem hohen Gleichberechtigungsstandard keine Grundlage für Johnsons Differenzierung bieten, nimmt die finnische Wissenschaftlerin Minna Piispa (2002) eine andere Typologisierung von Partnergewalt vor. Sie stellt fest, dass nach den Daten der finnischen Repräsentativstudie Gewalt in der Partnerschaft stark mit dem Verhalten der Männern assoziiert ist, wie etwa mit einem dominierenden Verhalten oder Gewalttätigkeiten in anderen Kontexten. Auch ihrer Meinung nach muss, um die komplizierte Natur der Partnergewalt gegen Frauen verstehen zu können, die Gewalt selbst, ihre Schwere und Dauer – wie Trotha es gefordert hat – analysiert werden. Sie unterscheidet vier Typen von Gewaltbeziehungen (vgl. Piispa 2002):

- *short history of violence:* Beziehungen, bei denen Gewalt in der Partnerschaft noch nicht sehr lange andauerte, bei denen u.a. Formen von sexueller Gewalt, Schlagen, Treten, Würgen aufgetreten sind, die aber überwiegend nicht zu körperlichen Verletzungen geführt haben;
- *partner terrorism:* Gewalt wird bereits über viele Jahre in der Beziehung ausgeübt (mind. fünf bis zehn Jahre); systematische Anwendung von Gewalt, finanzieller Abhängigkeit, Drohungen, Isolation und anderen Kontrolltaktiken; Tendenz zu sehr gravierenden Verletzungsfolgen;
- *mental torment:* Fälle, bei denen Gewalt durch den Partner schon länger zurück liegt (mind. 7 Jahre), damals nach den Formen und Verletzungsfolgen sehr gravierend war, bei denen der Partner aber aktuell und in den letzten Jahren keine physische Gewalt mehr ausgeübt hat; die Gewalt hat sich auf psychische Misshandlungen verlagert (Degradieren, Diffamieren, Kontrolle und Machtdemonstrationen), besonders ältere Frauen zwischen 54 und 64 Jahren waren betroffen, die Hälfte der Frauen war nicht mehr berufstätig;

- *episode in the past:* Gewalt in Partnerschaft war eine Episode der Vergangenheit, als längere oder kürzere Sequenz in der Beziehung (mehr als sieben bis zehn Jahre her); Gewalt war von ihren Formen und Auswirkungen nicht sehr massiv.

Je nach Beziehungsstatus kann der Typ Partnergewalt variieren, zu diesem Ergebnis kommt die kanadische Violence-Against-Women-Study (Macmillan & Gartner 1999). *Intimate partner terrorism* war häufiger bei verheirateten Paaren zu finden, während die situationsbedingte expressive Gewalt eher in unverheiratet zusammenlebenden Partnerschaften auftrat.

2 Partnergewalt gegen Frauen: Epidemiologie und Gesundheitsversorgung

Im folgenden Kapitel wird die Public Health-Relevanz von Intimer Partnergewalt gegen Frauen anhand von epidemiologischen Erkenntnissen abgeleitet und der Forschungsstand referiert. Dem Public Health-Aktionszyklus folgend wird das Problem anhand empirischer Ergebnisse zur Prävalenz der einzelnen Gewalthandlungen und den sich gegenseitig potenzierenden gesundheitlichen wie sozioökonomischen Folgen für die Betroffenen beschrieben und werden Risikofaktoren diskutiert. Der Gesundheitssektor bietet wegen seiner besonderen Bedeutung im Kontext von Intimer Partnergewalt nicht nur einen geeigneten Ort für eine adäquate Versorgung, sondern auch für Intervention und Prävention. Die Public Health-Handlungsfelder im Kontext von Partnergewalt gegen Frauen werden deutlich und leiten gleichzeitig zur Hauptfragestellung der vorliegenden Arbeit über.

2.1 Prävalenz

Für Deutschland wurde das große Ausmaß geschlechtsspezifischer Gewalt gegen Frauen mit der vom Bundesministerium für Familie, Senioren, Frauen und Jugend (BMFSFJ) in Auftrag gegebenen repräsentativen Dunkelfeldstudie[9]

---

[9] Zum Problem der Hellfeld- und Dunkelfelddaten:
Als Hellfelddaten werden jene Zahlen bezeichnet, die in staatlichen oder nicht-staatlichen Institutionen erfasst werden wie Polizeiliche Kriminalstatistik (PKS) oder Statistiken von Unterstützungsprojekten. Evidenz besteht darüber (vgl. GiG-net 2008: 20ff), dass ein weitaus größerer Anteil von gewaltbetroffenen Frauen nicht in diesen Statistiken erfasst wird, denn es werden nur offenkundige Fälle abgebildet, hierbei beeinträchtigt auch die uneinheitliche Gewaltdefinition die Erfassung.
Dunkelfeldbefragungen, die auf einer repräsentativen Stichprobe und anonymer Befragung beruhen, ergeben höhere Betroffenheitsraten und tragen zu einem realistischeren Bild der Gewaltbetroffenheit bei. Aber auch hier ist von einer Unterschätzung auszugehen, z.B. aufgrund von einem Selektionsbias, einem Verzerrungseffekt, der sich aus der Art der Stichprobenauswahl ergibt. Wird die Stichprobe anhand von Melderegistern gezogen, sind Personen ohne Wohnsitz ausgeschlossen wie etwa Wohnungslose, Inhaftierte oder psychiatrische Langzeitpatienten/innen und Heim- oder Frauenhausbewohner/innen. In der Literatur zur Gewaltbetroffenheit von Frauen wird jedoch darauf hingewiesen, dass das Ausmaß von erlittener Gewalt gerade unter diesen Gruppen höher liegt.

„Lebenssituation, Sicherheit und Gesundheit von Frauen in Deutschland“ (Müller & Schröttle 2004) deutlich. Die Querschnittsbefragung von Frauen im Alter von 16 bis 85 Jahren (N=10.264) zeigt folgende Prävalenzen. Von den befragten Frauen hatten nach dem 16. Lebensjahr unabhängig von der Täter-Opfer-Beziehung (Müller & Schröttle 2004):

- 40% körperliche und/oder sexuelle Gewalt und
- 13% mindestens eine strafrechtlich relevante sexuelle Gewalthandlung erlebt, etwa 50% dieser Frauen hatten diese durch den (Ex)Partner erlitten.
- 25% aller Studienteilnehmerinnen, die von einer Partnerschaft in ihrem Leben berichteten, hatten körperliche (23%) und/oder sexuelle (7%) Gewalt durch den aktuellen oder früheren Beziehungspartner erfahren.
- Flüchtig bekannte oder unbekannte Personen waren deutlich seltener die Täter (11% bis 22%).
- Als Tatort wurde mit 69% überwiegend die eigene Wohnung genannt; öffentliche, angstbesetzte Orte (Straßen, Parks etc.) wurden nur zu 20% erwähnt.
- Mehr als 60% der von Partnergewalt Betroffenen berichteten von mehrmaligen oder häufigen Gewalthandlungen.[10]

Die im selben Jahr veröffentlichte S.I.G.N.A.L.-Studie zur Analyse von Patientinnen einer Berliner Rettungsstelle[11] im Alter von 18 bis 60 Jahren (N=806) ergab vergleichbare Zahlen (Hellbernd, Brzank, et al. 2004):

- 36,6% hatten mindestens einmal in ihrem Leben häusliche Gewalt durch den aktuellen bzw. ehemaligen Partner oder Familienangehörige erlitten.
- 26,6% hatten körperliche, 12,7% sexuelle und 30,8% emotionale Gewalthandlungen erlebt.
- Frauen, die von häuslicher Gewalt betroffen waren, berichteten häufiger von zwei oder drei Gewaltformen.
- Zwei Drittel der von häuslicher Gewalt betroffenen Frauen gaben an, mehrmalig oder häufiger Gewalthandlungen ausgesetzt gewesen zu sein.

Mit Hellfelddaten oder Studien in Kliniken oder Frauenhäuser werden eher schwere Formen von Partnergewalt, mit Dunkelfeldstudien eher *common couple violence* aufgedeckt (Krug, Dahlberg, et al. 2002: 93).

[10] Die besondere Situation von Migrantinnen ist andernorts ausführlich dargestellt worden (Schröttle & Khelaifat 2007).

[11] In Rettungsstellen oder anderen Gesundheitseinrichtungen werden höhere Partnergewalt-Prävalenzen ermittelt.

In der von Heike Mark durchgeführten Befragung von Patientinnen in gynäkologischer und allgemeinmedizinischer Behandlung hatten nach dem 14. Lebensjahr 31,1% der Frauen körperliche und 28,6% sexuelle Gewalt durch den (Ex)Partner erlitten (2004: 90f).

Die für Deutschland ermittelten Prävalenzen liegen im Rahmen der Werte europäischer Repräsentativstudien (vgl. Gillioz, de Puy, et al. 1997; Heiskanen & Piispa 1998; Jaspard 2001; Walby & Allen 2004; Martinez, Schröttle, et al. 2006; Schröttle, Martinez, et al. 2006).[12] Sowohl die Repräsentativstudie als auch die S.I.G.N.A.L.-Patientinnenbefragung bestätigen die in anderen Studien ebenfalls gefundene hohe Überschneidung von körperlicher, sexueller und psychischer Gewalt im Kontext von Partnergewalt und damit das beschriebene Misshandlungssystem, das maßgeblich auf Kontrolltaktiken beruht.

2.2 Risikofaktoren

Die Erforschung von Intimer Partnergewalt sucht(e) immer auch nach spezifischen soziodemografischen Risikofaktoren, um besonders vulnerable Gruppen zu identifizieren, Gewalt erklären und verhindern zu können. Allerdings liegen keine Belege für konsistente Einflüsse spezifischer Faktoren vor (vgl. Brzank 2003: 14f).

2.2.1 Partnergewalt als ‚Jederfraus-Risiko'

Die Erfahrungen aus Frauenhäusern und Beratungseinrichtungen belegen für Deutschland, dass Partnergewalt jede Frau treffen kann – unabhängig von Alter, Ethnizität oder kultureller Herkunft. Opfer und Täter gehören allen sozialen Schichten an (Brückner 1998). In Anlehnung an Trotha (1997b: 19), der bezugnehmend auf Popitz von Gewalt als „Jedermanns-Ressource" spricht, kann Partnergewalt daher im Umkehrschluss als ein ‚Jederfraus-Risiko' beschrieben werden.

Bestätigt wird diese Erkenntnis durch die Ergebnisse der vorliegenden (inter)nationalen Repräsentativstudien, die keinen signifikanten Zusammenhang zwischen demografischen Faktoren und Partnergewalt gegen Frauen ermittelt haben (vgl. Krug, Dahlberg, et al. 2002: 97f). Auch die deutsche Repräsentativstudie legt dar, dass es sich um ein Problem aller sozialer Gruppen handelt (Müller & Schröttle 2004). Eine Meta-Analyse von 85 Studien zu den Risikofaktoren einer Partnergewalt-Viktimisierung oder -Täterschaft kommt anhand eines

[12] Erschwert wird der Vergleich der Studienergebnisse durch die Unterschiede in der Gewaltdefinition, der Operationalisierung von Gewaltformen sowie dem Feldzugang und den Studienpopulationen (vgl. Wilt & Olson 1996; Hegarty & Roberts 1998; Saltzman 2004).

zusammengefassten Effektmaßes $|r|$ für 16 Täter- und 9 Viktimisierungsrisikofaktoren zu dem Ergebnis, dass es keine Evidenz für Risikofaktoren gibt (Stith, Smith, et al. 2004). Nach Michalski (2004) können demografische Risikofaktoren nur ca. 10% der Varianz der jährlichen Inzidenz von Intimer Partnergewalt erklären. Diese Faktoren besitzen somit nur eine sehr geringe Erklärungskraft.

Die häufig mit Querschnittstudien ermittelte höhere Prävalenz von jüngeren Frauen belegt keine tatsächlich höhere Betroffenheit (Jewkes 2002). Bei älteren Frauen kann vermutet werden, dass es ihnen wegen des größeren Abhängigkeitsverhältnisses schwerer fällt, Gewalt als solche zu begreifen oder von ihr zu berichten – vor allem von sexueller Gewalt – oder sie anzuzeigen (siehe auch Kapitel 3.2.1). Die Analyse europäischer repräsentativer Prävalenzstudien resümiert, dass keine Anzeichen für eine höhere Betroffenheit unter jüngeren Frauen gegeben ist (Schröttle, Martinez, et al. 2006: 16f, 21, 33). Auch verfügen ältere Männer häufig über mehr Ressourcen, so dass sie weniger Gewalt im Aushandlungsprozess mit ihren Frauen einsetzen müssen, um ihre dominierende Position zu behaupten. Frauen, die in langandauernden Misshandlungsbeziehungen leben, berichten, dass allein die Blicke und die Worte des Partners ausreichten, um sie zu einem gewünschten Verhalten zu bewegen. Bei solchen Fällen würde also ein höheres Ausmaß an psychischer und ein geringeres Maß an physischer Gewalt zu finden sein. Minna Piispa (2002) hat dieses von ihr als *mental torment* bezeichnete Gewaltmuster in der finnischen Repräsentativstudie nachgewiesen.

2.2.2 Risikoreiche Lebensphasen

Ungeachtet der Tatsache, dass keinerlei individuelle demografische Faktoren für ein spezielles Risiko der Partnergewalt existieren, sind bestimmte Lebensphasen für Frauen besonders gefährlich. Für das Auftreten von Partnergewalt sind die Phasen der Trennung und der Schwangerschaft oder der Geburt eines Kindes ausgesprochen risikoreiche Zeiten. Diese Phasen kennzeichnen eine Situation, in der der Mann befürchtet, die Kontrolle über die Frau zu verlieren.

Trennungsphase

Studien zufolge ist die Gefährdung von Frauen dann am größten, wenn sie die Beziehung verlassen und sich trennen wollen (Godenzi 1993: 259; Schweikert 2000; Campbell, Webster, et al. 2003). Auch in der deutschen Repräsentativstudie gaben 17% (4. Rang) der Befragten an, dass die Trennung das Gewalt auslösende Lebensereignis war (Müller & Schröttle 2004: 261). Stalking-Zahlen zeigen, dass mehr Frauen von ihrem ehemaligen Partner verfolgt werden als Männer von ihrer ehemaligen Partnerin (Tjaden & Thoennes 2000). Femizide innerhalb der Familie werden zu 80% durch (Ex)Partner begangen (LKA-BW 2004; Stürmer 2005). Im Jahr 2003 waren nach der PKS von den 1.065 bundesweit erfassten weiblichen Opfern eines vorsätzlichen versuchten und vollendeten Tötungsdeliktes 43% mit dem Tatverdächtigen verwandt und 36% bekannt, so dass in der Mehrzahl der Fälle von Beziehungsdelikten ausgegangen werden kann (Projektgruppe AKII 2005). Auf der Basis einer Analyse von kriminalpolizeilichen Ermittlungsakten aller versuchten und vollendeten Tötungsdelikten an Frauen in einem nordrhein-westfälischen Regierungsbezirk (2002 – 2005) berichten Karin Herbers et al. (2007), dass in etwa 60% aller Fälle der Tatverdächtige der aktuelle Ehe- oder Lebenspartner oder ein Ex-Intimpartner der Frauen war. Zu einem Drittel befanden sich diese Ehen oder Lebenspartnerschaften zum Tatzeitpunkt in Trennung.

Eine Erklärung für dieses Phänomen bietet Raewyn (Robert W.) Connell, demnach bildet Gewalt zwar einerseits einen Teil des Systems von Macht und Kontrolle, aber kennzeichnet andererseits auch den Verlust der Kontrolle (1995: 84; vgl. Kimmel 2002), d.h., dass Männer dann gewalttätig werden, wenn sie befürchten, die Kontrolle zu verlieren.

Schwangerschaft und Geburt

Neben einer Trennungsphase gilt nach vorliegenden internationalen Studien auch die Schwangerschaft als Zeit der besonderen Gefährdung von Frauen. Gewalt durch den Beziehungspartner beginnt nicht selten mit einer Schwangerschaft oder Geburt. Zu den Gründen geben qualitative Interviews mit Betroffenen Auskunft (Bacchus, Mezey, et al. 2006):

- Gewalttätige Partner versuchen Macht und Kontrolle zu (re)stabilisieren, denn einerseits symbolisiert eine Schwangerschaft die autonome Kontrolle der Frau über ihren Körper und damit ihre Unabhängigkeit von ihrem Partner. Andererseits erfahren Frauen in dieser Zeit häufig mehr Aufmerksamkeit von Freunden, Familie und Gesundheitskräften, so dass der Partner befürchten muss, die Gewalttätigkeiten könnten aufgedeckt werden.
- Schwangerschaft geht immer mit größeren finanziellen Belastungen einher. Gewaltepisoden ereigneten sich nach Auskunft der Befragten häufig in Folge von erhöhten finanziellen Bedürfnissen der Schwangeren verbunden mit der Bitte um Geld.

- Ist die Schwangerschaft vom Partner nicht gewollt, dann kann das der Auslöser für Gewalt sein.
- Gewalttätige Partner werden oft als emotional unsicher und unzulänglich beschrieben. Diese Männer brauchen die Partnerin für den emotionalen Rückhalt und reagieren sensibel auf Zurückweisungen. Eifersucht auf das ungeborene Baby kann zu Gewalt führen. Es kann vom Mann als direkte Bedrohung und Rivale um die Aufmerksamkeit und Versorgung der Frau angesehen werden.
- Einige Frauen berichteten, dass sie wegen der physischen Entkräftigung und reduzierten Mobilität während und nach der Schwangerschaft nicht wie gewohnt den Haushalt führen konnten, was regelmäßig zu Gewalt durch den Partner führte.

Ein weiterer Grund kann auch darin liegen, dass die Schwangerschaft das Produkt sexueller Gewalt in der Paarbeziehung ist (Holmes, Resnick, et al. 1996; Heynen 2003a; Holmes & Mayer 2003; Sarkar 2008). Ein evidenter Zusammenhang liegt für ungeplante Schwangerschaften und körperliche bzw. sexuelle Gewalt vor. So zeigte eine bevölkerungsbezogene US-amerikanische Studie unter 12.000 Müttern von Neugeborenen, dass unerwünscht oder ungeplant schwangere Frauen viermal häufiger körperlicher Gewalt ausgesetzt waren, als Frauen, die ihre Schwangerschaft geplant hatten (Gazmararian, Adams, et al. 1995). Ungewollte Schwangerschaften werden häufig im Zusammenhang mit Teenager-Schwangerschaften konstatiert. Eine Befragung von adoleszenten Müttern in den USA zeigte, dass 23% dieser Mutterschaften auf eine Vergewaltigung zurückzuführen war (Gershenson, Musick, et al. 1989).

In der deutschen Repräsentativstudie (N=10.264) wurde eine Schwangerschaft von 10% und die Geburt des Kindes von 20% der betroffenen Frauen als lebenszeitliches Ereignis angegeben, bei dem Gewalt durch den Partner zum ersten Mal auftrat (Müller & Schröttle 2004: 262) (siehe Kapitel 3). Eine Sekundäranalyse der deutschen Repräsentativstudie stellt eine Prävalenz von 2% körperlicher und/oder sexueller Partnergewalt während der Schwangerschaft unter allen Befragten fest (Stöckl 2009).

In der S.I.G.N.A.L.-Patientinnenbefragung berichteten 13,5% der gewaltbetroffenen Frauen, die jemals schwanger waren, von körperlicher Gewalt während der Schwangerschaft (Brzank 2003: 36). Eine Befragung unter Patientinnen in Berliner allgemeinmedizinischen und gynäkologischen Praxen ermittelte eine Partnergewalt-Prävalenz von 6,6% während einer Schwangerschaft (Bitzker 2009: 49).

Weitere Erkenntnisse liegen aus dem internationalen Raum vor. Einer schwedischen Studie zufolge erlebten 11% der Frauen Gewalt während der

Schwangerschaft (Hedin, Grimstad, et al. 1999). US-amerikanische Untersuchungen im Rahmen der Vorsorge benennen Prävalenzen von körperlicher und/ oder sexueller Gewalt zwischen 1% und 20% während der Schwangerschaft, mehrheitlich lagen die Prävalenzen bei 4% bis 8% (McFarlane, Parker, et al. 1992; Gazmararian, Lazorick, et al. 1996; McFarlane, Parker, et al. 1996; Muhajarine & D'Arcy 1999). Die WHO berichtet von Prävalenzen zwischen 4% und 32% (WHO 2005: 47).

Die Differenzen sind unter anderem auf verschiedene Erhebungsmethoden und -instrumente zurückzuführen. So zeigte sich, dass Studien, die mehrmalige Befragungen nach Gewalterfahrungen zu unterschiedlichen Zeitpunkten und vor allem auch während der fortgeschrittenen Schwangerschaft durchführen, zu höheren Prävalenzraten kommen (McFarlane, Parker, et al. 1992; Gazmararian, Lazorick, et al. 1996). Die Mehrheit der betroffenen Frauen berichtete von mehreren Gewalthandlungen während der Schwangerschaft. Waren Frauen schweren Gewalttätigkeiten ausgesetzt, so dauerte die Misshandlung oftmals auch nach der Geburt des Kindes an (McFarlane, Parker, et al. 1992).

In einer Befragung von 892 Patientinnen eines Krankenhauses in Süd-London, die von geschulten Hebammen als Routinebefragung (Abuse Assessment Screening)[13] durchgeführt wurde, betrug die Prävalenz häuslicher Gewalt beim erstmaligen Kontakt 1,8% und in der 34. Schwangerschaftswoche 5,8%. Bei einer Follow-up Befragung zehn Tage nach der Geburt berichteten 5% der Frauen von Gewalthandlungen. Zu 91% wurde die Gewalt durch den (Ex)Partner verübt (Bacchus, Mezey, et al. 2004).

2.3 Auswirkungen von Partnergewalt gegen Frauen

Ein breites Spektrum an Gesundheitsfolgen ist empirisch belegt, das sich in körperliche Verletzungen, psychosomatische Beschwerden, psychische Störungen aber auch in gesundheitsgefährdenden Überlebensstrategien manifestieren kann. Gewalt kann sich auf die reproduktive Gesundheit der Betroffenen und ihre Schwangerschaften auswirken sowie zu tödlichen Folgen führen.

2.3.1 Gewaltbedingte Folgen für die Gesundheit

Die WHO definiert Gesundheit nicht als Abwesenheit von Krankheit, sondern positiv als Zustand völligen körperlichen, geistigen, seelischen und sozialen

[13] Zum Abuse Assessment Screening vergleiche Parker & McFarlane (1991).

Wohlbefindens. Auch gilt Gesundheit nach den Vereinten Nationen als Menschenrecht und wird damit zu einem gesamtgesellschaftlichen Ziel (WHO 1948). Wird dieser umfassende Gesundheitsbegriff zugrunde gelegt, so ist von einer einschneidenden Beeinträchtigung der Gesundheit von Gewaltbetroffenen auszugehen.

Spektrum der Gesundheitsfolgen

Bereits in den 1970er Jahren wurden Studien vornehmlich im angloamerikanischen Raum durchgeführt, die nicht nur das Ausmaß, sondern auch die gewaltbedingten Folgen für die Gesundheit von Frauen beschreiben. Sie zeigen, dass Gewalt in vielfältiger Weise gravierende Effekte auf die Gesundheit, das Gesundheitshandeln und die Gesundheitschancen von Frauen hat.[14] Wie sich Gewalt jedoch in allen und auf alle Lebensbereiche auswirkt, wie sich die Effekte in ihrer Wirkung potenzieren und auch die nachkommenden Generationen betrifft, ist nach wie vor kaum bekannt.

Empirisch erwiesen ist, dass die Folgen für die Gesundheit direkt und indirekt, kurzfristig oder langfristig sein und/oder sich chronifizieren können. Sie reichen von Hämatomen bis hin zu tödlichen Konsequenzen (siehe Abbildung 2-1) (vgl. Campbell & Lewandowski 1997; Sutherland, Bybee, et al. 1998; CHANGE 1999; Campbell 2002; Brzank, Hellbernd, et al. 2005; Brzank & Hellbernd 2006; Hellbernd & Brzank 2006; Ruiz-Perez, Plazaola-Castano, et al. 2007; Hornberg, Schröttle, et al. 2008b; Ford-Gilboe, Wuest, et al. 2009).

[14] Ausführliche Darstellungen der Ergebnisse (inter)nationaler Studien zu den gesundheitlichen Auswirkungen von Gewalt gegen Frauen bieten die Publikationen der S.I.G.N.A.L.-Begleitforschung (Hellbernd & Wieners 2002; Hellbernd, Brzank et al. 2004; Hellbernd & Brzank 2006), der Bericht der nordrhein-westfälischen Enquêtekommission für Frauengesundheit (Hagemann-White & Bohne 2003), das Themenheft der Gesundheitsberichterstattung des Robert Koch-Instituts (Hornberg, Schröttle, et al. 2008a) und vor allem die neuere, systematische Übersicht des Health Technology Assements (Feder, Ramsay, et al. 2009).

Abbildung 2-1: Gesundheitliche Folgen von Gewalt gegen Frauen und Mädchen

Quelle: Change (1999); übersetzt und modifiziert von Hellbernd/Wieners/Brzank (2004: 28).

In der deutschen Repräsentativstudie gaben 64% der Frauen, die Gewalt durch den (Ex)Partner erlebt hatten, an, körperlich durch diese Gewalt verletzt worden zu sein, und bis zu 80% nannten psychische Beschwerden. 20% der von Gewalt betroffenen Frauen suchte medizinische Hilfe (Müller & Schröttle 2004: 135ff; Hornberg, Schröttle, et al. 2008b: 15).

Zu einem vergleichbaren Ergebnis kam die Patientinnenbefragung der S.I.G.N.A.L.-Begleitforschung: 63% der von Partnergewalt betroffenen Frauen berichteten von gesundheitlichen Folgen: 32% nannten sowohl körperliche als auch psychische Folgen, 3% nur körperliche und 22% nur psychische Folgen (Hellbernd, Brzank, et al. 2004: 113-8).

Die vielfältigen belegten Gesundheitsfolgen werden von Gene Feder et al. (2009) in einem umfassenden Health Technology Assessment auf Basis internationaler Studien ausführlich dargestellt. Grundsätzlich fällt jedoch eine Systematisierung und Abgrenzung der einzelnen gesundheitlichen Folgen wegen des multifaktoriellen Geschehens insbesondere bei jenen Störungen schwer, die nicht als direkte Verletzungsfolge offensichtlich erkennbar sind.

Die Krankheitslast (*burden of disease*) von Partnergewalt unter Frauen zwischen 18 und 44 Jahren macht – so eine Studie aus Australien – 7% der gesamten Krankheitslast für diese Altersgruppe aus und stellt damit einen größeren Risikofaktor für eine schlechtere Gesundheit dar als etwa die Risikofaktoren hoher Blutdruck, Nikotinkonsum oder Adipositas (Vos, Astbury, et al. 2006).

Der von der WHO veröffentlichte internationale Bericht zu Gewalt und Gesundheit (Krug, Dahlberg, et al. 2002) resümiert die Ergebnisse aus verschiedenen Studien und kommt zu dem Schluss, dass

- die Auswirkung der Misshandlung länger andauern kann, auch wenn die Misshandlung selbst bereits beendet wurde,
- sich die Wirkung auf die physische und mentale Gesundheit der Frauen mit der Schwere der Misshandlung verstärkt und
- verschiedene Gewaltformen und multiple Gewaltepisoden im zeitlichen Verlauf kumulativ wirken.

Aufgrund der empirischen Erkenntnisse zu Prävalenz und Gesundheitsfolgen hat die WHO Gewalt gegen Frauen als besonderes gravierendes Risiko für deren Gesundheit erklärt und räumt dem Problem eine hohe Priorität ein. Nachfolgend werden die Gesundheitsfolgen analog der Systematisierung aus Abbildung 2-1 ausgeführt und der derzeitige Erkenntnisstand referiert.

Körperliche Verletzungen

Typische und sichtbare Folgen von physischer Gewalt sind direkte körperliche Verletzungen wie Hämatome, Prellungen, Würgemale, Stich- und Hiebverletzungen, Schnitt-, Platz-, Riss- und Brandwunden, Frakturen und Rupturen. Häufig beschrieben werden Kopf-, Gesichts-, Nacken-, Brust-, Armverletzungen, Frakturen insbesondere des Nasenbeins, Arm- oder Rippenbrüche, Trommelfellverletzungen, Kiefer- und Zahnverletzungen. Am häufigsten treten diese Verletzungen im Bereich des Kopfes und/oder des Oberkörpers auf (Hellbernd, Brzank, et al. 2004; Halpern, Susarla, et al. 2005; Campbell, Laughon, et al. 2006; Feder, Ramsay, et al. 2009; Wu, Huff, et al. 2010).

Je nach Art der Verletzungen können langfristige funktionelle Beeinträchtigungen, Chronifizierung oder bleibende Behinderungen entstehen wie Einschränkungen der Seh-, Hör- und Bewegungsfähigkeit (Muelleman, Lenaghan, et al. 1996; Fanslow, Norton, et al. 1998; Campbell 2002; Campbell, Jones, et al. 2002; Campbell, Laughon, et al. 2006), insbesondere dann, wenn eine zeitnahe und adäquate Behandlung ausbleibt. Ein frühzeitiges Erkennen gewaltbedingter Gesundheitsfolgen und die Identifizierung von Gewaltopfern kann der zeitnahen Therapie dienen (siehe Kapitel 2.5).

(Psycho)Somatische Beschwerden

Andauernde Partnergewalt zwingt Betroffene zu einem Leben in ständiger Angst vor dem nächsten, unkalkulierbaren Gewaltausbruch (Brückner 1998). Gewaltbetroffene Frauen leiden unter fortdauernder psychischer Anspannung, Angst und Verunsicherung, die sich als Stressreaktion in psychosomatischen Beschwerdebildern und chronischen Erkrankungen niederschlagen und sich gravierend auf die psychische wie psychosomatische Gesundheit der Betroffenen auswirken können (McCauley, Kern, et al. 1995; Campbell 2002).

(Psycho)Somatische Beschwerden sind als Folge von Partnergewalt gegen Frauen belegt (McNutt, Carlson, et al. 2002) und werden auch von den betroffenen Frauen ursächlich mit Gewalt in Verbindung gebracht. So berichteten die von körperlichen und/oder sexuellen Partnergewalthandlungen betroffenen Frauen insbesondere von Schmerzsyndromen wie Kopf-, Rücken-, Brust- und Unterleibsschmerzen (Muelleman, Lenaghan, et al. 1998; Coker, Smith, et al. 2000; Campbell, Jones, et al. 2002; Campbell, Laughon, et al. 2006; Feder, Ramsay, et al. 2009; Wuest, Ford-Gilboe, et al. 2009), Magen-Darm-Störungen (Drossman, Talley, et al. 1995; Leserman, Li, et al. 1997), Übelkeit, Brechreiz, Atemnot und Essstörungen.

Psychische Störungen

Besonders gravierend – weil häufig und vielfältig berichtet – sind psychische Störungen als Auswirkungen von Partnergewalt (vgl. Brzank & Hellbernd 2006; Hegarty 2011). Beschrieben werden insbesondere Depression, Angst- und Panikattacken, Nervosität, Schlafstörungen, Konzentrationsschwäche, Angst vor Nähe und Intimität, der Verlust von Selbstachtung und Selbstwertgefühl (Ratner 1993; Campbell 1998; Hathaway, Mucci, et al. 2000; Müller & Schröttle 2004; Stith, Smith, et al. 2004; Brzank, Hellbernd, et al. 2005; Martin, Li, et al. 2006; Helfrich, Fujiura, et al. 2008; Sarkar 2008; Feder, Ramsay, et al. 2009). Studien zeigen, dass 29% der Frauen, die einen Suizidversuch unternommen haben, Gewalt erfahren hatten (Stark & Flitcraft 1995), 37% der von Gewalt betroffenen Frauen unter Depressionen leiden (Gelles & Straus 1988; Houskamp & Foy 1991), 46% mit Angst- und Panikattacken (Gelles & Harrop 1989) und 45% mit posttraumatischen Belastungsstörungen (PTSD) reagieren (Houskamp & Foy 1991). Bei vergewaltigten Frauen liegt die Prävalenz von PTSD bei 50% (Herman 1993; Kessler, Sonnega, et al. 1995; Hackhausen 2003). Aufgrund von sexuellen Gewalterfahrungen in der Kindheit, Vergewaltigung und sexueller Nötigung sowie Gewalt in der Partnerschaft gilt für Frauen ein wesentlich höheres Risiko für PTSD im Vergleich mit Männern (Hackhausen 2003; Hapke, Rumpf, et al. 2003;

Hapke, Schumann, et al. 2003). Die Gefahr eines chronischen Verlaufs wird bei Frauen als viermal höher eingeschätzt (Teegen 2000).

Als posttraumatische Belastungsstörung werden die Reaktionen auf das Erleben von traumatischen Ereignissen zusammengefasst. Eine PTSD wird durch die Systemtrias von Intrusion (flaschbacks), erhöhtem Erregungsniveau und Konstriktion (Rückzug) bestimmt (Biesold & Barre 2003: 216ff). Nach Judith Herrmann (1993) können andauernde Traumata in engen sozialen Beziehungen zu einer massiven Bedrohung der körperlichen, sexuellen und psychischen Integrität führen und einen Verlust der Selbstkontrolle über den eigenen Körper und des Vertrauens in die Welt und zum eigenen Selbst zur Folge haben. So zeigt sich bei PTSD häufig ein negatives Selbstwertgefühl, Selbstentwertung, Scham- und Schuldgefühle, Schwierigkeiten, soziale Beziehungen herzustellen oder zu halten, Unerträglichkeit von Berührungen oder Nähe. Unter PTSD-Leidende kennen keinen Entspannungszustand, so dass neben Unruhe und Schlaflosigkeit zahlreiche somatische Beschwerden (z.B. Essstörungen, Zittern, Atembeklemmungen, Kopfschmerzen, Durchfall und Unterleibsbeschwerden) auftreten können. Die Symptome, die mit dem traumatisierenden Ereignis und gesundheitlichen Problemen einhergehen, sind als Anpassungs-, Schutz- und Überlebensstrategien zu verstehen. Die gesundheitliche Integrität kann auch durch den sozialen Rückzug und die eingeschränkten Kommunikationsmöglichkeiten beeinträchtigt sein. Depressive Stimmungen, Sinnverlust, Angst, Besorgnis lassen ein Gefühl entstehen, nicht mehr voraus planen zu können oder die Anforderungen im Beruf und Alltag nicht bewältigen zu können (Herman 1993). Für PTSD ist eine hohe Komorbiditätsrate von ca. 90% mit anderen psychischen Störungen – vor allem mit Depressionen, Angsterkrankungen, Antriebsstörungen und Sucht – belegt (Biesold & Barre 2003: 216f ; Hackhausen 2003: 46).

Als dauernde Persönlichkeitsstörung aufgrund von traumatisierenden Gewalterfahrungen werden Borderline-Störungen, Multiple Persönlichkeiten (dissoziative Identitätsstörungen) und selbstverletzendes Verhalten genannt (Sachsse 1996). Insbesondere bei lang andauernden Gewaltsituationen kann es zu chronifizierten, komplexen posttraumatischen Belastungsstörungen kommen (Reddemann & Sachsse 2000). In dem HTA-Bericht von Gene Feder et al. wird auch der Zusammenhang von Partnergewalt mit Suizidalität und PTSD sowie die Assoziation zwischen der Intensität (Schwere und Frequenz) sowie Dauer der Partnergewalt mit der Prävalenz als auch dem Level an Depressionen und PTSD belegt (Feder, Ramsay, et al. 2009).

In der regressionsanalystischen Betrachtung einer US-amerikanischen Studie zu Gewalt gegen Frauen und Männer (N=7.700) schlussfolgern Alfred DeMaris und Catherine Kaukinen (2005), dass schwere physische Gewalt einen hohen Einfluss auf die mentale Gesundheit von weiblichen Opfern hat. Weitaus mehr aber führt die Tatsache, dass der Täter aus dem engen sozialen Umfeld kommt – wie bei Intimer Partnergewalt – zum Ausbilden stärkerer Depressionssymptome, als wenn der Täter eher flüchtig oder gar nicht bekannt ist.

Sind Frauen keinen weiteren Gewalthandlungen mehr ausgesetzt, so reduzieren sich auch die Symptome von Depression und PTSD. Die Prävalenz von PTSD liegt einem Review zu folge (Levendosky, Eye, et al. 2008) zwischen 31% bis 84% unter den Opfern von Partnergewalt, die Hilfe bei Gesundheitsversorgungs-, Zufluchts- oder Gemeindeeinrichtungen suchten (vgl. auch Jones, Hughes, et al. 2001).

Bislang werden posttraumatische Belastungsstörungen in Deutschland hauptsächlich als Reaktion auf sexuelle Gewalt diskutiert. Im Zusammenhang mit Partnergewalt erleben Frauen psychische Traumata, die ebenfalls zu PTSD führen können. Wie viele Frauen mit häuslicher Gewalterfahrung unter PTSD leiden, ist bislang für Deutschland noch nicht umfassend untersucht worden. Eine Studie unter Frauenhausbewohnerinnen (N=27) kommt zu einer PTSD-Prävalenz von 77,8% (Gomolla 2009: 95).

Bei der Erforschung der gesundheitlichen Folgen stehen seit etwa 2005 umfassendere Analysen und Modelle im Fokus. So weisen etwa Mary Ann Dutton, Bonnie Green, Paula Schnurr und andere auf die besondere (Aus)Wirkung von PTSD hin, die nicht nur als psychische Störung die Gesundheit beeinträchtigen, sondern auch als Mediator ebenso negativ auf die physische Gesundheit wirken und mit einem negativen Gesundheitsverhalten evident korrelieren wie Substanzmittelkonsum oder -missbrauch (Nikotin, Alkohol, Drogen und Lebensmittel) sowie einem Mangel an präventiven Maßnahmen (körperliche Aktivität, Diät, Safer Sex und reguläre Gesundheitsvorsorge); PTSD erhöhen auch das Risiko von Reviktimisierung (Dutton, Green, et al. 2006). Auch zeigten Schnurr und Green (2004) die stressbedingten Veränderungen des neurobiologischen Systems durch PTSD auf: ein erhöhter Cortisolspiegel führt zur einem erhöhtem Blutdruck und wirkt negativ auf das Immunsystem und die Entzündungshemmung; PTSD sind darüber hinaus mit Veränderungen der Hirnstruktur und -funktion sowie des Nervensystems assoziiert.

Einen Mediatoreffekt von Stress auf den Zusammenhang zwischen Misshandlung und physischer Gesundheit sowie Depressionslevel von gewaltbetroffenen Frauen wurde anhand eines Strukturgleichungsmodells nachgewiesen (Sutherland, Bybee, et al. 2002). Die Autoren folgen damit den Erkenntnissen der früheren Stressforschung, die den negativen Effekt von Stress auf die Gesundheit und das Wohlbefinden allgemein dargelegt hat (Lazarus & Folkman 1984). Ein hoher Level an Stress kann zu einem psychologischen Distress wie z.B. einer Depression führen. Die komplexen Beziehungen zwischen Misshandlung, Stress und der Gesundheit von Frauen sind bislang jedoch kaum erforscht, so dass die Wirkungspfade zwischen Misshandlung und Gesundheit nicht bekannt sind.

Gesundheitsgefährdende Überlebensstrategien

Neben diesen psychischen Folgen wird in den o.g. Studien die große Überschneidung von Gewalterfahrung und Substanzmittelkonsum gezeigt. Nach Diane Follingstad et al. (1988) ist ein Substanzmittelkonsum bei Partnergewalt im Verhaltensspektrum zwischen Depression und Selbstschädigung anzusiedeln. Wobei der Konsum in einem direkten Zusammenhang mit PTSD zu stehen scheint. Der Konsum von beruhigenden, berauschenden oder realitätsverändernden Substanzen wie Nikotin, Alkohol, Medikamenten und Drogen kann als eine Art der ‚Selbstmedikation' der inneren Flucht, dem Verdrängen und Vergessen dienen und stellt eine Form des Copings – insbesondere bei PTSD – dar (Vogt 1999; Wingood, DiClemente, et al. 2000; Bischof & John 2002; McNutt, Carlson, et al. 2002; Zenker 2002; vgl. Hapke, Schumann, et al. 2003; Sarkar 2008; Feder, Ramsay, et al. 2009; vgl. WHO o.J.) Im Vergleich mit Frauen ohne Gewalterfahrung haben die von Partnergewalt betroffenen Frauen ein 3,6- bis 3,8fach höheres Risiko für einen derartigen Substanzmittelkonsum (Jones, Hughes, et al. 2001). Eine Literaturübersicht kam zu dem Ergebnis, dass weibliche im Vergleich mit männlichen Substanzmittelmissbrauchenden häufiger von Gewalt in der Kindheit oder im Erwachsenenalter betroffen waren. Substanzmittelkonsum – so die Autoren – kann als Coping-Strategie im Umgang mit diesen negativen psychologischen Effekten verstanden werden (Gutierres & Van Puymbroeck 2006). Bei einem kontinuierlichen Konsum dieser Substanzen kann sich ein ausgeprägtes Suchtverhalten entwickeln. Belegt ist ebenfalls selbstverletzendes Verhalten (Boyle & Todd 2003).

Die deutsche Repräsentativbefragung kommt zu dem Ergebnis, dass je nach Gewaltform 10% bis 20% der betroffenen Frauen auf Substanzmittel oder Medikamente zurückgegriffen haben. Beruhigungs- und Schlafmittel sowie Alkohol wurden am häufigsten konsumiert (Müller & Schröttle 2004).

In diesem Kontext ist die gängige geschlechtsspezifische Verschreibungspraxis von psychotropen Medikamenten (vgl. Kuhlmann & Kolip 2005: Kapitel 5) kritisch zu betrachten: Im Zusammenhang mit erlebter Gewalt können diese Mittel dazu führen, dass Frauen „Schlucken und Schweigen“ (Ernst & Füller 1988) und ihre Situation so weiterhin ertragen (können), statt aktiv und mit Unterstützung nach Wegen aus der Gewalt(beziehung) zu suchen. Die meisten gewaltbetroffenen Frauen erhalten laut Elaine Hilberman und Kit Munson (1977, 1978) sowie John Gayford (1975) zeitweise oder ununterbrochen Sedative, Tranquilizer und/oder Antidepressiva (vgl. Follingstad, Neckerman, et al. 1988). In einer neueren Studie zum Medikamentenkonsum unter Frauen, die von Partnergewalt betroffen waren, nahm nahezu die Hälfte der Studienteilnehmerinnen Schmerz- und/oder andere psychotropische Medikamente, davon etwa ein Drittel

Antidepressiva. Der Konsum unterschied sich deutlich von dem in der allgemeinen Bevölkerung (Wuest, Merritt-Gray, et al. 2007).

Gewalt kann bei betroffenen Frauen auch dazu führen, dass die Beziehung zum eigenen Körper grundlegend gestört ist. Grenzen können nicht formuliert werden, da sie kontinuierlich überschritten und somit nicht mehr gespürt werden. Daher ist als Folge von Gewalt bei Frauen ein risikoreiches Sexualverhalten möglich wie z.B. der ungeschützte Sexualverkehr, der sexuell übertragbare Krankheiten und ungewollte Schwangerschaften nach sich ziehen kann (Coker 2007; Hanson 2010).

Auswirkungen auf die reproduktive Gesundheit und Schwangerschaften

Beeinträchtigungen der reproduktiven Gesundheit und Schwangerschaften sind vor allem als Folge von sexueller und physischer Gewalt zu finden (vgl. Hellbernd & Brzank 2006) wie vaginale Verletzungen und Blutungen, Harnwegsinfektionen, sexuell übertragbare Erkrankungen, HIV/Aids, Störungen der Menstruation und Beeinträchtigungen der sexuellen Autonomie, erhöhtes Risiko für ungewollte Schwangerschaft und vermehrte Zahl an Schwangerschaftsabbrüchen (Schmuel & Schenker 1998; Campbell 2002; Holmes & Mayer 2003; Coker 2007; Mark, Bitzker, et al. 2007; Sarkar 2008). Schwangere Frauen, die Gewalthandlungen oder Drohungen erleiden, sind einer direkten Gefährdung und einem enormem Belastungsstress ausgesetzt, so dass es während der Schwangerschaft als auch bei der Geburt zu Komplikationen und Retraumatisierung kommen kann (Müller & Schröttle 2004: 153). Studien zeigen, dass gewaltbetroffene Patientinnen in geringerem Umfang präventive Maßnahmen in Anspruch nehmen und sich im Fall einer Schwangerschaft später zur Vorsorge anmelden (Jasinski 2004). Eine späte Inanspruchnahme der Vorsorge korreliert mit negativen Auswirkungen für das Un- und Neugeborene. Berichtet werden Früh- und Fehlgeburten sowie ein geringes Geburtsgewicht als Folgen häuslicher Gewalt (McFarlane, Parker, et al. 1996; Curry & Harvey 1998; Campbell, Torres, et al. 1999; Cokkinides, Coker, et al. 1999; Sarkar 2008). Im Vergleich zu Frauen ohne Misshandlungserfahrungen zeigen sich für von Partnergewalt betroffene Frauen folgende erhöhte Risiken: 1,6- bis 2,7fach für eine Fehlgeburt und 3,7fach für eine Todgeburt (Boy & Salihu 2004), 4fach für eine Frühgeburt (Schmuel & Schenker 1998) und 1,4fach für ein niedriges Geburtsgewicht (Murphy, Schei, et al. 2001). Bei der bundesweiten Repräsentativuntersuchung gaben 3% der befragten Frauen an, aufgrund körperlicher (3,3%) und sexueller Gewalt (3,4%) Fehlgeburten erlitten zu haben (Müller & Schröttle 2004: 56).

Körperliche Verletzungen während der Schwangerschaft sind vor allem im Brust-, Unterleib und Genitalbereich zu finden (Boy & Salihu 2004). Zu den spezifischen Folgen gehören Plazentaablösungen, Uterusrupturen und Frakturen beim Fötus (Holmes & Mayer 2003; Boy & Salihu 2004). Sowohl die neonatale Sterblichkeit als auch das Stillen des Neugeborenen wird signifikant von Gewalt gegen die schwangere Frau beeinflusst (Sarkar 2008). Einer Metaanalyse zufolge, lag die fetale Mortalitätsrate bei Partnergewalt in der Schwangerschaft bei 16 auf 1000 Geburten (Boy & Salihu 2004). Frauen, die während der Schwangerschaft Gewalt durch den Partner erlitten, hatten ein 3fach höheres Risiko, von ihrem Partner getötet zu werden, als Frauen ohne Partnergewalt (McFarlane, Parker, et al. 1995; McFarlane, Campbell, et al. 2002; Boy & Salihu 2004) (siehe Kapitel 2.1). Von Partnergewalt betroffene Frauen konsumieren auch während einer Schwangerschaft häufiger als Frauen ohne Gewaltwiderfahrnisse Substanzmittel oder waren untergewichtig (Boy & Salihu 2004).

Tödliche Folgen

Gewalt kann in der letzten Konsequenz zum verletzungsbedingten Tod, Tötung, Mord oder Selbstmord führen (Campbell 1994; McFarlane, Parker, et al. 1995; McFarlane, Campbell, et al. 2002). Aussagen von betroffenen Frauen zeigen, dass ihre gewalttätigen Partner nicht vor einem Mord zurückschreckten (vgl. Glammeier, Müller, et al. 2004). Gerade in Trennungsphasen ist das Risiko, getötet zu werden für Frauen besonders hoch (siehe Kapitel2.1).

2.3.2 Folgen für die Kinder

Partnergewalt gegen Frauen kann sich direkt und indirekt als intergenerationale Übertragung auf Kinder auswirken und deren Leben langfristig beeinträchtigen.

Direkte Auswirkungen

Erleben Mütter in ihrer Partnerschaft Gewalt, so sind ihre Kinder in verschiedener Weise immer mit betroffen z.B. aufgrund der eingeschränkten Erziehungsfähigkeit der Eltern (Kavemann 2002; Heynen 2003b; Kavemann 2006). Kinder können direkte oder indirekte Zeugen der Gewalthandlung sein, in die Tätlichkeiten involviert oder selbst misshandelt werden. Die Misshandlung von Kindern geht häufig einher mit der Misshandlung der Mutter durch ihren Partner; es zeigt sich eine Überschneidung von 30% bis 60% (DHHS 2003; Löbmann & Herbers 2005).

Das Miterleben von Gewalt gegen die Mutter bleibt nicht ohne negative Auswirkungen auf die Kinder. Heinz Kindler (2008) fasst zusammen, „dass Kinder fast durchgängig mit Angst, Mitleid, Belastung und Hilflosigkeit auf miterlebte Partnergewalt reagieren". Betroffene Kinder haben ein hohes Risiko für das Ausbilden verschiedener emotionaler Störungen oder Verhaltensauffälligkeiten wie Ängste, Depressionen, geringes Selbstwertgefühl, Hyperaktivität, Unruhe, Konzentrationsschwierigkeiten, schlechtes Erinnerungsvermögen verbunden mit verminderten Schulleistungen, Alpträume, Gefühllosigkeit und Distanz, Rückzug in die Phantasiewelt sowie das Ausbilden von physischen Gesundheitsfolgen (Lemmey, Malecha, et al. 2001; Krug, Dahlberg, et al. 2002; McFarlane, Groff, et al. 2003; Griffing, Lewis, et al. 2006; Köhlmeier & Amann 2006). Zum Teil sind bei ihnen ähnliche Gesundheitsstörungen zu beobachten wie bei Kindern, die selbst misshandelt werden (Edleson 1999).

Carol Hagemann-White und Barbara Kavemann beschreiben, warum bereits das Miterleben von Gewalt gegen die Mutter derartige Folgen für die Gesundheit und Entwicklung der Kinder haben kann (1981: 176): „Sehr früh begreifen die Mädchen und Jungen Mißhandlungen als Willkür, der jeder Anlass recht ist. Das Wissen, dass das eigene Verhalten Anlass bieten kann, zwingt dazu, alles zu vermeiden, was falsch sein könnte, sich zu kontrollieren, sich einzuschränken. Dazu ist die Erfahrung, selbst geschlagen zu werden, gar nicht nötig."

In US-amerikanischen Studien wird der Zusammenhang zwischen dem Miterleben von Partnergewalt gegen die Mutter und der Ausbildung von PTSD bei Kindern belegt (Kilpatrick & Williams 1997; Edleson 1999; Edleson, Mbilinyi, et al. 2003; vgl. Dlugosch 2010: 61). Auch Philomena Strasser (2006) findet in ihren qualitativen Untersuchungen mit Kindern gewaltbetroffener Frauen Belege für eine Traumatisierung. Sekundäre (bezeugte) und primäre (selbsterfahrene) Viktimisierung von bzw. durch Partnergewalt gegen die Mutter waren einer Studie zufolge signifikant assoziiert mit Verhaltensauffälligkeiten der Kinder (Hughes, Parkinson, et al. 1989). Ein systematischer Review zum Zusammenhang von Partnergewaltexposition in der Kindheit und physischer Gesundheit belegt die mit einer sekundären Viktimisierung einhergehenden höheren Wahrscheinlichkeit von einem risikoreichen Gesundheitsverhalten im Erwachsenenleben (Bair-Merritt, Blackstone, et al. 2006).

In der umfangreichen US-amerikanischen „Adverse Childhood Experiences"-Studie (ACE-Study)[15] unter 9.508 Erwachsenen wird ebenfalls ein signifikanter Zusammenhang zwischen traumatisierenden Kindheitserfahrungen – wie

[15] Mehr Informationen zur „The Adverse Childhood Experiences (ACE) Study" unter: http://www.acestudy.org/ (09.08.11).

z.B. Partnergewalt gegen die Mutter – und einem risikoreichen Gesundheitsverhalten sowie einer erhöhten Morbidität im Erwachsenenalter nachgewiesen. Psychische und somatische Beschwerden und Erkrankungen wie Depression, Suizid, Schlaganfall, koronare Herzerkrankung, Diabetes, Hepatitis, Lungenerkrankungen etc. korrelierten mit hohen Kindheitsbelastungen (Felitti, Anda, et al. 1998).

Diese Auswirkungen auf die Gesundheit der Kinder finden ihren Niederschlag in der Inanspruchnahme von Gesundheitsleistungen. Nach einer US-amerikanischen Kohorten-Studie war bei Kindern, deren Mütter Gewalt durch den Partner erlebt hatten, im Vergleich mit Kindern nichtbetroffener Mütter eine höhere Inanspruchnahme von sowie höhere Ausgaben für Leistungen der Gesundheitsversorgung zu beobachten, selbst dann, wenn die Mütter den misshandelnden Partner bereits vor der Geburt des Kindes verlassen hatten (Rivara, Anderson, et al. 2007b).

Indirekte Auswirkung, intergenerationale Übertragung

In der Literatur gibt es zahlreiche Hinweise auf eine familiäre Übertragung von Gewalterfahrung über Generationen hinweg. Es liegen Studien vor, die einen Zusammenhang zwischen dem eigenen Gewalterleben als Kind oder der beobachteten Gewalt gegen die Mutter und späterer Täter- oder Opferrolle zeigen (Black, Schumacher, et al. 1999; Krug, Dahlberg, et al. 2002; Bensley, Van Eenwyk, et al. 2003; Watson & Parsons 2005; Black, Hausmann, et al. 2009). Vermutet wird, dass erlittenes oder beobachtetes Verhalten zum einen ‚erlernt' und reproduziert wird, zum anderen zu einer verminderten eigenen Stärke, geringen eigenen Ressourcen und verringerter Fähigkeit zur Abgrenzung führt.

In der deutschen Repräsentativstudie erlitten Frauen, die Gewalt bereits in der Herkunftsfamilie entweder beobachtet oder selbst erfahren hatten, zwei bis dreimal häufiger Gewalt durch einen (Ex)Partner gegenüber Frauen, in deren Herkunftsfamilie nach eigenen Angaben keine körperliche Gewalt ausgeübt wurde (Müller & Schröttle 2004). Zu diesem Ergebnis kommt auch eine US-amerikanische Repräsentativstudie: Demnach waren Frauen, die in ihrer Kindheit Gewalt mit oder Misshandlung selbst erlebt hatten, im Erwachsenenalter für Gewalt durch den Intimpartner vulnerabler (Demaris & Kaukinen 2005).

Die Schülerbefragungen des Kriminologischen Forschungsinstituts Niedersachsen (KFN) zeigen ebenfalls direkte und indirekte Zusammenhänge zwischen erlebter und bezeugter Gewalt in der Kindheit und gewaltbereitem Verhalten in späteren Jahren auf: Zum einen liegt ein Befund für einen signifikanten Effekt innerfamiliärer Gewalterfahrung in der Kindheit mit Gewaltbereitschaft im Jugendalter vor, zum anderen ist eine signifikante Korrelation zwischen der beobachteten Partnergewalt der Eltern und der Gewalttätigkeit der jugendlichen Kinder zu finden (Wilmers, Enzmann, et al. 2002:228) Martin Schwartz folgert aus der Tatsache, dass Kinder, die in einer gewalttätigen Familie aufwuchsen, dazu tendieren, eine problematische Entwicklung zu nehmen. Die Partnergewalt gegen Frauen zu bekämpfen sei die beste Prävention für eine spätere Delinquenz im jugendlichen Alter (Schwartz 2005).

2.3.3 Sozioökonomische Folgen

Partnergewalt gegen Frauen führt nicht nur zu gravierenden Gesundheitsfolgen, sondern auch zu einschneidenden sozialen und ökonomischen Veränderungen im Leben der Frauen und des Kindes oder der Kinder. Es entstehen erhebliche soziale und ökonomische Kosten in verschiedenen gesellschaftlichen Bereichen und Ebenen (Teilsystemen), die im Folgenden näher erläutert werden.

Erwerbssituation

Angesichts der gravierenden Auswirkungen von Partnergewalt auf die Gesundheit und das Gesundheitsverhalten der Betroffenen liegt ein Zusammenhang mit Problemen in der Erwerbstätigkeit nahe. Berichtet wird in internationalen Studien, dass es gewaltbetroffenen Frauen aufgrund der belastenden Stresssituation und dem verminderten Selbstwertgefühl schwer fallen kann, eine Arbeitsstelle zu bekommen, die dort anfallenden Erfordernisse zu erfüllen und die Stelle zu behalten (Lloyd & Taluc 1999; McFarlane, Malecha, et al. 2000; Swanberg & Macke 2006; Crowne, Juon, et al. 2010). Arbeitsplatzprobleme können durch Unpünktlichkeit, Abwesenheit, Krankheit sowie eingeschränkte Arbeitsbelastung entstehen. Erschwert wird die Erwerbssituation der Frauen, wenn ihre gewalttätigen Partner sie davon abhalten, arbeiten zu gehen oder sie persönlich bzw. telefonisch auf ihrer Arbeitsstelle belästigen und bedrohen (Lloyd & Taluc 1999; Barnett 2000; McFarlane, Malecha, et al. 2000; Swanberg & Macke 2006; Crowne, Juon, et al. 2010). Nach einer US-amerikanischen Studie war die mittlere Abwesenheitsrate unter gewaltbetroffenen Beschäftigten um 30% höher als bei Vergleichspersonen (Urban 2000). In der Erwerbsbiografie von Frauen, die Gewalt durch den Partner erlitten hatten, zeigten sich häufiger Phasen von Arbeitslosigkeit. Insgesamt kommt es bei gewaltbetroffenen Frauen zu jährlichen Einkommenseinbußen von etwa 18 Mio. USD (Moe & Bell 2004). In den USA – so wird vom Centers for Disease Control and Prevention (CDC) geschätzt – verlieren Opfer von schwerer Partnergewalt insgesamt etwa 8 Mio. bezahlte Arbeitstage sowie 5,6 Mio. Haus- und Familienarbeitstage im Jahr (NCIPC 2003).

Auswirkungen auf die Arbeitssituation (Krankschreibungen, Wechsel des Arbeitsplatzes oder Kündigung) wurden von den Frauen der deutschen Repräsentativstudie berichtet. Ihren alltäglichen Aufgaben konnten etwa 20% der Frauen aufgrund von Gewalt nicht mehr im gewohnten Maße nachgehen (Müller & Schröttle 2004).

Für Deutschland zeigen sich in der Statistik der Frauenhausbewohnerinnen (N=9.602) die Auswirkungen von Gewalt auf die Erwerbstätigkeit: Waren es im Jahr 2004 insgesamt 22% der Frauenhausbewohnerinnen, die vor dem Aufenthalt im Frauenhaus ein eigenes Einkommen in Form von Gehalt oder Lohn hatten, so sank der Anteil der Erwerbstätigen während des Aufenthaltes auf 16%. Somit verringerte sich die Erwerbstätigenrate unter den Bewohnerinnen um 6 Prozentpunkte (Bordt, Haag, et al. 2006).

Erwerbslosigkeit hat nach den Ergebnissen der Public Health-Forschung einen Einfluss auf die Gesundheit, Gesundheitsrisiken und Gesundheitschancen. Ungeklärt ist, ob Erwerbslosigkeit zu einem erhöhten Krankheitsrisiko (Kausalitätshypothese) oder aber Krankheit zu einem erhöhten Arbeitslosigkeitsrisiko (Selektionshypothese) führt. Erwiesenermaßen führt Arbeitslosigkeit zu einer höheren Mortalitätsrate und zu Störungen der physischen sowie seelischen Gesundheit und verursacht eine höhere Inanspruchnahme von Leistungen in der Gesundheitsversorgung (Mathers & Schofield 1998; Grobe & Schwartz 2003; Lange & Lampert 2005).

Armut

Partnergewalt bedeutet für Frauen häufig einen sozialen Abstieg verbunden mit einem hohen Armutsrisiko, denn Gewalt führt oftmals zu einer Veränderung der familiären Beziehungen, sei es, dass Frauen sich aufgrund der vorausgegangen häuslichen Gewalt zu einer Trennung von dem gewalttätigen Partner entschließen oder aber die Gewalthandlungen mit einer Trennung vom Partner beginnen. In der deutschen Repräsentativstudie gaben 25% bis 30% der Opfer an, die Gewalthandlung habe zu einer Trennung vom Partner geführt (Müller & Schröttle 2004). Damit verändern sich auch die Einkommensquellen für Frauen. Die Statistiken der Frauenhäuser zeigen, dass 44% der Frauen vor dem Aufenthalt im Frauenhaus vom Unterhalt oder Einkommen des Partners und 21% von Sozialhilfe lebten. Mit dem Aufenthalt im Frauenhaus sinkt der Anteil der Frauen, die vom Partnereinkommen leben um 37 Prozentpunkte auf 6,7% und die Rate der

Sozialhilfeempfängerinnen steigt um 31 Prozentpunkte auf 67,9% (Bordt, Haag, et al. 2006).

Nach dieser Statistik hatten 68% der Bewohnerinnen Kinder. Die Mehrzahl der Zufluchtsuchenden (69%) ging nicht zurück zu dem gewalttätigen Partner, sondern begann ein neues Leben z.B. als allein erziehende Mutter (Bordt, Haag, et al. 2006). Allein erziehende Frauen sind nachweislich von einem besonderen Armutsrisiko betroffen (Schneider, Krüger, et al. 2001; BMGS 2005), auch weil gewalttätige (Ex)Partner weniger Alimente für die Kinder zahlen (Barnett 2000). Erwiesen ist, dass allein erziehende im Vergleich mit verheirateten Müttern eine höhere Morbidität aufweisen: Sie berichten häufiger von Schmerzsyndromen, psychosomatischen Beschwerden, emotionalen und psychischen Befindlichkeitsstörungen, von einem höheren Substanzmittelkonsum und schätzen ihren Gesundheitszustand schlechter ein (Helfferich, Hendel-Kramer, et al. 2003; Lampert, Saß, et al. 2005).

Angesichts der Auswirkungen auf Beziehungsstrukturen und Arbeitssituationen sowie unter Berücksichtigung von z.T. chronifizierten Gesundheitsfolgen, die zu einer Verarmung führen können, ist davon auszugehen, dass Gewalt in der Konsequenz Armut verursachen kann. Evidenz besteht in der Sozialepidemiologie darüber, dass Armut zu einem schlechteren gesundheitlichen Outcome führt (Marmot 2001; WHO 2002; Lampert, Saß, et al. 2005; CSDH 2007). So entsteht ein folgenschwerer Kreislauf für die Gesundheit und das Wohlbefinden der von Partnergewalt betroffenen Frauen.

Wohnsituation

Partnergewalt kann auch zur Wohnungslosigkeit führen. Andauernde gewalttätige Auseinandersetzungen können z.B. das Verhältnis zu Nachbarn oder Vermieter beeinträchtigen und die Kündigung nach sich ziehen oder gewaltbetroffene Frauen flüchten aus der Wohnung und geben diese damit auf (vgl. Barnett 2000; Baker, Cook, et al. 2003; Baker, Niolon, et al. 2009).

In der deutschen Repräsentativstudie nannte etwa jede zehnte Frau einen Umzug als Folge von Gewaltsituationen (Müller & Schröttle 2004). Im Jahr 2006 ging hierzulande der Wohnungslosigkeit von Frauen nach Schätzungen der Bundesarbeitsgemeinschaft Wohnungslosenhilfe (BAG W) in 25% der Fälle eine Scheidung bzw. Trennung vom Partner voraus (Rang 1) und in 19% der Fälle liegt akute Gewalt durch den Partner (Rang 2) oder durch Dritte (Rang 3) ursächlich zu Grunde (BAG W 2008: 26). In einem Modellprojekt mit wohnungslosen Frauen berichteten bis zu 83% von Gewalterfahrungen (Enders-Dragässer 2002). Als Wohnungslose – ohne geeignete Schutzräume und alternative Handlungsoptionen – geraten Frauen häufig wieder in gewalttätige Beziehungen, so dass vermutet wird, dass der Anteil gewaltbetroffener Frauen unter den Wohnungslosen bei 90% liegt (Enders-Dragässer, Sellach, et al. 2000). Auch wenn mit dem Gewaltschutzgesetz[16] mittlerweile ein Instrument zur Verfügung steht, mit dem Opfer nach erlittener Gewalt in der Paarbeziehung in der gemeinsamen Wohnung verbleiben können, so wissen viele Betroffene nicht von dieser Möglichkeit oder aber wollen nicht davon Gebrauch machen, denn die Bedrohung durch den (Ex)Partner wird nicht zwangsläufig durch eine Wohnungszuweisung gestoppt (Löbmann & Herbers 2005). Trotz der Einführung des Gewaltschutzgesetzes hat Gewalt als Auslöser für die Wohnungslosigkeit von Frauen im Vergleich des Jahres 2006 mit 2004 noch zugenommen (BAG W 2008: 26).

2.3.4 Potenzierende Effekte

Die negativen Effekte der sozioökonomischen Auswirkungen kumulieren mit den gesundheitlichen Folgen zu einem beachtlichen Stress, der die Betroffenen weiter stark beeinträchtigt. Pearlin spricht von „wucherndem Stress (*stress proliferation*)“ und beschreibt damit ein Phänomen, in dem gravierende Stressoren weiteren Stress im Lebensverlauf erzeugen und als Sekundärstressoren weitaus mehr die Gesundheit beeinträchtigen können als der initiale, primäre Stressor (Pearlin, Schieman, et al. 2005).

In der Stressforschung wurde der Zusammenhang zwischen Stress und dem psychischen wie physischen Gesundheitsstatus sowie Wohlbefinden nachgewiesen (Lazarus & Folkman 1984; Elliott 1995; Pearlin 2003). Für den Kontext von Intimer Partnergewalt argumentieren Cris Sullivan und Kolleginnen (2002), dass die gewaltbedingten Verletzungen allein nicht das komplexe Spektrum von berichteten physischen Gesundheitssymptomen, chronischen Gesundheitsproblemen, Depressionen oder Ängstlichkeit erklären können. Anhand einer Strukturgleichungsmodellierung zeigen sie das Geflecht verschiedener Faktoren: Frauen, die von schwerer Gewalt berichteten, wiesen einen höheren Level an Stress, Depressionen und physischen Gesundheitsproblemen im Vergleich mit Frauen auf, die geringere oder gar keine Gewalt erfahren hatten. Vieles von dem, was Frauen als Stressoren in der Studie von Sullivan et al. benannten, resultierte nicht direkt aus der erlittenen Gewalt, sondern aus den sozioökonomischen Gewaltfolgen (Finanzen, Beziehungen und Beschäftigung). Die psychische Gesundheit von gewaltbetroffenen Frauen ist folglich stark davon geprägt, wie sich Gewalt auf die verschiedenen Lebensbereiche auswirkt. Sullivan et al. fassen die drei Arten, wie

[16] Mehr Informationen zum Gewaltschutzgesetz unter www.bmfsfj.de/Kategorien/gesetze,did=72358.html (09.08.11).

sich Partnergewalt auf die Gesundheit von Frauen auswirkt, zusammen: 1) durch die Verletzungen, die Frauen erfahren; 2) durch den Stress und 3) durch den kombinierten Effekt von Stress und Depression. Stress und Depression tragen in der Kombination mehr zur Erklärung von physischer Gesundheit bei als Verletzungen oder Stress als Einzelfaktoren, so das Fazit der Autorinnen (Sutherland, Bybee, et al. 2002).

Pearlin (2003) betont, dass „Wenn diese Sekundärstressoren einmal in Bewegung gesetzt sind, hängt die Genesung nicht nur von der Lösung psychischer oder körperlicher Probleme ab, sondern ebenso von der Beseitigung dieser Sekundärstressoren."

2.3.5 Kosten von Partnergewalt gegen Frauen

Wie gezeigt wurde, beeinflusst Partnergewalt das Leben der betroffenen Frauen und ihrer Kinder vielfältig und weitreichend. Folglich stellt die Erfassung und Schätzung der sozioökonomischen Kosten(arten) ein diffiziles Vorhaben dar. Ein Überblick der tangierten Bereiche gesellschaftlicher Kosten von Gewalt gegen Frauen, der keinen Anspruch auf Vollständigkeit erhebt, zeigt die Vielschichtigkeit und die Komplexität von direkten und indirekten Kosten (Brzank 2001; Waters, Hyder, et al. 2004; Brzank 2009).

Direkte Kosten sind jene Kosten, die einer Produktion, Dienstleistung oder Maßnahme direkt zugeordnet werden können (Büscher & Gerber 2010: 66). Sie entstehen in den folgenden Bereichen:

- *sozialer Bereich*: Schutzunterkunft für Frauen und Kinder, soziale, ökonomische, Rechts-, Sucht-, Familien- und Täterberatung, Unterstützungsprogramme, Supervision, Jugend- und Familienhilfe, lang- und kurzfristige Fremdunterbringung von Kindern, Hilfe zum Lebensunterhalt u.a.;
- *juristischer Bereich*: Bearbeitung von Anrufen, Einsätze, Sachbearbeitung, Ermittlung, Verfolgung und Festnahmen, Anklage, Verfahren und Haftaufenthalte, Prozesskostenhilfe, Gutachterhonorare, Bewährungshilfe, Sozialtherapie in der Haftanstalt u.a.;
- *Gesundheitssektor:* Psychologische und medizinische Behandlung (Notfallbehandlung, Krankenhausaufenthalte, Erst- oder Folgebehandlung in Kliniken und Arztpraxen) von akuten, chronifizierten, (psycho)somatischen und psychischen Krankheiten, Arzneimittel, Hilfs- und Heilmittel, Hauspflege, Suchttherapien, Rehabilitationsmaßnahmen und Kuren, Aufwand für Schwangerschaftskomplikationen, Frühgeburten und Geburtsfehler u.a.;

- *Bildungssektor:* Jobtraining, Fortbildungen, Wiedereingliederungsangebote, Präventionsmaßnahmen und Aufklärungstrainings für Polizei, Ärzte, Justiz und Medien u.a.;
- *Individueller Bereich:* Selbstbeteiligung an medizinischen Behandlungen oder Rehabilitationen, Zahlung von Psychotherapien, Rechtsberatung oder anwaltlicher Vertretung, Einrichtung einer neuen Wohnung nach einer Trennung oder Flucht, Verdienstausfall aufgrund von Krankheit, Verletzung oder Krisensituation, Aufnahme von betroffenen Frauen und Kindern aus dem sozialen Umfeld u.a..

Indirekte Kosten können im Gegensatz zu den direkten Kosten nicht direkt zugeordnet werden (Büscher & Gerber 2010: 66). Sie umfassen Arbeitsausfälle oder Kosten, die aufgrund verminderter Produktivität am Arbeitsplatz oder im Haushalt entstehen sowie z.B. auch die ehrenamtliche Unterstützungsarbeit.

Monetär kaum zu messen sind die intangiblen Kosten, die persönlich zu Lasten der Betroffenen gehen, wie Leid, Schmerzen, verlorene Chancen, Verlust von beruflichem Erfolg und Lebenszeit, beeinträchtigte Sexualität, reduzierte Lebensfreude und -qualität. Diese stehen unter anderem in engem Zusammenhang mit den Folgen eines erhöhten Konsums von Alkohol und Drogen, mit Angst- und depressiven Störungen sowie einer erhöhten Morbidität und Mortalität durch Mord oder Selbstmord. In einer von der Weltbank in Auftrag gegebenen Studie kommen die Autorinnen zu dem Schluss, dass geschlechtsspezifische Gewalt in den industrialisierten Ländern den Verlust von etwa einem von fünf gesunden Lebensjahren (DALYs) bei Frauen zwischen 15 und 44 Jahren verursacht (Heise, Pitanguy, et al. 1994).

Kosten entstehen durch ökonomische Multiplikationseffekte wie sinkende Arbeitsmarktpartizipation, d.h. Steuerausfälle, Arbeitslosen- und Krankengeld, Frühberentung oder Hilfe zum Lebensunterhalt, eine verringerte Arbeitsproduktivität und erhöhter Absentismus, niedrigere Löhne, Verlust von Rentenansprüchen, Bewerbungstrainings sowie Fortbildungs- und Umschulungsmaßnahmen, generationsübergreifender Einfluss auf die Produktivität aufgrund schlechterer Schulergebnisse und als Folge einen geringeren Bildungsstand der Kinder, niedrigere Kapitalanlagen und Sparguthaben (vgl. Kavemann 2000; UNICEF 2000; Brzank 2001; Krug, Dahlberg, et al. 2002; Waters, Hyder, et al. 2004).

Der Einfluss auf zwischenmenschliche Beziehungen und allgemeine Lebensqualität gilt als sozialer Multiplikationseffekt und umfasst z.B. den Verlust von familiären und sozialen Bezügen durch Trennung, Flucht, Fremdunterbringung, Arbeitsplatz- und Wohnortwechsel bzw. Wohnungslosigkeit, die generationsübergreifende Übertragung der Gewalterfahrung auf die Kinder, die reduzierte Lebensqualität aufgrund von Krankheiten, Suchtverhalten, psychischen

Problemen, verringertes Selbstwertgefühl, Angst, Schlaflosigkeit, Misstrauen, Stigmatisierung, Ausgrenzung, erneute Gewalterlebnisse, Probleme mit den Kindern, Suizidversuche, sexuelle Probleme, Beeinträchtigung der Lebensplanung und des möglichen beruflichen Erfolgs, Zerfall des sozialen Kapitals und der sozialen Kompetenz, verringerte Partizipation am demokratischen Prozess, Kollisionen mit Normen und Gesetzen durch Drogenkonsum, Beschaffungskriminalität, Prostitution, Misshandlung oder Vernachlässigung der eigenen Kinder.

Die durch Partnergewalt entstehenden Kosten werden seit Mitte der 1990er Jahre in verschiedenen Ländern geschätzt (im Überblick aufgelistet in *Tabelle 2-1*).[17] Eine Unterschätzung der tatsächlichen Kosten ist anzunehmen, da die Berechnungen auf den berichteten Fällen von Gewalt basieren und davon auszugehen ist, dass nur ein Teil der Gewalthandlungen im sozialen Nahraum öffentlich und somit registriert wird.

In Relation zur Bevölkerungsgröße der jeweiligen Ländern betragen die geschätzten jährlichen Kosten zwischen 6 und 550 Euro per capita[18] (siehe *Tabelle 2-1*). Nach der US-amerikanischen sowie australischen Schätzung ist auch der volkswirtschaftliche Produktivitätsverlust hoch (Access Economics 2004a; Corso, Mercy, et al. 2007).

[17] Übersichten über Kostenstudien sind zu finden in Brzank (2001), Hellbernd, Brzank et al. (2004: 29f), Duvvury, Grown et al. (2004), Hagemann-White, Katenbrink et al. (2006: 8ff) und Brzank (2009). Da die Datenbasis aufgrund der unterschiedlichen methodischen Zugänge differiert und die Kostenarten auch wegen unterschiedlicher Systeme (wie z.B. bei staatlichen oder beitragsfinanzierten Gesundheitssystemen) nicht äquivalent sind, können die Ergebnisse nicht direkt miteinander verglichen werden.

[18] Für den Pro-Kopf-Betrag wurden die jährlichen Kosten durch die mittlere Einwohnerzahl des entsprechenden Jahres geteilt.

Tabelle 2-1: Internationale Studien zu den sozioökonomischen Kosten

Land / Studie	Gewaltformen	∑ in EUR / a* per capita / a	Kostenart / Bereiche
Australien (Access Economics 2004a; Access Economics 2004b)	Partnergewalt (körp., sex., psych.) Frauen u. Männer	4,6 Mrd. EUR 215 EUR per capita	direkte Kosten: Gesundheitssektor, Administration, konsumbezogene Kosten, generationenübergreifende Kosten, indirekte Kosten: Produktivitätsverlust, Bildungsbereich Transferkosten: Opferentschädigung, finanzielle Hilfen, Fördermittel, intangible Kosten: verlorene QUALYs, verlorene Lebenszeit
Dänemark (Helweg-Larsen, Kruse, et al. 2010)	Gewalt gegen Frauen	65 Mio. EUR 12 EUR per capita	direkte Kosten: Gesundheitssektor, Polizei, Justiz, Schutz, indirekte Kosten: Produktivitätsverlust, Einkommenseinbuße
England/Wales (Walby 2004)	Häusliche Gewalt (körp., sex., psych.) zwischen aktuellen Partnern, Frauen u. Männer	34,3 Mrd. EUR 550 EUR per capita	direkte und indirekte Kosten: Polizei, Gericht, Strafvollzug, Gesundheitsversorgung, Sozialhilfe, Opferhilfe und Zufluchtseinrichtungen, Verlust von Produktivität, Lohn, intangible Kosten: humane und emotionale Auswirkungen
		inkl. 2 Mrd. EUR	direkte Kosten: Gesundheitssektor
(Walby 2009)		19,0 Mrd. EUR 319 EUR per capita	direkte, indirekte und intangible Kosten
Finnland (Piispa & Heiskanen 2001)	Gewalt gegen Frauen, insbes. durch den (Ex)Partner	50 Mio. EUR 10 EUR per capita	direkte Kosten: Polizei, Gericht, Strafvollzug, Gesundheitsversorgung, Sozialhilfe, Opferhilfe und Zufluchtseinrichtungen
		inkl. 6,80 Mio. EUR	direkte Kosten: Gesundheitssektor gesamt
		davon	
		2,57 Mio. EUR	ambulante Versorgung
		0,77 Mio. EUR	stationäre Versorgung
		3,50 Mio. EUR	Medikation
		exkl. 61-112 Mio. EUR	indirekte Kosten: Verlust von Produktivität, Lohn

Land / Studie	Gewaltformen	∑ in EUR / a* per capita / a	Kostenart / Bereiche
Luxemburg (Stoff 2009)	Häusliche Gewalt (körp., sex., psych., ökon.) Frauen u. Männer	7,8 Mio. EUR 16 EUR per capita	direkte Kosten: Polizei, Justiz, Schutz, Sozialbereich, Gesundheitswesen, Hilfe zum Lebensunterhalt individuelle Kosten
Niederlande (Korf, Meulenbeek, et al. 1997)	Gewalt gegen Frauen (angedrohte oder ausgeübte körp. u. psych.) Partnergewalt	151 Mio. EUR 9 EUR per capita	direkte und indirekte Kosten: medizinische und psychosoziale Versorgung, polizeiliche und gerichtliche Strafverfolgung, Verlust von Arbeitsproduktivität, Aufwand für Frühverrentung
Österreich (Haller & Dawid 2006)	Häusliche Gewalt gegen Frauen	52,2 Mio. EUR 6 EUR per capita	direkte Kosten: Polizei, Justiz, Gesundheitsversorgung, Sozialbereich, Jugendwohlfahrt indirekte Kosten: Produktivitätsverlust, Transferkosten
USA (NCIPC 2003)	Partnergewalt gegen Frauen	4,8 Mrd. EUR 6 EUR per capita	direkte Kosten: Gesundheitssektor indirekte Kosten: Verlust von Produktivität, Lohn
		inkl. 3,5 Mrd. EUR	direkte Kosten: Gesundheitssektor
		inkl. 1,5 Mrd. EUR	indirekte Kosten: Verlust von Produktivität, Lohn
Spanien, Andalusien (IWA 2003)	Gewalt gegen Frauen	2,4 Mrd. EUR 52 EUR per capita	direkte und indirekte Kosten: Gesundheitssektor, Opferhilfe, Zufluchtseinrichtungen, Polizei, Gericht, Strafvollzug, Verlust von Produktivität, Lohn, individuelle emotionale Belastungen
Schweden (Envall & Eriksson 2007)	Partnergewalt gegen Frauen (körp., sex., psych., ökonom.)	287,9–352,6 Mrd. EUR 32–39 EUR per capita	direkte Kosten: Polizei, Justiz, Gesundheit, Sozialbereich, Regierungsbehörden, indirekte Kosten: Produktivitätsverlust, ehrenamtliches Engagement Transferkosten: Krankengeld, Sozialhilfe, Opferentschädigung
Schweiz (Godenzi & Yodanis 1998)	(Partner)Gewalt gegen Frauen (körp., sex., psych.)	260 Mio. EUR 34 EUR per capita	direkte Kosten: Polizei, Gericht, Strafvollzug, Gesundheit, Sozialhilfe, Opferhilfe und Zufluchtseinrichtungen

* aufgrund der Währungsumrechnung (Devisenkurs vom 10.07.11) handelt es sich um ungefähre Beträge

Studien belegen die Mehrkosten im Gesundheitssektor: Betroffene Frauen suchen evident häufiger gesundheitliche Versorgungseinrichtungen auf, weisen höhere Operationsraten und schwerwiegendere Operationen sowie stationäre Aufenthalte auf und nehmen mehr psychologische bzw. psychiatrische Behandlungseinrichtungen in Anspruch (Plichta 1992; Krug, Dahlberg, et al. 2002; Hastings & Kantor 2003; Plichta 2007). Die höhere Inanspruchnahme von medizinischen Versorgungseinrichtungen verursacht höhere Gesundheitskosten (Helweg-Larsen & Kruse 2003; Ulrich, Cain, et al. 2003; Rivara, Anderson, et al. 2007a; Bonomi, Anderson, et al. 2009). So wurden die jährlichen Versorgungskosten für Patientinnen mit Gewalterfahrungen laut US-amerikanischen Berechnungen durchschnittlich um ca. 2000 USD höher geschätzt als die von Patientinnen ohne Gewalterfahrungen (Wisner, Gilmer, et al. 1999). Eine neuere Studie kommt zu jährlich 42% höheren Gesundheitskosten bei andauernder physischer und 33% bei psychischer Partnergewalt im Vergleich zu Frauen ohne Gewaltwiderfahrnisse (Bonomi, Anderson, et al. 2009). Die Inanspruchnahmeraten von Leistungen der Gesundheitsversorgung war noch fünf Jahre nach Beendigung der gewalttätigen Beziehung um 20% höher als bei der Vergleichsgruppe und die adjustierten jährlichen Gesundheitskosten lagen bei betroffenen Frauen 19% über denen nichtbetroffener Frauen (Rivara, Anderson, et al. 2007a).

Für Deutschland liegen keine Studien zu den Folgekosten von häuslicher Gewalt vor.[19]

Einigkeit besteht darüber, dass ein frühzeitiges Erkennen von gewaltverursachten Verletzungen und Beschwerden sowie eine ursachenadäquate Behandlung auf längere Sicht eine Kostenreduzierung im Gesundheitswesen sowie in anderen Bereichen bewirken kann (Wisner, Gilmer, et al. 1999; Kavemann 2000; CDC 2003).

2.4 Gesundheitliche Versorgungssituation

Wie gezeigt wurde, kann Intime Partnergewalt zu weitreichenden und vielfältigen gesundheitlichen Folgen führen, die selbst dann noch präsent sind, wenn die betroffenen Frauen selbst keiner Gewalt mehr ausgesetzt sind. Gewalt wird jedoch selten von Gesundheitsfachkräften als Ursache von Verletzungen und Beschwerden erkannt (Day 1995; Mark 2000). Daran haben in den vergangenen

[19] Das Niedersächsische Ministerium beziffert die Folgekosten von Gewalt im häuslichen Bereiche für die Kostenarten Justiz, Polizei, medizinische Behandlung, Ausfallzeiten am Arbeitsplatz etc. auf etwa 14,5 Mrd. Euro im Jahr. Basis und Methode der Schätzung werden jedoch nicht erklärt. Siehe unter: www.ms.niedesachsen.de/master/C166793_N8117_L20_D0_I674.html. Zugriff am 14.07.2011.

Jahren weder die Modellprojekte[20] noch die stärkere Diskussion um die Potentiale der Gesundheitsversorgung etwas ändern können, wie eine quantitative Befragung unter niedergelassenen und klinischen Ärztinnen und Ärzten in Dresden und Chemnitz (N=1.107) ergab: Die Befragten waren nach eigener Aussage selten mit Gewaltopfern konfrontiert und nur 10% war über das spezialisierte Hilfsangebot informiert (Epple, Croy, et al. 2010).

Wird Gewalt als Ursache für Verletzungen, Beschwerden oder psychische Störungen bei einer Anamnese nicht berücksichtigt, so werden die Gefahren von Unter-, Über- oder Fehlversorgung und einer Chronifizierung der Beschwerden erhöht (Maschewsky-Schneider, Hellbernd, et al. 2001; Hellbernd & Wieners 2002). Opfer von Intimer Partnergewalt erhalten im Vergleich zu nicht betroffenen Frauen seltener die benötigte, adäquate Versorgung und berichteten eher von einer unbefriedigenden Beziehung zu ihrem Arzt (Bacchus, Mezey, et al. 2003; Plichta 2007). Studien zur Inanspruchnahme von Gesundheitsversorgung zwischen Betroffenen von Partnergewalt und Nichtbetroffenen zeigen signifikante Unterschiede: Von Partnergewalt betroffene Frauen suchen häufiger Gesundheitsversorgungseinrichtungen auf, werden häufiger operiert und stationär behandelt und erhalten häufiger eine psychologische Beratung oder Psychotherapie (Plichta 1992; Krug, Dahlberg, et al. 2002; Hastings & Kantor 2003; Plichta 2007) (siehe Kapitel 2.3.5).

Obwohl gewaltbetroffene Frauen unter den Versorgungs- und Hilfeeinrichtungen am häufigsten psychologische oder psychotherapeutische Behandlungen in Anspruch nehmen (Müller & Schröttle 2004; Brzank, Hellbernd, et al. 2005), ist auch hier der Umgang mit den Betroffenen durch ein mangelndes Wissen um den Zusammenhang von Partnergewalt und den verschiedenen Formen von Traumatisierung geprägt (vgl. Barnett 2001). Es fehlen insbesondere in der stationären psychiatrischen Versorgung frauenspezifische Ansätze, die dem besonderen Schutzbedürfnis von Frauen gerecht werden (Enders-Dragässer & Sellach 1998; Enders-Dragässer & Sellach 1999; Steinbach 2001; Verbundprojekt 2001). Der Bedarf an spezifischen Fortbildungen ist einer Umfrage unter Berliner Psychologen oder Psychotherapeuten zufolge hoch (Brzank 2005). Innovative psychotherapeutische und psychiatrische Versorgungsansätze für gewaltbetroffene Frauen haben bislang noch Modellcharakter (Moldzio 1999; Hagemann-White & Bohne 2003; SenGUV 2007).

---

[20] „S.I.G.N.A.L.-Interventionsprojekt“ seit 1999 an der Charité Berlin (Hellbernd, Brzank, et al. 2004), „Medizinische Intervention gegen Gewalt an Frauen (MIGG)“ seit 2008 im niedergelassenen Bereich an verschiedenen Orten (Ritz-Timme & Graß 2009) (www.migg-frauen.de), „Schutzambulanz Fulda“ seit 2010 (http://schutzambulanz-fulda.de) sowie weitere Projekte wie die Ambulanz für Gewaltopfer am Institut für Rechtsmedizin am UKE Hamburg u.a.

Ein frühzeitiges Erkennen von Gewalt als Ursache für Verletzungen oder Beschwerden kann nach Meinung von Gesundheitswissenschaftlerinnen zu einer adäquateren Gesundheitsversorgung führen und damit Langzeitfolgen minimieren (vgl. Hellbernd & Wieners 2002).

2.5 Bedeutung des Gesundheitssektors für Versorgung und Prävention

Aufgrund der mit häuslicher Gewalt häufig einhergehenden sozialen Isolation der betroffenen Frauen sind Mitarbeiter/innen der Gesundheitsversorgung oft die einzigen Personen, die Kontakt zu den Opfern haben und mit den direkten Verletzungen, den gesundheitlichen Folgen oder den Auswirkungen des gesundheitsgefährdenden Verhaltens konfrontiert sind. Gesundheitseinrichtungen sind zum einen Orte, die von allen Frauen aufgesucht werden. Zum anderen wenden sich gewaltbetroffene Frauen – vor anderen psychosozialen oder polizeilichen Einrichtungen – primär an den Gesundheitssektor um Hilfe (Sharps, Koziol-McLain, et al. 2001; Müller & Schröttle 2004: 160, 164; Montero, Ruiz-Perez, et al. 2010). Den Mitarbeiter/innen von Einrichtungen der Gesundheitsversorgung kommt daher eine besondere Rolle bei Intervention und Prävention zu (Hayden, Barton, et al. 1997; Barnett 2001; Krug, Dahlberg, et al. 2002; Hellbernd, Brzank, et al. 2004; Kendall, Pelucio, et al. 2009), die sowohl bereits von der WHO in ihrer Resolution zu Gewalt als Public Health-Thema betont (WHO 1996) als auch im 2. Aktionsplan der Bundesregierung (BMFSFJ 2007) anerkannt wurde.

Gesundheitseinrichtungen und -fachkräfte können bei der Primär-, Sekundär- und Tertiärprävention im Kontext von Partnergewalt folgenden Beitrag leisten (Krug, Dahlberg, et al. 2002: 15; Brzank 2005: 7; WHO & LSHTM 2010: 6):

- *Primärprävention* versucht Gewalt zu verhindern und stellt daher eine der umfassendsten Herausforderungen dar. Konkret können betroffene Frauen bei der Suche nach weitergehender Beratung durch spezifische Anti-Gewalt-Projekte aktiv unterstützt und somit vor weiterer Gewalt geschützt werden. Eine Dokumentation ihrer Verletzungen dient ggf. einer Strafverfolgung.
- *Sekundärprävention* fokussiert auf die zeitnahe Antwort auf Gewalt wie Notfallangebote, gesundheitliche Versorgung oder Behandlung von sexuell-übertragbaren Infektionen nach einer Vergewaltigung. Betroffene Frauen können unter Berücksichtigung von Gewalt als Ursache ihrer Verletzungen oder Beschwerden adäquater behandelt werden.

- *Tertiärprävention* hat die Minderung von Traumata und chronischen funktionellen Beeinträchtigungen, die Langzeitversorgung sowie Rehabilitation und Reintegration zur Aufgabe. Mitarbeiter/innen von Gesundheitseinrichtungen können einen entscheidenden Beitrag leisten, um Betroffene bei der Traumaverarbeitung, Rehabilitation und Wiedereingliederung zu unterstützen.

Voraussetzung für eine adäquate Versorgung, Intervention und Prävention ist die Identifikation der von Gewalt Betroffenen. Barrieren sowohl seitens der Betroffenen als auch der Gesundheitskräfte können eine offene Kommunikation über Gewalt und ihre gesundheitlichen wie sozialen Folgen behindern.

Studien zeigen, dass Ärztinnen und Ärzte im Fall von häuslicher Gewalt oder Partnergewalt für Opfer Ansprechpersonen wären. Scham, Schuldgefühle und Angst vor einer Vorverurteilung oder einer Eskalation der Partnergewalt sowie die psychischen Auswirkungen der Gewalterfahrung selbst hindern betroffene Frauen in der Regel, erlittene Gewalt von sich aus offen zu legen (Hellbernd, Brzank, et al. 2004: 37). In der Mehrzahl wünschen sich die Frauen ein aktives, einfühlsames Ansprechen (Brzank, Hellbernd, et al. 2004; Sarkar 2008).

Komplementär zur Sicht der Betroffenen verstehen sich Ärzteschaft sowie Pflegekräfte prinzipiell ebenfalls als Ansprechpersonen bei Partnergewalt (Hellbernd, Brzank, et al. 2004: Kapitel 11; Blättner, Krüger, et al. 2009). Als Barriere wirken bei den Gesundheitskräften ein Mangel an Wissen über und Sensibilität für die Zusammenhänge zwischen Gewalt und Gesundheit, die Erwartungen und Wünsche der Frauen, Möglichkeiten der Ansprache bei einer vermuteten Betroffenheit sowie Information über weitergehende spezifische Unterstützung und vor allem strukturelle Faktoren (Hellbernd, Brzank, et al. 2004: 34f). In der Befragung Dresdener und Chemnitzer Ärztinnen und Ärzte wurde Zeitmangel als wesentliches Hindernis genannt (Epple, Croy, et al. 2010). Anzeichen für eine sich gegenseitig – von der Ärzteschaft und den Patientinnen – bestärkende Vermeidung der Kommunikation von Gewaltwiderfahrnis erkennt Beate Blättner in ihrer Analyse qualitativer Interviews (Blättner, Krüger, et al. 2009: 55; Blättner 2010a).

Um die besondere Schlüsselrolle der Gesundheitsfachkräfte zu nutzen und die Kommunikationsbarrieren zu verringern, wurden im vergangenen Jahrzehnt Interventionsprojekte in der gesundheitlichen Regelversorgung[21] initiiert und etabliert. Für Deutschland sind es das „S.I.G.N.A.L.-Projekt“ für den regulären klinischen und das Projekt „Medizinische Intervention gegen Gewalt an Frauen (MIGG)“ für den niedergelassenen Versorgungsbereich. Gemein ist diesen Pro-

[21] Kompetenzzentren wie die Schutz- oder Traumaambulanzen stellen ein besonderes Angebot bereit.

jekten die Idee, die Tabuisierung der Gewaltwiderfahrnis und die Isolation zu durchbrechen, Betroffenen eine bessere Gesundheitsversorgung sowie empathische Unterstützung anzubieten. Mittels Sensibilisierung und Fortbildung sollen die Barrieren bei den Gesundheitsfachkräften abgebaut werden. Die Interventionsprojekte basieren auf den Grundprinzipien: Erkennen, Ansprechen, Dokumentieren, Gefährdungsklärung und Informierung oder Weitervermittlung (Hellbernd, Brzank, et al. 2004: 32f). Bei diesen Projekten handelt es sich jedoch um Einzelprojekte mit Modellcharakter.

Breiter verankert sind mittlerweile die Fortbildungsangebote für die Ärzteschaft und Gesundheitskräfte, die in der Regel von den Fachgesellschaften und den Landesärztekammern angeboten werden. In Fokusgruppen berichteten Gesundheitskräfte, dass sie sich im Ansprechen von Partnergewalt sicherer fühlen, wenn es eine Priorisierung der Gesundheitseinrichtung sowie Ressourcen für die Partnergewalt-Intervention gibt. Weitere benannte Aspekte waren: jederzeit erreichbare Materialien, entsprechendes Zeitbudget, spezifische Trainings und ein Team- oder Systemansatz (Hellbernd, Brzank, et al. 2004: 34f; Chang, Buranosky, et al. 2009; Epple, Croy, et al. 2010; O'Campo, Kirst, et al. 2011).

Weil dem Identifizieren von Gewaltopfern für Versorgung, Intervention und Prävention eine sehr hohe Bedeutung zukommt und die o.g. Barrieren weiter bestehen, wird in der internationalen Literatur nicht die Einzelfallidentifizierung, sondern die Routinebefragung bzw. das Screening empfohlen (Plichta 2004; Gillum, Sun, et al. 2009; Spangaro, Zwi, et al. 2010b; O'Campo, Kirst, et al. 2011). Zum Screening nach Partnergewalt gibt es eine beharrliche Diskussion (Feder, Ramsay, et al. 2009; Brzank & Blättner 2010). Jüngst empfahl das Institute of Medicine im Auftrag des U.S. Department of Health and Human Services zur Verbesserung des klinischen Präventionsangebotes für Patientinnen Screening und Beratung aller Frauen zur interpersonellen und häuslichen Gewalt in einer kulturell sensitiven und unterstützenden Art (IOM 2011). Hinsichtlich der Akzeptanz eines Screenings zeigt sich für Deutschland mit den Ergebnissen der S.I.G.N.A.L.-Patientinnenstudie, dass auch in Deutschland die Mehrzahl der befragten Frauen eine Routinebefragung nach häuslicher Gewalt im Rahmen der Anamnese befürworten (Brzank, Hellbernd, et al. 2004). Dieses Ergebnis wird durch andere Studien bestätigt (Bacchus, Mezey, et al. 2002; Sarkar 2008).

In den bislang zehn Handlungsempfehlungen einzelner Landesärztekammern[22] wird die Verantwortung der Gesundheitsversorgung im Kontext der Partnergewalt betont und grundsätzlich ein aktives, einfühlsames Ansprechen angeregt. Für ein generelles Screening spricht sich die Ärztekammer Hamburg aus.

[22] Die Handlungsempfehlungen sind im Frauengesundheitsportal der Bundeszentrale für gesundheitliche Aufklärung aufgelistet; siehe www.frauengesundheitsportal.de/bot_dokument_idx-6729.html, (Zugriff am 14.07.2011).

Als erste Fachgesellschaft hat die Deutsche Gesellschaft für Gynäkologie und Geburtshilfe (DGGG) eine Leitlinie zum Vorgehen bei Verdacht auf sexuelle/körperliche Gewaltanwendung verfasst (Freichel, Mann, et al. 2010).

Studien zu den Effekten von Routinebefragungen von Frauen zu Gewalterfahrung zeigen, dass sie zu einer höheren Aufdeckungsrate von Partnergewalt führen (Wiist & McFarlane 1999; Koziol-McLain, Coates, et al. 2001). Das Erkennen von Gewaltbetroffenheit schafft erst die Voraussetzung für eine Intervention, die zu einer besseren physischen und psychischen Gesundheit der Betroffenen führen kann. Nachteile oder Schädigungen wurden von Frauen, die im Rahmen der Gesundheitsversorgung nach Partnergewalt gescreent worden waren, nicht berichtet (MacMillan, Wathen, et al. 2009).

Studien belegen einen positiven Effekt von Interventionen im Gesundheitsbereich, die auf den o.g. Prinzipien beruhen: Assessment von oder Screening nach Partnergewalt mit oder ohne einem anschließenden Angebot an psychosozialer Unterstützung oder Case Management können dazu beitragen, Gewalthandlungen zu minimieren. Denn betroffene Frauen zeigten als Folge dieser Maßnahmen ein stärkeres eigenes Sicherheitsverhalten, so dass im Follow-up-Interview weniger Gewalt berichtet wurde (McFarlane, Parker, et al. 1998; McFarlane, Soeken, et al. 2000; McFarlane 2004; McFarlane, Malecha, et al. 2004; McFarlane, Groff, et al. 2006; MacMillan, Wathen, et al. 2009; Spangaro, Zwi, et al. 2010b; Spangaro, Zwi, et al. 2010a).

Bisher durchgeführte Evaluationen von Modell-Interventionsprojekten zeigen die große Bedeutung von institutioneller Unterstützung in Form von immateriellen wie materiellen und personellen Ressourcen für eine nachhaltige Implementierung und alltägliche Interventionspraxis (Warshaw & Ganley 1998; Hellbernd, Brzank, et al. 2004: 34f; Blättner, Krüger, et al. 2009; Blättner 2010a; D'Avolio 2011; O'Campo, Kirst, et al. 2011). Auch von Seiten der Politik und der Kostenträger braucht es deutliche Signale und einen deutlichen Versorgungsauftrag (Hellbernd, Brzank, et al. 2004: Kapitel 6; Blättner 2010b), damit Interventionen gegen Gewalt an Frauen im Gesundheitsbereich nicht von dem individuellen Engagement Einzelner abhängt.

2.6 Zusammenfassung

Intime Partnergewalt konzentriert sich nicht auf Frauen einer bestimmten Schicht, Religion oder Kultur, sondern ist weit verbreitet und verursacht schwerwiegende gesundheitliche und soziale Folgen sowie ökonomische Kosten für die Opfer als auch für die Gesellschaft. Partnergewalt als Misshandlungssystem nutzt vielfältige Gewaltformen zur Kontrolle und zum Machterhalt. Wegen der mit der Gewalt zumeist einhergehenden sozialen Isolation sind Gesundheitskräfte oft die einzigen Personen, die mit den Folgen konfrontiert werden.

Eine qualitative Gesundheitsversorgung der Betroffenen setzt die Berücksichtigung von Gewalt als Ursache von Verletzungen oder Beschwerden voraus. Über erlittene Partnergewalt zu sprechen, ist für Frauen ein wichtiger Schritt im Prozess der Veränderung. Das zeigen die Ergebnisse der Interventionsstudien. Ärztinnen und Ärzte sollten ihre Position als professionelle Vertrauensperson wahrnehmen und Frauen nach Misshandlungen fragen.

Um jedoch diese Interventions- und Präventionspotentiale realisieren zu können, bedarf es an erster Stelle der Inanspruchnahme der Gesundheitsversorgung durch die Betroffenen. Frauen müssen im Gesundheits- oder Unterstützungssystem ankommen, damit sie dort angesprochen werden können. Auch wenn die Mehrzahl der betroffenen Frauen zu irgendeinem Zeitpunkt Gesundheitsversorgungen in Anspruch nehmen, suchen viele Frauen trotz gewaltbedingter Verletzungen dennoch keine Gesundheitseinrichtungen auf. In der deutschen Repräsentativstudie waren es 14% der Frauen mit Verletzungen, die keine medizinische Hilfe in Anspruch genommen hatten, obwohl es notwendig gewesen wäre (Müller & Schröttle 2004: 165). Empirisch sind Faktoren belegt, die Betroffene an einer Hilfesuche oder Offenlegung der erlittenen Gewalt hindern oder sie dazu motivieren (siehe Kapitel 3). Faktoren, die die Inanspruchnahme von Hilfe und Unterstützung befördern, sind folglich für eine verbesserte Ansprache und für eine stärkere Motivierung der Betroffenen zur Hilfesuche von erheblichem Interesse.

3 Inanspruchnahme professioneller Hilfe

Wie im letzten Kapitel gezeigt wurde, können die Interventions- und Präventionspotentiale von Gesundheitseinrichtungen und anderen Stellen nur dann realisiert werden, wenn die von Partnergewalt betroffenen Frauen an diesen Orten ankommen. Ziel der Sekundärdatenanalyse ist die Betrachtung jener Faktoren, die Frauen motivieren, Hilfe zu suchen. Das folgende Kapitel widmet sich daher dem Hilfesuchverhalten der Betroffenen bzw. der Inanspruchnahme professioneller Hilfe und analysiert beide ausgehend vom Coping-Ansatz. Mit dem Begriff Hilfesuchverhalten ist das Coping-Verhalten gemeint; die Inanspruchnahme professioneller Hilfe ist Ausdruck des Coping-Verhaltens.

Das Konzept des Copings ist für eine Annäherung und Erklärung des Phänomens Hilfesuchverhalten bzw. Inanspruchnahme von professioneller Hilfe deshalb geeignet, weil damit das Bewältigungsverhalten von schwierigen Lebenssituationen in einen theoretischen Rahmen gesetzt wird. Zweifelsohne handelt es sich bei Intimer Partnergewalt um sehr einschneidende, belastende Lebensereignisse.

Neben dieser Einordnung werden gleichzeitig der aktuelle Forschungsstand und die Theorien zu den Determinanten des Hilfesuchverhaltens bei Partnergewalt referiert und – falls möglich – in Bezug zu allgemeinen Coping-Theorien gesetzt. Es werden insbesondere jene Determinanten ausgeführt, die in die vorliegende Sekundärdatenanalyse eingehen werden: soziodemografische Faktoren und Gesundheitsfaktoren, personale und soziale Ressourcen, multiple Gewalterfahrung, die Häufigkeit sowie Schwere von Partnergewalt und weitere Faktoren, die nach empirischen Erkenntnissen und theoretischen Überlegungen als Mediatoren auf die Hilfesuche wirken könnten. Deutlich wird die Komplexität der Einflussfaktoren.

Einschränkend muss angemerkt werden, dass von Gewalt betroffene Frauen neben der Inanspruchnahme von Hilfe weitere Verhaltensweisen zeigen, die als Coping-Strategien verstanden werden können. Einige sind in Kapitel 2.3.1 als gesundheitsgefährdende Strategien benannt worden wie etwa der Substanzmittelkonsum, der gleichzeitig selbst als Determinante des Hilfesuchverhaltens wirkt. Andere Strategien, die in der Literatur beschrieben werden, finden hier keine Berücksichtigung z.B. Weinen, Schreien, Sich-zur-Wehr-setzen, Tötung des Täters, Vermeidungstaktiken oder Weglaufen, da die folgenden Ausführungen primär den Blick auf die Inanspruchnahme institutioneller Stellen fokussiert.

3.1 Inanspruchnahme professioneller Hilfe als aktive Coping-Strategie

Das von Lazarus eingeführte Konzept des Copings bei kritischen Lebensereignissen wird als erklärender Ansatz bei der Betrachtung des Hilfesuchverhaltens zugrunde gelegt. Im Kontext von Intimer Partnergewalt interessieren dabei nicht nur die das Coping fördernden sondern auch die hindernden Faktoren.

3.1.1 Das Coping-Konzept

Sowohl in der Psychologie und der Soziologie als auch in den Gesundheitswissenschaften wird mit großem Interesse das Phänomen analysiert, dass nicht alle Individuen gleichermaßen kritische Lebensereignisse bewältigen: manche gehen relativ unbeschadet aus diesen hervor, andere tragen schwer an diesen Krisen (siehe Kapitel 3.2.3). Neben bestimmten demografischen und biografischen Faktoren stehen daher vor allem auch die Unterschiede im Coping bzw. Bewältigungsverhalten[23] im Forschungsinteresse.

Nach Richard Lazarus, dem Begründer des Konzeptes, umfasst Coping verschiedene und vielseitige Bewältigungsstrategien. Er definiert Coping als „…a process through which people try to understand, make sense of, and deal with personal or circumstantial critical situations" (Lazarus & Folkman 1984). Ziel des Copings ist die Reduktion oder Beseitigung des negativen Einflusses von Stressoren, ihre Akzeptanz oder die Anpassung an die widrigen Umstände, die Sicherung des emotionalen Gleichgewichts und Aufrechterhaltung eines positiven Selbstkonzeptes sowie die Fortsetzung von ausgewogenen Sozialbeziehungen (Eppel 2007: 42). Coping ist die Summe all dieser Anstrengungen und ein prozesshaftes Geschehen, in dem vielfältige Bewältigungsformen ineinander greifen können und das von verschiedenen Faktoren abhängt. Lazarus unterscheidet grundsätzlich zwei verschiedene gleichwertige Formen, die je nach Situation angemessener scheinen: 1) Das problemorientierte Coping, das direkt an den Stressoren bzw. der Situation als Problem ansetzt und diese überwinden will. Darunter werden gefasst: Informationsbeschaffung, Problemlösung, Verhaltensänderungen, Mobilisierung von sozialer Unterstützung und aktive Einflussnahmen. Diese Form des Copings ist bei kontrollierbaren Stressoren eine adäquate Bewältigungsstrategie. 2) Bei dem emotionsorientierten Coping – auch „intrapsychisches Coping" genannt – steht der Abbau des situationsbedingten erregten Emotionszustandes im Mittelpunkt z. B. mittels Entspannungstechniken, aber

[23] Beide Begriffe werden synonym verwendet.

auch mit kognitiven Strategien wie Akzeptieren, Relativieren, Neuinterpretieren, positives (Um)Denken, neue Sinnfindung, Setzen von Prioritäten, Distanzieren, Vermeiden oder Ablenken (vgl. Legewie & Ehlers 1992; Eppel 2007: 45). Kann eine kritische Lebenssituation nicht kontrolliert oder gelöst werden, dann sind emotionszentrierte Coping-Formen eher geeignet, denn sie erleichtern die Anpassung an die Situation (vgl. Schröder 1997). Emotionsorientierte Coping-Formen sind für einen langfristigeren Umgang mit belastenden Ereignissen die adäquatere Strategie (Godenzi 1993: 254).

Coping kann als eine „komplexe Verbindung verhaltensmäßiger und intrapsychischer Komponenten" verstanden werden und meint die „Bewältigung als sich ständig verändernder Handlungsfluss" (Eppel 2007: 45). Daher dient die wissenschaftliche Beschäftigung mit dem Coping und seinen Formen einzig ihrer Beschreibung und nicht ihrer Bewertung.[24] Ein Individuum ist dann gut gerüstet, wenn ihm verschiedene Coping-Formen zur Verfügung stehen und es sie flexibel anwenden kann (vgl. Eppel 2007: 57). Eine gesunde Person zeichnet sich durch die Fähigkeit aus, „auf der Basis einer realistischen Einschätzung eigener Kontrollmöglichkeiten und eines breiten Repertoires an verfügbaren Bewältigungsstrategien (...), in belastenden Situationen eine große Zahl von Lösungsalternativen generieren zu können und die im Hinblick auf die jeweilige Situation optimale Alternative auszuwählen" (Kaluza 2004 zit. in Eppel 2007: 57).

3.1.2 Coping im Kontext von Intimer Partnergewalt

Ohne Frage ist Partnergewalt ein äußerst kritisches Ereignis im Leben der betroffenen Frauen, auf das sie – so wissen wir aus Forschung und Praxis – sehr unterschiedlich reagieren. Während sich die einen aktiv darum bemühen, fern der Misshandlungsbeziehung ein eigenes selbstbestimmtes Leben aufzubauen, verbleiben andere beim gewalttätigen Partner. Gerade letzteres stößt oft auf Unverständnis und dient(e) nicht nur in der Gesundheitsversorgung häufig zur Rechtfertigung eines passiven oder gar ablehnenden Verhaltens[25] gegenüber diesen Frauen (siehe auch die Ausführungen zur Negativunterstützung in Kapitel 3.2.3). Die Erforschung des Copings gewaltbetroffener Frauen ist von Interesse, weil es

[24] Dieser Auffassung folgt die Autorin, d.h., dass wenn den hier verwendeten Begriffen teilweise eine negative Konnotation anhaftet, ist diese nicht als Wertung impliziert, ggf. trägt auch die Übersetzungen aus dem Original hierzu bei.

[25] Vgl. auch die Ausführungen von Godenzi (1993: 256ff) sowie die Anmerkungen von Hagemann-White in der wissenschaftlichen Begleitforschung des 1. Berliner Frauenhauses zur Zurückweisung oder gar „Abqualifizierung" – wie es Brandfaß nennt – von Frauen, die zu ihrem Partner zurück kehrten (Hagemann-White & Kavemann 1981; Brandfaß, Glammeier, et al. 2009).

zum einen um mehr Verständnis für die Opfer und ihr Verhalten sowie ihrer Bedürfnisse geht und zum anderen, um zu erfahren, welche Unterstützung Frauen benötigen, damit für sie eine Verbesserung der Situation erreicht wird, d.h. eine Minimierung der Gewalt in ihren Erscheinungsformen und Sequenzen, was jedoch nicht zwangsläufig gleichbedeutend mit einer Trennung von dem Partner ist.

Mit diesen Fragen setzen sich einige angloamerikanische Publikationen und Forschungsprojekte der letzten Jahre auseinander.[26] So geben Angela Waldrop und Patricia Resick (2004) einen Überblick auf verschiedene Coping-Ansätze in ihrer Bedeutung für das Verständnis der Situation der weiblichen Opfer von Partnergewalt. Sie rezipieren neben Lazarus weitere Autoren, die zwischen aktiven vs. vermeidenden Coping-Strategien kontrastieren wie z. B. in *approach* vs. *avoidance*, also dem annähernden vs. dem vermeidenden Coping (vgl. Mitchell & Hodson 1983; 1986; Holahan & Moos 1987; Moos 1995 zit. in Waldrop & Resick 2004) oder dem *engagement*- vs. *disenagement*-Coping (vgl. Tobin, Holroyd, et al. 1989 zit. in Waldrop & Resick 2004). Auch kann zwischen Kognitions- bzw. Verhaltensstrategien unterschieden werden. Während die Kognitionsstrategien sich auf die Veränderung der eigenen inneren Einstellung zur Situation konzentrieren, sind bei den Verhaltensstrategien Aktionen zur Stressreduktion zu beobachten (vgl. Holahan & Moos 1987 zit. in Waldrop & Resick 2004). Nach Rudolf Moos (1995) meint das Konstrukt *approach* oder a*voidance* den Fokus des Copings, während mit Kognitions- oder Verhaltens-Coping die Methode gemeint ist (vgl. Moos 1995 zit. in Waldrop & Resick 2004). Frances Cohen (1987) brachte zwei methodische Perspektiven ein: zum einen den inter-individuellen Ansatz, bei dem ein Individuum einen bestimmten Coping-Stil in verschiedenen Problemsituationen gleichermaßen anwendet, zum anderen den intraindividuellen Ansatz, der eine Anpassung des Coping-Stils an die jeweilige Stresssituation meint (vgl. Waldrop & Resick 2004). Der zweite Ansatz hat sich nach Waldrop und Resick (2004) eher durchgesetzt.

Im Fall von Partnergewalt mögen Frauen also zu einem bestimmten Coping tendieren, das sich aber der einzelnen Situation anpasst. Coping ist deshalb als Prozess zu betrachten und seine Erforschung sollte die Rahmenbedingungen

[26] Für die Beschreibung der theoretischen Erkenntnisse zum Inanspruchnahmeverhalten bei Partnergewalt wurde eine systematische Literaturrecherche mit den Stichworten „domestic violence“, „violence against women“ oder „violence and women“ und „help seeking“ oder „coping“ in den Datenbanken EMBASE, MEDLINE, CINAHL, ISIWeb, PSYNDEX, PsycINFO und SOWIPORT durchgeführt (Ergebnis: 28 Publikationen, Stand 23.02.2011). Je nach theoretischem Gehalt der Publikationen wurden weitergehend sowohl die dort referierten Originalien aufgesucht als auch Arbeiten, die die mit der Recherche ermittelte Publikation zitierten. Diese Publikationen bilden die Basis der folgenden Darstellungen. Für Deutschland waren in diesen Datenbanken keine Veröffentlichungen zu finden.

einbeziehen (vgl. Cattaneo, Stuewig, et al. 2007). Diese Bedingungen können ein bestimmtes Bewältigungsverhalten fördern oder behindern. Eine Betrachtung des jeweiligen individuellen „Belastungs-Bewältigungs-Konzepts" muss nach Toni Faltermaier den Kontext berücksichtigen (1987: 306): „Die Erfassung der individuellen Bedeutung eines Lebensereignisses (...) erfordert, es in seinem Kontext zu erfassen, d.h. sowohl in seinem sozialen Kontext (...) als auch seinem biographischen Kontext".

Zur Prozesshaftigkeit eines aktiven Copings bei Partnergewalt, das ggf. eine Trennung vom Partner nicht ausschließt, haben Moss und andere 1997 festgestellt, dass von Partnergewalt betroffene Frauen mehrere Veränderungsphasen durchlaufen müssen (1997): 1) Konstatieren, dass ihre Paarbeziehung ihnen schadet; 2) Realisieren, dass es nicht besser werden wird; 3) Erleben eines katalysatorischen Ereignisses (z. B. schwere Verletzungen); 4) Aufgabe des Traums einer idealisierten, sich gegenseitig verpflichteten Beziehung und 5) Akzeptieren, dass es[27] ggf. nie ein Ende haben wird (z. B. wegen dem gemeinsamen Sorgerecht für Kinder).

Die Inanspruchnahme von professioneller Hilfe – sei es durch die Gesundheitsversorgung, in Form von psychosozialer Unterstützung oder durch die Polizei – wird von Wissenschaftler/innen als aktives, problemorientiertes Coping verstanden. Wird die erlittene Gewalt offen gelegt, dann bedeutet dies die Realisierung der Situation, d. h. der Wahrnehmung der Widerfahrnisse als Gewaltakte (s. u.). Es ist der Anfang, die Situation aktiv verändern zu wollen (und kann bereits den mit der Situation verbunden Stress mindern) (Thompson, Kaslow, et al. 2000; Coker, Smith, et al. 2002; Postmus, Severson, et al. 2009).

In der Literatur zum Coping von Frauen, die mit einem misshandelnden Partner in einer Beziehung leben, wird das Suchen nach Hilfe differenziert in informelle und formelle Hilfe: Unter der informellen Hilfsressource wird i.d.R. das soziale Umfeld verstanden wie Familie und Freunde, unter formeller Hilfe das Gesundheitsversorgungssystem, gewaltspezifische Unterstützung und Beratung, Kleriker, Polizei und Justiz. Die Bedeutung des sozialen Umfelds als informelle Quellen wird von vielen Autorinnen und Autoren betont, denn sie kann den Weg für die formelle Unterstützung ebnen z.B. durch die Weitergabe von Informationen oder auch durch eine kritische Reflektion der Beziehungssituation, die zur Neubewertung – dem sog. *reappraisal* – führen kann (Kaukinen 2002; Kershner & Anderson 2002; Hyman, Forte, et al. 2009; vgl. GiG-net 2008: 116). Suchen von Gewalt betroffene Frauen Unterstützung, dann meist bei beiden Quellen.

[27] Gemeint ist der Kontakt zu dem Partner, was auch bedeuten kann, dass die Frau weiter spezifische Formen von Gewalt erleiden oder der Kontakt psychisch äußerst belastend sein kann.

Die o.g. Prozesshaftigkeit des Hilfesuchens weisen Lauren Cattaneo et al. (2007) in einer Studie nach (vgl. auch Barnett 2000). Sie untersuchten während eines Zeitraums von einem Jahr das Verhalten von mehr als 400 von Partnergewalt betroffenen Frauen, die Unterstützung suchten. 80% der Befragten suchten mehrfach Hilfe bei verschiedenen Quellen (juristisch-strafrechtliche vs. unterstützende in Form von Beratung, Hotline, Gesundheitsversorgung und Geistliche). Dieses multiple Hilfesuchen bestätigt die bereits 1983 publizierten Ergebnisse von Lee Bowker, die zeigten, dass im Schnitt jedes Partnergewaltereignis mit sechs bis acht Versuchen verbunden war, Hilfe bei informellen Quellen zu finden und mit acht bis 19 Versuchen, bei formellen Quellen (Polizei, Geistliche, Beratende) Hilfe zu erhalten (1983 zit. in Cattaneo, Stuewig, et al. 2007). Den langen Prozess des Loslösens aus der gewalttätigen Beziehung beschreibt auch Ola Barnett (2000). Sie kommt anhand empirischen Materials zu dem Schluss, dass sich Frauen im Schnitt fünfmal von ihrem gewalttätigen Partner trennten und wieder zurückkehrten, bevor sie sich endgültig lösten. Deborah Anderson und Daniel Saunders (2003) beschreiben in einem empirischen Review die Prädiktoren für ein Trennen von dem gewalttätigen Partner: sowohl mehrfache Trennungsversuche als auch die Anwendung mehrerer Coping-Strategien erhöhen die Wahrscheinlichkeit einer endgültigen Trennung. Sie deuten die Ergebnisse als Lernprozess. Jeder Schritt oder Trennungsversuch führt zu einer Kompetenzsteigerung bei den Betroffenen, die diese letztlich für den endgültigen Schritt stärkt und vorbereitet (Anderson & Saunders 2003).

Für Neuseeland beschreiben Janet Fanslow und Elizabeth Robinson (2010) das Hilfesuchverhalten von repräsentativ ausgewählten Frauen, die von Partnergewalt betroffen waren, und kommen zu einem ähnlichen Ergebnis wie Cattaneo et al.: 75% der Befragten hatten mit mindestens einer Person über die Gewaltwiderfahrnisse gesprochen und zeigen damit, dass sie Partnergewalt nicht als Privatangelegenheit betrachten. Auch in dieser Studie wurden informelle Quellen am häufigsten genutzt. Die Situation nicht mehr ertragen zu können, schwere Verletzungen, Angst oder Todesdrohungen und die Sorgen um die Kinder wurden von Frauen als Grund sowohl für eine Hilfesuche als auch für eine Trennung vom gewalttätigen Partner genannt. Das Verbleiben in der Paarbeziehung wurde begründet mit der Normalität von Partnergewalt oder deren geringe Schwere, dem emotionalen Investment in die Beziehung oder dem Wunsch, bei den Kindern bleiben zu wollen.

Die vorliegenden Studienergebnisse zeigen, dass gewaltbetroffene Frauen entgegen der häufig formulierten Annahme ihrer erlernten Hilflosigkeit vielfältige Strategien anwenden, um ihre Erfahrungen zu formulieren, wobei an erster Stelle meist informelle Quellen stehen. Sie nutzen aktiv die informellen und formellen Ressourcen und Angebote, um ihr Überleben und/oder ihr Loslösen aus der Beziehung zu realisieren (Cattaneo, Stuewig, et al. 2007; Montero, Ruiz-Perez, et al. 2010; Barrett & Pierre 2011). Auch in der deutschen Repräsentativstudie berichteten gewaltbetroffene Frauen, dass sie mit verschiedenen Personengruppen gesprochen hatten (Müller & Schröttle 2004: 159).

Hindernde Faktoren für ein aktives Coping

Bei der Analyse der Determinanten und der Kontextbedingungen des Hilfesuchverhaltens interessieren neben den fördernden auch die hindernden Faktoren, zeigen sie doch das Verbesserungspotential im Prozess des Copings. In der Literatur werden nach Lazarus und Folkman (1984) Coping-Hindernisse differenziert in Umgebungs- oder Umfeldfaktoren einerseits und persönliche Hindernisse andererseits (vgl. Waldrop & Resick 2004), beide Hindernisfaktoren werden nachfolgend ausführlicher erläutert, gesondert insbesondere jene Determinanten, die bei der Sekundärdatenanalyse berücksichtigt werden (siehe Kapitel 4).

Barnett hat in einem sehr umfangreichen Review die möglichen Beweggründe von Frauen dargestellt, warum sie ihren gewalttätigen Partner nicht verlassen[28] (2000; 2001). Die Trennung vom Partner ist als ultima ratio einer aktiven Hilfesuche zu interpretieren, so dass die genannten Hinderungsgründe auch bei der Diskussion um das Hilfesuchen von Relevanz sein können. In diesem Review wird gemäß der Coping-Literatur (vgl. Lazarus & Folkman 1984) zwischen externalen und internalen Hinderungsgründen differenziert. Bei den externalen Gründen steht die ökonomische Abhängigkeit[29] der Frauen von den Männern an erster Stelle, aber auch der Mangel an (adäquater) Unterstützung z.B. am Arbeitsplatz oder durch die Gemeinde.

Als internale Hinderungsgründe erläutert Barnett (2001) die Bedeutung

- der weiblichen Sozialisation, die Frauen dazu erzieht, Anerkennung durch männliche Partner zu suchen, so dass eine Trennung schlimmer erscheint als (sporadische) Gewalthandlungen.
- der persönlichen Einstellung, die Frauen Gewalt durch den Partner nicht als solche realisieren lässt, weil sie als ‚normal' angesehen wird.[30]

---

[28] In der Literatur ist die Unterscheidung zwischen einem aktiven Coping und dem Verlassen des gewalttätigen Partners nicht trennscharf. Auch ist ein gewisser Subtext zu finden, dass die Trennung vom Partner das bessere Coping sei.

[29] Diese Abhängigkeit wird nach Barnett (2001) z.B. gesellschaftlich durch den ‚Gender Pay Gap' gestützt.

[30] Nach Barnett (2001) spielt der gesellschaftliche Diskurs von Partnergewalt dabei eine essentielle Rolle.

- des „Sich-Schuldigfühlens" für die Gewalt, die Frauen annehmen lässt, sie könnten die Situation und den gewalttätigen Partner durch ihre Liebe verändern.
- des „In-Schutznehmens" des Partners, das Frauen externale Gründe beim Partner für die Gewalthandlungen suchen lässt (seine Trunkenheit, Arbeitslosigkeit, Kontrollverlust, Opfer von Kindesmisshandlung etc.), damit wird ein Prozess des Nichtwahrhabens, Rationalisierens und Minimalisierens der Gewalt in Gang gesetzt.
- des „Kindern eine heile Familie bieten" zu wollen, ohne zu erkennen, dass Kinder durch die Gewalt in der Familie traumatisiert werden.
- der Idealisierung der Ehe, die Frauen an den gesellschaftlich und religiös vermittelten Wert einer Ehe glauben lässt, die auf Liebe, Hoffnung und Versprechen baut, die durch „dick und dünn geht" und halten soll „bis das der Tod sie scheidet".
- der stetigen Angst vor Gewaltausbrüchen, die Frauen emotional aber nicht rational handeln lässt.
- des angstbedingten Stress', der Frauen erstarren und untätig werden lässt.
- der psychischen Folgen wie Depressionen, PTSD und niedriges Selbstwertgefühl, das mit Vermeidungsstrategien und Problemlösungsdefiziten einhergeht.
- des Gewaltzyklus (Walker 1983), der durch den unvorhersehbaren Wechsel von Bestrafung und Belohnung Frauen an den Partner bindet.
- der erlernten Hilflosigkeit, die Frauen an einem aktiven Handeln hindert.[31]
- der der Misshandlungsbeziehung inhärenten Kombination von Benefits (Liebe und ökonomische Unterstützung) und Kosten (Angst und Demütigung), die den Frauen Ambivalenz, Konflikt und Frustration bringt und sie in einem zweifachen Konflikt aus Annäherung und Vermeidung hält.

Ein wesentlicher Hinderungsgrund für ein aktives Coping kann auch in der von der Forschung beschriebenen speziellen Bindung der Frauen an den gewalttätigen Partner (Brückner 1983) – auch als eine Form des Stockholm Syndroms[32] bekannt – liegen. Godenzi überträgt die vier Voraussetzungen des Syndroms auf eine gewalttätige Paarbeziehung (1993: 250): „(1) Ein Mann bedroht eine Frau auf schwerste Weise (z.B. mit dem Tod). (2) Die Frau kann nicht ausweichen, so dass ihr Leben ganz vom Mann abhängig wird. (3) Die Frau ist isoliert von ande-

[31] Nach Barnett (2001) ist dieses Konzept im Kontext von Partnergewalt gegen Frauen umstritten. Manche Wissenschaftler/innen sehen in dem Hilfesuchen eine aktive Handlung.

[32] Der Begriff geht zurück auf ein psychologisches Phänomen: In den 1970er Jahren entwickelten bei einer Geiselnahme in Stockholm die Opfer ein positives emotionales Verhältnis zu ihren Entführern. Sie sympathisierten und kooperierten mit den Geiselnehmern (vgl. Harnischmacher & Müther 1987).

ren Bezugspersonen, ihre einzige Perspektive ist ein Leben mit dem Mann. (4) Der Mann ist auch zärtlich und liebenswürdig zur Frau.“ Kontrolle und Bindung der Frau werden durch die ambivalenten Handlungen des Partners verstärkt. Godenzi wertet das Bagatellisieren der erlittenen Gewalt und die Inschutznahme des gewalttätigen Partners als Anpassung an die in den Augen der Frauen ausweglose Situation und fordert ein Umdenken der Viktimologie, die sich stärker auf die „Überlebensstrategien misshandelter Frauen ausrichten“ sollte (1993: 251).

Für Deutschland sind ähnliche Erkenntnisse in der Zusammenschau verschiedener Studien zur Partnergewalt publiziert (vgl. GiG-net 2008). Als weitere hindernde Gründe für die Inanspruchnahme von spezifischen Beratungsangeboten wurden genannt: die fließenden Übergänge zwischen moderaten Formen und schwerer Gewalt, die Gewalt bzw. die gewaltbedingten Verletzungen sei(en) nicht gravierend genug gewesen, die Angst vor Unglaubwürdigkeit und einem Statusverlust wegen dem verbreiteten Stereotyp, Gewalt in Paarbeziehungen sei vornehmlich in niedrigeren Sozialschichten zu finden (GiG-net 2008: 114, 119ff, 125f).

Caryl Rusbult und John Martz nehmen an, dass Frauen anhand eigener Kriterien prüfen, ob sie an der Beziehung festhalten. Bewertungskriterien können z. B. sein: der Grad der Zufriedenheit, die Möglichkeit und Qualität von Alternativen und das Maß des Investment in die Beziehung wie die eingebrachten Ressourcen in direkter Form von Zeit oder emotionale Energie bzw. indirekt über Kinder, Freunde oder materielle Güter. Eine größere Bindung an die Beziehung ist mit höheren Kosten bei deren Beendigung verbunden (Rusbult & Martz 1995 zit. in Fanslow & Robinson 2010).

Mit der Frage, warum Frauen keine Hilfe von den verschiedenen Ressourcen wie Polizei, Gesundheitsversorgung oder Beratungsstellen in Anspruch nehmen, beschäftigt sich eine weitere Studie von Michelle Fugate und Kolleginnen (2005) anhand eines Subsamples der Chicagoer Women’s Health Risk Study. Nach der Häufigkeit der nicht in Anspruch genommenen Ressourcen zeigen sich folgende Ergebnisse: 82% verneinten die Inanspruchnahme von spezifischen Beratungsstellen, 74% die der medizinischen Versorgung und 62% die der Polizei. Nur 29% hatten mit keiner Person aus dem sozialen Umfeld über die erlittene Gewalt gesprochen. Als Hinderungsgründe für die Inanspruchnahme medizinischer Hilfe nannten die Befragten, dass die Gewalt nicht schwer genug oder das Angebot nicht hilfreich gewesen sei, sie etwas anderes gemacht oder sich selbst versorgt haben. Vornehmlich wurden logistische Barrieren wie z.B. Kinderbetreuung oder Transportprobleme angegeben sowie die Hinderung durch den Partner oder ihn schützen zu wollen. Die Privatheit des Problems, Angst, Verlegenheit und Scham wurden ebenfalls genannt. Im Vergleich zu den anderen

Unterstützungsangeboten wurde die medizinische Versorgung selten als Bedrohung[33] für die Beziehung angesehen. Auch die Angst vor den Konsequenzen wie z.B. für den Migrationsstatus, Schutz der Kinder, der Verlust der Wohnung und die Folgen für den Partner hielten Frauen ab oder die Angst vor potentiellen ‚Racheakten' durch den Partner bei Offenlegung gegenüber Dritten. Weil viele Frauen glaubten, dass sie nur dann Hilfe erhalten würden, wenn sie zur Trennung bereit wären, schalteten sie nicht die Polizei ein. Zusammenfassend konstatieren die Autorinnen, dass Angst als Hinderungsgrund häufiger im Kontext mit der Polizei genannt wurde als mit medizinischen oder sozialen Angeboten. Sie erklären dieses Ergebnis damit, dass sich Gesundheitsversorgung und Beratung als Interventionen an die Opfer richte, während polizeiliche oder juristische Intervention den Täter im Blick habe. Da Frauen keine Kontrolle über die polizeilichen Eingriffe haben und ihre Perspektive meist nicht berücksichtigt wird, würden sie davon absehen, die Polizei einzuschalten (Fugate, Landis, et al. 2005).

In einer qualitativen britischen Interviewstudie berichteten von Partnergewalt betroffene Frauen vor allem, dass sie die Angst um die eigene Sicherheit, die Unkenntnis adäquater Unterstützungs- und Sicherheitsangebote sowie die Besorgnis vor Verlust des Sorgerechts für die Kinder am Hilfesuchen gehindert hätten (Peckover 2003). Langandauernde Gewalt in einer Paarbeziehung ist einer spanischen Studie unter Patientinnen der Primärversorgung zufolge ein weiterer Hinderungsgrund (Montero, Ruiz-Perez, et al. 2010).

Für Deutschland liegen keine expliziten Studien zum Hilfesuchverhalten vor. Das mag an dem Mangel an wissenschaftlicher Begleitung und/oder Projektevaluationen liegen. Einige deskriptive Hinweise sind einer Sekundäranalyse der Repräsentativstudie zu entnehmen (Schröttle & Ansorge 2008) sowie der gemeinsamen Diskussion verschiedener Forschungsprojekte zu häuslicher bzw. Partnergewalt (GiG-net 2008).

3.2 Determinanten des Hilfesuchverhaltens

Auch wenn Gewalt jede Frau treffen kann, zeigen Studien „Gewalt macht nicht gleich" (Helfferich, Kavemann, et al. 2004) und „Gewalt trifft Frauen auch in unterschiedlichen Lebenssituationen" (GiG-net 2008: 185f), die sich nach den Sozialstrukturkategorien wie Alter, Bildung, Erwerbssituation, Einkommen, Migrationshintergrund, Kinder etc. differenzieren lassen. Diese Kategorien können auch die Suche nach Hilfe bestimmen. Nachfolgend werden jene Determinanten

[33] Hier zeigt sich die in Kapitel 2.5 dargelegte Bedeutung der Gesundheitsversorgung als niedrigschwelliges Angebot.

beschrieben, deren Einfluss auf die Hilfesuche entweder theoretisch angenommen wird oder empirisch belegt sind und die bei der vorliegenden Sekundärdatenanalyse berücksichtigt werden.

3.2.1 Soziodemografische Faktoren

Eine sozialstrukturanalytische Betrachtung setzt die Berücksichtigung soziodemografischer Merkmale der Studienpopulation voraus, sie gehören daher zu den Standards der empirischen Sozialforschung sowie guter epidemiologischer Praxis (vgl. Ahrens, Bellach, et al. 1998; DGEpi 2008). Anhand dieser Merkmale können sozialstrukturell bedingte Unterschiede zwischen verschiedenen Gruppen und somit Einflussfaktoren identifiziert werden. In die vorliegende Analyse gehen die Standardmerkmale ein, die nachfolgend beschrieben werden. Referiert wird gleichzeitig der aktuelle Forschungsstand zu den jeweiligen Zusammenhängen von Soziodemografie und Coping bzw. Hilfesuchverhalten allgemein oder im Kontext von Partnergewalt.

Alter

„Lebenslauf und Lebensalter“ sind nach Martin Kohli (1985: 387) eine soziale Institution, die „als eine eigenständige gesellschaftliche Strukturdimension aufzufassen sind“, bei denen es sich „um eine soziale Tatsache eigener Art (handelt), die durch ein besonderes Regelsystem generiert wird.“. Mit dem Lebensalter geht in der Regel die Veränderung von Interessen, Bedürfnissen und auch Verhalten einher. Bei einer differentiellen Betrachtung des Copings nach Altersgruppen wird ein höheres von einem jüngeren Alter als Referenzgruppe abgegrenzt.

Das höhere Alter gilt als besonderer Lebensabschnitt, in dem sich die Lebenserfahrungen und -bedingungen kumuliert niederschlagen. Meist wird von Alten oder Älteren jenseits eines Alters von 60 bis 65 Jahren gesprochen (vgl. Böhm, Tesch-Römer, et al. 2009). Theorien zu altersspezifischem Coping-Verhalten verdeutlichen, dass im Vergleich kontrastierender Altersgruppen ältere Personen eher zu einem passiven, emotionsbezogenen Coping und jüngere zu aktiven Strategien neigen (Folkman, Lazarus, et al. 1987). Susanne Wurm und Clemens Tesch-Römer (2005) argumentieren: „Die mit dem Alter zunehmende Erfahrung irreversibler Verluste und die Wahrnehmung einer auslaufenden Lebenszeit begrenzen die Möglichkeiten einer aktiven Zielrealisierung.“ Um diese zu bewältigen – so die Autoren – fände eine Anpassung des Soll-Zustandes, eine

„Regulation des Selbst" statt. In diesem Anpassungsprozess werden „Ziel und Ansprüche reduziert, modifiziert oder aufgegeben und Verluste uminterpretiert". Diese Coping-Mechanismen verlaufen nicht absichtlich, sondern sind das Ergebnis „automatisch ablaufender kognitiver Entlastungsprozesse". Die Akkomodations- bzw. Anpassungsstrategien nehmen mit dem Alter zu (vgl. Wurm & Tesch-Römer 2005). Erleben ältere Personen häufiger schwer kontrollierbare Lebenssituationen, so können sie das Gefühl eines generellen Kontrollverlustes über ihr Leben entwickeln. Häufen sich diese unkontrollierbaren Situationen, so kann sich ein Gefühl der grundsätzlichen Kontrolllosigkeit einstellen (Ben-Zur 2002). Die Lebensrealität von Frauen, die Gewalt durch ihren Partner erleiden – so wissen wir aus den Schilderungen Betroffener – ist stetig von derartigen Gefühlen des Kontrollverlustes gekennzeichnet.

Empirisch evident endet Gewalt in einer Paarbeziehung nicht mit dem Alter (vgl. Zink, Jacobson, et al. 2006a; Coker, Flerx, et al. 2007; Band-Winterstein & Eisikovits 2009),[34] dass zeigen auch neuere Berichte für Deutschland (Nägele, Böhm, et al. 2010a) und europäische Länder (Nägele, Böhm, et al. 2010b). Zwar mögen die mit dem Alter einhergehenden physischen und funktionalen Veränderungen sowie eine zunehmende Abhängigkeit von der Pflege der Partnerin auch einen Wechsel in der Beziehungsstruktur und -organisation bringen, aber gewalttätige Männer geben ihre auf Macht und Kontrolle beruhende Hegemonie in der Beziehung nicht auf (vgl. Zink, Jacobson, et al. 2006b). Die Ergebnisse der Untersuchungen von Therese Zink et al. zeigen, dass bestimmte Lebensereignisse wie das Ausziehen der Kinder aus dem gemeinsamen Haushalt, der Renteneintritt, eine Erkrankung und die damit einhergehende stärkere beidseitige Abhängigkeit zusammen mit vermehrtem Beisammensein, Spannungen, sozialer Isolation und größerer Verletzbarkeit die Gewaltformen wandeln können, beendet wird Partnergewalt zumeist jedoch nicht. Mit dem Alter mögen sich Formen und Mittel der Gewalt ändern und hauptsächlich verbal oder emotional eskalieren (vgl. Beaulaurier, Seff, et al. 2008), aber Gewalt und Kontrolle bleiben die der Paarbeziehung inhärente Verhaltensweisen. Alters oder soziobiologische Einschränkungen scheinen – so Zink et al. (2006a) – ältere von Gewalt betroffene Personen stärker auf bestimmte (Inter)Aktions- oder Verhaltensmuster festzulegen.

Mit dem Alter verändern sich auch die Kontextbedingungen für das Coping bei Partnergewalt. Auf die besonderen Herausforderungen für älteren Frauen, die in einer gewalttätigen Paarbeziehung leben, haben Zink et al. (2006a) ebenfalls verwiesen. Altersbedingte physische, psychische und soziale Faktoren sowie ein

[34] Für das Problem Partnergewalt bei Älteren sind insbesondere die Arbeit von Zink hervorzuheben, die erste umfangreiche Einsichten in das Feld gegeben haben (Zink, Regan, et al. 2003; Zink, Jacobson, et al. 2006a; Zink, Jacobson, et al. 2006b).

Mangel an ökonomischen Ressourcen (geringe Rentenzahlungen oder keine weiteren Einkommensquellen), an Arbeitsmöglichkeiten und Bildungsqualifikation, gesundheitliche Beeinträchtigungen verstärken die Bindung an den Partner und lassen eine Trennung von ihm als unrealisierbar erscheinen (vgl. Zink, Regan, et al. 2003; Barrett & Pierre 2011; Beaulaurier/Seff et al. 2008). Häufig sind die Partner die einzigen relevanten Beziehungen[35] im Leben dieser Frauen (Beaulaurier, Seff, et al. 2008), so dass es schwer fällt, diese zu verlassen. Auch seien diese Frauen – so Zink et al. (2006a) – weitaus mehr durch konservative bzw. tradierte Wertvorstellungen geprägt, die bestimmte Geschlechterrollen in einer Ehegemeinschaft vorsehen und einer intakten Familie eine hohe gesellschaftliche Bedeutung zumessen (vgl. auch Beaulaurier, Seff, et al. 2008). Mit Hilfe einer qualitativen Interviewstudie lässt Tova Band-Winterstein von Gewalt betroffene ältere Frauen selbst zu Wort kommen. Sie verdeutlichen, wie der Wunsch, die gesellschaftlichen Erwartungen an die weiblichen Rolle der Pflegenden von häufig älteren Partnern zu erfüllen, sie an die Ehe bindet (Band-Winterstein & Eisikovits 2009). Dieser Zusammenhang wird auch in den von Richard Beaulaurier und anderen durchgeführten Gruppendiskussionen deutlich. Insbesondere bei den ältesten Frauen war die Angst, dass der Pflegebedarf entweder des misshandelnden Partners oder der eigene Bedarf nach einer Trennung nicht mehr gewährleistet wäre, ein entscheidender Grund für das Verbleiben in der Beziehung (Beaulaurier, Seff, et al. 2008). Gerade für ältere Frauen kann ggf. der Rat oder die Unterstützung von Geistlichen von großer Bedeutung sein. In den verschiedenen Religionen kommt der Ehe eine besondere Unantastbarkeit zu und werden geschlechterspezfische Rollen innerhalb der Institution Ehe definiert. Auch diese Aspekte sowie deren Verteidigung durch die Geistlichen mögen Frauen als externale Barriere daran hindern, den misshandelnden Partner zu verlassen (Beaulaurier, Seff, et al. 2008).

Um diese gesellschaftlichen Werte von und Erwartungen an die Ehe und die soziale Stabilität der Familie zu bewahren, lernen Frauen mit der von Laura Lempert (1996) formulierten „Simultanität von Liebe und Gewalt" zu leben. Spezifische Coping-Strategien sind erforderlich, um mit dieser Gleichzeitigkeit von Liebe und Gewalt leben zu können. Eine qualitative Studie von Zink et al. (2006a) zeigt, dass ältere Frauen eher emotionsorientiertes Coping anwenden, um einer für sie scheinbar nicht veränderbaren Situation eine Bedeutung zu geben. Wie dargelegt wurde, ist bei älteren Personen sowie unkontrollierbaren und unveränderbaren Situationen – wie etwa bei Partnergewalt – häufiger ein emotionsfokusiertes Coping als Anpassungsstrategie zu finden (vgl. Zink, Jacob-

[35] Nicht nur wegen der häufig mit der Partnergewalt einhergehenden sozialen Isolation sondern auch weil mit dem Alter Freunde und Familienmitglieder versterben.

son, et al. 2006a). So werden von älteren gewaltbetroffenen Frauen Coping-Strategien genutzt, die auch die Neubewertung (*reappraisal*) ihrer eigenen Person, des Partners, der gemeinsamen Paarbeziehung und der Verhaltensweisen beinhaltet, um einen Sinn in der Situation zu finden, Grenzen zu definieren und zu einer positiveren Selbstwahrnehmung zu kommen, damit die Situation ertragbar wird. Sie versuchen soziale und emotionale Unterstützung sowie Selbstverwirklichung jenseits der ehelichen Gemeinschaft zu finden wie z. B. bei Freunden und Gemeindeorganisationen (Zink, Jacobson, et al. 2006b). Nach Zink et al. (2006a) scheinen einige Frauen mit dieser Strategie gut leben zu können, während andere geradeso überleben. Gemeinsam ist allen Frauen, dass sie das Bild der Beziehungseinheit aufrechterhalten wollen. In diesem Kontext muss anerkannt werden, dass Opfer Entscheidungen treffen und Coping-Strategien anwenden, auch um zu bleiben. Nach Phyllis Baker (1997) kann das Verbleiben beim gewalttätigen Partner auch auf die Unabhängigkeit der betroffenen Frauen hindeuten, denn so erfüllen sie nicht die externalen Erwartungen des Hilfesystems (vgl. Beaulaurier, Seff, et al. 2008).

Die Überlebensmöglichkeiten jenseits der Ehegemeinschaft sind insbesondere für ältere Frauen limitiert. Viele ältere Frauen sind daher solange gezwungen, mit der Beziehung umzugehen und in ihr zu leben, bis die Gesellschaft Unterstützungsmöglichkeiten schafft, die ihnen beim Verlassen der Misshandlungsbeziehung und dem Aufbau eines eigenständigen Lebens hilft.[36] Bei der Unterstützung von älteren Opfern müssen ihr Investment in die Ehe und ihr kognitives Wertesystem berücksichtigt werden, das Grundlage für das Aufrechterhalten der ‚intakten' Familie war. Wenn eine Trennung keine Option für die Betroffenen ist, sind Beratende und Unterstützer/innen herausgefordert, neue Methoden und Möglichkeiten zu entdecken, um älteren Frauen Hilfe und Sicherheit zu geben (Vinton 2003).

Im Hinblick auf das Hilfesuchverhalten zeigen sich nach Betty Barrett und Melissa Pierre (2011) bei den quantitativen Studien uneinheitliche Ergebnisse. Konsistent mit den qualitativen Ergebnissen scheint mit steigendem Alter das Hilfesuchverhalten in einer Studie abzunehmen (West, Kaufman Kantor, et al. 1998), während eine andere Studie keinen Alterseffekt feststellen konnte (Hyman, Forte, et al. 2009). Altersabhängige Unterschiede im Verhalten können einigen Autorinnen und Autoren zufolge auf andere Faktoren wie z.B. die finanzielle Situation zurückzuführen sein (vgl. Barrett & Pierre 2011).

In der deutschen Repräsentativstudie hatte unter den soziodemografischen Faktoren einzig das Alter einen Zusammenhang mit dem Offenlegen der erlit-

[36] Gender-Pay-Gap, Alleinernährer-Familienmodelle und die Unterhaltsreform in 2008 etc. tragen zur Abhängigkeit älterer Frauen bei.

tenen Gewalt (GiG-net 2008: 114): Je älter Frauen waren, desto seltener hatten sie mit jemandem über die Widerfahrnisse gesprochen. Neuere Untersuchungen für Deutschland kommen zu dem Schluss, dass nur wenige ältere von Gewalt betroffene Frauen den Weg in Unterstützungseinrichtungen finden. Zum einen wissen sie seltener von diesen spezifischen Einrichtungen und zum anderen nehmen sie diese auch seltener wahr (Nägele, Böhm, et al. 2010a: 41). Nach der Frauenhausstatistik lag der Anteil der Frauen zwischen 50 und 60 Jahren unter den Hilfesuchenden im Schnitt bei 3,1%, Frauen über 60 Jahre waren nur zu etwa 1,6% unter den Frauenhausbewohnerinnen vertreten – zum Vergleich beträgt der Anteil dieser Altersgruppe unter den Frauen in Deutschland über 30%.[37] Unter den Klientinnen der pro-aktiven Interventionsstellen mit ihrem aufsuchenden Beratungsansatz ist der Anteil der älteren Frauen um etwa 2 Prozentpunkte höher als unter den Frauenhausbewohnerinnen (vgl. Nägele, Böhm, et al. 2010a: 63ff). Die Ursache für diese geringere Inanspruchnahme sehen Barbara Nägele et al. darin begründet, dass „bei älteren Frauen nach wie vor traditionelle geschlechternormierte Lebensweisen und Gewöhnungseffekte die Wahrnehmung sowohl des Unrechtscharakters von Partnergewalt als auch von Veränderungsoptionen“ verhindern (Nägele, Böhm, et al. 2010a: 30).

Migrationshintergrund

Sowohl in der Gesellschaftspolitik als auch in den Gesundheitswissenschaften besteht heutzutage kein Zweifel an dem potentiellen Einfluss eines eigenen oder in der Herkunftsfamilie erlebten Migrationsprozesses. Erkenntnisse zeigen die gesundheitlichen Unterschiede zwischen der autochthonen und der alochthonen Bevölkerung (Razum, Zeeb, et al. 2008). Eingeschränkte Bürgerrechte und mangelnde kulturspezifische Sprachmittlung und Information wirken sich auf die Partizipationschancen von Migrantinnen und Migranten sowie ihre nachfolgenden Generationen aus. Für Deutschland liegen keine expliziten Studien zum Hilfesuchverhalten von Migrantinnen vor, die Gewalt in der Paarbeziehung erlitten haben. Eine Sekundäranalyse der deutschen Repräsentativstudie zeigt, dass Migrantinnen zwar einerseits weniger gut über das Hilfesystem informiert sind, andererseits jedoch häufiger Hilfe suchten (Schröttle & Khelaifat 2007; Schröttle & Ansorge 2008: 192ff, 195 ff).

Als Hinderungsgründe für die Inanspruchnahme von Hilfe und Unterstützung durch Migrantinnen gelten in den angloamerikanischen Ländern zum einen

[37] Diese Zahlen lassen sich nicht ohne weiteres in Beziehung setzen. Ein Vergleich auf Basis des Anteils von Frauen mit einer bestehenden Partnerschaft würde ein realistischeres Bild zeigen.

der Mangel an kultureller Sensitivität und Spezifität der vorhandenen Angebote sowie ihre Unzugänglichkeit. Zum anderen besteht bei Migrantinnen häufiger eine soziale Isolation, die aufgrund ihrer spezifischen Lebensbedingungen verschärft ist, und es herrscht ein Misstrauen gegenüber den Anbietern (Barnett 2001). Als weitere Barrieren werden der Mangel an Bildung und Sprachkompetenz genannt (Ingram 2007) sowie die finanzielle Unsicherheit z. B. aufgrund schlecht bezahlter Jobs, die Migrantinnen häufig unter die Armutsgrenze fallen lässt. Auch kulturelle Normen, die Gewalt in der Paarbeziehung billigen und von betroffenen Frauen erwarten, die Ehe aufrecht zu erhalten, oder das Offenlegen von Familienproblemen verhindern ein aktives Coping (Wachholz & Miedema 2000; Bui 2003; Erez, Adelman, et al. 2009; Barrett & Pierre 2011). Erschwert wird ein Hilfesuchverhalten auch durch die Sorge vor einer potentiellen Abschiebung der eigenen Person oder des Partners (Dutton, Orloff, et al. 2000; Raj & Silverman 2002; Ingram 2007; Barrett & Pierre 2011).

Studien zu den Unterschieden im Coping-Verhalten bei Frauen mit und ohne Migrationshintergrund zeigen kein einheitliches Bild. Ergebnisse liegen vor, die einen Unterschied im Coping nachweisen (vgl. Bui 2003; Ingram 2007; Hyman, Forte, et al. 2009). Andere Studien entdeckten keinen Einfluss des Migrationshintergrundes auf das Hilfesuchverhalten wie z.B. eine kanadische Studie (Hyman, Forte, et al. 2009). Die Autorinnen führen dieses Ergebnis auf die weitgehend kostenlosen Angebote der Unterstützung zurück und geben weiter zu bedenken, dass Migrantinnen keine homogene Gruppe seien. Eine US-amerikanische Studie (Ingram 2007) fand keine signifikanten Unterschiede im Hilfesuchverhalten zwischen Frauen lateinamerikanischer Abstammung und ‚weißen' Amerikanerinnen, allerdings waren die Lateinamerikanerinnen über das Unterstützungsangebot in der Gemeinde signifikant schlechter informiert und wurden von Partnergewalt-Expertinnen und -Experten seltener nach Gewalt gefragt (Screening). Lateinamerikanerinnen sprachen eher mit Familienmitgliedern und seltener mit Gesundheitsfachkräften oder Geistlichen über die erlittene Gewalt. Signifikante Unterschiede bei dem genutzten Angeboten zeigten sich allein bei den Zufluchtseinrichtungen, die von Lateinamerikanerinnen seltener in Anspruch genommen wurden (Ingram 2007).

Nach Kameri Christy-McMullin werden die Unterschiede weniger durch die ethnische Herkunft als vielmehr durch ihre finanzielle Situation als Migrantinnen erklärt (2005) (vgl. auch Kasturirangan, Krishnan, et al. 2004; Vatnar & Borkly 2010; Barrett & Pierre 2011). Den Zusammenhang zwischen ökonomischer Situation und Coping verdeutlicht auch Hoan Bui in ihrer Studie (2003). Demnach fördert der Mangel an ökonomischen Ressourcen die fortgesetzte Abhängigkeit der Migrantinnen von ihren Männern, denn bei einer Arrestierung des gewalttätigen Partners erhält die Familie z. B. kein Einkommen. Bui (2003) zeigt auch:

Waren Migrantinnen in den USA gut ausgebildet und verdienten ein höheres Gehalt, dann suchten sie eher Hilfe als Migrantinnen der Vergleichsgruppe. Ökonomisch schlechter gestellte Migrantinnen haben einen limitierten Zugang zu sozialen oder materiellen Ressourcen. Auch die Aufenthaltsdauer von Migrantinnen spielt eine Rolle: So war in einer kanadischen Studie das Hilfesuchverhalten von Migrantinnen, die bereits längere Zeit (mind. zehn Jahre) im Land lebten mit dem Coping von Frauen ohne Migrationshintergrund vergleichbar (Hyman, Forte, et al. 2006). Die kulturelle Anpassung ist ebenfalls von Bedeutung. Nach Bui (2003) suchten stärker akkulturierte Migrantinnen eher formelle Hilfe als weniger akkulturiere Frauen (vgl. auch Ingram 2007). Wobei ihrer Meinung nach eine Akkulturation weniger das Resultat einer sukzessiven Verbesserung der Sprachkompetenz der Frauen ist, sondern vielmehr von ihren sozioökonomischen Bedingungen und ihrem Eingeschlossenseins in den häuslichen Arbeitsbereich behindert wird.

An den bisherigen Forschungsstudien zu diesem Problemkomplex, die einen Bezug zu tradierten kulturellen Werten herstellen, kritisiert Bui (2003), dass diese nicht die mit der Migration einhergehenden Veränderungen berücksichtigten und die gewonnen Erkenntnisse vornehmlich auf Interviews mit Unterstützungsexperten beruhten, ohne betroffenen Migrantinnen selbst Gehör zu schenken. Das Hilfesuchverhalten von Gewalt betroffenen Migrantinnen muss ihrer Meinung nach im sozialen Kontext von Gender, Ethnizität, Kultur und Sozialschicht gesehen werden. Gesetze zur Immigration, die bspw. den Aufenthalt nach einer Trennung, den (kostenlosen) Zugang zu Unterstützungsangeboten für Migrantinnen mit und ohne Aufenthaltserlaubnis oder Partnergewalt als Abschiebungsgrund regeln, hindern Frauen ebenfalls bei der Hilfesuche (Bui 2003).

Mitbetroffenheit der Kinder

Im Kontext von Partnergewalt kommt dem Vorhandensein von Kindern eine besondere Bedeutung zu. Einerseits gelten nach empirischen Befunden Kinder – vor allem wenn sie noch jünger sind oder mehrere Kinder im Haushalt leben – als Risikofaktor oder Indikator für das Auftreten von Gewalt durch den Partner (Bradley, Smith, et al. 2002; Richardson, Coid, et al. 2002; Vest, Catlin, et al. 2002). Ungeklärt ist jedoch die Richtung des Zusammenhangs: Führt (sexuelle) Gewalt in der Beziehung zu einer größeren Kinderzahl oder tritt in Familien mit einer größeren Kinderzahl vermehrt Gewalt auf? Schwangerschaft und Geburt eines Kindes stellen zudem für die Paarbeziehung eine einschneidende Veränderung dar, die als Trigger für Gewalt durch den Partner wirken kann. So berichteten in der deutschen Repräsentativstudie etwa 20% der Frauen, die in ihrer letzten Partnerschaft Gewalt erlitten hatten, dass die Geburt eines Kindes das die Gewalt auslösende Lebensereignis war. Bei weiteren 10% der Frauen war es eine Schwangerschaft (Müller & Schröttle 2004: 261).[38]

Im Hinblick auf eine Suche nach Hilfe und Unterstützung gibt es nach den Angaben betroffener Frauen unterschiedliche Erkenntnisse. Kinder waren sowohl der Auslöser als auch der Hinderungsgrund für die Trennung der Mutter vom gewalttätigen Partner – so das Ergebnis von Fokusgruppen. Mütter wollten ihre Kinder vor schädigenden Gewaltauswirkungen schützen und gleichzeitig die Familie zusammenhalten. Die Mitbetroffenheit von Kindern markiert eine Grenze, wird diese überschritten, forcieren Frauen eine Trennung (GiG-net 2008: 287f; McKay 1994 zit. in Dlugosch 2010: 40; Rhodes, Cerulli, et al. 2010). Frauen wechselten aus Sorge um die Kinder das Coping-Verhalten und trennten sich (DeVoe & Smith 2002). Im Vergleich zwischen den Faktoren „Schwanger sein" und „Miterleben der Gewalt durch Kinder" war nach Silke Meyer (2010) das Miterleben der stärkste Prädiktor für die Suche nach allgemeiner und formeller Unterstützung.

Sozial- und Erwerbsstatus

Als Einflussgrößen für unterschiedliche Phänomene wie z.B. gesundheitliche Ungleichheit[39] gelten soziodemografische Merkmale wie Bildung, Berufsstatus und Einkommen, die daher in den verschiedenen empirischen Wissenschaften als Standard erfasst werden und als komplexer Indikator zum Sozialstatus aus diesen drei Variablen zusammengefasst werden. Nachfolgend werden die empirischen Ergebnisse zum Zusammenhang zwischen den einzelnen Variablen, dem Sozialstatusindex sowie dem Erwerbsstatus und dem Hilfesuchverhalten dargelegt.

[38] Nicht deutlich wird mit diesen Zahlen, ob es sich hier um ein gravierendes Problem handelt. Unklar bleibt bei diesem Ergebnis auch die Prozentuierungsbasis: Werden die Antworten als Mehrfachantworten behandelt, d.h. die Prozent-Angaben beziehen sich auf alle Antworten (n=799) oder aber beziehen sie sich auf die Anzahl der Frauen (n=?). Im Ranking der vorgegebenen Antwortmöglichkeiten steht an 1. Position „nach dem wir geheiratet hatten" (38%), an 2. Position „nach dem wir zusammen gezogen waren" (34%), an 3. Position die Geburt eines Kindes (20%) und die Schwangerschaft (10%) an 6. Position, nach Trennung (17%) (5. Position) und Zusammenziehen in eine gemeinsame Wohnung (14%) bzw. „nichts davon trifft auf mich zu" (14%) (4. Position).

[39] Vgl. die Arbeiten von Marmot, Wilkinson, Siegrist, Mielck, Lampert, Richter u.a. zum Zusammenhang von sozialer Ungleichheit auf Morbidität, Mortalität und Gesundheitsverhalten.

Bildung

Allgemein gilt Bildung als grundlegende Voraussetzung für die Partizipation eines Individuums am sozialen, kulturellen und politischen Leben. In den Gesundheitswissenschaften wird der Bildung ein wesentlicher Beitrag bei der Entwicklung und Stabilisierung eines gesundheitsfördernden Lebensstils beigemessen. Eine umfassendere Bildung – auch im Sinne von Alltagswissen oder kulturellem Kapital – schlägt sich z. B. auf den Ernährungsstil, die sportliche oder körperliche Aktivität sowie die Wahrnehmung von Prophylaxe- und Vorsorgeangeboten nieder. Dieser Zusammenhang zwischen Bildung und gesundheitlichem Lebensstil ist vielfach belegt (vgl. Abel, Abraham, et al. 2006; Babitsch, Lampert, et al. 2006; Giesecke & Müters 2006; Helmert & Schorb 2006) und wird durch neuere Ergebnisse für Deutschland – wie z.B. der Studie „Gesundheit in Deutschland aktuell 2009" (GEDA)[40] – dokumentiert (RKI 2011). Auch bei der Bewältigung schwieriger Lebenssituationen kann eine umfassende Bildung hilfreich sein.

Für den Kontext Partnergewalt gegen Frauen liegen kaum Erkenntnisse zum expliziten Zusammenhang zwischen Bildung und Hilfesuchverhalten vor, was den Studiensamples, dem -design sowie dem Untersuchungsziel geschuldet sein mag.

Für die deutsche Repräsentativstudie weisen Schröttle und Ansorge deskriptiv nach, dass eine höhere Bildung mit einer besseren Kenntnis von Unterstützungsangeboten assoziiert war, während ein niedriger Bildungsstatus zu einer stärkeren Inanspruchnahme von psychosozialer Unterstützung führte (Schröttle & Ansorge 2008: 192f).

Im Hinblick auf die Inanspruchnahme zeigt Bildung – nach einer Studie von Lauren Cattaneo (2010) – einen Einfluss auf die Zufriedenheit eines Polizeieinsatzes. Bei einem höheren Bildungstand berichteten die befragten von Partnergewalt betroffenen Frauen seltener von einer positiven Interaktion mit der Polizei und waren mit deren Effektivität nicht zufrieden. Der Autorin zufolge mag diese Unzufriedenheit daran liegen, dass ein Polizeieinsatz nicht von den Betroffenen kontrolliert werden kann.

Erwerbsstatus

Ist eine Paarbeziehung von einem komplexen Misshandlungsgeschehen geprägt, so tritt in diesen Beziehungen meist auch ökonomische Gewalt auf. Gewalttätige Partner hindern Frauen z. B. an einer eigenen ökonomischen Unabhängigkeit, in dem sie beispielsweise ein Beschäftigungsverhältnis sabotieren oder verbieten

[40] In der GEDA-Studie 2009 löste die Variable Bildung den Sozialstatusindex bei der sozialstrukturellen Stratifizierung der Ergebnisse ab (vgl. RKI 2011).

(siehe Kapitel 1.3). Für die betroffenen Frauen besteht so ein begrenzter Zugang zu einem eigenen Einkommen und erschwert sowohl soziale Kontakte als auch die Selbstständigkeit nach einer Trennung. Die Bedeutung des Erwerbsstatus im Kontext des Copings bei Partnergewalt wird daher häufig unter die ökonomische Situation der Frauen subsumiert.

Ein Zusammenhang zwischen einer Erwerbstätigkeit der von Partnergewalt betroffenen Frauen und den von ihnen angewandten Coping-Strategien konnte mit Daten der Chicagoer Women's Health Study gezeigt werden (Sabina & Tindale 2008). Erwerbstätige Frauen beantragten häufiger rechtliche Schutzanordnungen und trennten sich eher als nichterwerbstätige Frauen. Einer spanischen Studie zufolge wählten Frauen häufiger eine distanzierende Strategie (formelle Hilfe suchen oder zeitweise die Beziehung verlassen), wenn sie ein Beschäftigungsverhältnis hatten (Montero, Ruiz-Perez, et al. 2010).

Einkommen

Die ökonomischen Ressourcen sind eine Schlüsseldeterminante. Im Kontext von Partnergewalt wird ein Mangel an finanziellen Mitteln (Armut)[41] sowohl als Ursache als auch als Wirkung betrachtet und gilt als einer der stärksten Einflussfaktoren für ein Verbleiben in der gewalttätigen Paarbeziehung (vgl. Barnett 2000; Anderson & Saunders 2003).[42]

Die Stresstheorie vertritt die Ansicht, dass in Armut lebende Menschen aufgrund ihrer Lebensbedingungen häufiger in Konflikten gewalttätig handeln. In diesem Konzept werden Lebensbedingungen als soziostrukturelle Konsequenzen der Armut definiert. Dem wurde entgegengesetzt, dass Gewalt selbst Armut hervorrufen könne, in dem sie eine instabile und gefährliche Umgebung schaffe, in der keine wirtschaftliche Entwicklung möglich sei (Godenzi 1993; Crutchfield & Wadsworth 2002). Vor allem Studien aus den USA stützen diesen Zusammenhang.[43]

Die in einer Misshandlungsbeziehung auftretende ökonomische Gewalt kann sich derart manifestieren, dass sich der gewalttätige Partner die alleinige Verfügbarkeit über die finanziellen Mittel sichert und somit ein aktives Coping der Opfer behindert. Nach Barett und Pierre (2011) ist die ökonomische Unab-

[41] Nach der Definition der Europäischen Union besteht ein Armutsrisiko, wenn das zur Verfügung stehende Netto-Äquivalenzeinkommen unter dem Schwellenwert von 60% des gesamtgesellschaftlichen Durchschnitteinkommens liegt (vgl. Lampert, Saß, et al. 2005: 28).

[42] Der soziale Abstieg (Verarmung, Wohnungslosigkeit und ein höheres Arbeitslosigkeitsrisiko) ist nach Barnett (2000) der Preis, den geschiedene Frauen für ihre Freiheit zahlen mussten und müssen. Selbst beschäftigte Frauen sind aufgrund des Gender-Pay-Gaps von ihren Partnern ökonomisch abhängig.

[43] Selektionsbias mag hier aufgrund spezifischer Studienpopulationen (Frauenhausbewohnerinnen) gegeben sein.

hängigkeit unter allen sozidemografischen Charakteristika am konsistentesten mit dem Hilfesuchverhalten gewaltbetroffener Frauen assoziiert. Auch die WHO betont diesen Aspekt in ihrem Bericht zu Gewalt und Gesundheit (Krug, Dahlberg, et al. 2002: Kapitel 4). Frauen fehlen häufig vielfältige Ressourcen, um unabhängig von ihrem gewalttätigen Partner (mit ihren Kindern) leben zu können (Sullivan 1991). Treffend fasst Godenzi (1993: 180) die Bedeutung von ökonomischen Ressourcen zusammen: „Mit Geld lässt sich zwar keine Freiheit erkaufen, aber ohne Geld ist Unabhängigkeit nur schwer zu erreichen.“

Verlassen Frauen die gewalttätigen Paarbeziehung, dann müssen sie gemeinsam Erspartes zurücklassen und die monetären Mittel für ggf. mehrere Umzüge, eine neue Wohnungseinrichtung, anwaltliche Vertretung, Sicherheitsmaßnahmen, Beratung, Medikation, Therapie und den Unterhalt der Kinder kalkulieren. Finanzielle Probleme in Kombination mit trennungsbedingtem Stress oder Stalking durch den verlassenen Partner können zu gravierenden Gesundheitsbelastungen führen (siehe Kapitel 2.3.4).

Ein Zusammenhang zwischen der ökonomischen Situation der Opfer von Partnergewalt und den Coping-Strategien ist evident: Frauen mit einem höheren Einkommen oder finanzieller Unabhängigkeit suchen mehr Hilfe als finanziell schlechter ausgestattete Frauen (Henning & Klesges 2002; Kim & Gray 2008; vgl. Barrett & Pierre 2011). Finanzielle und andere materielle Unterstützungsressourcen können die Wahl der Unterstützung beeinflussen. Stehen Frauen geringe finanzielle Mittel zur Verfügung, dann haben sie zumindest eingeschränkte Möglichkeiten. Studien zeigen, dass weiße US-Amerikanerinnen mit einem höheren Einkommen eher rechtliche Hilfsangebote nutzten, Frauen mit einem niedrigeren Einkommen eher öffentliche Angebote (Macy, Nurius, et al. 2005). Afro-US-Amerikanerinnen neigen eher dazu, die Polizei einzuschalten (Hutchison & Hirschel 1998; vgl. Barrett & Pierre 2011). Frauen mit höheren eigenen finanziellen Ressourcen stehen andere Wege offen, eine Trennung zu vollziehen, als Zuflucht in einem Frauenhaus zu suchen (Gondolf & Fisher 1988; vgl. Waldrop & Resick 2004; Cattaneo & DeLoveh 2008).

Nach Rusbult und Martz hängen ein unabhängiges sowie höheres Einkommen und mehr verfügbare finanzielle Mittel mit einer vollzogenen oder länger andauernden Trennung vom Partner zusammen (1995; vgl. Waldrop & Resick 2004). Auch Michael Strube und Linda Barbour bestätigen diesen Zusammenhang: die ökonomische Unabhängigkeit bestärkt Frauen in ihrer Entscheidung, sich vom gewalttätigen Partner zu trennen (Strube & Barbour 1983; vgl. Waldrop & Resick 2004). Die Bedeutung der ökonomischen Unabhängigkeit für ein aktives Coping wurde auch in der o.g. spanischen Studie mit von Partnergewalt betroffenen Frauen nachgewiesen (Montero, Ruiz-Perez, et al. 2010).

Sozialstatusindex

Der kombinierte Sozialstatusindex wurde nur in einem Review als Determinante des Hilfesuchens oder Coping berücksichtigt. In diesem legt Barnett (2000) dar, dass ein niedriger sozioökonomischer Status (SES) häufiger mit einem internalen und passiven (d. h. weniger effektiven) Coping-Stil assoziiert war.

3.2.2 Gesundheitsfaktoren

Im Fokus des Forschungsinteresses dieser Arbeit steht die Inanspruchnahme von Unterstützung insbesondere durch Einrichtungen der Gesundheitsversorgung. Es kann angenommen werden, dass ein schlechterer Gesundheitszustand (subjektiv empfunden), eine höhere gesundheitliche Belastung durch körperliche, gynäkologische oder psychische Beschwerden oder Verletzungen, eine Behinderung oder chronische Krankheit grundsätzlich zu einer höheren Konsultationsrate von Gesundheitseinrichtungen führt. Zur Kontrolle dieses Zusammenhanges werden die entsprechenden Variablen bei der weiteren statistischen Analyse berücksichtigt.

Subjektive Gesundheit

Subjektive Gesundheit ist ein verlässlicher Prädiktor für spätere Morbidität und Mortalität (Idler & Benyamini 1997; Müters, Lampert, et al. 2005). Auch das individuelle Gesundheitsverhalten und die Inanspruchnahme von gesundheitlicher Versorgung werden durch die Einschätzung der eigenen Gesundheit beeinflusst. Die Erfassung der subjektiven Gesundheit gehört daher zu einem integralen Bestandteil der Gesundheitsberichterstattung.

Mentale Gesundheit

Wie bereits dargestellt, wirkt sich Gewalt gegen Frauen gravierend auf die Gesundheit und insbesondere auf die mentale Gesundheit aus. Die wiederum beeinflusst das Coping-Verhalten von Frauen, die Gewalt in ihrer Partnerschaft erleben (Waldrop & Resick 2004). Mit einer Depression gehen zumeist Antriebshemmungen einher, so dass die in der allgemeinen Coping-Literatur bestehende Übereinkunft, je stärker Depressionen sind, desto häufiger werde ein Vermeidungs-Coping angewandt, nicht überrascht (Billings & Moos 1981). Unklar ist jedoch die Ursache-Wirkungsbeziehung, denn Depressionen können auch eine Folge von Vermeidungs-Coping sein. Nach Anita Kemp et al. ist ein *disen-*

gagment-Coping sowie geringere soziale Unterstützung häufiger mit PTSD assoziiert (Kemp, Green, et al. 1995). In einer Studie konnte auch gezeigt werden, dass eine größere Sorge um sich selbst und die eigene Sicherheit (*self-care agency*) mindernd auf Depressionen wirkt (Campbell, Kub, et al. 1997).

Behinderung

Ein umfassendes Verständnis des Einflusses einer Behinderung oder funktionellen Beeinträchtigung von gewaltbetroffenen Frauen auf ihr Hilfesuchverhalten ist wegen der Heterogenität von Behinderungen (physische, psychische, kognitive, Lern- oder Entwicklungsstörungen etc.) kaum möglich. Je nach Behinderungsart und -grad gibt es zum einen unterschiedlich vulnerable Gruppen und zum anderen verschiedenartige Hilfesuchverhalten. Sharon Milberger et al. nehmen an, dass behinderte Frauen weniger Hilfe suchen als nichtbehinderte (Milberger, Israel, et al. 2003). Es ist anzunehmen, dass – gleich welche Art von Behinderung vorliegt – Behinderten eingeschränkte Coping-Potentiale zur Verfügung stehen. Zurzeit bestehen aufgrund des erschwerten Feldzuganges[44] nicht nur in Deutschland erhebliche Forschungsdesiderate.

Das sich bei behinderten Frauen unterscheidende Hilfesuchverhalten mag jedoch nicht nur ihrer individuellen Verfasstheit geschuldet sein, sondern vielmehr dem nur sehr eingeschränkt zur Verfügung stehenden Angebot. Eine Umfrage des Bundesverbandes der Frauenberatungsstellen und Frauennotrufe (bff) unter ihren Mitgliedseinrichtungen (N=96) zeigt das eindeutige Ergebnis, dass behinderte Frauen in diesen Einrichtungen flächendeckend unterrepräsentiert sind und dass das bestehende Angebot im materiellen[45] wie immateriellen[46] Sinn nicht ausreichend barrierefrei ist (bff 2009). Die momentan hierzulande durchgeführten (Forschungs)Projekte[47] werden sicher mehr Einblick in die besondere Situation von Frauen mit Behinderungen vielfältiger Art gewähren.

---

[44] U.a. wegen einer institutionellen Unterbringung oder einer eingeschränkten Ansprechbarkeit potentiell infrage kommender Studienteilnehmenden.

[45] Bspw. ist die bauliche Barrierefreiheit gemeint.

[46] Informationen (Online-Websites, Flyer etc.) stehen häufig nicht in der Art zur Verfügung, dass sie Frauen mit einem besonderen Bedarf erreichen können.

[47] Wie z.B. die am Interdisziplinären Zentrum für Frauen- und Geschlechterforschung (IFF) der Universität Bielefeld angesiedelte Prävalenzstudie unter behinderten Frauen (www.bmfsfj.de/BMFSFJ/gleichstellung,did=88294.html, www.uni-bielefeld.de/IFF/for/for-gewf-fmb.html) sowie das Projekt „Zugang für alle!" des Bundesverbandes Frauenberatungsstellen und Frauennotrufe (bff) (www.frauen-gegen-gewalt.de/index.php?m=Aktionen&dok_id=97).

3.2.3 Personale und Soziale Ressourcen

Das Modell der Salutogenese von Aaron Antonovsky läutete in den 1980er Jahren einen Paradigmenwechsel in der Gesundheitsforschung ein (1979; 1987) und war geprägt von einer – wie Beate Blättner es nennt – „empathischen Grundhaltung gegenüber Menschen, die die dramatischen Entwicklungen des 20. Jahrhunderts überstanden hatten“ (Blättner 2007). Gesundheit und Krankheit bilden in diesem Modell die Extrempole eines Kontinuums und keinen homöostatischen, unveränderbaren Zustand. „Gesundheit ist für ihn (Antonovsky) keine Selbstverständlichkeit, sondern angesichts der Omnipräsenz von Stressoren ein höchst erfreuliches Phänomen, eine mögliche Entwicklungsrichtung auf einem Kontinuum“ (Blättner 2007). Galt der Schwerpunkt der Analyse zuvor der Entstehung von Krankheiten und den einflussnehmenden Risikofaktoren oder krankmachenden Stressoren (Pathogenese), stehen seitdem die Gesundheit und die gesunderhaltenden Faktoren, d.h. die Widerstandsressourcen eines Individuums (*Salutogenese*) im Mittelpunkt: Dem Belastungs-Bewältigungskonzept folgend wird nunmehr gefragt, welche Faktoren es dem Individuum ermöglichen trotz der dem Leben immanenten widrigen Umständen, Risiken und Belastungen, gesund zu bleiben oder zu gesunden. Die Perspektive wechselt somit von den Risiko- hin zu den Schutzfaktoren oder Widerstandsressourcen.[48] Darunter versteht Antonovsky psychische, materielle und psychosoziale Ressourcen (wie z.B. Selbstidentität, soziale Unterstützung etc.), die in dem jeweiligen „historischen soziokulturellen Kontext“ eingebettet sind (vgl. Blättner 2007). Von diesen zur Verfügung stehenden und nutzbaren „generalisierten Widerstandsressourcen“ (*generalized resistance ressource, GRR*) hängt nach Antonovsky ab, ob Belastungen bewältigt werden können. Ob ein Individuum seine ihm zur Verfügung stehenden Ressourcen tatsächlich nutzen kann, wird maßgeblich von seiner inneren psychologischen Lebensorientierung bestimmt, dem Kohärenzgefühl (*sense of coherence, SOC*). Als Hauptkomponenten des SOC beschreibt Antonovsky 1. die Fähigkeit, äußere Schicksalsschläge als verstehbar und erträglich aufzufassen (*sense of comprehensibility*), 2. das Vertrauen auf die eigenen Widerstandsressourcen, um die Schicksalsschläge bewältigen zu können (*manageability*) und 3. das Empfinden der Sinnhaftigkeit des Lebens und damit einhergehend die Bereitschaft und der Wunsch, sich den Herausforderungen des Lebens stellen zu wollen (*sense of meaningfulness*).

---

[48] Schutzfaktoren werden moderierend wirksam, wenn bereits Risiken vorhanden sind, diese also abmildern; Ressourcen hingegen haben im Vergleich einen direkten Effekt als beeinflussender Faktor, steigern z.B. direkt das Wohlbefinden und wirken so gesundheitsfördernd (vgl. Kolip 2003).

Ein hohes SOC befähigt Individuen ihre verschiedenen GRR flexibel und der Situation angemessen zur Belastungsbewältigung in Gang zu setzen, wobei insbesondere die Flexibilität in der Anwendung verschiedener Strategien ein hohes SOC kennzeichnet (Blättner 2007). Heiner Keupp (2009: 11) sieht in dem Kohärenzsinn das Herzstück der Salutogenese: „Kohärenz ist das Gefühl, dass es Zusammenhang und Sinn im Leben gibt, dass das Leben nicht einem unbeeinflussbaren Schicksal unterworfen ist." Wer über ein hohes Kohärenzgefühl verfügt, wird eher davon überzeugt sein, das eigene Leben nicht nur bewältigen sondern aktiv gestalten zu können; ein geringes SOC hingegen lässt Menschen sich den Schicksalsschlägen ausgesetzt fühlen (vgl. Hurrelmann 2000:55ff).

Die Entwicklung des SOC wird nach Antonovsky durch die Muster an Lebenserfahrung bestimmt wie Konsistenz, Gleichgewicht zwischen Überlastung und Unterforderung und der Gestaltungspartizipation. Gerade diesen partizipativen Lebenserfahrungen kommt eine zentrale Bedeutung zu. „Wenn andere alles für uns entscheiden – wenn sie Aufgaben stellen, die Regeln formulieren und die Ergebnisse managen – und wir in der Angelegenheit nichts zu sagen haben, werden wir zu Objekten reduziert. Eine Welt, die wir somit als gleichgültig gegenüber unseren Handlungen erleben, wird schließlich eine Welt ohne jede Bedeutung" (Antonovsky 1997: 93). Die hier von Antonovsky beschriebenen, für die SOC-Bildung widrigen Lebensbedingungen, sind in andauernden Misshandlungsbeziehungen zu finden und so kann angenommen werden, dass es Gewaltopfern schwer fällt, ein starkes SOC auszubilden oder sich zu erhalten. Biografische Brüche, Erlebnisse von Verlust, Kränkung, Missbrauch und Gewalt können das Erleben von Kohärenz beeinträchtigen.

In die Diskussion um den SOC brachte Keupp (1994; 2009) den Begriff der Demoralisierung als Gegenpol ein. Während der SOC versuche, „den Lebensbedingungen einen subjektiven Sinn zu geben und sie mit den eigenen Wünschen und Bedürfnissen in Einklang bringen zu können.", wirke sich „wenn Menschen keine sinnhafte Ordnung in ihrem Leben finden oder entwickeln können, (...) das in dem Phänomen der „Demoralisierung" aus. Dieses Muster beinhaltet Einstellungen und Grundhaltungen, die durch ein geringes Selbstwertgefühl, Hilflosigkeit, Hoffnungslosigkeit, unbestimmte Zukunftsängste und allgemein gedrückter Grundstimmung geprägt sind" (Keupp 2009: 13f). Demoralisierte Personen lassen „Ereignisse fatalistisch auf sich zukommen und über sich hereinstürzen, weil sie nicht mehr daran glauben, dass sie wirksam etwas gegen diese unternehmen könnten." (Keupp 2009: 14). Empirische Untersuchungen zeigen ein inverses Verhältnis zwischen SOC und Demoralisierung: Je stärker das Demoralisierungsgefühl ausgeprägt ist, desto schwächer ist das SOC entwickelt (vgl. Keupp 2009: 14).

Sowohl die im Kohärenzsinn verankerten generalisierten Widerstandsressourcen als auch das Konzept der Demoralisierung bieten wichtige Ansatzpunkte für die Auseinandersetzung mit den Coping-Strategien im Kontext von Partnergewalt.

Das Konzept der Salutogenese hat die Gesundheitsforschung maßgeblich beeinflusst (Wydler, Kolip, et al. 2000) und in der Nachfolge entstanden weitere psychologische Konzepte, die um die Schutzfaktoren oder Ressourcen kreisten. Als Ressourcen werden „die zur Verfügung stehenden Handlungsmöglichkeiten und Mittel (verstanden), die eine Adaptation an ein Problem erleichtern" (Schröder 1997). Nach der Stresstheorie von Lazarus und Folkman (1984) sind personale und soziale Ressourcen ein integraler Bestandteil des Copings. Zu den Ressourcen gehören z.B. Kontrollüberzeugung, Selbstwert oder Selbstkonzept, positive Ergebniserwartung und Selbstwirksamkeit oder soziale Unterstützung. Für Public Health und die Gesundheitsförderung sind diese Faktoren und Ressourcen von besonderem Interesse, da erst mit der Identifizierung der entscheidenden Komponenten Erfolg versprechende Maßnahmen konzipiert werden können. Für eine frühzeitige Förderung sind insbesondere die Schutzfaktoren von Kindern und Jugendlichen von besonderem Interesse. Innerhalb der Entwicklungspsychologie entstand so zeitlich parallel zum Konzept der Salutogenese die Forschung zur Resilienz (Garmezy, Masten, et al. 1984), die sich der Widerstandsfähigkeit bei Kindern und Jugendlichen widmet.

Die wesentlichen personalen und sozialen Ressourcen können auf Basis der vorliegenden Literatur – wie in Tabelle 3-1 dargestellt – systematisiert werden.

Tabelle 3-1: Klassifikation von personalen und sozialen Schutzfaktoren

Ressourcen	**Komponenten**
Personale Ressourcen	▪ Kognitive und affektive Schutzfaktoren ▪ Positive Wahrnehmung der eigenen Person (Selbstwertgefühl) ▪ Positive Lebenseinstellung (Optimismus) und Religiosität ▪ Internale Kontrollüberzeugung (locus of control) ▪ Selbstwirksamkeit ▪ Bewältigungs- und Problemlösekompetenzen ▪ Kohärenzsinn (SOC)
Soziale Ressourcen	▪ Soziale Unterstützung ▪ Integration in soziale Netzwerke

Keupp (1994: 53) betont zusammenfassend: „Die Verfügbarkeit positiver Coping-Ressourcen für eine gelingende Krisenbewältigung hängt in entscheidendem Maße von der Lebensgeschichte und dem sozialen Kontext ab. Der jeweilige soziale Lebenszusammenhang einer Person stellt den zweiten wichtigen Grundpfeiler für Bewältigungshandeln dar. Er bildet die zentrale Quelle für soziale und materielle Ressourcen, ohne die spezifische Krisen und Belastungssituationen nicht bewältigt werden könnten." Im Fall von fortgesetzter Partnergewalt kann angenommen werden, dass sowohl Lebensgeschichte und sozialer Kontext als auch der soziale Lebenszusammenhang keine Bedingungen für eine gute Bewältigung von Krisensituation schaffen.

Personale Ressourcen

Nach der Theorie von Albert Bandura (1977; 1986) kommt den personalen Ressourcen wie z.B. der positiven Erwartungshaltungen und der Selbstwirksamkeitserwartungen ein wesentlicher Beitrag bei der Bearbeitung von Stresssituationen zu. Unter Ergebniserwartung wird die Überzeugung verstanden, dass das eigene Handeln zu einem bestimmten Ergebnis führt. Das Konzept der Selbstwirksamkeit geht darüber hinaus und meint die Überzeugung, Hindernisse und Widrigkeiten bewältigen zu können. Die internale Kontrollüberzeugung bezeichnet die Überzeugung, das eigene Leben aktiv selbst gestalten zu können, während bei einer externalen Kontrollüberzeugung das Gefühl vorherrscht, die eigene Lebenssituation sei stärker durch äußere situative Einflüsse bestimmt. Die Wirkungen dieser personalen Ressourcen sind empirisch belegt (vgl. Schröder 1997).

Im Hinblick auf Partnergewalt wurde in einer Anfang der 1980er Jahre von Cheney & Bleker durchgeführten Studie bei Bewohnerinnen eines Frauenhauses ein höherer externaler „locus of control" als in der Vergleichsgruppe festgestellt. Es zeigte sich auch eine signifikante Korrelation zwischen der Länge der gewalttätigen Paarbeziehung und dem externalen Fokus. Dieses Ergebnis wurde von Feldman bestätigt (Cheney & Bleker 1982; Feldman 1983 zit. in Follingstad, Neckerman, et al. 1988). Anderson und Saunders beschreiben in einer Übersichtsarbeit die Wirkung verschiedener internaler Ressourcen wie Kontrollüberzeugung, *„self-care agency"* (Campbell 1989), Selbstvertrauen und Selbstwirksamkeit auf das Wohlgefühl der Betroffenen (Lebensqualität), Depression und weitere psychologische Verbesserungen (Anderson & Saunders 2003). Auch in einer neueren spanischen Studie konnte gezeigt werden, dass Gewalt betroffene Frauen mit geringeren personalen Ressourcen seltener zu aktiven Bewältigungsstrategien greifen (Montero, Ruiz-Perez, et al. 2010).

Soziale Ressourcen

Unter die sozialen Ressourcen eines Individuums werden die soziale Integration und die soziale Unterstützung gefasst. Die soziale Integration meint die „Einbettung in ein soziales Netzwerk" und beschreibt „eher quantitative und strukturelle Aspekte von Beziehungen zu anderen Menschen", während die soziale Unterstützung die qualtitativ-funktionale „Interaktion zwischen zwei oder mehreren Menschen" zur Problembewältigung umfasst (vgl. Knoll & Schwarzer 2005).

Von den verschiedenen Wissenschaftsdisziplinen und -theorien wurde in den vergangenen Jahrzehnten der Stellenwert von hohem Sozialem Kapital (Bourdieu 1983; Coleman 1988; Portes 1998; Islam, Merlo, et al. 2006), großer sozialer Unterstützung (Sarason, Levine, et al. 1983; Sarason, Sarason, et al. 1987) und breitem sozialen Netzwerk für die Bewältigung von belastenden Lebenssituationen, Gesundheitsprävention und -kuration empirisch bewiesen. Soziale Unterstützung wird als eine wesentliche „Bewältigungsressource bei Belastungen und Erkrankungen" gesehen (vgl. Fydrich & Sommer 2003). Nach Heiner Keupp und Bernd Röhrle (1987 zit. in Hurrelmann 2000: 142) kann ein soziales Netzwerk als „soziales Immunsystem" eines Menschen gesehen werden. „Je stärker eine Person in ein soziales Beziehungsgefüge mit wichtigen Bezugspersonen eingebunden ist, desto besser kann diese Person mit ungünstigen sozialen Bedingungen, kritischen Lebensereignissen und andauernden Belastungen umgehen und desto weniger treten Symptome der Überforderung auf" (Hurrelmann 2000: 141). Eine jüngst veröffentlichte Meta-Analyse belegt den protektiven Effekt von starker sozialer Unterstützung und sozialem Netz auf die Mortalität (Holt-Lunstad, Smith, et al. 2010).

Der positive Effekt von sozialen Ressourcen ist vor allem für psychische Belastungen oder Störungen vielfach belegt, wie Thomas Fydrich und Gert Sommer (2003) in einer Übersicht zeigen. Besonders stark wirkt nicht die objektiv beobachtete sondern die von den Probanden subjektiv wahrgenommene soziale Unterstützung, vor allem die emotionale Unterstützung (Fydrich & Sommer 2003: 80). Als ein wichtiger Faktor für diese positive Wirkung gilt nach Heller und Rock (2001) in Anlehnung an Peggy Thoits (1985) neben anderen Faktoren auch die „soziale Integration (…) in eine Gruppe", die „Entwicklung und Stabilisierung des Selbstwerts und des Identitätsgefühls" sowie die „Hilfe bei der Bewältigung konkreter Belastungen und Aufgaben durch konkrete praktische Hilfestellungen und Erhöhung individueller Kompetenz" (vgl. Fydrich & Sommer 2003: 81). Das Mobilisieren von Unterstützung gilt nach Nina Knoll und Ralf Schwarzer (2005) als adaptive Stressbewältigungsstrategie.

Soziale Unterstützung wird jedoch nicht immer und gleichermaßen allen Hilfe-Suchenden gewährt. Knoll und Schwarzer (2005) weisen darauf hin, dass ein soziales Netzwerk bei starker und andauernder Belastung selbst beeinträchtig wird und weniger Bereitschaft zur sozialen Unterstützung zeigt. Das Hilfeleisten werde auch davon beeinflusst, ob die Ursache für das Problem jenseits der Kontrolle des Betroffenen liegt und ob sich die/der potentiell Helfende der Situation gewachsen oder überfordert fühlt.

Neben der positiven sozialen Unterstützung sind auch „Formen fehlgeschlagener oder inadäquater Unterstützung“ zu finden, „die zu einer Intensivierung von Belastungsgefühlen führen können“ und daher als Negativunterstützung von den ressourcenorientierten Formen abgegrenzt werden (vgl. Laireiter, Fuchs, et al. 2007). Mit diesem Phänomen beschäftigten sich Anton-Rupert Laireiter und Kolleginnen in einem Literaturüberblick sowie mit einer eigenen empirischen Lebensereignisstudie. In den bis dato vorliegenden Querschnittstudien wurde ein enger Zusammenhang zwischen Negativunterstützung mit Einsamkeit, Depressivität, Anpassungsproblemen und psychischem Missbefinden sowie einem niedrigen Selbstwertgefühl und einer geringen partnerschaftlichen Zufriedenheit gefunden. Längsschnittuntersuchungen deuten darauf, dass diese Unterstützungsform zur Entstehung von psychischen Problemen beitragen kann oder gar bei „aggressiver Negativunterstützung (…) (z.B. Kritik, Abwertung, Vermittlung von Wertlosigkeit) prospektiv mit der Auslösung depressiver Episoden assoziiert war“ (Laireiter, Fuchs, et al. 2007). Konsistent mit vorausgegangenen Arbeiten bestätigen sie die drei Hauptformen negativer Unterstützung im Kontext belastender Ereignisse in ihrer empirischen Studie: eine aggressiv-unterminierende, eine non-supportiv-enttäuschende und eine inadäquat-überprotektive. Grundsätzlich trete die Negativunterstützung seltener als der Positivsupport auf, insbesondere gelte dies für die aggressiven, feindseligen und abwertenden Interventionen, „während übertrieben besorgte und einmischend-aufdringliche Verhaltensweisen offensichtlich häufiger erlebt werden“ (Laireiter, Fuchs, et al. 2007). Im Hinblick auf spezifische Risikogruppen resümieren die Autoren ihre Ergebnisse (Laireiter, Fuchs, et al. 2007): „Gerade intensive emotionale und psychische Reaktionen – verbunden mit Gefühlen von Hilf- und Hoffnungslosigkeit, dem Aufgeben von Bewältigungsbemühungen und sozialem Rückzug – werden von der sozialen Umwelt offensichtlich vermehrt mit negativen Reaktionen kommentiert, die bei den Betroffenen zu vermehrter Wahrnehmung negativer Unterstützung führen, was in der Folge mit negativerer Bewältigung, negativerer aktueller Befindlichkeit und einem geringeren Selbstwertgefühl assoziiert ist.“ Im Umkehrschluss bedeutet es, dass „die soziale Umwelt dann besonders geneigt ist, positive Soziale Unterstützung zu vermitteln, wenn sich die Person als jemand präsentiert, der sich aktiv und effizient um die Bewältigung und Lösung seiner Probleme bemüht und eine aktive Meisterungshaltung in der Belastungsbewältigung einnimmt“ (Laireiter, Fuchs, et al. 2007).

Zu diesen Befunden passen die Erkenntnisse von Arie Nadler und Jeffrey Fisher (1986), die mit ihrem Selbstwertmodell im Hinblick auf die Bewertung der Unterstützung durch Hilfesuchende auf folgenden Aspekt verweisen: „...Hilfeleistungen (werden) in dem Maße als unterstützend erlebt (...), in dem sie positive, selbstwertsteigernde Informationen übermittelt, nicht mit Unabhängigkeits- und Selbstverantwortlichkeitsnormen kollidieren und tatsächlich etwas zur Problemlösung beitragen (Nadler & Fisher 1986 zit. in Knoll & Schwarzer 2005). Bei Personen mit Defiziten in den personalen Ressourcen waren laut Krankheitsbewältigungsstudien die größten positiven Effekte von sozialer Unterstützung zu finden (Knoll & Schwarzer 2005).

In der Forschung zu den personalen und sozialen Ressourcen besteht mittlerweile Einigkeit darüber, dass zwischen beiden transaktionale Zusammenhänge bestehen. Soziale Unterstützung sei „keine reine externale Ressource", sondern werde auch von den personalen Ressourcen, der „Sozialverträglichkeit von Persönlichkeitsmerkmalen und dem bevorzugten Bewältigungsstil" des/der Hilfesuchenden beeinflusst (Knoll & Schwarzer 2005). Eine hohe soziale Kompetenz, d.h. die Bereitschaft und Fähigkeit einer Person, ihr Umfeld aktiv um Unterstützung zu bitten, führt zu einer größeren Unterstützung (vgl. Fydrich & Sommer 2003: 81; Knoll & Schwarzer 2005), hingegen kann eine Neigung zur Depression das Maß an wahrgenommener oder erhaltener Unterstützung vermindern. Studienergebnisse belegen diese Interdependenz zwischen personalen und sozialen Ressourcen (Knoll & Schwarzer 2005). Personale Ressourcen haben nach Knoll und Schwarzer (2005) einen stetigen Haupteffekt und soziale Ressourcen einen Puffereffekt in Krisenzeiten.

Im Fall von Partnergewalt haben Jessica Goodkind et al. belegt, dass eine Unterstützung durch das soziale Umfeld von den Kontextbedingungen abhängt wie die Beziehung zwischen Opfer und Täter, Häufigkeit der Trennungsversuche, Kinderzahl und ob Familienmitglieder und Freunde ebenfalls bedroht wurden (Goodkind, Gillum, et al. 2003). Roger Mitchell und Christine Hodson fanden in einer Studie einen negativen Zusammenhang zwischen der Schwere der Gewalt und der sozialen Unterstützung: Je schwerer die erlittene Gewalt war, desto größer war die soziale Isolation der betroffenen Frauen. Aussagen zur Ursache-Wirkungsbeziehung konnten nicht getroffen werden (Mitchell & Hodson 1986 zit. in Waldrop & Resick 2004). In die gleiche Richtung weist eine Studie von Ann Coker et al. (2003), die mit einem Strukturgleichungsmodell (SEM) den Zusammenhang zwischen einem hohen Battering-Score[49] mit geringer emotionaler Unterstützung nachweisen.

---

[49] Der Begriff *Battering* (Misshandlung) wird von den Autor/inn/en analog der Differenzierung von Johnsons (*Intimate Parterner Terrorismus* vs. *Common Couple Violence)* verwendet, um einfachere

In der Literatur zur häuslichen Gewalt sowie aus den Berichten von betroffenen Frauen ist zu erfahren, dass gewaltbetroffene Frauen in der Folge der Gewalthandlungen psychisch stark belastet und einem andauernden Stress ausgesetzt sind. Diese negative Wirkung wird durch das oftmals fehlende soziale Netzwerk und das verminderte Selbstwertgefühl potenziert, denn häusliche Gewalt geht in der Regel mit einer vom gewalttätigen Partner forcierten sozialen Isolation und einer permanenten Demütigung einher (vgl. Anderson & Saunders 2003). Isolation in gewalttätigen Paarbeziehungen be- und verhindert soziale Netzwerke. Mitchell und Hodson (1983, 1986) wiesen empirisch nach, dass größere personale Ressourcen bei von Partnergewalt betroffenen Frauen – operationalisiert über Einkommen, Bildung und Berufstatus – mit einer höheren Anzahl an sozialen Unterstützungskontakten und häufigeren autonomen sozialen Außenkontakten verbunden waren. Mehr soziale Kontakte bedeuten gleichzeitig mehr potentiell verfügbare Unterstützungsressourcen. Hatten Frauen mehr personelle Ressourcen, dann erhielten sie bei der Suche um Unterstützung mehr empathische Reaktionen von ihrem sozialen Umfeld (vgl. Waldrop & Resick 2004). Hier wird empirisch der Nachweis für die o.g. Interdependenz zwischen personalen und sozialen Ressourcen bei Partnergewalt erbracht.

Soziale Unterstützung ist sowohl ein Mittel für ein aktives Coping als auch eine Ressource für die Verfügbarkeit anderer Coping-Formen z. B. als Informationsvermittlung über Unterstützungseinrichtungen (vgl. Waldrop & Resick 2004). Soziale Unterstützung kann auch in Form des *appraisal support* erfolgen, d. h. dass Betroffene die Gewalttätigkeiten mittels der Einschätzung des sozialen Umfelds anders bewerten (Mills 1985 zit. in Waldrop & Resick 2004).

Vergrößert sich die soziale Unterstützung, so steigert sich auch das Hilfesuchverhalten – so die Ergebnisse der Chicagoer Women's Health Study (Sabina & Tindale 2008). Soziale Ressourcen inklusive materielle Unterstützung und ein Gefühl von Zugehörigkeit waren stärker mit einem Engagement-Coping und geringer mit einem Disengagement-Coping verbunden (Taft, Resick, et al. 2007b). In einer Studie mit Bewohnerinnen einer Zufluchtseinrichtung konnte ein signifikannter Zusammenhang zwischen erhaltener sozialer Unterstützung und dem Suchen von strafrechtlicher Hilfe nachgewiesen werden (Wright & Johnson 2009).

Empirische Evidenz – wenn auch vornehmlich aus Querschnittstudien[50] – besteht über die protektive Wirkung von sozialen Ressourcen im Fall von Partnergewalt. Nach Baumgartner (1993 zit. in Michalski 2004) sinkt das Risiko für

und ‚gleichberechtigte' von schweren Formen der Partnergewalt abzugrenzen (Johnson 1995; Johnson 1999; Johnson 2000; Johnson & Ferraro 2000; Johnson & Leone 2005).

[50] Das bedeutet, dass aus den Ergebnissen keine Kausalität (im Sinne einer Ursache-Wirkungsbeziehung) abgeleitet werden kann.

Frauen Gewalt zu erleiden, wenn sich das Maß an verfügbarer Unterstützung erhöht (vgl. Krug, Dahlberg, et al. 2002: 100). Zu einem vergleichbaren Ergebnis kommen spanische Forscherinnen in einer Studie mit 1.400 Patientinnen in der Primärversorgung, demnach hatten die befragten, von Partnergewalt betroffenen Frauen dank sozialer Unterstützung im Beobachtungszeitraum mit einer 86%-Wahrscheinlichkeit keine erneute Partnergewalt erlitten (Plazaola-Castano, Ruiz-Perez, et al. 2008).

Eine Studie von Marilyn Ford-Gilboe et al. zum Effekt von Ressourcen auf die Gesundheit von Frauen ein Jahr nach der Trennung von dem gewalttätigen Partner zeigt, dass die kombinierten personalen, sozialen und ökonomischen Ressourcen signifikant als Mediator zwischen Partnergewalt und Gesundheit wirkten (Ford-Gilboe, Wuest, et al. 2009). Mit der o.g. Strukturgleichungsmodellierung belegen Coker et al., dass soziale Unterstützung einen positiven Effekt auf die Gesundheit von Gewalt betroffener Frauen hat: Höhere emotionale Unterstützung war mit einer besseren physischen und mentalen Gesundheit assoziiert (Coker, Watkins, et al. 2003). Eine weitere Studie, die auf der gleichen Analysemethode basiert, demonstrierte die negativen Auswirkungen mangelnder sozialer Unterstützung auf die psychische Situation der Opfer von Partnergewalt (Levendosky & Graham-Bermann 2001).

In Querschnittstudien wurde ein positiver Zusammenhang zwischen sozialer Unterstützung und dem allgemeinem Gesundheitszustand von gewaltbetroffenen Frauen gefunden, einer Reduktion von physischen und psychischen Stresssymptomen während dem Aufenthalt in einer Zufluchtseinrichtung sowie ein niedriger Depressionslevel nach einem halben Jahr (vgl. Ford-Gilboe, Wuest, et al. 2009). Bestätigt wird dieser Effekt von einem Review, der die positive Wirkung von sozialer Unterstützung auf das psychische Wohlbefinden oder den Level an Depressionen unter von Partnergewalt betroffenen Frauen nachweist (Anderson & Saunders 2003).

Der bereits dargelegte Zusammenhang zwischen sozialverträglichen Persönlichkeitsmerkmalen und erhaltener Unterstützung wird durch die Studie von Charlene Baker und Kollegen mit wohnungslosen von Gewalt betroffenen Frauen belegt. Wohnungslosigkeit, so wurde in Kapitel 2 erläutert, ist eine der negativen Folgen von schwerer Partnergewalt. Die befragten Frauen erhielten geringe informative Unterstützung, hatten weniger Kontakte mit dem formalen Unterstützungssystem und erfuhren eher eine ablehnende Haltung seitens der formellen Unterstützer/innen (Baker, Cook, et al. 2003).

Ein soziales Umfeld kann sich auch negativ auf das Hilfesuchverhalten von Frauen auswirken. Wird den von Gewalt betroffenen Frauen im sozialen Umfeld kein Gehör geschenkt, dann können Opfer demotiviert und in ihren Bemühungen um Hilfe gebremst werden (vgl. Ford-Gilboe, Wuest, et al. 2009). Hier bestätigen sich im Kontext von Partnergewalt die dargelegten schädigenden Effekte einer Negativunterstützung. Belegt wurde auch: Je weniger ausweichende Antworten aus dem sozialen Umfeld kamen, desto mehr zeigten gewaltbetroffene Frauen ein aktives Coping (Mitchell & Hodson 1983 zit. in Waldrop & Resick 2004).

3.2.4 Multiple Gewaltbiografie

Vorangegangene Studien haben empirisch belegt, dass sich multiple Gewalterfahrung in der Kindheit negativ auf das spätere Erwachsenenleben auswirkt. Einige Ergebnisse legen den Schluss nahe, dass im Kontext von Partnergewalt gegen Frauen eine intergenerationale Transmission auftritt, d.h., dass bei Individuen, die in ihrer Kindheit Zwischen-Elterliche-Gewalt erlebt haben, die Wahrscheinlichkeit größer ist, dass sie in ihrem Erwachsenenleben selbst Opfer von Partnergewalt oder aber Täter werden als Kinder ohne diese familiäre Exposition.

Auch bei eigener Gewalterfahrung in der Kindheit ist das Risiko für spätere Gewaltausübung oder -erleben im Erwachsenenleben höher. Richard Tedeschi referiert in seiner sozialpsychologischen Betrachtung von Aggression und Gewalt zwei prospektive Langzeitstudien, die einen Zusammenhang zwischen Kindesmisshandlung und gewalttätigem Verhalten im späteren Leben feststellten (McCord 1983; Widom 1989 zit. in Tedeschi 2002: 578). Studien legen laut Tedeschi den Schluss nahe, dass „jede Form der elterlichen Misshandlung, sei es Vernachlässigung, sexueller Missbrauch oder körperliche Misshandlung, mit der Wahrscheinlichkeit verbunden ist, das jemand kriminell wird oder sich auf andere Weise fehlverhält" (McCord 1983; Matt 1992 zit. in Tedeschi 2002: 578).

Zur Erklärung dieses Phänomens kann der von Antonovsky in seinem Salutogenese-Modell konzipierte Kohärenzsinn (*sense of coherence, SOC*) und vor allem seine Ausbildung beitragen (siehe Kapitel 3.2.3). „In der Analyse des Lebenszyklus kommt Antonovsky zu dem Ergebnis, dass in der Kindheit die grundlegenden Prägungen des Kohärenzgefühls stattfindet", diese hängen „wesentlich davon ab (…), inwieweit sie als Kinder Sicherheit des ‚In-der-Welt-seins' und Konsistenz als wichtige Norm erlebt (haben)" (Lenz 2003). Weil diese Voraussetzungen bei Gewalterleben in der Kindheit nicht gegeben sind, kann davon ausgegangen werden, dass der SOC bei diesen Kindern schwächer ausgeprägt ist.

Für Frauen geht mit einer multiplen Gewalterfahrung in der Kindheit häufig eine höhere Vulnerabilität einher, im Erwachsenenleben Gewalt in der Paarbeziehung zu erleiden (vgl. Ehrensaft, Cohen, et al. 2003). Bereits als Kind erlebten sie, dass Gewalt in einer Paar- oder Familienbeziehung normal und alltäglich oder – wie im Fall von sexuellem Missbrauch – Liebe mit Gewalt und stetiger

Grenzüberschreitung verbunden ist. Häufig lernten diese Frauen daher nicht, in Beziehungen Grenzen zu ziehen. Zu vermuten ist, dass sie über einen niedrigeren SOC und daher über weniger Widerstandsressourcen verfügen, die sie ggf. auch weniger flexibel zur Belastungsabwehr einsetzen können.

Mit der Art der Gewalterfahrung in der Kindheit variiert das damit verbundene Risiko für eine weitere Viktimisierung; die empirischen Ergebnisse sind jedoch nicht konsistent. Mit einem populationsbasierten Telefonsurvey unter 3.500 repräsentativ ausgewählten Frauen in Washington belegen Liliane Bensley et al., dass Frauen, die von Kindesmisshandlung berichteten oder die Zeuginnen von Zwischen-Elterlicher-Gewalt wurden, ein 4- bis 6fach erhöhtes Risiko für physische Partnergewalt aufwiesen. Hatten die Befragten irgendeine Form von Gewalt in der Kindheit (Kindesmisshandlung, sexueller Missbrauch oder Zwischen-Elterliche-Gewalt) erlitten, so war das Risiko für emotionale Partnergewalt um das 3- bis 4fache erhöht. Frauen mit ausschließlich sexuellem Missbrauch in der Kindheit hatten dagegen kein erhöhtes Risiko für physische Partnergewalt (Bensley, Van Eenwyk, et al. 2003).

Solveig Vatnar und Stål Bjørkly (2008) widmeten sich in einer Studie den Risikofaktoren für eine wiederholte Viktimisierung durch mehrere Beziehungspartner. Sie kommen zu einem anderen Schluss als Bensley et al. und berichten, dass Frauen, die in ihrer Kindheit von Familienmitgliedern sexuell missbraucht wurden, ein 25fach erhöhtes Risiko hatten, Partnergewalt in mehr als einer Beziehung zu erleiden. Physische Partnergewalt zwischen den Eltern mitzuerleben, war mit einem höheren Risiko verbunden, als in der Kindheit misshandelt worden zu sein.

Auch Coker et al. belegen empirisch, dass Partnergewalt in der Herkunftsfamilie ein starker Risikofaktor für Gewaltwiderfahrnis im Erwachsenenleben war (Coker, Smith, et al. 2000).

Im Hinblick auf Coping-Strategien im Kontext von Partnergewalt zeigen sich keine konsistenten Ergebnisse. In einem Review stellen Anderson und Saunders (2003) dar, dass Frauen, die in ihrer Kindheit Gewalt zwischen den Eltern erlebt hatten, sich eher von ihrem gewalttätigen Partner trennten als Frauen ohne diese Exposition. In einer Studie von Kathleen Ferraro und Michael Johnson hingegen wandten Frauen ohne selbsterlebte oder miterlebte Gewalt in der Kindheit eher ein aktives Verhalten bei einem Anstieg der Gewaltschwere an, während bei Frauen mit erlebter Gewalt in der Kindheit eher eine vermeidende Strategie gefunden wurde (1983 zit. in Waldrop & Resick 2004). Dieses Ergebnis wird bestätigt von einer quantitativen Studie unter 388 gewaltbetroffenen Frauen, der zufolge das Miterleben von Gewalt zwischen den Eltern eher zu einem Disengagement-Coping und Misshandlung oder sexueller Missbrauch in der Kindheit zu weniger Engagement-Coping führte (Taft, Resick, et al. 2007b). Auch Marciana Popescu und andere (2010) konnten zeigen, dass primäre (selbsterlebte) oder sekundäre (miterlebte) Viktimisierung in der Kindheit zu negativem Coping[51] führt und gleichzeitig die Wahrscheinlichkeit erhöht, dass die von Partnergewalt betroffenen Frauen eher professionelle Hilfe suchen als die Vergleichsgruppe.

3.2.5 Häufigkeit und Schwere von Partnergewalt

Die bei der Literaturrecherche ermittelten Übersichts- als auch Originalarbeiten zum Hilfesuchverhalten befassen sich mit dem Einfluss der Schwere von Partnergewalt auf das Coping-Verhalten der Opfer. Die Mehrzahl der empirischen Ergebnisse zeigt eine hohe Konsistenz: Eine gravierende Schwere von Partnergewalt ist mit einem verstärkten aktiven Hilfesuchverhalten bei formellen Quellen assoziiert.

Einzig die empirischen Ergebnisse von Mitchell und Hodson berichten ein gegensätzliches Bild, demnach führte ein höherer Gewaltlevel eher zu einem Vermeidungs-Coping. Aussagen zur Ursache-Wirkungsbeziehung konnten von den Autoren aufgrund des Studiendesigns jedoch nicht getroffen werden (1983 zit. in Waldrop & Resick 2004).

Frauen, die von schwerer physischer Partnergewalt betroffen waren, sprachen nach einer neuseeländischen Studie signifikant häufiger mit anderen über das Erlittene (Fanslow & Robinson 2010). Auch Barrett und Pierre (2011) kommen zum Ergebnis, dass der stärkste Prädiktor für die Inanspruchnahme von informeller oder formeller Unterstützung das Gefühl war, das eigene Leben sei durch die Gewalt bedroht. Mit der Inzidenz von Gewalt sowie den gewaltbedingten physischen Verletzungen stieg die Anzahl der genutzten Angebote.

Diese empirisch belegte Relation zwischen der Intensität und/oder dem Schweregrad von Partnergewalt und dem Hilfesuchverhalten wird in einem Übersichtsartikel zum Coping-Verhalten im Kontext von Partnergewalt von Waldrop und Resick verdeutlicht (2004): Edward Gondolf und Ellen Fisher (1988) stellten fest, dass Frauen in Zufluchtseinrichtungen Gewalt in einer höheren Frequenz erlitten hatten, so dass ihrer Meinung nach angenommen werden kann, dass bei einem Anstieg der Häufigkeit von Gewalthandlungen ein aktiveres Coping zu finden ist. Diese aktiven Formen zogen eher eine Trennung vom gewalttätigen Partner nach sich (Gondolf & Fisher 1988). Dieser Zusammenhang wird auch von einer spanischen Studie bestätigt (Montero, Ruiz-Perez, et al. 2010), nach der Frauen eine aktive Strategie wählten, wenn sie sowohl physische als auch psychische Gewalt erlitten. Eine Steigerung der Gewaltintensität führte

[51] Gemeint sind z.B. gesundheitsschädigende Verhaltensweisen.

zu einem Wechsel von kognitiven zu aktiven Coping-Formen (Ferraro & Johnson 1983 zit. in Waldrop & Resick 2004). Auch die finnische Prävalenzstudie belegt, dass Frauen sich bei jenen Gewalttypen, die sich durch eine höheren Grad an Partnergewalt auszeichneten – also *partner terrorism* und *mental torment* (siehe Kapitel 1.3.3) – häufiger an die Polizei oder Unterstützungseinrichtungen wandten (Piispa 2002).

Gewaltschwere ist nach einem empirischen Review einer der stärksten Prädiktoren sowohl für den Prozess des Trennens als auch für eine Beeinträchtigung des psychischen Wohlbefindens (Anderson & Saunders 2003).

Lauren Cattaneo und Heidi DeLoveh ermittelten in ihrer Studie mit einem größeren nationalen US-amerikanischen Sample, dass die Gewaltschwere am stärksten die Inanspruchnahme von formaler Unterstützung wie Polizei, Hotline oder Zufluchtseinrichtung seitens der gewaltbetroffenen Frauen beeinflusste (2008). In einer anderen Studie belegen Cattaneo et al. (2007) den Einfluss von wiederholten Gewalthandlungen auf das Hilfesuchverhalten während des 12-monatigen Beobachtungszeitraums. Das Ergebnis wird auch von einer kanadischen Studie repliziert, demnach war der stärkste Prädiktor für ein Hilfesuchen die Gewaltschwere operationalisiert über Frequenz und Angst (Hyman, Forte, et al. 2009).

Nach einer Betrachtung der Sicherheitsvorkehrungen von Gewaltopfern mit Kindern wenden Frauen zahlreiche und unterschiedlichen Strategien an, um sich und die Kinder zu schützen. Deutlich wurde, je schwerer die Partnergewalt war, desto aktiver betrieben die befragten Frauen die Sicherheitsplanung (Goodkind, Sullivan, et al. 2004).

Mit einem Subsample der Chicago Women's Health Risk Study wurde untersucht, ob je nach erlittenem Partnergewalttyp (*intimate partner terrorism* vs. *situational couple violence)* Frauen eher formelle, institutionelle (z.B. Polizei, Gesundheitseinrichtungen, spezifische Beratung) oder informelle (z.B. Familie, Freunde, Nachbarn) Hilfe suchten. Opfer von *intimate partner terrorism* suchten vermehrt jede Formen von formeller Hilfe, wandten sich aber gleich häufig oder seltener an informelle Unterstützungsquellen. Die Autoren argumentieren, dass das Coping-Verhalten sich an den spezifischen Bedürfnissen der Frauen und somit an der jeweiligen Art der Gewalterfahrung orientiert. Frauen, die *intimate partner terrorism* erleiden, wandten sich eher an jene Stellen, die Schutz und Hilfe bei der Trennung anbieten würden (Leone, Johnson, et al. 2007). Mit einem weiteren Subsample dieser Studie wurde nachgewiesen, dass ein Anstieg an Misshandlung zu einem problemorientierten Coping führte (Sabina & Tindale 2008).

Zusammengefasst kommen Forscher/innen zu der Erkenntnis, dass je häufiger oder schwerer Partnergewalt auftritt, desto eher suchen Frauen professionelle Hilfe.

3.2.6 Weitere Einflussfaktoren

Neben den bereits genannten Einflussfaktoren auf das Hilfesuchverhalten im Kontext von Partnergewalt gibt es weitere Determinanten, die zum Teil auch einen moderierenden Effekt haben können.

Mitverantwortungsgefühl für die Partnergewalt

Aus den Berichten von Betroffenen ist bekannt, dass sich Frauen häufig für die erlittene Gewalt mitverantwortlich fühlen. Das „Sich-schuldig-fühlen" ist Barnett (2001) zufolge einer der Faktoren, der Frauen an einer Hilfesuche hindert (siehe Kapitel 2.5 und Kapitel 3.1.2).

Bekanntheit von Unterstützungsangeboten

Aus eigenen Vorarbeiten (Brzank 2003) sowie z.B. auch aus der Repräsentativstudie (Müller & Schröttle 2004: 169) ist belegt, dass das Angebot an Unterstützung und spezifischer Beratung nur einem Teil der jeweilig befragten Frauen bekannt war. In Interviews mit älteren Frauen (siehe Kapitel 3.2.1) hatte sich auch gezeigt, dass Frauen als Hinderungsgrund für die Hilfesuche angaben, sie hätten nicht gewusst, an wen sie sich hätten wenden können. Angebote müssen bekannt sein, damit sie aufgesucht werden können.

Substanzmittelkonsum als Coping-Strategie

Aus der Literatur sowie den Berichten von Partnergewalt betroffenen Frauen ist belegt, dass Frauen als eine Form des Copings, Substanzmittel konsumieren: Nikotin, Alkohol und andere Drogen als Selbstmedikation, Psychopharmaka als verordnete Medikation (siehe Kapitel 2.3).

Nach Diane Follingstad et al. (1988) ist ein Substanzmittelkonsum bei Partnergewalt im Verhaltensspektrum zwischen Depression und Selbstschädigung anzusiedeln. Hinweise auf Alkoholkonsum als negatives Coping im Kontext von Partnergewalt liegen vor (Stark, Flitcraft, et al. 1979; Hilberman 1980; Pfouts 1980; Carmen, Rieker, et al. 1984 zit. in Follingstad, Neckerman, et al. 1988). Frauen, die Opfer von Partnergewalt waren, berichteten häufiger von Nikotinkonsum, *Binge-Drinking* (Rauschtrinken) und schlechten Ernährungsgewohnheiten (McNutt, Carlson, et al. 2002). In einer Literaturübersicht kommen die

Autoren zu dem Schluss, dass ein Substanzmittelkonsum als Coping-Strategie im Umgang mit den negativen psychologischen Effekten der Partnergewalt verstanden werden kann (Gutierres & Van Puymbroeck 2006).

Von der Medikalisierung des Problems als Teil der Fehlversorgung im Kontext von Partnergewalt berichten Frauen in den Fokusgruppendiskussionen, die im Rahmen der deutschen Repräsentativstudie zu Gewalt gegen Frauen durchgeführt wurden (GiG-net 2008: 86). Ein Frau erzählte: „Mit Ärzten habe ich eher schlechte Erfahrungen gemacht. Die wollten mich immer ruhig stellen.“ Sie sei tagsüber „rumgelaufen wie Falschgeld“. Eine Andere berichtete von ihrem Hausarzt: „Der hat mir nur Beruhigungsmedikamente verordnet, die dann zur Sucht führten. Dann war ich nach drei Jahren ganz am Ende.“

Die Autorinnen des S.I.G.N.A.L.-Handbuchs fassen die kontraproduktive Bedeutung der Medikationspraxis bei Partnergewalt folgendermaßen zusammen (Hellbernd, Brzank, et al. 2004: 31): „Eine geschlechtsspezifische Verschreibungspraxis von Schmerz- und Beruhigungsmittel führt dazu, dass diese Medikamente Frauen ihre außerordentlich belastenden Lebensverhältnisse – wie gewalttätige Partnerbeziehungen – weiterhin ertragen lassen, statt sie in einem Prozess zu unterstützen, in dem sie ihre psychische und physische Stabilität wieder erlangen können (…).“

3.3 Fazit

Zusammengefasst belegen die Studienerkenntnisse zum Hilfesuch- oder Coping-Verhalten im Kontext von Partnergewalt gegen Frauen, dass die Mehrzahl der Frauen vielfältige Strategien nutzen, die je nach ihrer individuellen Situation und Entscheidung für oder gegen den Verbleib in der Beziehung variieren. Aufgrund des mehrheitlich quantitativen Studiendesigns kann aus den Ergebnissen kein prozesshaftes Ineinandergreifen verschiedener Strategien als Hinweis auf ein flexibles Coping im Sinne des Kohärenzgefühls abgeleitet werden. Keine der hier rezipierten Studien berücksichtigte das Kohärenzgefühl.

Die Form des Copings hängt von etlichen Faktoren ab. Mehrheitlich wird in den Untersuchungen zu den Determinanten des Hilfesuch- oder Coping-Verhaltens der Schluss gezogen, dass Frauen mit einem Anstieg der Frequenz und Schwere von Partnergewalt häufiger aktive Anstrengungen unternehmen, die Beziehung zu verlassen. Die Mitbetroffenheit von Kindern führt ebenfalls zu einer gesteigerten Hilfesuche. Personale und soziale Ressourcen spielen bei einem aktiven Coping eine wesentliche Rolle, bieten sie nicht zuletzt auch die lebensnotwendigen Bedingungen, um ein eigenständiges Leben (mit den Kindern) führen zu können. Einige der Studien deuten die Wirkung einer Negativunterstützung an.

Nach den empirischen Befunden kann ein aktives und direktes Coping einerseits durch eher internale Faktoren (wie das Verpflichtungsgefühl zum Erhalt der Beziehung) sowie externale Faktoren (wie ein Mangel an verfügbaren materiellen, sozialen oder formalen Unterstützungsressourcen) behindert werden. Beeinflusst wird ein derartiger Mangel an Ressourcen von den individuellen soziodemografischen Lebensbedingungen, deren Effekt auf das Hilfesuchverhalten belegt ist. Hier sind vor allem die ökonomischen Ressourcen von großer Bedeutung.

Deutlich wurde auch die Interdependenz zwischen personalen und sozialen Ressourcen. Ein höheres Maß an personalen Ressourcen führt zu einer stärkeren sozialen Unterstützung. Weil sich die andauernden Gewalttätigkeiten in Misshandlungsbeziehungen gravierend auf die personalen Ressourcen dieser Frauen auswirken können, kann ein Teufelskreislauf entstehen, der es Frauen erschwert, Hilfe zu suchen, zu finden und ggf. die Beziehung zu verlassen. Hier zeigen sich in den empirischen Arbeiten Hinweise auf Formen negativer Unterstützung. Erfahren hilfesuchende Frauen jedoch eine positive Reaktion, dann blicken sie zuversichtlicher in die Zukunft und glauben stärker an ihre eigene Selbstwirksamkeit bei der Bewältigung der Situation. Den informellen Unterstützungsressourcen kommt in der Mehrzahl der Studien eine hohe Bedeutung zu. Die Reaktion von Familien und Freunden und der materiellen Unterstützung korreliert signifikant mit dem Wohlbefinden der Frauen (Tan, Basta, et al. 1995; Goodkind, Gillum, et al. 2003).

Ein höheres Alter und/oder die Entscheidung, in der Beziehung zu bleiben, sind stärker mit einem emotionsorientierten Coping assoziiert (vgl. Waldrop & Resick 2004). Als Anpassungsstrategie korrespondiert dieses Ergebnis mit den Erkenntnissen und Empfehlungen der allgemeinen Coping-Forschung (vgl. Schröder 1997).

Die Form des Copings hängt auch von dem Gesundheitsstatus ab und wirkt sich wiederum auf die Gesundheit aus, insbesondere auf die mentale Gesundheit. So hat ein aktives, *engagement*-Coping einen direkten positiven Effekt auf die mentale Gesundheit (Taft, Resick, et al. 2007a). Wie aber von Partnergewalt traumatisierte Frauen, die als Folge häufig unter Depressionen und/oder PTSD leiden, aktive Coping-Strategien anwenden können, verlangt angesichts der mit diesen psychischen Störungen einhergehenden Antriebshemmungen größte Achtung vor dieser Leistung.

Die Verschiedenartigkeit der Coping-Formen der betroffenen Frauen wird von Godenzi unterstrichen (1993: 248). Er betont sowohl die individuellen Bedingungen als auch das „historisch vorgegebene gesellschaftliche Umfeld“ als einflussnehmende Faktoren für die Reaktionsweisen der Frauen. Zu den individuellen Bedingungen zählt er die personalen wie sozialen Ressourcen, die erlittene Gewalt differenziert nach Formen, Frequenz und Dauer, das „Machtgefälle und die Beziehungsintensität zwischen Täter und Opfer“, die Kenntnis über und der Umgang mit der Situation seitens des sozialen Umfelds. Die angewandten Bewältigungsformen stehen nach Godenzi in einem gesellschaftlichen Kontext, der u.a. durch herrschende Normen bestimmt wird (Godenzi 1993: 249). Auch Wertvorstellungen und Gesetze sowie das Angebot an Unterstützung und Zuflucht, Empowerment oder Entmutigung, Stigmatisierung etc. haben einen Einfluss.

Das vornehmlich quantitative Studiendesign kann den Frauen und ihrer Divergenz, die sich auch in den unterschiedlichen Coping-Strategien materialisieren, nicht gerecht werden. Sowohl die individuelle Bewertung der gewalttätigen Paarbeziehung als auch die verfügbaren (Widerstands)Ressourcen, das Kohärenzgefühl und die Coping-Strategien werden lebensbiografisch geformt und können nicht verallgemeinert werden. Ebenso wenig – so haben Johnson (1995; 1999) und Piispa (2002) gezeigt – kann die Gewalterfahrung generalisiert werden. Auf diesen wesentlichen Aspekt weist auch die von Cornelia Helfferich und Barbara Kavemann anhand einer qualitativen Studie entwickelte Typologie, die vier verschiedene Arten von gewaltbetroffenen Frauen identifiziert, die je nach Schweregrad und eigenem Selbstkonzept zu unterschiedlichen Bewertungen der eigenen Situation kommen und auch einen unterschiedlichen Hilfebedarf aufweisen. Nicht für alle der in die Studie einbezogenen Frauen ist die Trennung vom gewalttätigen Partner die angemessene Lösung (Helfferich, Kavemann, et al. 2004).

Auch wenn mittlerweile in das Forschungs- und Interventionsfeld die Erkenntnis der Verschiedenartigkeit der Gewaltopfer Einzug gehalten hat und somit nicht für alle gleichermaßen die Trennung von dem gewalttätigen Partner als Coping-Goldstandard gilt, so ist in den vorliegenden Studien doch in Ansätzen ein derartiger Subtext zu finden, der dem häufig eingesetzten quantitativen Design geschuldet sein mag.[52] Zu dieser kontroversen Diskussion über das vermeintliche Verbleiben der Frauen in der Misshandlungsbeziehung merkt Godenzi (1993: 257) an: „In der Frage nach dem Bleiben oder dem Verlassen stecken offenbar beträchtliche Anteile moralischen Urteilens, die am vielschichtigen Geschehen von Misshandlungsbedingungen vorbeizielen.“ Forschungsansätze, die die Handlungen der Frauen als „dynamische Überlebens- und Anpassungsversuche begreifen, in denen die Prozesse des Bleibens, Verlassens und Zurückkehrens als interdependent“ interpretieren, würden den Lebensbedingun-

[52] Gelungene Anpassungsstrategien als eine Form von vermeidendem Coping sind in ihrer möglichen individuellen Verschiedenartigkeit schwerer zu operationalisieren als das aktive Sichhinwenden zu Unterstützungsquellen oder die Trennung vom Partner.

gen der Frauen eher gerecht. Nicht zu letzt muss die besondere Gefährdungssituation in einer Trennungsphase bedacht werden, die täglich durch die Medien bestätigt wird.

Wenn also alle Coping-Determinanten berücksichtigt werden wie Angst vor einer Gewalteskalation, ein hindernder Partner, der droht oder Besserung verspricht, der Mangel an Alternativen, Mangel an ökonomischen Ressourcen und anderen generalisierten Widerstandsressourcen, ein geringeres Kohärenz- und ein eher hohes Demoralisierungsgefühl, geringes Selbstvertrauen und niedriges Selbstwertgefühl, der Glaube an Mitschuld, Störungen der mentalen Gesundheit, die ggf. ein aktives Verhalten unterminieren, geringe Unterstützung und gesellschaftliche oder kulturelle Normen, die zum Verbleiben auffordern, usf., dann ist angesichts dieser erschwerten Bedingungen nicht zu fragen, warum Frauen bleiben, sondern „wie es möglich ist, dass es so vielen gelingt, sich aus der Misshandlungssituation zu befreien?“ (Godenzi 1993: 266)

3.4 Forschungslücken

Trotz den mittlerweile vorliegenden Studien, die die Determinanten und Effekte von Coping bei Partnergewalt zum Gegenstand haben, bestehen nach wie vor wesentliche Forschungslücken. Zum einen stammen die derzeitigen Erkenntnisse zum Hilfesuchverhalten und der Inanspruchnahme von Unterstützung ausnahmslos aus dem angloamerikanischen Raum und sind nicht auf die hiesigen Verhältnisse übertragbar z.B. wegen der Unterschiede in den Versorgungssystemen und den in Deutschland zum Großteil kostenlosen psychosozialen Angeboten. Für Deutschland wurden bislang keine umfassenderen Studien zum Hilfesuchverhalten durchgeführt, die vorliegende Arbeit geht daher der Frage nach, welche Faktoren die Inanspruchnahme von Versorgung und Unterstützung beeinflussen. Zum anderen sind die empirisch gewonnenen Erkenntnisse zu den Wirkmechanismen der einzelnen Determinanten auf das Hilfesuchverhalten weder konsistent noch können sie das Verhalten der Frauen hinreichend erklären.

Vor allem aber beleuchten die gegenwärtigen Studien vornehmlich den Einfluss einzelner Faktoren. Das komplexe Zusammenwirken oder die Wirkpfade untereinander wurden bislang nur sporadisch untersucht. Multivariate Verfahren und Modellierungen mit Strukturgleichungen, die die verschiedenen Einflusskategorien berücksichtigen, können Aufschluss bringen und helfen, die Inanspruchnahme von Hilfe und Unterstützung im Kontext von Intimer Partnergewalt zu verstehen.

Sekundäranalytisch sollen daher in der vorliegenden Arbeit die momentan für Deutschland umfassendsten Daten zu Gewalt gegen Frauen untersucht werden, die die Studie „Lebenssituation, Gesundheit und Sicherheit von Frauen in Deutschland“ gebracht hat.

Abbildung 3-1: Potentielle Wirkpfade der Einflussfaktoren auf die Inanspruchnahme professioneller Hilfe

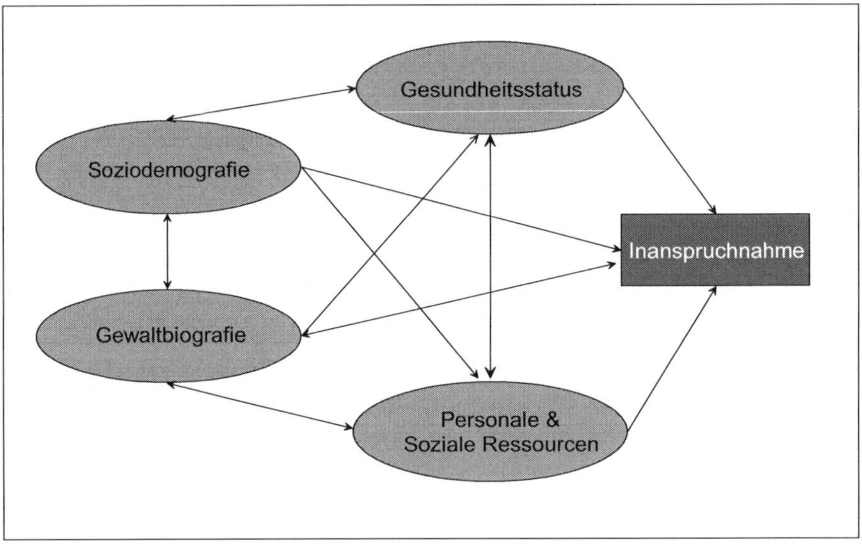

Dabei sollen wie in Abbildung 3-1 dargestellt, die demografischen Charakteristika, der Gesundheitsstatus, die personalen und sozialen Ressourcen sowie die multiplen Gewalterfahrungen und die erlittene Partnergewalt auf ihre Wirkung aufeinander und auf die Inanspruchnahme erforscht werden. Das ausführliche, der Analyse zugrunde liegende Bedingungsmodell wird im folgenden Kapitel zur Methode der Analyse beschrieben.

4 Methodisches Vorgehen

Beginnend mit der Darlegung der Ziele der Sekundärdatenanalyse, der Beschreibung des vorhandenen Datenmaterials, der Auflistung der Forschungsfragen und Ableitung der Arbeitshypothesen werden in diesem Kapitel das Untersuchungskonzept mit seinen Auswertungsschritten, die Aufbereitung der Daten und die Operationalisierung der Variabeln sowie die verwendeten Konstrukte erläutert.

4.1 Ziel der Sekundärdatenanalyse

Wie in Kapitel 2.5 beschrieben, nehmen Gesundheitsfachkräfte sowohl bei der adäquaten Gesundheitsversorgung als auch bei Maßnahmen der Intervention und Prävention im Fall von Intimer Partnergewalt eine Schlüsselrolle ein und können eine Schnittstelle zu weiteren Unterstützungsangeboten sein. Grundvoraussetzung hierfür ist, dass betroffene Frauen als Opfer von Partnergewalt in den Einrichtungen der Gesundheitsversorgung als solche identifiziert werden oder sich offenbaren. Erst wenn sie dort erscheinen und als Opfer erkannt werden, können Interventionsketten in Gang gesetzt werden.

Werden unterstützende institutionelle Personengruppen – wie z.B. die Polizei oder Rettungskräfte – nicht von Dritten benachrichtigt, dann liegt der erste Schritt bei den Betroffenen selbst. Sie müssen sich an Einrichtungen der Gesundheitsversorgung, die Polizei oder Beratungsstellen um Hilfe wenden. Von den Frauen sind die internalisierten Barrieren im Hinblick auf die Inanspruchnahme von Unterstützung zu überwinden. Studien belegen, dass es verschiedene Faktoren gibt, die Frauen zu diesem Schritt er- oder entmutigen (vgl. Kapitel 2 und 3).

Im Fokus der Sekundärdatenanalyse stehen daher Faktoren, die Frauen zu einer Inanspruchnahme von institutioneller Unterstützung motivieren. Basierend auf den Daten der Repräsentativstudie „Lebenssituation, Sicherheit und Gesundheit von Frauen in Deutschland“ (Müller & Schröttle 2004) sollen jene Einflussfaktoren genauer untersucht werden, die die Wahrscheinlichkeit erhöhen, dass sich Opfer von Intimer Partnergewalt aktiv an Gesundheitsversorgungseinrichtungen, Polizei oder Beratungsstellen um Hilfe wenden.

Die erwarteten Ergebnisse können bei der Justierung von Interventionsangeboten und deren genauen institutionellen Verortung hilfreich sein und werden in die Unterstützungspraxis einfließen.

4.2 Die Repräsentativstudie

Mit der Studie „Lebenssituation, Sicherheit und Gesundheit von Frauen in Deutschland" (Müller & Schröttle 2004), die vom Bundesministerium für Familie, Senioren, Frauen und Jugend in Auftrag gegeben wurde, liegen zurzeit die umfangreichsten Daten zur Partnergewalt gegen Frauen in Deutschland vor. Bundesweit wurden von Januar bis Oktober 2003 vom Interdisziplinären Zentrum für Frauen und Geschlechterforschung der Universität Bielefeld in Kooperation mit dem Institut für angewandte Sozialwissenschaften (INFAS) über 10.000 deutschsprechende Frauen im Alter von 16 bis 85 Jahren mit Meldeadresse in der Bundesrepublik befragt (INFAS 2004). Die Studienpopulation basiert auf einer repräsentativen Einwohnermeldestichprobe aus 250 Gemeinden und garantiert eine „größtmögliche geographische und siedlungsstrukturelle Proportionalität der Stichprobe" (INFAS 2004: 30).

Die Ausschöpfungsrate beträgt 52%. Die Befragung der Frauen erfolgte sowohl mündlich als auch schriftlich durch geschulte Interviewerinnen (face-to-face, paper-pencil, drop-off[53]). Körperliche und sexuelle Gewalt sowie sexuelle Belästigung und psychische Gewalt wurden mit einem umfassenden Instrumentarium sehr differenziert abgefragt. Mündliche und schriftliche Befragungen dauerten im Schnitt 81 Minuten (64 Minuten mündlicher Fragebogen und 18 Minuten Drop-off). Aus der mündlichen Befragung liegen 10.264 und aus der schriftlichen 9.640 Interviews vor.

Um eine Unterfassung von Frauen mit Migrationshintergrund und geringen Deutschkenntnissen auszuschließen, erfolgte eine Zusatzbefragung von türkisch- und russischsprechenden Frauen mit muttersprachigen Interviewerinnen. Als Aufstockungsstichprobe wurden in den 250 Gemeinden weitere Frauen mit türkischer, russischer oder osteuropäischer Nationalität gezogen. Für diese Zusatzbefragung von Juli bis Dezember 2003 liegen 505 vollständige Interviews vor. Die Ausschöpfungsquote betrug 45%. Nach INFAS wurde für diese zusätzlichen Interviews das gleiche Design (Erhebungsmethode, Interviewer/inneneinsatz und -schulung, Feldkontrolle sowie Datenaufbereitung) wie in der Hauptbefragung angewandt. Im Pubic Use File sind für diese Zusatzbefragung jedoch keine Antworten auf offene Fragen zu finden, so dass diese bei der Sekundärdatenanalyse unberücksichtigt bleiben müssen.

Das aufwendige Erhebungsdesign mit den verschiedenen komplexen Fragebögen (siehe Anhang G[54]) wird mit entsprechenden Erfahrungen aus anderen

---

[53] Schriftlicher Fragebogen

[54] Der ausführliche Anhang ist auf den Seiten des VS-Verlages zu finden unter: www.vs-verlag.de/buch/978-3-531-18755-6/Wege-aus-der-Partnergewalt.html.

Studien in Bezug auf die Validität bei diesem sehr sensibeln Thema begründet (vgl. Hagemann-White 2002:39; Müller & Schröttle 2004:9ff, 13ff). Betroffenen Frauen wird mit mehreren, sich unterscheidenden Fragen zu konkreten Gewalthandlungen die Möglichkeit gegeben, erlittene Gewalt offen zu legen. Es wurden darüber hinaus Fragen zu soziodemografischen Aspekten, sozialen Ressourcen, zur Zufriedenheit, zum Selbstwert, zur Selbstwirksamkeit und zu anderem gestellt. Aspekte des allgemeinen Gesundheitszustandes, Gesundheitshandelns sowie der gesundheitlichen Auswirkungen von Gewalt wurden berücksichtigt. Gefragt wurde nach Beschwerden, dem eigenen Körpergefühl, der Einschätzung des allgemeinen Gesundheitszustandes, Essstörungen, Verletzungen, psychischen, psychosomatischen Beschwerden oder Störungen, posttraumatischen Belastungsstörungen, chronischen Erkrankungen oder Behinderung, Pflege- und Hilfsbedürftigkeit, dem Konsum von Medikamenten, Alkohol, Tabak und Substanzmitteln, medizinischer Versorgung, der Arbeitsunfähigkeit etc.

Die Struktur der Fragebögen ist der Tabelle 4-1 und Tabelle 4-2 zu entnehmen. Insgesamt umfassen der mündliche und der schriftliche Fragebogen 123 DIN A4 Seiten, so dass basierend auf der Selbstauskunft der befragten Frauen umfangreiche Daten für eine differenzierte Auswertung zur Verfügung stehen.

Tabelle 4-1: Inhalte der Befragung – Mündlicher Fragebogen

Frage-Nr.	Mündlicher Fragebogen
Ab 100	Allgemeine Zufriedenheit, eigene Kinder, Eltern/Bezugspersonen in der Kindheit, Geschwister, Selbsteinschätzung der eigenen Lebenssituation
ab 200	Ängste und Bedrohungsgefühle in verschiedenen Lebensbereichen
ab 300	Sexuelle Belästigung (Abfragemuster A)
ab 400	Staatsangehörigkeit, Religionsgemeinschaft, Ausbildung, Berufsleben
ab 500	Psychische Gewalt (Abfragemuster A)
ab 600	Gesundheit
ab 700	Körperliche Gewalt (Abfragemuster B)
ab 800	Sexuelle Gewalt (Abfragemuster B)
ab 900	Bewertung von Hilfsangeboten/Hilfeeinrichtungen
ab 907	Haushalt, Einkommen, Familienstand
ab 916	Fragen zu aktueller Partnerschaft Monats-/Jahresangaben zur Partnerschaftsdauer, zum Zusammenleben, zur Heirat und Soziodemografie des Partners
ab 929	Fragen zu früheren/drei letzten Partnerschaften, Monats-/Jahresangaben zur Partnerschaftsdauer, zum Zusammenleben, zur Heirat und Soziodemografie des Partners
945	Panelbereitschaft
I – XIX	Interviewer-Fragen

Quelle: INFAS (2004: 18)

Tabelle 4-2: Inhalte der Befragung – Schriftlicher Fragebogen

Frage-Nr.	Schriftlicher Fragebogen (Drop-off)
01 – 10	Selbsteinschätzung, allgemeine Fragen zur aktuellen Partnerschaft, Fragen zur psychischen Gewalt in aktueller Partnerschaft
11 – 20	Körperliche/Sexuelle Gewalt in aktueller/früherer Partnerschaft(en)
21 – 60	Fragen zur letzten Partnerschaft mit Gewalterfahrung
61 – 62	Belästigung durch frühere/zurückgewiesene Partner (Stalking)
63 – 65	Erfahrungen im Umgang mit gemeinsamen Sorgerecht
66 – 74	Gewalterfahrung in eigener Kindheit
75 – 80	Umgang mit eigenen Kindern
81 – 84	Abschlussfragen/Kommentare zum Fragebogen

Quelle: INFAS (2004: 22)

4.3 Forschungsfragen

Aus dem vorhandenen Datenmaterial und unter Berücksichtigung der in Kapitel 3 beschriebenen Determinanten des Inanspruchnahmeverhaltens werden folgende Fragen zu diesem Kontext operationalisiert:

Welchen Einfluss haben/hat...

- demografische Faktoren wie Alter, Migrationserfahrung, Kinder, Bildung, Erwerbsstatus und ökonomische Situation
- Gesundheitsfaktoren wie subjektive, physische und mentale Gesundheit, Verletzungsanzahl sowie chronische Krankheiten und Behinderungen
- personale Ressourcen wie empfundene Zufriedenheit, Gefühle von Selbstwirksamkeit, Selbstwert und Optimismus sowie soziale Ressourcen wie erlebte soziale Unterstützung, ein vorhandenes soziales Netz oder die soziale Integration
- der Grad der Gewalterfahrung wie die Schwere psychischer, körperlicher und sexueller Partnergewalt und die multiple Gewalterfahrung wie das Miterleben von Gewalt zwischen den Eltern der Herkunftsfamilie, Misshandlungen oder sexueller Missbrauch in der Kindheit und familiäre Gewalt nach dem 16. Lebensjahr
- der Konsum von Substanzmitteln wie Alkohol, Drogen, Beruhigungsmittel oder Tranquilizern und Antidepressiva oder Aufputschmittel
- das Mitverantwortungsgefühl für körperliche und/oder sexuelle Partnergewalt
- die Mitbetroffenheit der Kinder (wenn Kinder vorhanden) und
- die Bekanntheit von Unterstützungseinrichtungen

...auf das Inanspruchnahmeverhalten von Frauen, die Intime Partnergewalt erlitten haben.

4.4 Arbeitshypothesen

Aus den theoretischen Erkenntnissen (siehe Kapitel 2 und Kapitel 3), dem vorhandenen Datenmaterial (siehe Anhang A und G) und den oben formulierten Forschungsfragen (siehe Kapitel 4.3) können folgende Arbeitshypothesen abgeleitet werden:

- Es besteht ein Zusammenhang zwischen den demografischen Faktoren, multipler Gewalterfahrung in der Kindheit als auch im Erwachsenenleben, den Gesundheitsindikatoren, den personalen und sozialen Ressourcen und dem Schweregrad erlittener Partnergewalt.

- Die demografischen Faktoren stehen in einem Zusammenhang mit multipler Gewalterfahrung und wirken auf die Gesundheitsindikatoren, die Ressourcen sowie den Schweregrad von Partnergewalt.
- Multiple Gewalterfahrung und die Ressourcen stehen miteinander in einer Wechselbeziehung.
- Sowohl multiple Gewalterfahrung als auch Ressourcen wirken auf die Partnergewalt.
- Substanzmittelkonsum zur Kompensation erlittener Partnergewalt wirkt sich auf das Inanspruchnahmeverhalten aus.
- Die Inanspruchnahme von medizinischer Versorgung sowie spezifischer Beratung und Unterstützung ist abhängig von moderierenden Effekten wie der Bekanntheit von Beratungs- und Unterstützungseinrichtungen, dem Mitverantwortungsgefühl der Frauen für die zugefügte körperliche und/oder sexuelle Gewalt sowie der Mitbetroffenheit von Kindern.
- Demografische Faktoren, multiple Gewalterfahrung, Gesundheitsindikatoren, personale und soziale Ressourcen als auch der Schweregrad erlittener Partnergewalt wirken ebenfalls auf das Inanspruchnahmeverhalten.

Die Analyse der Fragestellung und der Hypothesen folgt einem formulierten Bedingungsmodell, das sich auf theoretischen Annahmen und empirischen Erkenntnissen stützt (siehe Abbildung 4-1).

Im Folgenden werden Untersuchungskonzept, Bedingungsmodell und die Operationalisierung der einzelnen Einflussvariablen und Konstrukte dargestellt.

4.5 Untersuchungskonzept und Auswertungsschritte

Beginnend mit der Beschreibung der Datenaufbereitung, der Reliabilitätsanalyse und dem Umgang mit Verzerrungseffekten und Interpretationsfehlern wird nachfolgend das Untersuchungskonzept anhand des theoretisch aufgestellten Bedingungsmodells erläutert. Im Anschluss werden die einzelnen Auswertungsschritte und Analyseverfahren im Detail beschrieben.

4.5.1 Datenaufbereitung

Entsprechend der Operationalisierung der Fragen sowie der formulierten Arbeitshypothesen werden die zur Verfügung stehenden Daten im ersten Schritt für die weitere Verarbeitung aufbereitet, d.h. nach Bedarf umkodiert oder -gepolt und weitestgehend in Konstrukte zusammengefasst.

4.5.2 Reliabilitätsanalyse

Für die Zusammenfassung von verschiedenen Itemlisten zu einem Konstrukt wurde die Reliabilität (Messgenauigkeit) dieser Fragekomplexe getestet, so für die Personalen und Sozialen Ressourcen[55] und ihre Subskalen. Hierfür wurden der Schweregrad, der den Grad der Zustimmung oder Ablehnung eines Items angibt (mittlerer Bereich 0,35 – 0,65; extremer Bereich < 0,20 oder > 0,80) (vgl. Bortz & Döring 2002: 218; Kappelhoff 2007: 99) und die Trennschärfe (> 0,3) (vgl. Kappelhoff 2007: 99; Field 2009: 678) der Items berechnet und eine interne Konsistenz mit einem Cronbachs α von mindestens 0,70 angestrebt. Die Ergebnisse der Analyse sind in Kapitel 4.6.4 nachzulesen (siehe Anhang C).

4.5.3 Verzerrungseffekte und Interpretationsfehler

In der weiteren Analyse sind potentielle Verzerrungseffekte und Fehlerquellen zu berücksichtigen, die nachfolgend beschrieben werden. Für die primärstatistische Auswertung erfolgte bereits durch INFAS (2004: Kapitel 7) eine Analyse der Repräsentativität und potentieller Selektionseffekte.

Repräsentativität

Im Hinblick auf die Repräsentativität konstatiert INFAS: „Über alle betrachteten Verteilungen hinweg lässt sich festhalten, dass keine Untergruppe in der realisierten Stichprobe vollständig fehlt oder im Vergleich zu den Verteilungen des Mikrozensus in erheblichem Maße unterrepräsentiert ist“ (INFAS 2004: 97). Wie von INFAS erwartet, ergeben sich geringe Abweichungen bei den Altersklassen, nur die obersten beiden Altersgruppen (der 70- bis 85jährigen) sind in der Stichprobe unterrepräsentiert. Im Vergleich mit anderen Befragungen seien somit die „Abweichungen bemerkenswert gering“ (INFAS 2004: 97). Unterrepräsentiert sind im Sample einige Bundesländer wie Schleswig-Holstein, Nieder-

[55] Zur Unterscheidung der in der Analyse verwendeten Konstrukte von dem allgemeinen Begriff der personalen oder sozialen Ressourcen wird in der vorliegenden Arbeit die Großschreibung für das Konstrukt Personale oder Soziale Ressourcen verwendet.

sachsen und Brandenburg, überrepräsentiert sind Nordrhein-Westfalen, Sachsen und Sachsen-Anhalt. Keine „nennenswerten, systematischen Abweichungen" lassen sich bei den BIK-Gemeindegrößenklassen identifizieren.

Der Familienstand in der realisierten Stichprobe wird im Vergleich mit der Grundgesamtheit sehr gut abgebildet. Hingegen werden beim allgemeinbildenden Schulabschluss Abweichungen deutlich sichtbar. Nach INFAS zeigt sich „das in der sozialwissenschaftlichen Umfrageforschung unter dem Stichwort „Bildungsbias" diskutierte Phänomen der zum Teil erheblichen Unterrepräsentanz von Personen mit einem Volks- oder Hauptschulabschluss und der gleichzeitigen Überrepräsentanz von Personen mit einem Fachhochschul- oder Hochschulabschluss (...) auch in der vorliegenden Erhebung" (INFAS 2004: 97f). Differenzen werden auch bei der Erwerbstätigkeit deutlich, die von INFAS im direkten Zusammenhang mit der Altersgruppenverteilung und der Verteilung des allgemeinbildenden Schulabschlusses gesehen werden: Die erwerbstätigen Frauen sind über- und die nichterwerbstätigen Frauen unterrepräsentiert. Der Anteil erwerbsloser Frauen ist im Vergleich zwischen Stichprobe und Grundgesamtheit gut repräsentiert (INFAS 2004: 97).

Selektivitäts-Bias

INFAS bewertet die Studie ebenfalls mit Hilfe einer Selektivitätsanalyse, bei der anhand von demografischen Gemeindedaten, den von den Interviewerinnen regelmäßig geführten Kontaktprotokollen und den Non-Response-Fragebogen die Responder mit den Non-Respondern verglichen werden (INFAS 2004: Kapitel 7.2). Eine multivariate Analyse der vorliegenden Variablen bestätigt zum einen den Einfluss des höheren Alters auf eine Nichtteilnahme, zum anderen zeigt sich bei mittelgroßen Gemeinden (20.000 bis 100.000 Einwohner, ohne Kernstädte) eine signifikant geringere Wahrscheinlichkeit, am mündlichen Interview teilzunehmen. Die Nationalität erweist sich als deutlicher Einfluss auf die Teilnahmewahrscheinlichkeit am mündlichen Interview und ist nach INFAS bei „Ausländerinnen um etwa das dreifache geringer (...) als bei den deutschen Frauen." Es wurde auch festgestellt, dass eine sinkende Zufriedenheit mit dem sozialen oder familiären Umfeld sowie eine schlechtere Beurteilung des derzeitigen Gesundheitszustandes die Teilnahmewahrscheinlichkeit negativ beeinflusst, hingegen hat das Sicherheitsgefühl offenbar keinen Einfluss (INFAS 2004: 109).

Insgesamt – so kommt INFAS zum Schluss – ergeben die Analysen keinen Hinweis auf „dramatische, die Ergebnisse der Studie möglicherweise verzerrende Selektivitätseffekte (...) weder in den Repräsentativitätsvergleichen, noch in der Selektivitätsanalyse" (INFAS 2004: 109).

Recall- und Reporting-Bias

Die Vergleichbarkeit und somit Übertragbarkeit des Samples auf die Grundgesamtheit ist gegeben. Gleichwohl muss einschränkend davon ausgegangen werden, dass bei allen Befragten ein Recall-Bias (Verzerrung aufgrund eines ungenauen Erinnerungsvermögens) vorliegt sowohl im Hinblick auf einzelne Gewaltepisoden, deren zeitliche Verortung als auch deren Auswirkungen und ihrer Häufigkeit (vgl. Kapitel 4.6 und Kapitel 6). Ein Reporting-Bias (Verzerrung aufgrund der Art des Berichtens) mag dann vorliegen, wenn z.B. in die Beantwortung der Fragen zur Häufigkeit eines Geschehens eine subjektive Deutung einfließt.

Bei der Zusatzbefragung unter Frauen mit Migrationshintergrund wird aus den Protokollen der Interviewerinnen deutlich, dass Verzerrungseffekte wahrscheinlich sind und eine Unterschätzung der Gewaltbetroffenheit oder ein Reporting-Bias wie die Erwünschtheit von Antworten oder das selektive Beantworten von Fragen aus folgenden Gründen zu vermuten ist (vgl. INFAS 2004: 135ff):

- Befürchtung, dass Informationen an Behörden weitergegeben werden könnten,
- Empfinden, dass Fragen die Intimsphäre verletzen, insbesondere die Fragen zur sexuellen Gewalt,
- Probleme bei der Beantwortung des schriftlichen Bogens wegen sprachlicher oder alphabetischer Kompetenzen und
- Ermüdungserscheinungen wegen der Länge der Befragung.

Je nach Ergebnis der statistischen Auswertung werden die potentiellen Verzerrungen bei der Diskussion derselben (siehe Kapitel 6) berücksichtigt.

4.5.4 Bedingungsmodell

Ausgehend von den theoretischen Erkenntnissen und empirischen Ergebnissen (siehe Kapitel 3) sowie dem vorhandenen Datenmaterial (siehe Anhang A) fließen in das Bedingungsmodell zur Bestimmung der Einflussfaktoren auf das Inanspruchnahmeverhalten der von Gewalt betroffenen Frauen verschiedene Variablen ein (siehe Abbildung 4-1), deren Operationalisierung detailliert in Kapitel 4.6 beschrieben ist.

Abbildung 4-1: Bedingungsmodell der Inanspruchnahme von professioneller Unterstützung

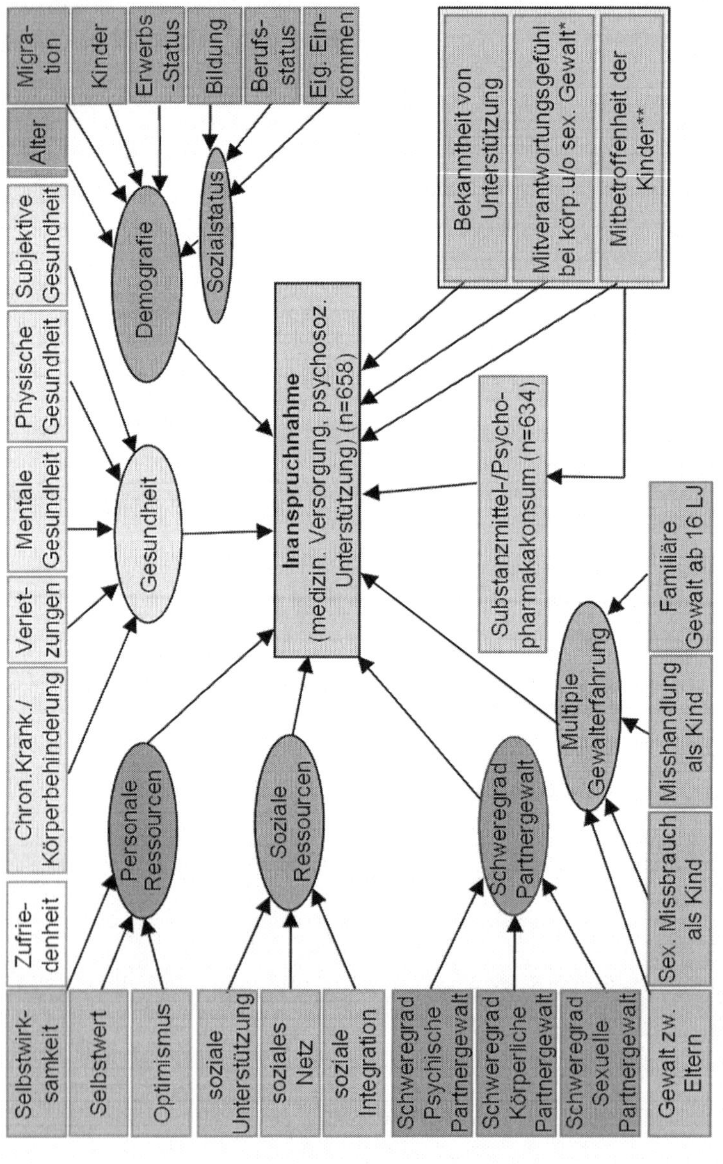

* Angaben beziehen sich auf schlimmste Situation: bei körperlicher Gewalt (n=1411), bei sexueller Gewalt (n=937)
** Frauen in aktueller Partnerschaft (n=1142)

Als demografische Merkmale werden die Variablen Alter, Migration(shintergrund), Kinder, Bildung für den höchsten schulischen und beruflichen Bildungsabschluss, Erwerbsstatus, Berufsstatus und das eigene Einkommen im Modell berücksichtigt.

Um zu kontrollieren, ob Gesundheit einen Einfluss auf die Inanspruchnahme von Unterstützung vor allem im Gesundheitsbereich hat, fließen als Variablen oder Konstrukte die subjektive, die physische und die mentale Gesundheit sowie die berichtete Lebenszeitprävalenz von Verletzungen und chronische Krankheiten oder körperliche Behinderungen mit/ohne Einschränkungen im Alltag ein.

Als den Befragten eigene Ressourcen werden die personalen Ressourcen und die sozialen Ressourcen untersucht. Die personalen Ressourcen basieren auf dem Gefühl von Selbstwirksamkeit sowie Selbstwert und einer optimistischen Lebenseinstellung. Die Zufriedenheit mit verschiedenen Aspekten des eigenen momentanen Lebens konnte wegen der hohen Missinganzahl für die Zufriedenheit mit Beruf und Ausbildung nicht berücksichtigt werden. Die sozialen Ressourcen werden aus der wahrgenommenen sozialen Unterstützung, dem sozialen Netz und der sozialen Integration gebildet. Die personalen wie sozialen Ressourcen fließen zum einen in ihren Subskalen, zum anderen als Gesamtskalen ein.

Art und Schwere der Gewalterfahrung sowohl im Erwachsenenleben als auch in der Kindheit oder Jugendzeit werden als wesentliche Faktoren für eine Inanspruchnahme angenommen. Die Schwere der erlittenen Partnergewalt setzt sich zusammen aus Schweregradvariablen zu psychischer, körperlicher und sexueller Gewalt durch den/einen Intimpartner. In den Komplex multipler Gewalterfahrung fließen ein: Miterleben von Gewalt zwischen den Eltern in der Kindheit, erlittene körperliche/psychische Misshandlung sowie sexueller Missbrauch als Kind und weitere erlittene Gewalt durch Familienmitglieder nach dem 16. Lebensjahr.

Kontrolliert werden soll auch, ob die Bekanntheit von Unterstützungseinrichtungen, das Mitverantwortungsgefühl bei körperlicher oder sexueller Gewalt durch den Intimpartner, die Mitbetroffenheit von Kindern und der Konsum von Substanzmitteln einen Einfluss oder einen moderierenden Effekt haben.

4.5.5 Auswertungsschritte

Grundsätzlich wird aufgrund der Fragestellungen auf eine Gewichtung der Daten verzichtet, denn im Fokus der Analyse stehen u.a. auch jene Faktoren, die in die Gewichtung nach demografischen Merkmalen einfließen würden. Diese Faktoren werden ggf. als Stratifizierungsmerkmale[56] aufgegriffen. Es kann daher davon ausgegangen werden, dass so keine wesentliche Verzerrung der Ergebnisse zu erwarten ist. Die Datenbetrachtung erfolgt in vier aufeinander aufbauenden Auswertungsschritten:

1. Die zunächst durchgeführte univariate Analyse aller einbezogenen Variablen dient der Datenkontrolle und dem Aufspüren inkonsistenter Daten. Sie gibt einen ersten Einblick in die Studienpopulation und ihre Besonderheiten, die im Vergleich mit den Häufigkeitsverteilungen der Gesamtpopulation (N=10.118) deutlich werden. Da mit diesem Vergleich keine Korrelationen oder Unterschiede im Hinblick auf einen Effekt von Partnergewalterfahrung ermittelt werden sollen, wird auf einen Ausschluss des Studiensamples aus der Gesamtpopulation verzichtet. Alle weiteren Analyseverfahren dienen der Verdichtung der zu berücksichtigenden Variablen zu Konstrukten, die in das endgültige Strukturgleichungsmodell eingehen werden.
2. Die bivariate Analyse zielt auf das Aufdecken von Korrelationen zwischen zwei Variablen. Die Vorgehensweise innerhalb dieser Analyse ist zweigeteilt: Zunächst werden die Zusammenhänge und Unabhängigkeiten untereinander innerhalb der jeweiligen später – im Schritt der Strukturgleichungsmodellierung – zu bildenden Konstrukte geprüft, also alle Variablen der Demografie, Gesundheit, Personale Ressourcen, Soziale Ressourcen, Schweregrad Partnergewalt, Multiple Gewalterfahrung, Substanzmittelkonsum und potentiell moderierende Effekte (siehe Abbildung 4-2).
3. Als nächstes werden stufenweise alle Variablen des ersten zu bildenden Konstruktes in Beziehung zu den Variablen des nächsten Konstruktes gesetzt, also alle demografischen Variablen zu denen der multiplen Gewalterfahrung (step 1), demografische und multiple Gewalterfahrung zu den Gesundheitsvariablen (step 2) und so fort, so dass in der letzten Stufe alle Variablen in Relation zur Inanspruchnahme untersucht werden (siehe Abbildung 4-2). Mit diesem Auswertungsschritt werden jene Variablen ermittelt, die aufgrund ihrer relevanten Korrelation in die multivariate Analyse einfließen.
4. Die anschließende multivariate Analyse untersucht den individuellen Effekt mehrerer unabhängiger Variablen (UV) auf eine abhängige Variable (AV). Damit geht die gleichzeitige Kontrolle aller ins Regressionsmodell fließenden Variablen einher. Bestimmt wird mit diesen Verfahren der Anteil, den jede untersuchte unabhängige Variable zur Erklärung der abhängigen Variablen beiträgt (erklärte Varianz einer abhängigen Variablen). Auf diese

[56] Merkmale, anhand derer eine geschichtete Auswertung (in Subgruppen, Strata) erfolgt.

Weise können relevante Variablen ggf. zu Konstrukten zusammengefasst werden, um so die modellrelevanten Faktoren zu identifizieren. Variablen und Untervariablen ohne erkennbaren Beitrag für das Modell werden entfernt, um das Modell zu vereinfachen.

5. Sowohl die deskriptive, univariate als auch die bivariate und multivariate Analyse werden mit dem Programm Statistical Package for Social Sciences (SPSS) in den Versionen 18 und 19 durchgeführt.[57]
6. Als letztes wird ein Strukturgleichungsmodell mit dem Programm LISREL zur Kausalanalyse aufgestellt, mit dem die Wirkpfade sowohl beobachteter (manifester) Variablen als auch latenter (theoretischer) Konstrukte[58] erfasst werden sollen, um so das komplexe Gefüge aus den Einflussfaktoren beschreiben zu können (vgl. Emrich 2004: 5).

Univariate Analyse

Die im Bedingungsmodell (siehe Abbildung 4-2) aufgenommenen Konstrukte stehen im Fokus der Untersuchung. Zu Beginn der empirischen Analyse steht eine detaillierte deskriptive Beschreibung der Studienpopulation. Die Datenniveaus aller eingehenden Variablen lassen sich in nominal-, ordinal- und kardinalskaliert[59] unterscheiden und bedürfen jeweils einer unterschiedlichen mathematischen Behandlung.

Variablen mit einem nominalen oder ordinalen Datenniveau werden univariat prozentual untersucht. Dazu gehören als nominale Variablen: Migration, Kinder, Erwerbsstatus, Gewalt zwischen den Eltern, Substanzmittel- oder Psychopharmakakonsum, Bekanntheit von Unterstützung, Mitverantwortungsgefühl bei körperlicher oder sexueller Gewalt durch den Intimpartner.

Bei den ordinalskalierten Variablen wird die Verteilung sowohl prozentual dargestellt als auch der Median angegeben. Ein derartiges Skalenniveau liegt bei diesen Variablen vor: Altersklassen, Kinderzahl, Bildung, Erwerbsstatus (komprimiert), Berufsstatus, Einkommen, Wohlstandsklassen, Sozialstatus, subjektive Gesundheit, chronische Krankheiten und körperliche Behinderung, Schweregrad von psychischer, körperlicher und sexueller Partnergewalt, sexueller Missbrauch in der Kindheit und Gewalt nach dem 16. Lebensjahr durch Familienangehörige sowie Mitbetroffenheit von Kindern.

[57] Für die Diagramme wurden sowohl SPSS als auch Excel verwendet.

[58] Unter latenten Konstrukten werden theoretische Konstrukte verstanden, die nicht direkt beobachtbar sind.

[59] intervall- und verhältnisskaliert (metrisch).

Für die kardinalskalierten Merkmale werden die Mittelwerte und die Standardabweichungen ermittelt. Das gilt für die Variablen: Alter, physische und mentale Gesundheit, Verletzungen, personale und soziale Ressourcen (in den Subgruppen und gesamt). Bei den Variablen Bildung, Berufstatus, Schweregrad von psychischer, körperlicher und sexueller Partnergewalt sowie körperliche Misshandlung in der Kindheit werden zusätzlich zu den o.g. Verfahren für Ordinalskalierung zusätzlich die Verfahren der Kardinalskalierung angewandt.

Bivariate Analyse: Korrelation und Unabhängigkeit

Es schließt sich eine Zusammenhangsanalyse an, um Korrelationen zwischen den einzelnen Faktoren zu überprüfen. Sie folgt dem in Abbildung 4-2 dargestellten achtstufigen Schema und erfolgt stufenweise.

Dazu werden die jeweils sukzessiv bereits untersuchten Variablen als unabhängig (UV) und die neu hinzukommende Variable als von diesen abhängig (AV) behandelt. Überprüft werden alle Variablen der einzelnen Konstrukte und Variablen auf Korrelationen untereinander, um diese ggf. entsprechend zusammenzufassen (0).

In der ersten Stufe werden die Korrelationen zwischen den demografischen Merkmalen (1) und den anderen Faktoren untersucht und beschrieben. Da die demografischen Merkmale sowohl auf die multiplen Gewalterfahrungen (2) in Kindheit und Erwachsenenleben wirken als auch das Wirkverhältnis in umgekehrter Richtung gegeben sein kann, werden zwei Fälle untersucht: Im ersten Fall werden die demografischen Indikatoren im zweiten Fall die Variablen der multiplen Gewalterfahrung als unabhängig behandelt und die jeweils andere Variable als abhängige gesetzt, um potentielle Zusammenhänge in beide Richtungen identifizieren zu können.

Im Anschluss (3) erfolgt die Überprüfung der Korrelation zwischen den einzelnen Gesundheitsindikatoren. Ebenfalls untersucht werden auch die Zusammenhänge zur multiplen Gewalterfahrung sowie den demografischen Merkmalen.

Abbildung 4-2: stufenweise Analyse der Korrelationen zwischen den Faktoren

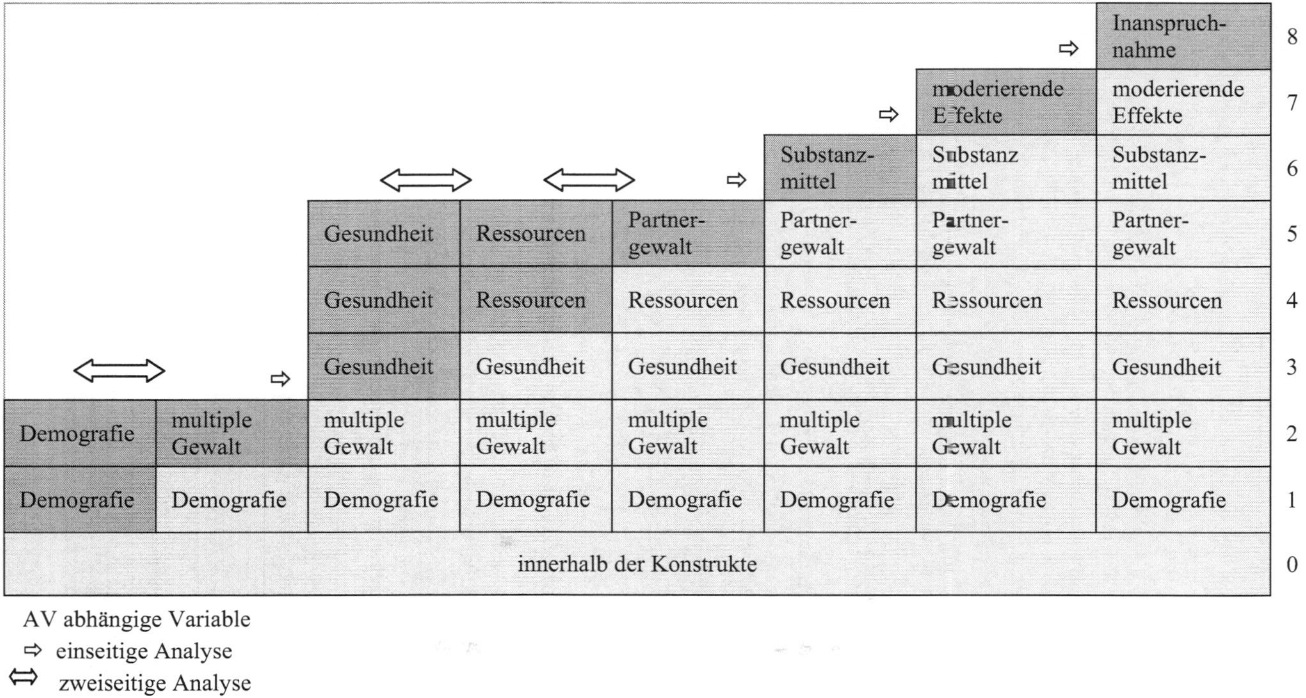

In der nächsten Stufe (4) werden die personalen und sozialen Ressourcen auf einen internen Zusammenhang geprüft, dann die Variablen der Partnergewalterfahrung (5). Auch in diesem Fall besteht ggf. eine Wechselbeziehung zwischen den Ressource-Variablen und denen der Partnergewalt ohne eindeutigen kausalen Zusammenhang, so dass auch hier zwei Fälle untersucht werden müssen. Einmal werden die Ressourcen als unabhängige Variable und Partnergewalt als abhängige Variable betrachtet, dann wird das Verhältnis umgekehrt. Nach dieser paarweisen Untersuchung der Ressourcen- und Partnergewalt-Variablen werden auch die im vorausgegangenen Schritt untersuchten Variablen als unabhängige Variablen dazu genommen, so dass auch die Variablen der Gesundheit, der multiplen Gewalterfahrung und der Demografie auf ihre Korrelation zu den Ressourcen und der Partnergewalt untersucht werden. In dieser Stufe wird auch geprüft, ob Partnergewalt einen Einfluss auf die Gesundheit hat, so dass auch hier der Zusammenhang in beide Richtungen geprüft wird.

Da vermutet wird, dass alle genannten Faktoren einen Einfluss auf den Konsum von Substanzmitteln (6) haben und dieser Konsum auch unabhängig auf das Inanspruchnahmeverhalten wirkt, wird diese Variable als eigenständige Variable separat geprüft. Untersucht werden daher der Zusammenhang und die Unabhängigkeit der Variable Substanzmittel zu den Untervariablen aller zuvor betrachteten Komplexe.

Bei der nächsten Stufe stehen die Variablen Bekanntheit von Unterstützung, Mitverantwortlichkeitsgefühl bei körperlicher oder sexueller Gewalt sowie Mitbetroffenheit von Kindern im Fokus. Es soll erforscht werden, ob diese drei Variablen einen Einfluss oder einen moderierenden Effekt auf die Variable Inanspruchnahme haben. Wie bei den zuvor untersuchten werden diese drei Variablen untereinander ins Verhältnis gesetzt, dann alle zuvor untersuchten Variablen auf einen Zusammenhang mit diesen drei Variablen geprüft (7). Abschließend werden alle Variablen auf ihren Zusammenhang mit der Variable Inanspruchnahme von medizinischer Versorgung und spezifischer Unterstützung untersucht (8).

Die Verfahren der Korrelationsanalyse richten sich nach dem Datenniveau der jeweiligen Variablen (siehe Tabelle 4-3).

Für die statistische Berechnung werden für alle Verfahren ein Signifikanzniveau von $p < 0{,}05$ und ein Konfidenzintervall von 95% gewählt. Sollte die Voraussetzung des χ^2-Tests, dass maximal 20% der Zellen eine erwartete Mindesthäufigkeit von 5 nicht erreichen, nicht erfüllt sein, so wird auf den automatisch von SPSS erzeugten Wert für den Fischer-Exakt-Test zurückgegriffen. Als Maß der Effektstärke wird beim χ^2-Test der Cramer V-Koeffizient dokumentiert, da dieser Wert stabiler ist als der Kontingenzkoeffizient (vgl. Field 2009: 698). Der Wert bleibt jedoch immer positiv, so dass keine Angaben zur Art des Zusammenhanges (positiv oder negativ) gemacht werden können.

Bei ordinalskalierten Daten wird die Spearmans Rangkorrelation mit dem Koeffizienten r_S und bei intervallskalierten bzw. metrischen Daten die Pearsons Produkt-Moment-Korrelation mit dem Koeffizienten r berechnet. Werden intervallskalierte Daten auf ihren Zusammenhang zu dichotomen Variablen untersucht, dann wird die punkt-biserale Korrelation angewandt, die den Koeffizienten r_{pb} ausgibt.

Tabelle 4-3: Bivariate Korrelationsverfahren, Parameter und Effektstärkemaße

Datenniveau	**dichotom**	**nominal**	**ordinal**	**intervall**
dichotom	χ^2-Test Cramers φ (CV)	χ^2-Test Cramers V (CV)	χ^2-Test Cramers V (CV)	Punkt-biserale Korrelation: r_{pb}
nominal		χ^2-Test Cramers V (CV)	χ^2-Test Cramers V (CV)	χ^2-Test Cramers V (CV)
ordinal			Spearmans Rangkorrelation: r_s	Spearmans Rangkorrelation: r_s
intervall				Pearsons Produkt-Moment-Korrelation: r

Quelle: in Anlehnung an Rasch et al. (2006: 145) und Bortz & Döring (2002: 509)

Die Bewertung der für die Korrelationen ermittelten Koeffizienten oder Effektstärken folgt den Empfehlungen von Cohen (1988: 80-83). Demnach werden die in den Korrelationsanalysen ermittelten Effektstärken entsprechend der in Tabelle 4-4 gelisteten Werte für den Korrelationskoeffizienten *r* eingestuft. Damit ist die Zusammenhangsanalyse abgeschlossen.

Tabelle 4-4: Einstufung der Korrelationseffektstärken

Korrelationskoeffizient | r |	**Einstufung**
$\lvert r \rvert = 0{,}10$	geringer Effekt (erklärt 1% der Gesamtvarianz)
$\lvert r \rvert = 0{,}30$	mittlerer Effekt (erklärt 9% der Gesamtvarianz)
$\lvert r \rvert = 0{,}50$	großer Effekt (erklärt 25% der Gesamtvarianz)

Quelle: in Anlehnung an Field (2009: 57)

Standen bei der Korrelationsanalyse die Beziehungen oder Abhängigkeiten zweier Variablen im Fokus, so werden im nächsten Schritt die Variablen auf Unabhängigkeit geprüft. Sowohl parametrische[60] als auch non-parametrische Verfahren werden angewandt. Zwar gelten die parametrischen Verfahren als robuster, sie setzen jedoch eine Normalverteilung und die Varianzhomogenität voraus. Die Normalverteilung stellt aufgrund einer Studienpopulation von $n \geq 30$ nach dem *Zentralen Grenzwerttheorem* kein Problem dar (vgl. Bortz & Döring 2002: 414f; Bortz 2005: 93 f; Field 2009: 42). Wird die Varianzhomogenität verletzt, so kann auf die Ergebnisse der non-parametrischen Verfahren zurückgegriffen werden.

Je nach Datenniveau werden zur Überprüfung der Unabhängigkeit folgende Tests[61] angewandt:

1. als parametrische Verfahren

- der *t*-Test (*T*), der untersucht, ob eine dichotome Gruppenvariable unabhängig von einer Variablen mit intervallskalierten oder metrischen Daten ist. Die Normalverteilung sowie eine Varianzhomogenität werden vorausgesetzt (Rasch, Friese, et al. 2006: 44).
- die einfaktorielle Varianzanalyse (ANOVA) (*F*), die den simultanen Mittelwertsvergleich ermöglicht (Rasch, Friese, et al. 2006: 244) und die Unabhängigkeit mehrere Gruppen (kategoriale Variable) mit einer intervallskalierten oder metrischen Variablen testet. Normalverteilung und Varianzhomogenität sind Voraussetzungen. Die Varianzhomogenität wird bei beiden Verfahren mit dem Levene-Test überprüft, sollte diese nicht gegeben sein ($p < 0,05$), dann wird beim *t*-Test-Verfahren der mit SPSS automatisch berechnete Wert für ungleiche Varianzen gewählt.

2. als non-parametrische Verfahren

- der Mann-Whitney-U-Test (*U*), der zwei unabhängige Stichproben (dichotome Gruppenvariable) in Relation auf eine Variable mit ordinalskalierten Datenniveau analysiert (Bortz, Lienert, et al. 2008: 200, 212).

[60] normalverteilt

[61] Multiples Testen erhöht die Wahrscheinlichkeit für das Eintreten eines falsch signifikanten Resultats. Die Bonferroni-Korrektur (Field 2009: 372ff) erlaubt eine Anpassung der Ergebnisse. Weil die Stichprobengröße das Signifikanzniveau beeinflussen kann, stützt sich die hier vorliegende Analyse weniger auf das Signifikanzniveau als auf die Effektstärken. Die Bonferroni-Korrektur kommt daher nicht zur Anwendung.

- der Kruskal-Wallis-Test (*H*), auch Rangvarianzanalyse genannt (Bortz, Lienert, et al. 2008: 222), der mehr als zwei unabhängige Gruppen im Hinblick auf eine ordinal- oder intervallskalierte Variable prüft.

Multivariate Analyse

Mit multiplen Regressionen[62] als multivariaten Verfahren werden im Anschluss die sich als relevant ermittelten Faktoren gemeinsam auf ihren Einfluss auf die einzelnen Konstrukte oder einzelne Variable sowie die Outcomevariable Inanspruchnahmeverhalten untersucht.[63] „Mit der multiplen Korrelation wird", so Bortz, „der Zusammenhang zwischen mehreren Prädiktorvariablen und einer Kriteriumsvariablen bestimmt. Die multiple Regressionsgleichung dient der Vorhersage einer Kriteriumsvariablen aufgrund mehrerer Prädiktorvariablen" (2005: 448). Nach Schendera unterstellt die Regressionsanalyse ein Kausalmodell (z.B. ‚X verursacht Y') zwischen (mindestens) einer unabhängigen Variablen (X) und einer abhängigen (Y) Variablen. Möglich sind damit nicht nur Aussagen zum Ausmaß sondern auch zur Richtung des Zusammenhangs, ob eine unabhängige Variable (UV) eine abhängige Variable beeinflusst (AV). Mit den Regressionsverfahren kann beschrieben werden, wie sich eine AV verändert, wenn die UV systematisch variiert wird (vgl. 2008: 36f, 132).

Da die multivariate Analyse – insbesondere die Regressionsverfahren – eine Modellierung der Einflussfaktoren darstellen, die davon beeinflusst wird, welche und wie viele UVs[64] wie im Modell stehen, sollte die Modellierung anhand theoretischer Erkenntnisse und vorausgegangener empirischer Ergebnisse erfolgen (Bortz & Döring 2002: 681; Katz 2006: 73 ff, 113; Schendera 2008: 135; Urban & Mayerl 2008: 109; Field 2009: 212f). Das Bedingungsmodell mit seinen Variablen und die stufenweise Korrelationsanalyse folgen bereits einer theoretischen Betrachtung (siehe Abbildung 4-2). Eine Reduktion der Variablen erfolgte durch die bivariate Analyse. In ein Modell werden nur jene UVs aufgenommen, die nach der Korrelationsanalyse zu der jeweiligen abhängigen Variablen (AV)[65] signifikant ($p < 0{,}05$) und bemerkenswerter ($|r| > {,}20$) im Zusammenhang stehen.

[62] Varianzanalytische Verfahren kommen nicht zur Anwendung.

[63] Da diesem Verfahren die größte Bedeutung für die Modellbildung in dieser Arbeit zukommt und einen komplexeren Umgang erfordert, wird seiner Beschreibung mehr Raum eingeräumt als den vorangegangenen Verfahren.

[64] Auch exogene Variable, Prädiktor(variable) oder Regressor genannt.

[65] Synonyme sind: endogene Variable, Kriteriumsvariable oder Regressand.

Denn „...mit der kleinsten Anzahl an Variablen (soll) der größte Anteil der Varianz der abhängigen Variablen erklärt werden können“ (Schendera 2008: 132).

Das zur Anwendung kommende Analyseverfahren richtet sich nach dem Datenniveau der jeweiligen endogenen Variable (AV):

- Bei einer intervallskalierten AV erfolgt die Analyse anhand einer multiplen linearen Regression (Verletzungszahl, Mentale Gesundheit,[66] Physische Gesundheit, Subjektive Gesundheit, Personale Ressourcen, Soziale Ressourcen, Partnergewaltindex). Ordinalskalierte AVs können wie intervallskalierte behandelt werden, solange ihr Verhältnis zu den UVs die Regressionsvoraussetzungen (s.u.) erfüllt (vgl. Katz 2006: 28).
- Liegt eine dichotome AV vor, dann wird eine binäre logistische Regression angewandt (Psychopharmakakonsum, Bekanntheit von Unterstützung, Mitverantwortungsgefühl, Inanspruchnahmeverhalten).

Während die lineare Regression davon ausgeht, dass ein linearer Zusammenhang zwischen den Prädiktoren (UV) und der AV besteht, untersucht die logistische Regression die Chance des Eintretens (odds) eines bestimmten Ereignisses in Abhängigkeit von Prädiktoren. Nachfolgend werden die Prämissen für beide Regressionsanalysen sowie die Verfahren zur Prüfung und zum Umgang erläutert (vgl. Katz 2006; Schendera 2008; Urban & Mayerl 2008; Field 2009).

Voraussetzungen, Modellierung und Kennziffern der multiplen linearen Regression:

- ein linearer Zusammenhang zwischen den unabhängigen und der abhängigen Variablen: einen ersten Einblick gewährt ein Streudiagramm für eine UV auf die AV.
- intervallskalierte oder dichotome Prädiktoren: nominalskalierte Variablen mit mehr als zwei Ausprägungen werden umformatiert in multiple dichotome Variablen (sog. dummy-Variablen).
- Homoskedastizität oder Varianzhomogenität: wird mit dem Residuenplot geprüft.
- Unabhängigkeit der Residuen: ob Autokorrelation[67] oder Unabhängigkeit vorliegt, wird mittels des Durbin-Watson-Tests überprüfen. Liegt der Wert nahe an der 2, dann ist die Voraussetzung erfüllt (Grenzwerte <1 und > 4).

---

66 Eine Großschreibung zeigt auch bei den Gesundheitsindikatoren ein Konstrukt an.

67 Bei einer Querschnittstudie ist eine Autokorrelation nach Schendera kaum relevant (2008: 137).

- Multikollinearität: zwischen zwei unabhängigen Variablen besteht ein perfekter linearer Zusammenhang. Hinweis ist bei einem $|r| > ,80$ gegeben. Eine problematische Multikollinearität liegt nicht vor, wenn der Variationsinflationsfaktor (VIF) < 10, der Toleranzwert > ,20, die Konditionszahl < 15 und der Eigenwert > ,02. Konditionszahlen > 30 erfordern Maßnahmen.
- Stichprobengröße: je Prädiktor im Modell sollten mindestens 10 Fälle vorhanden sein (vgl. Field 2009: 222) oder $N \geq 50 + 8m$ (mit m als Prädiktorenanzahl) (Schendera 2008: 133).[68]
- Ausreißer: können ein Modell stark beeinflussen und werden ausgeschlossen, wenn sie außerhalb von 2 Standardabweichungen liegen (vgl. Field 2009: 215).
- Missings: weisen (mehrere) Prädiktoren viele Missings auf, so kann sich dadurch die Fallzahl für das jeweilige Modell stark reduzieren und das Regressionsmodell beeinflussen. Bei der Auswahl der Prädiktoren ist daher auf die Zahl der Missings zu achten, ggf. erfolgt ein Ausschluss der UV.
- Suppressoreffekt: Variable, die „durch Interkorrelation mit anderen Prädiktoren deren irrelevante Varianz für die Vorhersage der AV unterdrücken und somit ihre Regressionskoeffizienten bzw. das R^2 erhöhen" (Schendera 2008: 136). Für die Aufnahme der Prädiktoren ins Modell ist die Rückwärts-Methode zur Berücksichtigung derartiger Effekte eher geeignet als die Vorwärts-Methode.[69]
- Die Güte der Regressionsgerade wird durch das Bestimmtheitsmaß R^2 deutlich und gibt das Verhältnis zwischen der erklärten Varianz zur Gesamtvarianz an. Je näher der Wert an 1 liegt, desto besser ist das Modell. Bei der multiplen Regression ist das adjustierte R^2 vorzuziehen,[70] das die Generalisierbarkeit des Modells angibt und das idealerweise mit seinem Wert nahe am Wert des R^2 liegt. Mit dem R^2 kann der Effektstärke-Index f^2 des Modells berechnet werden. Nach Cohen (1988: 413) und Urban und Mayerl (2008: 157) ist der Index wie in Tabelle 4-5 zu bewerten.

---

[68] Die Studienpopulation erfüllt diese Faustregeln.

[69] Bei der Rückwärts-Methode werden im 1. Modell alle ausgewählten UVs auf einmal berücksichtigt und nach einander jene UVs mit dem höchsten Signifikanzwert ausgeschlossen, wenn diese die vorab definierten Werte überschreiten. Bei der Vorwärts-Methode werden die UVs nacheinander ins Modell aufgenommen, Vorrang hat jeweils die UV mit dem geringsten Signifikanzwert, dessen Grenze zuvor definiert wurde. Dieser Vorgang wird solange durchgeführt, bis keine der UVs dieses Kriterium erfüllt (Schendera 2008: 110).

[70] Das Bestimmtheitsmaß R^2 vergrößert sich mit einer höheren Anzahl an Prädiktoren im Modell und sinkt bei größerer Studienpopulation. R^2 *adj* ist um diesen Effekt korrigiert (Schendera 2008: 41).

Tabelle 4-5: Einstufung des Effektstärke-Index im Regressionsmodell

bivariat	mulitvariat	Einstufung
$\|f^2\| = 0{,}01$	$\|f^2\| = 0{,}02$	geringer Effekt
$\|f^2\| = 0{,}10$	$\|f^2\| = 0{,}10$	mittlerer Effekt
$\|f^2\| = 0{,}33$	$\|f^2\| = 0{,}35$	großer Effekt

Quelle: in Anlehnung an Cohen (1988: 413) und Urban und Mayerl (2008: 157)

- Der Regressionskoeffizient *B* zeigt den Einfluss jeden Prädiktors auf das jeweilige Modell. Für *B* wird der Standardfehler (*SE*) berechnet. Zum direkten Vergleich der Prädiktoren ist der standardisierte *B*-Koeffizient besser geeignet. Der Vertrauensbereich für den geschätzten *B*-Koeffizienten wird mit dem 95%-KI angegeben. Ist der *t*-Test für den *B*-Wert signifikant, dann leistet der Prädiktor einen relevanten Beitrag zum Modell. Der Beitrag ist dann größer, wenn der *t*-Wert hoch und die Signifikanz groß ist. Ebenso sollte ein kleines 95%-KI vorliegen, das nicht den Wert 0 umfasst.
- Die Modellgüte wird durch die Varianzanalyse ANOVA bestimmt, dabei prüft die *F*-Statistik die Zufälligkeit oder Korrelationsbedingtheit von R^2, SPSS gibt die Signifikanz automatisch aus. Bei der multiplen Regression wird die Verbesserung angezeigt, die mit jedem Modellschritt zu verzeichnen ist.
- Beeinflussende Fälle: Die Residuenanalyse[71] prüft den Einfluss besonderer Fälle, die nicht durch den Ausschluss von Ausreißern erfasst wurden. Als kritisch gelten eine Cook-Distanz > 1, ein Mahalanobis-Abstand > 25 bei einer großen Stichprobe (N = 500) und 5 Prädiktoren, ein Hebelwert der sich dem Wert 1 annähert und ein standardisierten *„difference in fit"*-Wert (DfFit), der stark vom Wert 0 abweicht (vgl. Field 2009: 217f). Kritische Fälle im o.g. Sinn werden ausgeschlossen.
- Normalverteilung der Residuen: wird mit dem Normal Probability-Plot überprüft.

Voraussetzungen, Modellierung und Kennziffern der binären logistischen Regression:

- Skalierung der Variablen: während die AV ein dichotomes Datenniveau[72] aufweisen muss, können die Prädiktoren (UVs) jedes Skalenniveau auch innerhalb eines Modells inne haben.

[71] Ein Residuum bezeichnet die Differenz zwischen einer Regressionsgeraden und den Messwerten.
[72] Bei Bedarf wird die AV dichotomisiert.

- Multikollinearität: sollte ausgeschlossen sein, Hinweis bei hohen Korrelationen zwischen den Prädiktoren ($|r| > ,80$) und hohe Standardfehler (nicht adjustiert > 2, adjustiert > 1) (vgl. Schendera 2008: 169).
- Stichprobengröße: abhängig von der Anzahl der Ausprägungen der AVs, hier jedoch irrelevant.
- Missings: können wie bei der linearen Regression beim Vorhersagemodell Probleme bereiten, ggf. kann der Prädiktor ausgeschlossen oder durch die Analyse fehlender Werte rekonstruiert werden.
- Erklärungskraft eines einzelnen Prädiktors: wird durch das Odds Ratio (*Exp(B)*)[73] und seinen Standardfehler (*SE*) sowie die Wald-Statistik[74] und ihre Signifikanz angezeigt.
- Modellgütekriterien: Die Log Likelihood-Statistik zeigt die verbleibende unerklärte Varianz nach Modellierung an: je größer der sog. „2fach Log Likelihood"-Wert (*2LL*-Wert) ist, desto schlechter ist das Modell. Der Wert sollte daher auch immer kleiner als im Basismodell sein. Mit diesem Wert kann das Modell auf Signifikanz geprüft werden. Mit dem Omnibus-Test und seinem Signifikanzwert kann die Leistungsfähigkeit des jeweiligen Modellschritts beobachtet werden. Die Pseudo-R^2-Statistiken (Cox und Snell, Nagelkerk) berichten den aufgeklärten Varianzanteil: je größer ihr Wert, desto größer der erklärte Varianzanteil, wobei nur Nagelkerk einen maximalen Wert von 1 annehmen kann.
- Modellanpassung: Der Hosmer-Lemeshow-Test[75] prüft die bessere Anpassung des Modells je Iterationsschritt. Ist die Signifikanz < ,05, dann ist das Modell nicht adäquat angepasst.
- Beeinflussende Fälle: wie bei der linearen Regression kann die Residuenanalyse eingesetzt werden, es gelten die gleichen Maßzahlen mit ihren kritischen Werten. Kritische Fälle werden ebenfalls ausgeschlossen.

Bei beiden Regressionsverfahren erfolgt die Modellanpassung in drei Schritten:

- Um den Beitrag jedes individuellen Prädiktors (UV), der theoretisch und aufgrund der bivariaten Analyse die AV erklären könnte, auf die Kriteriumsvariable (AV) zu ermitteln, wird jede UV allein zur AV ins Verhältnis gesetzt (einfache lineare oder logistische Regression). Weichen die rohen Werte stark von denen der multivariaten Regressionen ab, so kann auf Interaktionseffekte geschlossen werden.

---

[73] Ähnlich dem *B*-Koeffizient in der linearen Regression.
[74] Ähnlich dem *t*-Wert bei der linearen Regression.
[75] Vergleichbar mit dem *F*-Wert in der linearen Regression.

- Im nächsten Schritt wird eine Regressionsanalyse mit allen Prädiktoren durchgeführt (Methode ENTER). Ziel ist es, diejenigen Variablen zu identifizieren, deren Erklärungskraft als Prädiktor gering und nicht signifikant ist.
- Da die Daten einer eher explorativen Analyse unterzogen werden, wird als nächstes die schrittweise Rückwärtsmethode angewendet. Dieses Verfahren dient der Überprüfung jener Prädiktoren mit geringem Erklärungsbeitrag der Varianz im ENTER-Modell. Bei diesem Verfahren gehen zuerst alle Variablen gemeinsam ins Modell, um dann sukzessive Variablen mit dem höchsten Signifikanzwert auszuschließen, so dass im endgültigen Modell nur Variablen mit einem niedrigen (signifikanten) p-Wert verbleiben. Die Modellierung wird dann als abgeschlossen betrachtet, wenn die Modellgüte zum vorangegangenen Schritt nicht mehr als 0,1 abweicht. Die Rückwärtsmethode berücksichtigt im Vergleich mit der Vorwärtsmethode Suppressoreffekte. Ersichtlich wird, ob sich die Ergebnisse für bestimmte Prädiktoren bei Ausschluss eines weiteren Prädiktors entscheidend ändern, was auf eine Interaktion oder einen Suppressoreffekt hinweist.
- Zur Überprüfung der Modellgüte wird neben den o.g. Verfahren und Kennziffern eine Regression in der Vorwärtsmethode durchgeführt. Kommt diese zu einem ähnlichen Ergebnis, dann spricht dies für eine gute Modellierung.

Die multivariate Analyse erfolgt – ebenso wie die bivariate – stufenweise (siehe Abbildung 4-2): die Variablen der theoretisch vorangestellten Konstrukte werden auf ihre Erklärungskraft für das nachfolgende Konstrukt hin untersucht. Untereinander werden die einzelnen Variablen eines Konstruktes nicht in ein Modell gestellt, da davon ausgegangen wird, dass sich diese (Item)Variablen gegenseitig beeinflussen und in einem Zusammenhang stehen. Aufgenommen werden im ersten Schritt Variablen mit einem Korrelationskoeffizienten ab $|r|$ =,15, um Suppressoreffekte ggf. auffinden zu können.

Die regressionsanalytischen Verfahren für die einzelnen Variablen bzw. Konstrukte werden in Tabelle 4-6 und Tabelle 4-7 aufgelistet. Ergaben sich bei der Zusammenhangsanalyse einzig Korrelationen innerhalb des Konstrukts, so werden keine Regressionen modelliert, da von einem derartigen Verhältnis ausgegangen werden muss und damit die theoretische Begründung der Konstruktbildung empirisch belegt wird. In jedes Modell gehen ebenfalls die Variablen mit potentiellem Moderationseffekt (Mitverantwortungsgefühl, Unterstützung bekannt, Psychopharmakakonsum)[76] ein.

[76] Diese Variablen sind in der tabellarischen Regressionsliste nicht aufgeführt.

Tabelle 4-6: Durchgeführte multiple lineare Regressionsmodelle

Kriteriumsvariable (AV)	**Prädiktoren (UV)**	**Kriteriumsvariable (AV)**	**Prädiktoren (UV)**
Verletzungszahl	Misshandlung als Kind Sexueller Missbrauch Familiäre Gewalt	Personale Ressourcen	Soziale Ressourcen Mentale Gesundheit Physische Gesundheit Subjektive Gesundheit Chronische Erkrankungen Erwerbsstatus Sozialstatus
Mentale Gesundheit	Verletzungszahl Physische Gesundheit Gewalt zwischen Eltern Misshandlung als Kind Sexueller Missbrauch Familiäre Gewalt Alter Kinder Erwerbsstatus	Soziale Ressourcen	Personale Ressourcen Mentale Gesundheit Physische Gesundheit Subjektive Gesundheit Chronische Erkrankungen Gewalt zwischen Eltern Misshandlung als Kind Alter Migrationshintergrund Kinder Erwerbsstatus Sozialstatus
Physische Gesundheit	Mentale Gesundheit Chronische Erkrankungen Gewalt zwischen Eltern Misshandlung als Kind Sexueller Missbrauch Erwerbsstatus Sozialstatus	Partnergewalt-index	Personale Ressourcen Soziale Ressourcen Verletzungszahl Physische Gesundheit Gewalt zwischen Eltern Misshandlung als Kind Sexueller Missbrauch Familiäre Gewalt Alter Kinder Erwerbsstatus Sozialstatus
Subjektive Gesundheit	Mentale Gesundheit Physische Gesundheit Chronische Erkrankungen Gewalt zwischen Eltern Kindesmisshandlung Familiäre Gewalt Alter Kinder Sozialstatus Erwerbsstatus	Mitverantwortungs-gefühl	Partnergewaltindex Familiäre Gewalt Erwerbsstatus

Tabelle 4-7: Durchgeführte binäre logistische Regressionsmodelle

Kriteriumsvariable (AV)	**Prädiktoren (UV)**	**Kriteriumsvariable (AV)**	**Prädiktoren (UV)**
Psychopharmaka-konsum	Partnergewaltindex	Inanspruchnahme	Kinder
	Personale Ressourcen		Gewalt zwischen Eltern
	Soziale Ressourcen		Kindesmisshandlung
	Verletzungen		Sexueller Missbrauch
	Mentale Gesundheit		Familiäre Gewalt
	Physische Gesundheit		Verletzungen
	Subjektive Gesundheit		Mentale Gesundheit
	Chronische Erkrankungen		Physische Gesundheit
	Kindesmisshandlung		Subjektive Gesundheit
	Familiäre Gewalt		Chronische Erkrankungen
			Partnergewaltindex
			Unterstützung bekannt
			Mitverantwortungsgefühl
			Mitbetroffenheit Kinder
			Substanzmittelkonsum
			Psychopharmakakonsum
Unterstützung bekannt	Personale Ressourcen		
	Soziale Ressourcen		
	Subjektive Gesundheit		
	Sexueller Missbrauch		
	Migrationshintergrund		
	Erwerbsstatus		
	SES		

Strukturgleichungsmodellierung

Im letzten statistischen Auswertungsschritt werden die bisherigen Ergebnisse, insbesondere die der multivariaten Betrachtung, einer Kausalanalyse mittels der Technik der Strukturgleichungsmodelle unterzogen. Mit dieser Methode können „theoretisch hergeleitete Kausalzusammenhänge zwischen (latenten) Variablen anhand von empirischen Daten überprüft werden“ und die gleichzeitige Analyse von mehreren Hypothesen ist möglich (Reinecke & Pöge 2010: 775). Mehrere Verfahren stehen hierfür zur Verfügung. Wegen der Überlegenheit der Programmleistungsfähigkeit wird die Kausalanalyse für die vorliegende Arbeit mit der von Jöreskog und Sörbom (1993; 2004) ent- und weiterentwickelten Statistiksoftware LISREL (LInear Structural RELationship) durchgeführt (vgl. Emrich 2004: 5). LISREL ist nach Emrich „ein statistisches Verfahren der Kausalanalyse, welches besonders das Problem der Multikausalität, Messproblematik bei

Indikatoren und subjektiven Schätzungen sowie eventuellen indirekten Wirkungsstrukturen berücksichtigt“ (Emrich 2004: 16).

Die Kausalanalyse zielt auf die Schätzung der Modellparameter anhand vorliegender Korrelationen. Hierfür wird das hergeleitete Hypothesensystem in ein Pfaddiagramm übersetzt, das auch die Unterschiede zwischen den beobachteten, manifesten und den theoretischen, latenten Variablen erkennen lässt (vgl. Emrich 2004: 8). Die latenten Konstrukte werden durch empirisch beobachtbare messbare Indikatoren operationalisiert.

Durch Umwandlung der jeweiligen Ausgangsdaten in standardisierte, aggregierte Daten (Kovarianzen oder Korrelationswerte) können die nachfolgenden unbekannten Koeffizienten zwischen den latenten Konstrukten in linearen Gleichungssystemen berechnet werden.

Folgende Variablen und Konstrukte werden von LISREL unterschieden: 1) Als exogene latente Variablen werden erklärende Konstrukte (Ksi-Variablen) gefasst. 2) Die Ausprägungen der endogenen latenten Variablen (Eta-Variablen) sind von den exogenen latenten Variablen abhängig.

Die Stärke der möglichen Kausalkorrelationen zwischen den latenten Variablen kann durch den Anteil der erklärten Varianz ausgedrückt werden, hingegen wird die Beziehung zwischen den operationalisierenden Indikatoren und den latenten Konstrukten durch die Korrelationen bestimmt.

Ob ein Strukturgleichungsmodell die formulierten Hypothesen anhand der vorliegenden Daten adäquat erklärt, kann anhand von folgenden Verfahren und ihren Gütewerten bewertet werden (vgl. Emrich 2004: 37; Reinecke & Pöge 2010: 784):

- Der *Goodness of Fit Index* (GFI), mit einem Wert zwischen 0 und 1, bildet die relative Varianz und Kovarianz innerhalb des jeweiligen Modells ab. Bei einer perfekten Modellanpassung hat der GFI einen Wert von 1.
- Der *Comparative Fit Index* (CFI) vergleicht das spezifizierte Modell mit einem Einfachmodell und sollte nahe am Wert 1 liegen. CFI-Werte über 0,98(0,95) indizieren einen guten(akzeptablen) Fit (Hu & Bentler 1999).
- Der *Adjusted Goodness of Fit Index* (AGFI) stellt den relativen Erklärungsanteil des Modells mit den beobachteten Varianzen unter Berücksichtigung der Freiheitsgrade dar, also der Anteil der durch das Modell insgesamt erklärten Varianz und Kovarianz in allen beobachteten Variabeln. Der AGFI-Wertebereich und sein Optimum entsprechen dem des GFI. AGFI-Werte sollten über 0,90 liegen (Hu & Bentler 1999).
- Der *Root Mean Square Residual Index* (RMR) basiert auf den im Modell nicht erklärbaren Residualvarianzen und kann als Standardfehler der Re-

gressionsanalyse betrachtet werden. Der RMR kann Werte ≥ 0 annehmen. Je näher RMR am Wert 0 liegt, desto geringer ist der Anteil der nicht erklärten Varianzen des Modells.

- Der *Standardized Root Mean Square Residual* (SRMR) meint die durchschnittliche Abweichung der aus dem Modell zurückgerechneten Korrelationen von den beobachteten Korrelationen. Der SRMR-Wert sollte unter 0,05 liegen (Hu & Bentler 1999).
- Das bekannteste Gütemaß ist der *Root Mean Square Error of Approximation* (RMSEA), der die „Diskrepanz zwischen Populationsmatrix und der am besten angepassten Matrix zur Populationsmatrix an(-zeigt)“ (Reinecke & Pöge 2010). Es ist die durchschnittliche Diskrepanz pro Freiheitsgrad (Approximationsfehler und Messgenauigkeit eines Anpassungsmaßes) und gibt den geschätzten durchschnittlichen Anpassungsfehler in der Grundgesamtheit wieder. Liegt RMSEA unter 0,05 dann wird das Modell bestätigt, Werte unter 0,08 bestätigen das berechnete Modell tendenziell und ein Wert > 0,10 bestätigt es nicht. RMSEA-Werte unter 0,06(0,08) indizieren einen guten(akzeptablen) Fit (Hu & Bentler 1999).

Die Strukturgleichungsmodellierung erfolgte schrittweise. Nach theoretischen Überlegungen wurde ein Einflussfaktorenmodell aufgestellt, das die Einflüsse der psychosozialen Ressourcen-Variablen, Partnergewalt und multiplen Gewalterfahrungen (Kindesmisshandlung und sexueller Missbrauch in der Kindheit) auf die Inanspruchnahme medizinischer Versorgung und psychosozialer Beratungen spezifiziert. Ausgehend von diesem theoretischen Modell wurde eine Serie linearer Strukturgleichungsmodell spezifiziert und mit der Software LISREL 8.72 geschätzt und getestet.

In einem ersten Schritt wurde ein Grundmodell spezifiziert und getestet, das exakt die theoretischen Annahmen wiedergibt. Dieses Modell wurde über die gesamte Stichprobe gerechnet. Datengrundlage war die Matrix der polychorischen Korrelationskoeffizienten,[77] sofern kategoriale Variablen beteiligt waren; zwischen den metrischen Variablen wurden Korrelationen nach Pearson gerechnet. Die metrischen Variablen wurden a-priori normalisiert.[78]

Die Anpassungsgüte wurde dann über den RMSEA, den CFI, den AGFI und den SRMR bewertet. Die freien Modellparameter wurden durch die LISREL Software nach dem Maximum Likelihood Kriterium geschätzt. Zur Sicher-

77 Ein in LISREL zur Verfügung stehendes Verfahren, mit dem kategoriale Variablen in kontinuierliche Variablen transformiert werden können.

78 Ebenfalls in LISREL zur Verfügung stehendes Verfahren, mit dem Variablen so transformiert werden können, dass sie die Voraussetzung auf Normalverteilung erfüllen.

stellung der Identifizierbarkeit der Modellparameter wurde jede latente Variable durch ein exklusives Set an beobachteten Variablen operationalisiert. Je latente Variable wurde außerdem die Ladung eines Indikators auf einen a-priori festgesetzten Wert fixiert, ebenso die Fehlervarianz.

Das Grundmodell besteht aus den latenten exogenen Variablen:

- Schicht (schicht): operationalisiert über Alter (alter), Migrationsstatus (migrant), Sozialstatus (SES) und Erwerbsstatus (erwerb),
- Multipler Gewalterfahrung (multgew): operationalisiert über Kindesmisshandlung (kind_mis), Sexuellem Missbrauch (sex_mis) und Familiäre Gewalt (famgew)

und den latenten endogenene Variablen:

- Partnergewalt (partgewalt): operationalisiert über den Index Partnergewaltschwere (pg_index)
- Gesundheitsstatus (gesund): operationalisiert über Verletzungszahl (verletz), Physische Gesundheit (phy_ges), Mentale Gesundheit (ment_ges) und Subjektive Gesundheit (sub_ges),
- Ressourcen (ressourc): operationalisiert über Personale Ressourcen (persres) und Soziale Ressourcen (sozres),
- Inanspruchnahme (inanspruch): operationalisiert über Inanspruchnahme von psychosozialer Beratung (ber_hilf) und Inanspruchnahme von medizinischer Versorgung (med_hilf).

Die globale Datenanpassung dieses Modells lag nicht mehr im akzeptablen Bereich und einige der spezifizierten Pfade erwiesen sich als nicht signifikant (siehe Kapitel 5.3 und Anhang F). Deshalb wurden nach theoretischen Überlegungen die nicht signifikanten Pfade weggelassen und aufgrund einer Begutachtung der Modifikationsindices und der theoretischen Überlegungen die Korrelationen zwischen den Fehlervarianzen zwischen SES und Alter (Korrelate des Einkommens) sowie zwischen Mentaler Gesundheit und Personalen Ressourcen (z.T. ähnliche Iteminhalte) freigegeben. Das so modifizierte Modell wies einen akzeptablen Fit auf, hingegen indizierten der CFI-Wert und der SRMR nach wie vor eine schlechte Datenanpassung.

Im folgenden Schritt wurde das modifizierte Modell separat für die Inanspruchnahme von psychosozialen Beratungs- und Hilfsangeboten bzw. medizinischer Versorgung getestet. Zur Testung potentiell moderierender Effekte wurden die Modelle separat berechnet für:

- Frauen mit vs. Frauen ohne Kinder,
- Frauen mit vs. Frauen ohne Migrationshintergrund,
- Frauen denen Unterstützungsangebote bekannt sind vs. Frauen denen keine Unterstützungsangebote bekannt sind.

Bei der Testung der Modelle wurde deutlich, dass das zur Verfügung stehende Datenmaterial aufgrund der vielen kategorialen/dichotomen Variablen für eine LISREL-Analyse nicht optimal ist. Die Verwendung der polychorischen Korrelationen und die A-priori-Normalisierungen stellen zwar sicher, dass die Daten für die LISREL-Analyse geeignet sind, dennoch kann vermutet werden, dass die Datenanpassung unter diesen Bedingungen nicht sehr hoch ausfallen kann (siehe Kapitel 5.3).

4.6 Datenaufbereitung und Operationalisierung der Variablen

Nachfolgend wird die Studienpopulation definiert und ihre Auswahl beschrieben. Die Operationalisierung der in das Bedingungsmodell eingehenden Variablen und Konstrukte wird im Detail erläutert wie für die demografischen Merkmale, die Gesundheitsindikatoren, die Personalen und Sozialen Ressourcen, die Gewalterfahrung durch den Partner und die multiple Gewalterfahrung in der Kindheit und durch andere Familienmitglieder, Variablen mit einem potentiell moderierenden Effekt sowie die Inanspruchnahme institutioneller Unterstützung als Outcome-Variable.

4.6.1 Definition der Studienpopulation

Der Public Use File umfasst insgesamt vier Datensätze (siehe Abbildung 4-3): je einen mündlichen und einen schriftlichen für die Hauptuntersuchung sowie für die Zusatzbefragung, die für die hier beschriebene Sekundärdatenanalyse anhand des Kriteriums des vorliegenden Drop-Off-Datensatzes zusammengefügt wurden (Gesamtpopulation: N=10.118).

Da im Zentrum der Sekundärdatenanalyse Frauen stehen, die Gewalt durch einen Partner erfahren haben, wurden jene Frauen ausgefiltert, die laut eigener Aussage erstens bislang keine Partnerschaft hatten. Der Datensatz beinhaltet nach diesem Schritt insgesamt 9.474 Fälle. Zweitens wurden jene 7.744 Frauen ausgeschlossen, die keine Gewalt in der Partnerschaft erlebt hatten.

Da die im Public Use File vorhandenen Filtervariablen (f706_140, f808_140) nicht konsistent waren, wurde eine neue Variable „Partnergewalt" gebildet. Eingeschlossen wurden Frauen, die:

Abbildung 4-3: Studienpopulation

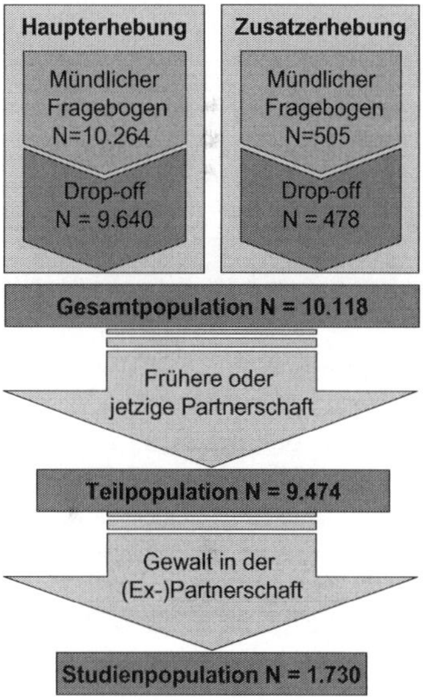

- psychische Gewalt durch den (Ex)Partner mindestens einmal in ihrem Leben (Variable f509) erlebt hatten oder
- körperliche Gewalt entweder durch die/den aktuelle(n) oder frühere(n) Partner/in oder Ehemann, mit dem die Befragte zusammenlebte oder nicht zusammenlebte oder durch den ersten Freund/die erste Freundin (da diese als frühere Partner/innen gelten können) (Variablen f706_141, f706_142, f706_143, f706_144, f706_145)
- sexuelle Gewalt entweder durch die/den aktuelle(n) oder frühere(n) Partner/in oder Ehemann, mit dem die Befragte zusammenlebte oder nicht zusammenlebte oder durch den ersten Freund/die erste Freundin (da diese als frühere Partner/innen gelten können) (Variablen f808_140, f808_141, f808_142, f808_143, f808_144, f808_145).

Nicht als Partner definiert wurden Geliebte/r, mit dem/der keine feste Partnerschaft (f706_146) sowie Personen, zu denen nur eine sehr lockere sexuelle Beziehung (f706_147) bestand. Diese beiden Tätergruppen wurden nicht berücksichtigt, da zum einen eine Partnerschaft im engeren Sinn nicht besteht. Zum anderen wird angenommen, dass es gerade Frauen in langjährigen Beziehungen – wie in Kapitel 3 zu den Determinanten des Hilfesuchverhaltens dargelegt wurde – meist schwerer fällt, Hilfe zu suchen bzw. aktive Coping-Strategien anzuwenden. Die Betrachtung der Determinanten des Inanspruchnahmeverhaltens konzentrierte sich daher wegen der anzunehmenden größeren Eindeutigkeit der Ergebnisse auf Frauen in bestehenden Beziehungen.

Die so gebildete Studienpopulation umfasst 1.730 Fälle (siehe Abbildung 4-3). Für die weitere Datenanalyse wurden die Wertelabels der einzelnen zu beobachtenden Variablen grundsätzlich so umgepolt, dass den Hypothesen folgend der jeweils höchste Wert die stärkere Inanspruchnahme von Hilfe und Unterstützung kennzeichnet. Die umgepolten Werte werden in den folgenden Abschnitten im Einzelnen erläutert.

4.6.2 Demografische Merkmale

Als demografische Merkmale werden bei der Analyse das Alter, ein Migrationshintergrund, Kinder, der Sozialstatus sowie die Erwerbssituation der Befragten berücksichtigt.

Alter

In einem ersten Schritt wurde die Altersverteilung unter den von Partnergewalt betroffenen Frauen untersucht. Dem erstellten Histogramm zufolge (siehe Kapitel 5.1., Anhang C), sind die Frauen in der Altersgruppe zwischen 36 und 45 Jahren am häufigsten von Partnergewalt betroffen. In die weitere Analyse geht die Altersverteilung je nach Analyseverfahren als metrische Variable oder in der ordinalskalierten Form der Altersklassen ein.

Migrationshintergrund

Die vorliegenden Daten vermögen die unterschiedlichen Lebensrealitäten von Personen mit Migrationshintergrund nicht adäquat abzubilden. Ein Grund liegt in der bislang in Deutschland uneinheitlichen und nicht der heutigen Wirklichkeit entsprechenden Operationalisierung des sog. „Migrationshintergrundes“. Dem widmete sich die Fachtagung „Migrationssensible Studiendesigns – Zur Repräsentation von Migrationshintergrund in der Sozial- und Gesundheitsforschung“ im November 2005 am Robert Koch-Institut (RKI 2006).

Als Mindestindikatorensatz zur Bestimmung von Migrationshintergrund werden die folgenden Merkmale empfohlen (Schenk, Bau, et al. 2006):

- Geburtsland von Vater und Mutter
- Einreisejahr
- Muttersprache
- Deutschkenntnisse
- Aufenthaltsstatus

Bei diesen Indikatoren werden verschiedene Aspekte berücksichtigt wie Herkunftsland, Migrationsereignis, Aufenthaltsstatus sowie Ethnizität. Um einen Migrationshintergrund differenziert anzuzeigen, empfehlen die Experten den in Tabelle 4-8 zitierten Algorithmus.

Tabelle 4-8: Algorithmus für die Bildung von Personengruppen mit Migrationshintergrund

Gruppe	**Merkmale**
Migrant/in	- beide Elternteile sind in einem anderen Land geboren oder - befragte Person lebt nicht seit ihrer Geburt in Deutschland und mindestens ein Elternteil ist im Ausland geboren oder - die Muttersprache ist nicht Deutsch
Erste Generation	lebt nicht von Geburt an in Deutschland
Zweite Generation	lebt seit der Geburt in Deutschland, beide Eltern sind in einem anderen Land geboren
Dritte Generation	Eltern und befragte Person sind in Deutschland geboren, Muttersprache ist nicht Deutsch

Quelle: Schenk/Bau et al. (2006)

Da nicht alle der empfohlenen Aspekte in der Repräsentativstudie erfragt wurden, werden für die hier vorgenommene Analyse die in Tabelle 4-9 aufgelisteten Variablen zur Abbildung eines eigenen oder familiären Migrationshintergrunds zusammengefasst. Wobei die letzteren drei Operationalisierungsbedingungen die erste überlagern. Einen Migrationshintergrund hat eine Befragte demnach, wenn sie keine deutsche Staatsangehörigkeit hat und/oder sie selbst oder ihre Eltern und/oder Großeltern nicht in Deutschland geboren sind.

Tabelle 4-9: Operationalisierung der Variable Migrationshintergrund

Variable	Label
f401_1	Staatsangehörigkeit deutsch: wird nicht berücksichtigt[79]
f401_1 bis f401_7	Staatsangehörigkeit andere: Mehrfachnennung wird dichotomisiert in andere Staatsangehörigkeit : ja vs. nein
f402	Im Gebiet des heutigen Deutschlands[80] geboren (dichotom): wenn nein
f108	Eltern, Großeltern sind nicht in Deutschland geboren: wenn nein, dichotomisieren

Quelle: In Anlehnung an Schenk und Bau (2006), INFAS/IFF (2004), siehe Anhang G

Kinder

Einige Fragen widmeten sich dem Vorhandensein von Kindern, deren Alter oder ob diese mit im Haushalt leben. Da aus dem Alter der Kinder oder einem derzeitigen gemeinsamen Haushalt keine Rückschlüsse auf in der Vergangenheit stattgefundene Gewalt in der Partnerschaft getroffen werden kann, geht in die weitere Auswertung allein die Anzahl der Kinder ein (f104). Die Existenz von mehr als sechs Kindern wurde zu einer Variable „6 und mehr Kinder" zusammengefasst.

Sozialstatus

In den Gesundheitswissenschaften wird der Sozialstatus einer Person häufig über einen mehrdimensionalen aggregierten Index (Winkler-Index) ermittelt, der sich auf Angaben der Befragten zum Haushaltsnettoeinkommen, Bildungsniveau und zur beruflichen Stellung stützt und eine Differenzierung zwischen niedrigem, mittlerem und hohem Sozialstatus ermöglicht (Winkler 1998). Je nach Fragestellung ist jedoch die Analyse anhand der Einzeldimensionen vorzuziehen, um die beobachteten Zusammenhänge genauer beschreiben zu können (siehe die Empfehlungen zur Sicherung von Guter Epidemiologischer Praxis der Deutschen Arbeitsgemeinschaft für Epidemiologie (DAE) (Ahrens, Bellach, et al. 1998) sowie die Ausführungen von Siegfried Geyer (2008)). Johannes Siegrist und Michael

[79] Weil das Statistikprogramm SPSS bei sich überschneidenden Merkmalen einen Fall demjenigen Typ zuordnet, der als letzter in der Befehlssyntax aufgeführt wird, überlagern die drei letzten Operationalisierungsbedingungen zur Staatsangehörigkeit, dem eigenem oder familiären Geburtsland die erste Voraussetzung (vgl. Fromm 2008:105).

[80] In den neuen und alten Bundesländern geboren.

Marmot (2008:17f) verweisen in ihrer Einleitung zu den Erklärungsansätzen sozialer Ungleichheit und Gesundheit auf Erkenntnisse zu geschlechtsspezifisch unterschiedlichen Indikatoren des sozialen Gradient, die zeigen, dass „sozioökonomische Indikatoren, welche die Berufstätigkeit reflektieren, (...) den sozialen Gradienten bei Männern am besten dar(stellen), während Indikatoren, die das soziale Prestige reflektieren, den sozialen Gradienten bei Frauen am besten wiedergeben."

Gegen eine Indexbildung sprechen zum einen die o.g. Gründe, zum anderen die Tatsache, dass Frauen durch die Trennung vom gewalttätigen Partner häufig eine hohe finanzielle Einbuße und somit eine Verschlechterung ihrer sozialen Position hinnehmen müssen (vgl. Brzank 2009) (siehe Kapitel 2). In der der Auswertung zugrunde liegenden Querschnittstudie wird nach dem derzeitigen Einkommen gefragt, so dass ein Rückschluss auf die finanzielle Situation oder den Sozialstatus zu dem Moment, als die befragte Frau sich um Unterstützung an institutionelle Stellen wandte, nicht getroffen werden kann.

Für die Ermittlung der Einflussfaktoren zur Inanspruchnahme von Unterstützung wird angenommen, dass eine höhere schulische oder berufliche Bildung, die berufliche Stellung sowie die finanzielle Unabhängigkeit von Bedeutung seien können (siehe Kapitel 3).

Schulische und berufliche Bildung

Der Bildungsstatus fließt mittels einer modifizierten CASMIN-Klassifikation[81] – auch für internationale Vergleiche ein etabliertes Instrument (vgl. Brauns & Steinmann 1999) – in die Analyse ein. Ausgehend von den Angaben zur schulischen und beruflichen Bildung werden neun Kategorien gebildet, die sich zu drei Qualifikationsniveaus verdichten lassen: einfache (primary education), mittlere (secondary education) und höhere berufsqualifizierende Bildung (tertiary education). Als Orientierung dient die Zuordnung gemäß der von Lechert et al. (2006) beschriebenen zeitpunktbezogenen CASMIN-Klassifikation in der ‚casa'-Version (siehe Tabelle 4-10).

[81] Diese Klassifikation entstand in einem europäischen Forschungsprojekt „Comparative Analysis of Social Mobility in Industrial Nations" (CASMIN), dessen Ziel es war, die nationalen unterschiedlichen Bildungs- und Ausbildungsstufen adäquat abzubilden, so dass deren Funktion als Kriterium gesellschaftlicher Hierarchisierung erfasst wird.

Tabelle 4-10: CASMIN-Bildungsklassifikation

	Level	Track gen./voc.	Description
tertiary	high		Higher tertiary education: The completion of a traditional, academically-oriented university education
	low		Lower tertiary education: lower-level tertiary degrees, generally of shorter duration and with a vocational orientation
secondary	high	voc*	Vocational maturity: Full maturity certificates including vocationally-specific schooling or training
		gen**	General maturity: full maturity certificates (e.g. Abitur, A-levels)
	mediate	voc	Intermediate vocational qualification, or secondary programmes in which general intermediate schooling is combined by vocational training
		gen	Intermediate general education: Academic or general tracks at the secondary intermediate level
	low	voc	Basic vocational training above and beyond compulsory schooling
		gen	General elementary education
primary		gen	Inadequately completed general education

Quelle: Lechert et al. (2006:4)
* voc=vocational (beruflich)
**gen=general (allgemein)

Die neu gebildete und verwendete Variable CASMIN wurde neben den von Lechert vorgeschlagenen Kategorien um die Ausprägung „in der Ausbildung" ergänzt und beinhaltet nun folgende Wertelabels (siehe Tabelle 4-11).

Tabelle 4-11: Operationalisierung der Variable CASMIN-Bildungsklassifikation

CASMIN	Beschreibung
3b	Hochschulabschluss
3a	Fachhochschulabschluss
2c_voc	Fachhochschulreife/Abitur mit beruflicher Ausbildung
2c_gen	Fachhochschulreife/Abitur ohne berufliche Ausbildung
2b	Mittlere Reife mit beruflicher Ausbildung
2a	Mittlere Reife ohne berufliche Ausbildung
1d	Hauptschule mit beruflicher Ausbildung
1c	Hauptschule ohne berufliche Ausbildung
1b	in der Ausbildung
1a	ohne Abschluss

Erwerbssituation
Gefragt wurde „Sind Sie zur Zeit erwerbstätig?" Wobei unter Erwerbstätigkeit jede bezahlte bzw. mit einem Einkommen verbundene Tätigkeit – unabhängig vom zeitlichen Umfang – verstanden wurde. In einer weiteren Frage konnte eine Nicht-Erwerbstätigkeit konkretisiert werden (siehe Tabelle 4-12).

Tabelle 4-12: Operationalisierung der Variable Erwerbsstatus

Variable	Label
f408	derzeitige Erwerbstätigkeit (Kategorien: vollzeit, teilzeit, geringfügig/unregelmäßig, vorübergehend freigestellt, Auszubildende, nicht erwerbstätig)
f409	Konkretisierung der Nicht-Erwerbstätigkeit: _a Schülerin _b Studentin _c Rentnerin/Pensionärin, im Vorruhestand _d arbeitslos _e Hausfrau _f wegen einer chronischen Erkrankung oder Behinderung nicht erwerbstätig _g aus anderen Gründen nicht erwerbstätig/sonstiges

Quelle: INFAS/IFF (2004), siehe Anhang G

Zusammengefasst ergeben diese Angaben eine neue Variable mit den Ausprägungen „vollzeit", „teilzeit", „geringfügig/unregelmäßig beschäftigt", „vorübergehend freigestellt", „Auszubildende/(Um)Schülerin/Studentin", „(Früh)Rentnerin (chronisch krank/behindert)“, „arbeitssuchend“, „Hausfrau“, „andere Gründe“ und „entf/o.A.“.

Berufliche Stellung
In der Repräsentativstudie wurde die berufliche Stellung anhand der Liste zur Klassifikation der beruflichen Stellung analog der Mikrozensus-Zusatzbefragung von 1971 erfragt, die zu den „Deutschen Demografischen Standards“ – z.B. des Statistischen Bundesamtes – gehört. Diese umfangreiche Liste mit ihren 31 Ausprägungen wird in Anlehnung an Hoffmeyer-Zlotnik (1993) als Berufstatus anhand des Kriteriums „Autonomie des eigenen beruflichen Handelns“ in fünf Gruppen mit einem „niedrigen“, „einfachen“, „mittleren“, „gehobenen“ oder „hohen Status“ zusammengefasst (vgl. Lampert, Saß, et al. 2005: 55f) und um die Kategorien „in der Ausbildung“ sowie „nicht zutreffend – (bislang) keine Erwerbstätigkeit“ ergänzt (siehe Tabelle 4-13). Ausgehend von der Hypothese, dass eine höhere ökonomische Unabhängigkeit eher dazu führt, dass Frauen Hilfe suchen, werden die Items so gepolt, dass ein höherer Wert einem höheren Berufsstatus entspricht.

Tabelle 4-13: Operationalisierung der Variable Berufsstatus

Berufsstatus	**Angaben zur beruflichen Stellung**
trifft nicht zu	(Bislang) keine Erwerbstätigkeit
in der Ausbildung	Kaufmännisch-technische, gewerbliche oder sonstige Ausbildung
niedriger Berufsstatus	Un- und angelernte Arbeiterin
einfacher Berufsstatus	Gelernte Facharbeiterin, Angestellte mit einfacher Tätigkeit, Beamte im einfachen Dienst und selbstständige Landwirte
mittlerer Berufsstatus	Vorarbeiterin, Kolonnenführerin, Angestellte mit qualifizierter Tätigkeit, Beamte im mittleren Dienst, akademisch freie Berufe (ohne Mitarbeitende), Selbstständige (ohne Mitarbeitende/Partner/in), mithelfende Familienangehörige, PGH-Mitglied[82]
gehobener Berufsstatus	Meisterin und Polierin, Industrie- und Werkmeisterin, Angestellte mit hochqualifizierter Tätigkeit, Beamte im gehobenen Dienst, akademisch freie Berufe (1 - 4 Mitarbeitende/Partner/innen), Selbstständige (1 - 4 Mitarbeitende/Partner/innen)
hoher Berufsstatus	Angestellte mit umfassenden Führungsaufgaben, Beamte im höheren Dienst und Richterinnen, akademisch freie Berufe (mit 5 und mehr Mitarbeitenden), Selbstständige (mit 5 und mehr Mitarbeitenden)

Quelle: vgl. Lampert et al. (2005: 55f)

[82] PGH meint Produktionsgenossenschaften des Handwerks.

Einkommenssituation

Die Einkommenssituation der Familie als auch der eigene Beitrag zum Familieneinkommen wurden in der Repräsentativstudie mit verschiedenen Fragen erhoben, die sich jedoch nur auf den Zeitpunkt der Befragung beziehen. Für die Zusammenhangsanalyse ist daher zu berücksichtigen, dass diese Angaben allenfalls im Kontext einer momentanen gewalttätigen Partnerschaft einbezogen werden können. Bei der für die vorliegende Auswertung definierten Fragestellung steht jedoch die retrospektive Betrachtung der Inanspruchnahme von Hilfe und Unterstützung im Zentrum. Daher fließen diese Angaben nur bedingt in die Analyse ein. Sie gehen als ein Indikator für die finanzielle Unabhängigkeit ein, von der angenommen wird, dass sie sich – wenn vorhanden – positiv auf das Hilfesuchverhalten auswirkt.

Das eigene monatliche Einkommen (f912) wird für die Analyse analog der im Datenreport 2008 des Statistischen Bundesamtes (Goebel, Habich, et al. 2008) verwendeten Klassifizierung anhand des Nettoäquivalenzeinkommens eingeteilt (siehe Tabelle 4-14).

Tabelle 4-14: Einkommenssituation nach Wohlstandsklassen

Wohlstandsklassen	**in % des Medians des realen Nettoäquivalenzeinkommens**	**Median in 2005 1.250 EUR**
höherer Wohlstand	> 200%	> 2.500
relativer Wohlstand	150 – 200%	1.876 – 2.500
gehobener Wohlstand	125 – 150%	1.563 – 1.875
mittlerer bis gehobener Wohlstand	100 – 125%	1.251 – 1.562
unterer bis mittlerer Wohlstand	75 – 100%	938 –1.250
prekärer Wohlstand	50 – 75%	626 – 937
relative Armut	0 – 50%	0 – 625

Quelle: In Anlehnung an die Klassifizierung des Statistischen Bundesamtes (vgl. Goebel, Habich, et al. 2008:163ff)

Laut OECD-Definition besteht ein Armutsrisiko, wenn das reale Nettoäquivalenzeinkommen unter 60% beträgt (750 EUR in 2005). Relative Armut besteht, wenn keine 50% (625 EUR) erreicht werden.

Sozialstatusindex

Obwohl theoretisch kein Sozialschichtsindex für die weitere Analyse begründet erschien, legen die Ergebnisse der Korrelationsanalyse jedoch die Konstruktion eines solchen Index' (SES) nahe.

Es zeigten sich (vgl. Kap 5.2.1) beim Spearmans Rangkorrelationsverfahren für die gängigen Indikatoren der sozialen Differenzierung folgende Effekte:

- Bildung korreliert mit dem Berufstatus (r_S =,36, p < ,001) sowie mit dem eigenem Einkommen der Frauen (r_S = ,25, p < ,001)
- Berufstatus korrespondiert mit dem eigenen Einkommen der Frauen (r_S =,41, p < ,001)

Mit diesen Ergebnissen ist die Erfassung des sozialen Status' anhand eines mehrdimensionalen Index' begründet, der modifiziert der Logik des Sozialstatus-Index' nach Winkler folgt (1998; Winkler & Stolzenberg 1999; 2009). Nicht das Äquivalenzeinkommen, sondern das eigene Einkommen der befragten Frauen (f912) geht aufgrund der Datenlage in einer anderen Klassierung, als von Winkler vorgeschlagen, in den Index ein (siehe Tabelle 4-15). Hierfür wurde das Einkommen und die berufliche Stellung neu kodiert und der CASMIN-Index wie von Winkler vorgeschlagen neu gruppiert (siehe Tabelle 4-15 bis Tabelle 4-17).

Tabelle 4-15: Operationalisierung der Variable Eigenes Einkommen im Sozialschicht-Index

Variable	Label	Index: money
	96 kein eigenes Einkommen	1
	A unter 150 Euro B 150 bis unter 300 Euro C 300 bis unter 500 Euro	2
	D 500 bis unter 700 Euro E 700 bis unter 900 Euro	3
	F 900 bis unter 1200 Euro	4
f912	G 1200 bis unter 1800 Euro	5
	H 1800 bis unter 2300 Euro	6
	J 2300 bis unter 2800 Euro K 2800 bis unter 3300 Euro L 3300 bis unter 3800 Euro M 3800 bis unter 5100 Euro O 7600 Euro und mehr	7
	97 verweigert 98 weiß nicht 99 keine Angabe	Missing

Quelle: vgl. Lechert et al. (2006:4), INFAS/IFF (2004), siehe Anhang G

Tabelle 4-16: Operationalisierung der Variable (Aus)Bildung im Sozialschicht-Index

Casmin	Label	Index: educ
1a	ohne Abschluss (oA)	1
1b	in der Ausbildung (iA)	1
1c	Hauptschule ohne berufliche Ausbildung (HSO)	2
1d	Hauptschule mit beruflicher Ausbildung (HSM)	2
2a	Mittlere Reife ohne berufliche Ausbildung (MRO)	3
2b	Mittlere Reife mit beruflicher Ausbildung (MRM)	4
2c_gen	Fachhochschulreife/ Abitur ohne berufliche Ausbildung (ABIO)	5
2c_voc	Fachhochschulreife/ Abitur mit beruflicher Ausbildung (ABIM)	5
3a	Fachhochschulabschluss	6
3 b	Hochschulabschluss	7

Quelle: vgl. Lechert et al. (2006:4), INFAS/IFF (2004), siehe Anhang G

Tabelle 4-17: Operationalisierung der Variable Berufsstatus im Sozialschicht-Index

Variable	Label	Index: prof
f410	61 Arbeiterin, ungelernt 71 – 73 in Ausbildung: kaufmänisch-technisch, gewerblich, sonstige	1
	11 – 13 Landwirtin oder Genossenschaftsbäuerin unter 10 ha, 10 ha und mehr 62, 63 Arbeiterin: ungelernt, angelernt	2
	41 Beamtin, Richterin, Berufssoldatin im einfachen Dienst 51 Angestellte mit ausführender Tätigkeit nach Anweisung 64 Vorarbeiterin, Kolonnenführerin 65 Meisterin, Polierin, Brigadierin 81 mithelfende Familienangehörige	3
	42 Beamtin, Richterin, Berufssoldatin im mittleren Dienst 52 Angestellte mit einer Tätigkeit nach Anweisung	4
	31, 32, 34 Selbstständige im Handel, Gewerbe, Handwerk, Industrie, Dienstleistung bzw. PGH-Mitglied, bis zu 4 Mitarbeiter/innen/Partner/innen	5
	21, 22 Akademikerin in freiem Beruf mit bis 4 Mitarbeiter/innen/Partner/innen 43 Beamtin, Richterin, Berufssoldatin im gehobenen Dienst 53 Angestellt mit selbstständiger Leistung in verantwortlicher Tätigkeit bzw. mit begrenzter Verantwortung für Personal	6
	23 Akademikerin in freiem Beruf mit 5 und mehr Mitarbeiter/innen/ Partner/innen 33 Selbstständige im Handel, Gewerbe, Handwerk, Industrie, Dienstleistung bzw. PGH-Mitglied, mit 5 und mehr Mitarbeiter/innen/Partner/innen 44 Beamtin, Richterin, Berufssoldatin im höheren Dienst 54 Angestellt mit umfassenden Führungsaufgaben und Entscheidungsbefugnissen	7
	91 trifft nicht zu, war (noch) nie erwerbstätig 97 verweigert 98 weiß nicht 99 keine Angaben	Missing

Quelle: vgl. Lechert et al. (2006:4), INFAS/IFF (2004), siehe Anhang G

Der Sozialstatus-Index' (SES) wird nun als Summe aus den Indices „money" (siehe Tabelle 4-15), „educ" (siehe Tabelle 4-16) und „prof" (siehe Tabelle 4-17) gebildet. Um die Anzahl potentieller Missings zu verringern, wird aus zwei vorliegenden Teilscores der dritte geschätzt. Der SES nach Winkler kann Werte zwischen 3 und 21 annehmen. Die Aufteilung in drei Sozialstatus-Klassen folgt dem Vorschlag von Winkler und Stolzenberg (2009: 22): Die Wertebereiche 3 bis 8 bezeichnen einen niedrigen, 9 bis 14 einen mittleren und 15 bis 21 einen hohen Sozialstatus.

4.6.3 Gesundheitsindikatoren

Um zu kontrollieren, ob der allgemeine Gesundheitszustand in einem Zusammenhang mit dem Hilfesuchverhalten der Frauen liegt und ggf. einen Confounder darstellt, soll der Einfluss dieser Variablen geprüft werden.

Gesundheitswahrnehmung
In der Repräsentativstudie wurde die subjektive Gesundheit in Anlehnung an internationale Standards anhand der Frage „Wie würden Sie Ihren aktuellen Gesundheitszustand beschreiben?" des European Health Moduls (EHEMU 2009) erfasst (siehe Tabelle 4-18):

Tabelle 4-18: Operationalisierung der Variable Subjektive Gesundheit

Variable	**Label**
f600	Wie würden Sie Ihren aktuellen Gesundheitszustand beschreiben? (Antwortskala von 1 sehr gut bis 6 sehr schlecht)

Quelle: INFAS/IFF (2004), siehe Anhang G

Für die Auswertung wird das Ranking nicht verändert, so dass ein hoher Wert für eine schlecht eingeschätzte subjektive Gesundheit steht.

Gesundheitsbeschwerden
Die körperlichen Beschwerden wurden mittels einer umfassenden Liste von 30 Items mit einer vierstufigen Häufigkeitsskala von „häufig" bis „nie" und einer offenen Frage ohne Häufigkeitsskala erfasst (siehe Tabelle 4-19).

Gefragt wurde: „Haben Sie in den letzten 12 Monaten häufig, gelegentlich, selten oder nie unter den Beschwerden auf dieser Liste gelitten."

Tabelle 4-19: Operationalisierung der Variable Physische Gesundheit

Variable	Label
f601_1	Kopfschmerzen
f601_2	Schmerzen im Bauchbereich
f601_3	Rückenschmerzen
f601_4	Gelenk-/Gliederschmerzen
f601_5	Schmerzen im Brustkorb
f601_6	Magen-/Darmprobleme
f601_7	Übelkeit/Erbrechen
f601_8	Essstörungen
f601_9	Kraftlosigkeit in Armen/Beinen
f601_10	Taubheitsgefühle u. Durchblutungsstörungen am Körper
f601_11	Zittern oder nervöse Zuckungen
f601_12	vorübergehende Lähmungsgefühle oder Krampfanfälle
f601_13	Herz- u Kreislauferkrankungen
f601_14	Starkes Schwitzen ohne körperliche Anstrengungen
f601_15	Schwindelgefühl
f601_16	Sehstörungen auf einem/beiden Augen (ohne Brille)
f601_17	Hörstörungen/Ohrprobleme
f601_18	Zu hoher/niedriger Blutdruck
f601_19	Hautprobleme /Allergien
f601_20	Starker Haarausfall
f601_21	Unterleibsschmerzen (Gebärmutter/Eierstöcke)
f601_22	Schmerzen/Entzündungen im Intimbereich
f601_23	Sexuelle Probleme/eingeschränktes Lusterleben
f601_24	Sehr schmerzhafte Menstruationsprobleme
f601_25	Zu starke/schwache, unregelmäßige oder keine Regelblutungen
f601_26	Nieren-/Blasenprobleme
f601_27	Gallen-/Leberleiden
f601_28	Atemprobleme/Kurzatmigkeit
f601_29	Stimmausfälle/Kloß im Hals
f601_30	Chron. Hals-/Rachenschmerzen
f601_31	Andere Beschwerden

Quelle: INFAS/IFF (2004), siehe Anhang G

Für die Auswertung der Beschwerdeliste wurde über alle Items ein Total-Summenscore gebildet, wobei ein höherer Wert einem schlechteren Gesundheitszustand entspricht. In wenigen Fällen beantworteten die Befragten nicht alle Items der Liste. Jeder dieser fehlenden Werte wurde durch einen personenspezifisch geschätzten Wert ersetzt, wenn die jeweilige Befragte mindestens 70% bzw. 60% oder 65% bei den Subskalen beantwortet hatte. Die Skalenwerte der Beschwerdeliste wurden in Anlehnung an die bewährte Auswertung des SF-36 Health Quality Fragebogens (Bullinger M & I 1998; Ravens-Sieberer & Bullinger 2000; Morfeld, Bullinger, et al. 2005) auf einer Skala von 0 – 100 nach folgender Formel transformiert:

$$\text{Transformierte Skala} = \frac{(\text{tatsächlicher Rohwert} - \text{niedrigstmöglicher Rohwert})}{\text{mögliche Spannweite der Rohwerte}} \times 100$$

Die körperlichen Beschwerden gehen derart in die weiteren Berechnungen ein.

Mentale Gesundheit

Die mentale Gesundheit wurden ebenfalls mittels einer Liste von 14 Items mit einer vierstufigen Häufigkeitsskala von „häufig“ bis „nie“ erfasst (siehe Tabelle 4-20). Gefragt wurde: „Haben Sie in den letzten 12 Monaten häufig, gelegentlich, selten oder nie eines oder mehrere der folgenden Probleme gehabt?“

Tabelle 4-20: Operationalisierung der Variable Mentale Gesundheit

Variable	Label
f610_1	Stress/Überlastung
f610_2	Gedächtnisschwäche/Konzentrationsschwierigkeiten
f610_3	Allgemeine Schwäche/Müdigkeit
f610_4	Schlaflosigkeit/Schlafstörungen/Alpträume
f610_5	Nervosität/Anspannung
f610_6	Angstanfälle/Panikattacken
f610_7	Reizbarkeit
f610_8	Niedergeschlagenheit/Depressionen
f610_9	Antriebslosigkeit/Unentschlossenheit
f610_10	Das Gefühl, dass einem alles über den Kopf wächst
f610_11	Das Gefühl, nicht mehr leben zu wollen
f610_12	Das Gefühl, nichts wert zu sein
f610_13	Das Gefühl, sich selbst verletzen zu wollen
f610_14	Kaufsucht/Konsumzwang

Quelle: INFAS/IFF (2004), siehe Anhang G

Mit dieser Itemliste wurde ebenso verfahren wie mit der Liste der körperlichen Beschwerden: Es erfolgte eine Zusammenfassung zu einem transformierten Skalenscore mit Werten von 0 – 100. Auch hier entspricht ein höherer Wert einer schlechteren mentalen Gesundheit.

Verletzungen

In einem Itemblock gaben die Befragten Auskunft über in der Vergangenheit erlittene Verletzungen (siehe Tabelle 4-21). Sie wurden gefragt „Hatten Sie schon einmal….“

Tabelle 4-21: Operationalisierung der Variable Verletzungen

Variable	Label
f609_1	Knochenbrüche?
f609_2	Verstauchungen?
f609_3	Muskelrisse?
f609_4	Verletzungen im Gesicht/ein blaues Auge?
f609_5	Brandwunden?
f609_6	schwere Stich- oder Schnittverletzungen?
f609_7	ausgekugelte Gelenke?
f609_8	oder hatten Sie andere schwere Verletzungen?

Quelle: INFAS/IFF (2004), siehe Anhang G

In die weitere Analyse gehen diese Items in Form eines Summenscores ein, d.h., jede positive Antwort auf eine Form der Verletzung geht als Wert 1 in den Score ein.

Behinderungen oder chronische Krankheiten

In der Repräsentativstudie wurde eine körperliche Behinderung oder chronische Krankheit mit folgenden vier Fragen des European Health Moduls erfasst (siehe Tabelle 4-22).

Da die Fragen zu einer chronischen Erkrankung oder körperlichen Behinderung in ihrer Filterführung für die nachfolgenden Items nicht konsistent war, vor allem nicht im Hinblick auf die Frage bezüglich notwendiger Hilfe, Pflege oder Unterstützung (f613) (vgl. Kapitel 5, Anhang C), wird der Schweregrad der Behinderung oder chronischen Krankheit anhand der Frage nach den Einschränkungen im Alltag durch die Krankheit oder Behinderung (f612) abgebildet. Ein Hinzuziehen der Variable f613 war nicht möglich.

Tabelle 4-22: Operationalisierung der Variable körperliche Behinderung/chronische Erkrankung

Variable	Label
f611	Leiden Sie an einer chronischen, ernsthaften Erkrankung oder einer körperlichen Behinderung (dichotom)
f612	Wie stark sind Sie dadurch in Ihrem täglichen Leben eingeschränkt? (Skala von 1 sehr stark eingeschränkt bis 5 gar nicht eingeschränkt)
f613	Sind Sie dadurch so eingeschränkt, dass Sie regelmäßige Hilfe, Pflege oder Unterstützung durch andere benötigen? (dichotom)

Quelle: INFAS/IFF (2004), siehe Anhang G

Für die weitere Analyse wird eine neue Variable kodiert mit den Ausprägungen:

- keine chronische Krankheit oder körperliche Behinderung
- ja, eine chronische Krankheit/körperliche Behinderung ohne Einschränkungen im Alltag
- ja, eine chronische Krankheit/körperliche Behinderung mit leichten/mittleren Einschränkungen im Alltag
- ja, eine chronische Krankheit/körperliche Behinderung mit (sehr) starken Einschränkungen im Alltag.

4.6.4 Personale und Soziale Ressourcen

Zur Erfassung von Ressourcen wurden in der Repräsentativbefragung keine bewährten Instrumente eingesetzt. Zur Abbildung der personalen oder sozialen Ressourcen werden die nachfolgend aufgelisteten Variablen verwendet, die nach theoretischen Gesichtspunkten zusammengefasst (siehe Kapitel 2) und anschließend einer Reliabilitätsprüfung unterzogen wurden.

Personale Ressourcen

Die Befragten wurden im schriftlichen wie im mündlichen Fragebogen mit folgenden 19 Fragen (siehe Tabelle 4-23) – jeweils vier- bzw. sechsstufig skaliert – um eine Einschätzung der eigenen Person und des eigenen Lebens gebeten:

Tabelle 4-23: Operationalisierung der Variable Personale Ressourcen

Variable	Label	Konzept	berücksichtigt
f100	Zufriedenheit mit der derzeitigen Lebenssituation	Zufriedenheit*	
f101	Zufriedenheit mit Freunden und Familie		
f102	Zufriedenheit mit Ausbildung und Berufsleben		
f110_1	Die Zukunft wird für mich viel Gutes bringen	Zukunftsoptimismus**	X
f110_2	Der Blick auf mein weiteres Leben erfüllt mich mit Sorge		X
f1_3	Ich freue mich auf das Leben, das noch vor mir liegt		X
f110_3	Ich finde auch dann noch Wege, ein Problem zu lösen, wenn andere schon entmutigt sind	Selbstwirksamkeit**	X
f110_4	Ich fühle mich von Zeit zu Zeit richtig nutzlos		X
f1_5	Ich kann mir viele Möglichkeiten vorstellen, wie ich aus einer Klemme herauskommen kann		X
f1_1	Alles in allem bin ich mit mir selbst zufrieden	Selbstwertgefühl**	X
f1_2	Ich verfolge meine Ziele mit viel Energie		X
f1_6	Alles in allem neige ich dazu, mich für einen Versager zu halten		X
f1_4	Ich besitze die gleichen Fähigkeiten, wie die meisten anderen Menschen auch	– unberücksichtigt –	
f1_7	Meine bisherigen Erfahrungen haben mich gut für meine Zukunft vorbereitet	– unberücksichtigt –	
f405	Religionszugehörigkeit (dichotom)	Religiosität	
f203_1	Angst vor körperlichen/sexuellen Übergriffen durch Fremde	Ängstlichkeit**	
f203_2	Angst vor körperlichen/sexuellen Übergriffen durch Bekannte		
f203_3	Angst vor körperlichen/sexuellen Übergriffen durch Familienangehörige		
f203_4	Angst vor körperlichen o. sexuellen Übergriffen in Arbeit/Schule		

Quelle: INFAS/IFF (2004), siehe Anhang G
* sechsstufig
** vierstufig

Wegen der Uneindeutigkeit ihrer jeweiligen Aussage werden die Items „Ich besitze die gleichen Fähigkeiten wie andere“ (f1_4) und „Meine Erfahrungen haben mich gut für meine Zukunft vorbereitet“ (f1_7) vernachlässigt. Die verbleibenden 17 Items wurden zunächst zusammengefasst als Subskalen „Zufriedenheit“, „Zukunftsoptimismus“, „Selbstwirksamkeit“, „Selbstwertgefühl“, „geringe Ängstlichkeit vor körperlichen oder sexuellen Angriffen“ (als Indikator für Locus of Control) und „Religiosität“. Bei Bedarf wurden die Skalenwerte im ersten Schritt umgepolt, so dass der jeweils höchste Wert für das Maximum an Ressourcen steht. Für die weitere Berechnung werden diese 17 Items überprüft.

Das Item „Zufriedenheit mit Ausbildung und Berufsleben“ (f102) konnte wegen der hohen Anzahl von Missings (n = 262; 15%) nicht weiter berücksichtigt werden. Da mit den verbleibenden zwei Items zur „Zufriedenheit mit der derzeitigen Lebenssituation“ (f100) bzw. „mit Freunden und Familie“ (f101) keine Subskala gebildet werden konnte, zudem Cronbachs α einen besseren Wert für die Gesamtskala erzielte, wenn beide Items weggelassen wurden, musste auf den Komplex „Zufriedenheit“ verzichtet werden (siehe Anhang C).

Die Schwierigkeit der Items zeigte für die Fragen zur Angst vor körperlichen oder sexuellen Angriffen durch Bekannte, Familienangehörige oder Kollegen/Mitschüler und -studierende mit über 0,9 ein schlechtes Ergebnis (s.o), für die Angst vor derartigen Übergriffen seitens fremder Personen oder aus der Familie lag die Trennschärfe mit 0,27 unter dem empfohlenen Wert von > 0,3 (Kappelhoff 2007: 100; Field 2009: 678). Diese vier Fragen werden für die weitere Analyse ausgeschlossen.

Auch das Item Religionszugehörigkeit musste angesichts der schlechten Ergebnisse für die Itemschwierigkeit, die geringe Trennschärfe sowie den niedrigen Cronbachs α verworfen werden (siehe Anhang C).

Eine erneute Überprüfung des Cronbachs α ergab nun für die Skala Personale Ressourcen mit den verbleibenden neun Items einen zufriedenstellenden Wert von 0,82 (n = 1.660) (siehe Anhang C). Bei der weiteren Analyse werden die in Tabelle 4-23 markierten neun Variablen als Skala Personale Ressourcen berücksichtigt.

Soziale Ressourcen

Ein Konstrukt Soziale Ressourcen wird im Allgemeinen aus Variablen, die die soziale Unterstützung und Integration beschreiben, gebildet. Im schriftlichen wie im mündlichen Fragebogen der Repräsentativstudie wurde mit folgenden Fragen (siehe Tabelle 4-24) – mehrheitlich mit einer vierstufigen Skala – um eine subjektive Einschätzung zu folgenden Aspekten gebeten:

Tabelle 4-24: Operationalisierung der Variable Soziale Ressourcen

Variable	Label	Konzept	berücksichtigt
f111_1	Es gibt immer jemanden in meiner Umgebung, mit dem ich die alltäglichen Probleme besprechen kann		X
f111_3	Es gibt genug Menschen, die mir helfen würden, wenn ich Probleme habe	wahrgenommene	X
f111_5	Ich fühle mich häufig im Stich gelassen	soziale	X
f111_10	Wenn ich sie brauche, sind meine Freunde immer für mich da	Unterstützung	X
f111_6	Ich kenne viele Menschen, auf die ich mich wirklich verlassen kann		X
f111_2	Ich vermisse Leute, bei denen ich mich wohl fühle		X
f111_4	Mir fehlt eine richtig gute Freundin bzw. guter Freund	Struktur des	X
f111_7	Ich vermisse Geborgenheit und Wärme	sozialen	X
f111_8	Ich finde, dass mein Freundes- und Bekanntenkreis zu klein ist	Netzes	X
f111_9	Es gibt genügend Menschen, mit denen ich mich verbunden fühle		X
f111_11	Ich vermisse eine wirklich enge Beziehung		X
f112_a	Freizeitaktivität: Freunde, Verwandte oder Bekannte besuchen		X
f112_b	Freizeitaktivität Mitarbeit in Organisationen, Kirche oder andere soziale Aktivitäten		
f112_c	Freizeitaktivität: Besuch von Kino, Theater oder sonstigen Kulturveranstaltungen	soziale	X
f112_d	Freizeitaktivität: ins Restaurant oder Cafe gehen	Integration	X
f112_e	Freizeitaktivität: Sport bzw. körperliche Bewegung außer Haus		X
f112_f	Freizeitaktivität: anderes außer Haus		X
f114	Besuche von Nachbarn, Verwandten oder Freunden zu Hause		X
f114	Wohnumfeld		

Quelle: INFAS/IFF (2004), siehe Anhang G

In einem ersten Schritt wurden die Variablen zu den Subskalen „wahrgenommene soziale Unterstützung“, „Struktur des sozialen Netzes“, „soziale Integration“ und „Wohnumfeld“ zusammengefasst.

Das Konstrukt Soziale Ressourcen wurde mit seinen 19 Items in den Subskalen und als Gesamtskala auf Reliabilität getestet. Für die Items „Mitarbeit in sozialen Organisationen“ und „soziales Umfeld“ wurden Werte von < 0,3 bei der Trennschärfe beobachtet (s.o.), so dass diese beiden Items nicht in die endgültige Fassung der Skala einfließen. Der erneute Reliabilitätstest zeigt nun für das Konstrukt „Soziale Ressource“ mit den verbleibenden 17 Items (siehe Tabelle 4-24) einen guten Wert für Cronbachs α von 0,88 (n = 1.708) (siehe Anhang C).

In einem nächsten Schritt wurden die Konstrukte zu Personalen und Sozialen Ressourcen ebenfalls analog den Skalen zur Abbildung der physischen und mentalen Gesundheit transformiert, zum einen innerhalb der Subskalen und zum anderen zusammengefasst als transformierter Skalenscore für die Personalen bzw. Sozialen Ressourcen.

Da die Subskalen der Personalen Ressourcen „Optimismus“, „Selbstwirksamkeit“ und „Selbstwert“ aus jeweils drei Fragen gebildet werden, wurden Fälle dann eingeschlossen, wenn mindestens 60% der Items – also zwei Fragen – beantwortet waren. Die Subskalen der Sozialen Ressourcen umfassen 5 oder 6 Items, so dass für die Einbeziehung eines Falls die Zahl der beantworteten Items auf 65% gesetzt wurde. Bei der Transformierten Gesamtskala mit insgesamt 9 bzw. 17 Items mussten die empfohlenen 70% beantwortet sein also 6 bzw. 12 Items. Fehlende Werte wurden für jeden einzelnen Fall anhand des Mittelwertes für die beantworteten Fragen geschätzt.

4.6.5 Gewalterfahrung

In die nachfolgende Analyse soll zum einen die erlittene Partnergewalt mittels Variablen, die den jeweiligen Schweregrad von psychischer, physischer als auch sexueller Gewalt wiedergeben, einfließen als auch multiple Gewalterfahrung anhand von „miterlebter Gewalt zwischen den eigenen Eltern“, „Misshandlung“ bzw. dem „sexuellen Missbrauch in der eigenen Kindheit“ sowie „familiärer Gewalt ab dem 16. Lebensjahr“.

Schweregrad von Partnergewalt

Bei der Erfassung von interpersoneller Gewalt und insbesondere von Partnergewalt durch Fragebogen gestützte Untersuchungen sind methodologische Probleme grundsätzlich wegen der gesellschaftlichen Prägung des Gewaltverständnisses (siehe Kapitel 1 und Kapitel 2) und der Sensibilität des Problems gegeben. Ein konkretes Erfragen von verschiedenen spezifischen Gewalthandlungen vermag ein realistischeres Bild zeichnen – so die Erkenntnisse zu diesem Forschungsfeld (vgl. u.a. Godenzi 1993; Hagemann-White 2001; Walby & Myhill 2001; Watts, Heise, et al. 2001) – als eine einzige generalisierende Frage nach Gewalterfahrungen. In der Regel wird in bevölkerungsbasierten Studien auf die von Straus entwickelten und von ihm und seinen Kollegen modifizierten *Conflict Tactic Scales (CTS)* zurückgegriffen (Straus 1979; Straus, Hamby, et al. 1996; Straus 1999), die etliche Handlungen umfassen. Dieses umstrittene Instrument diente zur Erfassung von Aggressionen und Gewalt in familiären Konflikten und berücksichtigt weder den Kontext der erfragten Gewalthandlungen noch das Bedrohungsgefühl oder die Gewaltfolgen (siehe Kapitel 1.3.1).

Auch in der deutschen Repräsentativstudie (vgl. Müller & Schröttle 2004) wurde an verschiedenen Stellen sowohl im mündlichen als auch schriftlichen Fragebogen (siehe Anhang G) einzelne konkrete Gewalthandlungen und Täterschaften zur Erfassung von psychischer, physischer als auch sexueller Gewalt in umfassenden Itemlisten abgefragt, die im wesentlichen auf den CTS beruhen. Für die weitere Untersuchung wurden die Listen, wie nachfolgend beschrieben, zusammengefasst. Die jeweiligen Schweregradkonstrukte basieren in eben dieser Reihenfolge auf:

1. mindestens einer erlittenen Handlung an psychischer, körperlicher bzw. sexueller Gewalt durch den (Ex)Partner,
2. der Häufigkeit der Handlung(en),
3. dem Bedrohungsgefühl in der Situation sowie
4. den Gesundheitsfolgen der Gewalthandlungen.

Die Operationalisierung der Konstrukte folgt damit den theoretischen Überlegungen und empirischen Belegen von Michael Johnson (1995; Johnson & Ferraro 2000) und Minna Piispa (2002) zur Differenzierung von Partnergewalt.

Die Bedrohung mit Waffengewalt (f724, f822) und die Einschränkungen der alltäglichen Lebensaktivitäten aufgrund der gewaltbedingten Verletzungen (f733, f831) gehen in dieses Konstrukt nicht ein, weil der Inhalt dieser beiden Variablen 1.) bei körperlicher Gewalt durch die Fragen der Itemliste zur Erfassung der Gewalterfahrung selbst abgebildet werden und 2.) sich nur auf die als am schlimmsten oder belastendsten empfundenen Situationen beziehen, so dass sich für diese Fragen eine hohe Zahl an Missings ergibt. Wie die Konstrukte anhand der verfügbaren Einzelitems operationalisiert werden, wird im Folgenden ausführlich beschrieben (siehe auch Anhang B). Unberücksichtigt bleiben bei den drei Gewaltformen die Fragen des schriftlichen Bogens, da sich diese nur auf die aktuelle Partnerschaft beziehen und daher eine hohe Anzahl an Missings für diese Items vorliegt.

Psychische Gewalt durch den Partner

Im mündlichen Fragebogen wird psychische Gewalt mit einer Itemliste (f501, 9 Items, siehe Tabelle 4-25) verschiedener gewaltförmiger Verhaltensweisen – nicht nach Tätern differenziert – abgefragt. Da für jede einzelne Frau diese Gewaltformen ein anderes Gewicht haben oder sie stärker belasten kann, werden die verschiedenen Formen hier nicht nach einer hypothetischen Schwere bewertet. Unberücksichtigt bleiben die Frage zur Benachteiligung aufgrund des weiblichen Geschlechts (f501_d) sowie die Fragen aus dem schriftlichen Fragebogen.

Tabelle 4-25: Operationalisierung der Variable psychische Partnergewalt

Variable	Label „Ich habe schon erlebt, ...“	berück. sichtigt
f501_a	dass man mich schwer beleidigt, eingeschüchtert oder aggressiv angeschrieen hat.	X
f501_b	dass man mich auf verletzende Art und Weise lächerlich gemacht, gehänselt, abgewertet oder gedemütigt hat.	X
f501_c	dass man mich regelmäßig schikaniert oder unterdrückt hat.	X
f501_d	dass man mich benachteiligt oder schlecht behandelt hat, weil ich eine Frau bin, wegen meines Alters oder meiner Herkunft.	X
f501_e	dass man mir Schlimmes angedroht hat oder mir Angst machte.	X
f501_f	dass man mich erpresst hat oder mich zu etwas zwingen wollte, was ich nicht wollte.	X
f501_g	dass man mich verleumdet oder systematisch bei Anderen Schlechtes über mich verbreitet hat.	X
f501_h	dass man mich ausgegrenzt hat oder versucht hat, mich aus einer Gruppe auszuschließen.	X
f501_j	dass man mich psychisch so stark belastet hat, dass ich es als Psychoterror oder seelische Grausamkeit empfunden habe.	X

Quelle: INFAS/IFF (2004), siehe Anhang G

Als Filter für die neu zu bildende Variable „Schwere der psychischen Gewalt durch den Partner“ gilt mindestens eine erlebte psychische Gewalthandlung (f501) und mindestens einmal durch den Partner erlebt (f509). Zur Abbildung der Schwere fließen neben der Häufigkeit von psychischer Gewalt durch den Partner (f509: häufig, gelegentlich, selten, nur einmal, nie), die Häufigkeit eines ernsthaften Bedrohungsgefühls in diesen Situationen (f514: häufig, gelegentlich, selten, nur einmal, nie) und die Anzahl der genannten Folgebeschwerden in die Variable ein. Je häufiger also die abgefragten psychischen Gewalthandlungen erlebt wurden, sich die Befragten bedroht fühlten und die Handlungen mit Folgebeschwerden verbunden waren, desto schwerer wurde die erlittene Gewalt bei der Bildung des Konstrukts „Schwere der psychischen Gewalt durch den Partner" gewertet. Die verschiedenen Antwortmöglichkeiten werden je nach Kombination in sieben Schweregrade (1 – 7) eingeteilt, wobei ein niedriger Wert eine geringe Schwere bezeichnet. Die exakte Kodierung ist dem Anhang B zu entnehmen.

Körperliche Gewalt durch den Partner

Die Repräsentativstudie orientierte sich bei der Abfrage körperlicher Gewalthandlungen an den von Strauss entwickelten CTS (vgl. Straus 1979; Straus, Hamby, et al. 1996). Um der in Kapitel 1.3.1 beschriebenen Diskussion um die Aussagekraft der auf den CTS basierenden Lebenszeitprävalenz zu begegnen, werden in Anlehnung an die Arbeiten von Johnson (1995; Johnson & Ferraro 2000; Johnson & Leone 2005) und Piispa (2002) Schweregrade definiert. Diese Schweregrade berücksichtigen die erlittenen Handlungen, ihre Häufigkeit, das Bedrohungsgefühl sowie die Gesundheitsfolgen.

Die Bildung des Konstrukts „Schwere der körperlichen Gewalt durch den Partner" gestaltete sich schwierig und kann wie jede andere Operationalisierung theoretisch hergeleiteter Konstrukte diskutiert werden. Keine Form der Objektivierung von Belastungen, d.h. der Zuordnung einer belastenden Lebenssituation zu einer Maßzahl, wird der jeweiligen individuellen Bedeutung des Ereignisses für die einzelnen Frauen gerecht werden können. Gleichwohl wird mit der Einbeziehung verschiedener Variablen versucht, zumindest der Komplexität von Partnergewalt in Ansätzen abzubilden. Letztlich spiegeln sich in der hier gewählten Form der derzeitige Wissenstand zum Forschungsfeld sowie die subjektive Zuordnung der Autorin wider, die eine sinnvolle wie angemessene Gruppierung zum Ziel hatte.

Bei der Überprüfung der Datenqualität im Hinblick auf die angegebene Häufigkeit an erlittener Gewalt mittels Kreuztabellierung zeigten sich Inkonsistenzen. Der Hauptgrund für diese Inkonsistenz liegt im Vorliegen von Report- und Recall-Bias (vgl. Kapitel 4.5.3). Insbesondere bei der Beantwortung der Frage f700, f701 (Itemliste: einmal vs. mehrmals) und f705 wird die subjektive Deutung der angebotenen Häufigkeitskategorien deutlich.

Es erfolgten mehrere Versuche einer theoriegeleiteten Operationalisierung des Schweregrades von körperlicher Gewalt. Gleichbleibend fungierte jeweils mindestens eine erlebte körperliche Gewalthandlung sowie mindestens einmal durch den Partner (f706) als Filter. Ausgangspunkt war die im mündlichen Fragebogen mit einer Itemliste abgefragten konkreten Gewalthandlungen (f701, 18 Items) (siehe Tabelle 4-26).

Die Häufigkeit von körperlicher Gewalt wurde sowohl in der gleichen Skalierung wie bei psychischer Gewalt (f700) als auch im Kontext mit den Gewalthandlungen (f701) sowie in vorgegebenen konkreten Antwortkategorien (f705: „nur einmal", „2 – 3mal", „4 – 10mal", „10 – 20mal", „20 – 40mal", „häufiger") erfragt.

Tabelle 4-26: Operationalisierung der Variable körperliche Partnergewalt

Variable	**Label „Jemand hat…"**	**Differenzierung**
f701_a	mich wütend weggeschubst	leichte Gewalthandlungen
f701_b	mir eine leichte Ohrfeige gegeben	
f701_k	mir ernsthaft gedroht, mich körperlich anzugreifen oder zu verletzen	
f701_l	mir ernsthaft gedroht, mich umzubringen	
f701_c	mich gebissen oder gekratzt, so dass es mir weh tat oder ich Angst bekam	mittlere Gewalthandlungen
f701_d	meinen Arm umgedreht oder mich an den Haaren gezogen, so dass es mir weh tat	
f701_e	mich schmerzhaft getreten, gestoßen oder hart angefasst	
f701_f	mich heftig weggeschleudert, so dass ich taumelte oder umgefallen bin	
f701_g	mich heftig geohrfeigt oder mit der flachen Hand geschlagen	
f701_h	etwas nach mir geworfen, das mich verletzen könnte	
f701_j	mich mit etwas geschlagen, das mich verletzen könnte	
f701_m	mit den Fäusten auf mich eingeschlagen, so dass es mir weh tat oder ich Angst bekam	
f701_s	mich auf eine andere Art körperlich angegriffen, die mir Angst machte oder wehtat	
f701_n	mich verprügelt oder zusammengeschlagen	schwere Gewalthandlungen
f701_o	mich gewürgt oder versucht, mich zu ersticken	
f701_p	mich absichtlich verbrüht oder mit etwas Heißem gebrannt	
f701_q	mich mit einer Waffe, zum Beispiel einem Messer oder einer Pistole bedroht	
f701_r	mich mit einer Waffe, zum Beispiel einem Messer oder einer Pistole verletz	

Quelle: INFAS/IFF (2004), siehe Anhang G

Die mehrfachen Versuche – anhand der o.g. Variablen das Konstrukt „Schwere der körperlichen Gewalt durch den Partner“ zu bilden – erschienen nach einer jeweils ersten deskriptiven Prüfung als nicht hinreichend plausible, denn es zeigten sich zwei Häufigkeitspeaks für leichtere und für sehr schwere Formen von Partnergewalt. Ein weiterer Versuch, der zum letztlich verwendeten Konstrukt führte, orientiert sich an der von Schröttle und Ansorge (2008: 35) vorgeschlagenen Gewichtung der Gewalthandlungen. Diese Gewichtung folgt der von Johnson und Leone (2005) sowie Piispa (2002) vorgeschlagenen theoretischen Begründung, nach der Gewalt, die sich ausschließlich in Drohungen manifestiert, als leichte Gewaltform, hingegen der Einsatz von Objekten und Waffen sowie Würgen, Ertränken und Zusammenschlagen als schwere Gewalt zu bewerten sei. Alle nicht in diese Kategorien fallenden Formen seien einer mittelschweren Gewalt zuzuordnen.

In die weitere Analyse fließt das Konstrukt „Schweregrad körperlicher Partnergewalt“ ein, die wie folgt operationalisiert wurde. Die in den Itemlisten abgefragten Gewalthandlungen wurden analog der vorgeschlagenen Kategorisierung im ersten Schritt in leichtere, mittlere oder schwerere Handlungen differenziert (siehe Tabelle 4-26). Berücksichtigt wurden die konkrete Häufigkeit von erlittener körperlicher Gewalt (f705), die Angst vor einer ernsthaften oder lebensgefährlichen Verletzung in diesen Situationen (f725) sowie das Vorliegen von gewaltbedingten Verletzungen (f711, 12 Items). Auch für diese Variable wurden je nach Kombination der verschiedenen Antwortmöglichkeiten sieben Schweregrade (1 - 7) gebildet, wobei ein niedriger Wert eine geringe Schwere bezeichnet. Die exakte Kodierung ist dem Anhang B zu entnehmen.

Sexuelle Gewalt durch den Partner

Die Variable „Schwere der sexuellen Gewalt durch den Partner“ wurde in ähnlicher Weise wie die zur körperlichen Gewalt gebildet. Als Filter fungierte mindestens eine Nennung bei der Itemliste an konkreten sexuellen Gewalthandlungen (f803, 5 Items, siehe Tabelle 4-27) sowie mindestens einmal durch den Partner (f808). Die erfragten Gewalthandlungen werden in 1.) vollzogene Vergewaltigung (f803_a) und 2.) sexuelle Nötigung (f803_b bis f803_e) differenziert (vgl. Schröttle & Ansorge 2008: 30). Die Häufigkeit sexueller Gewalthandlungen wurde mit drei verschiedenen Fragen erfasst. Wie bei körperlicher Gewalt fließt in die Variable zum Schweregrad die konkrete Häufigkeitserfassung (f807: „nur einmal“, „2 – 3mal, „4 – 10mal“, „10 – 20mal“, „20 – 40mal“, „häufiger“) ein. Der Schweregrad wird auch anhand der Angst vor einer ernsthaften oder lebensgefährlichen Verletzung in diesen Situationen (f813) sowie der Anzahl der genannten Verletzungen (f812, 12 Items) gebildet.

Tabelle 4-27: Operationalisierung der Variable sexuelle Partnergewalt

Variable	Label	
f803_a	Jemand hat mich zum Geschlechtsverkehr gezwungen und ist gegen meinen Willen mit dem Penis oder etwas anderem in mich eingedrungen.	vollzogene Vergewaltigung
f803_b	Jemand hat gegen meinen Willen versucht, mit dem Penis oder etwas anderem in mich einzudringen, es kam dann aber nicht dazu.	
f803_c	Jemand hat mich zu intimen Körperberührungen, Streicheln, Petting und ähnlichem gezwungen.	sexuelle Nötigung
f803_d	Ich wurde zu anderen sexuellen Handlungen oder Praktiken gezwungen, die ich nicht wollte.	
f803_e	Jemand hat mich gezwungen, pornographische Bilder oder Filme anzusehen und sie nachzuspielen, obwohl er/sie wusste, dass ich das nicht wollte.	

Quelle: INFAS/IFF (2004), siehe Anhang G

Für diese Variable wurden je nach Kombination der verschiedenen Antwortmöglichkeiten ebenfalls sieben Schweregrade (1 – 7) gebildet, wobei ein niedriger Wert eine geringe Schwere bezeichnet. Die exakte Kodierung ist dem Anhang B zu entnehmen.

Partnergewalt insgesamt

Da sich während der Korrelationsanalyse zeigte, dass zwischen den Schweregradkonstrukten der einzelnen Gewaltformen ein großer Zusammenhang besteht (siehe Kapitel 5.2.5 und Anhang D), wurde eine Indexvariable gebildet, die die einzelnen Schweregradwerte für psychische, physische und sexuelle Gewalt zusammenfassend addiert. Jede dieser Variablen fließt gleichwertig in diesen Index ein, so dass Werte zwischen 1 (bei nur einem Gewalttyp in leichter Form) bis 21 (bei allen Gewalttypen in schwerster Form) erreicht werden können. Der Wert 21 bezeichnet das Maximum und steht somit für die schwerste Ausprägung an Partnergewalt.

Multiple Gewalterfahrung

Wie in Kapitel 2 und Kapitel 3 beschrieben, ist davon auszugehen, dass bei Vorliegen von multipler Gewalterfahrung sowohl in der Kindheit als auch im Erwachsenenleben weniger eigene Ressourcen bei den Betroffenen zu finden sind. Weiter ist anzunehmen, dass, wenn ein grundsätzliches Gewaltklima in den sozialen Bezügen der Frauen vorzufinden ist, es ihnen wegen der Alltäglichkeit von Gewalt und dem stetigen Überschreiten der eigenen Grenzen schwerer fällt, um

Hilfe und Unterstützung zu suchen und dann auch anzunehmen. Daher soll ebenfalls untersucht werden, welchen Einfluss eine körperliche/psychische Misshandlung sowie sexueller Missbrauch in der Kindheit, familiäre Gewalt nach dem 16. Lebensjahr sowie das Miterleben von Gewalt zwischen den Eltern haben.

Miterleben von Gewalt zwischen den Eltern

Im schriftlichen Fragebogen wurde nach der Häufigkeit (häufig, gelegentlich, selten, nur einmal, nie) gefragt, mit der körperliche Auseinandersetzungen wie Ohrfeigen, Schlagen, Treten oder ähnliches zwischen den Eltern oder Pflegeeltern erlebt wurde (f68). Die dichotome Variable „Miterleben von Gewalt zwischen den Eltern" wird aus den Antwortkategorien häufig oder gelegentlich gebildet.

Misshandlung in der Kindheit

Auch erlittene Misshandlungen im Kindesalter bis zum 16. Lebensjahr wurden im schriftlichen Fragebogen mit konkreten Handlungen jeweils fünfstufig skaliert abgefragt (f71). Die Itemliste beinhaltet sowohl Formen körperlicher Züchtigung als auch schwererer Gewalt sowie Formen psychischer Gewalt (siehe Tabelle 4-28).

Tabelle 4-28: Operationalisierung der Variable Misshandlung in der Kindheit

Variable	Label „Ich...	
f71_1	wurde lächerlich gemacht und gedemütigt	psychische Gewalt
f71_2	wurde so behandelt, dass es seelisch verletzend war	
f71_3	wurde niedergebrüllt	
f71_4	wurde leicht geohrfeigt	leichte Gewalthandlungen
f71_6	bekam einen strafenden Klaps auf den Po	
f71_7	bekam mit der Hand kräftig den Po versohlt	
f71_11	wurde auf andere Weise körperlich bestraft	
f71_5	bekam schallende Ohrfeigen mit sichtbaren Striemen	schwerere Gewalthandlungen
f71_8	wurde mit einem Gegenstand auf die Finger geschlagen	
f71_9	wurde mit einem Gegenstand kräftig auf den Po geschlagen	
f71_10	bekam heftige Prügel	

Quelle: INFAS/IFF (2004), siehe Anhang G

Das Datenniveau erlaubte zwar die Bildung eines transformierten Summenscores, jedoch zeigte die Überprüfung der Itemschwierigkeit, dass nur vier der elf Items den empfohlenen Wert von 0,3 (Kappelhoff 2007: 99; Field 2009: 678) überschritten. Daher wurde auf diese Form der Operationalisierung verzichtet (vgl. Anhang A) und die Variable „Misshandlung in der Kindheit“ wie folgt gebildet: Neben den konkreten Handlungen wird nach der Häufigkeit gefragt. Analog zu den Schweregradvariablen der Partnergewalt fließt an erster Stelle die Häufigkeit ein (mit den Ausprägungen nie, nur einmal/selten/gelegentlich bzw. häufig) (f70). Die mit der Itemliste erfassten Gewalthandlungen werden im ersten Schritt zusammengefasst in psychische Gewalt, leichte und schwerere körperliche Gewalt (siehe Tabelle 4-28). In der neuen Variable „Misshandlung in der Kindheit“ werden sie in sechs Kategorien gruppiert je nach Schweregrad von Züchtigung oder Misshandlung in Kombination mit psychischer Gewalt. Auch hier bezeichnet. Ein höherer Wert ein höheres Maß an erlittener Gewalt in der Kindheit. Die genaue Operationalisierung ist dem Anhang B zu entnehmen.

Sexueller Missbrauch als Kind
Auch wurden konkrete sexuelle Missbrauchshandlungen bis zum 16. Lebensjahr durch Erwachsene abgefragt (f72, 5 Items, siehe Tabelle 4-29) sowie zusätzlich eine offene Frage zur Anzahl der Handlungen gestellt (f73). Ebenso wie bei der Bildung der Variablen zum Schweregrad psychischer Partnergewalt werden die Items nicht nach einer vermeintlichen Schwere der Gewalthandlungen gewichtet. Ein sexueller Missbrauch in der Kindheit liegt vor, wenn mindestens ein Item bejaht wurde. Der Schweregrad der zu bildenden Variable wird anhand der genannten Häufigkeit formiert: „kein Missbrauch“, „einmaliger Missbrauch“, „zwei- bis zehnmaliger Missbrauch“ und „zehn- bis hundertmaliger Missbrauch“.

Tabelle 4-29: Operationalisierung der Variable sexueller Missbrauch in der Kindheit

Variable	**Label**
f72_1	sexuell berührt oder an intimen Körperstellen angefasst
f72_2	gedrängt oder gezwungen, die Person an intimen Körperstellen zu berühren
f72_3	gedrängt oder gezwungen, sich selbst an intimen Körperstellen zu berühren
f72_4	zum Geschlechtsverkehr oder ähnlichem gedrängt oder gezwungen
f72_6	zu anderen sexuellen Handlungen gedrängt oder gezwungen

Quelle: INFAS/IFF (2004), siehe Anhang G

Familiäre Gewalt nach dem 16. Lebensjahr
Um multiple Gewalterfahrung abzubilden, wurde eine Variable „Familiäre Gewalt nach dem 16. Lebensjahr“ gebildet. Lag mindestens eine Nennung bei den

Itemlisten zu den Tätern aus dem familiären Umfeld bei körperlicher und sexueller Gewalt vor (f706_150 bis f706_159, f808_150 bis f808_159) oder wurde die Frage nach Formen der psychischen Gewalt durch andere Familienmitglieder oder Verwandte mit „häufig“ bejaht (f510), dann wird familiäre Gewalt angenommen. Differenziert wurde zwischen den Ausprägungen „nur psychische Gewalt“, „nur körperliche Gewalt“, „nur sexuelle Gewalt“, „psychische und körperliche Gewalt“ und „sexuelle und körperliche und/oder psychische Gewalt“.

4.6.6 Moderierende Variablen

Aus der Literatur ist bekannt, dass weitere Faktoren einen Einfluss auf die Hilfesuche haben können, daher werden die folgenden Variablen auf ihren moderierenden Effekt untersucht: Der Konsum von Substanzmitteln bzw. Psychopharmaka, die Bekanntheit der Unterstützungsangebote, das Gefühl für erlittene körperliche und/oder sexuelle Gewalthandlungen mitverantwortlich gewesen zu sein sowie das Kinder ggf. mitbetroffen waren.

Substanzmittel- und Psychopharmakakonsum

Wie in Kapitel 2.3.5 und Kapitel 3.2.6 dargelegt, ist aus der Literatur bzw. aus empirischen Ergebnissen belegt, dass Frauen häufig Substanzmittel als eine Form der Bewältigung konsumieren. Bekannt ist auch, dass, wenn Frauen sich um Hilfe an die Gesundheitsversorgung wenden, ihnen häufig Beruhigungsmittel oder Antidepressiva verordnet werden (siehe Kapitel 2). Dieses Verhalten ist wiederholt kritisiert worden, weil es dazu beitragen kann, dass Frauen in der Misshandlungsbeziehung verbleiben – weil die Situation mit den Substanzmitteln aushaltbar wird – anstatt sich um Unterstützung und Hilfe zu bemühen. Daher soll der Einfluss des Konsums von Substanzmitteln zur Bewältigung erlittener Gewalthandlungen kontrolliert werden, wobei die Aussagekraft eingeschränkt ist, denn diese Frage bezog sich ausschließlich auf die schlimmsten oder belastendsten Situationen psychischer, körperlicher oder sexueller Gewalt.

Gebildet wird die Variable „Substanzmittelkonsum“, in dem anhand der Frage „Hat diese Situation bzw. diese Situationen dazu geführt, dass Sie Alkohol, Drogen oder Medikamente genommen haben, um damit besser fertig zu werden?“ im Kontext von psychischer Gewalt (f516), körperlicher Gewalt (f740) oder sexueller Gewalt (f838) (siehe Tabelle 4-30) der Konsum des jeweiligen Mittels zusammengefasst wird. Bei mindestens einer positiven Antwort beim Alkoholkonsum gilt die Befragte als Konsumentin von Alkohol und so fort. Im nächsten Schritt wurden einzelne Konsummittelvariablen (Alkohol, Drogen, Tranquilizer, Antidepressiva, keine) gebildet und derart gelabelt, dass die Summe der einzelnen Variablen den exakten Konsum auch in den Kombinationen erkennen lässt.

Tabelle 4-30: Operationalisierung der Variable Substanzmittelkonsum

Variable	Variable	Variable	Label
f516_a	f740_a	f838_a	ja, Alkohol
f516_b	f740_b	f838_b	ja, Drogen
f516_c	f740_c	f838_c	Ja, Beruhigungsmittel
f516_d	f740_d	f838_d	ja, Antidepressiva oder Aufputschmittel
f516_e	f740_e	f838_e	nein, nichts davon genommen

Quelle: INFAS/IFF (2004), siehe Anhang G

Da die Häufigkeitsverteilung in den einzelnen Kategorien z.T. sehr gering war (siehe Anhang), wurde diese neue Variable weiter zusammengefasst und beinhaltet nun die Kategorien: kein Konsum, Alkohol (inkl. Drogen), Tranquilizer (inkl. andere Mittel), Antidepressiva (inkl. andere Mittel), Antidepressiva plus Tranquilizer. Die Zusammenfassung legt den Schwerpunkt auf Beruhigungsmittel und Antidepressiva.

Während der bivariaten Analyse wurde deutlich, dass der Konsum von Psychopharmaka eine wesentlichere Bedeutung hat als der von Alkohol und Drogen, so dass der Substanzmittelkonsum weiter komprimiert wurde. Die neue Variable Psychopharmakakonsum fokussiert nun allein auf den Konsum von Antidepressiva und/oder Tranquilizern.

Bekanntheit von Unterstützungsangeboten

Da eine der Voraussetzungen für ein aktives Hilfesuchverhalten und die Inanspruchnahme von Unterstützung das Wissen um ein ebensolches Hilfsangebot ist – insbesondere gilt dies für das spezifische Angebot durch spezialisierte Beratungsstellen – wird im weiteren Verlauf der Untersuchung geprüft, ob die Bekanntheit derartiger Angebote einen Einfluss hat. Die Variable „Bekanntheit von Unterstützungsangeboten“ wird anhand des dichotomen Items gebildet, mit dem allgemein danach gefragt wird, ob „Hilfsangebote für Menschen, die Opfer von körperlichen, sexuellen oder psychischen Übergriffen geworden sind“ bekannt sind (f900).

Mitverantwortlichkeitsgefühl

Im schriftlichen und im mündlichen Fragebogen wurde die subjektive Einstellung zur schlimmsten oder belastendsten Situation körperlicher oder sexueller Gewalt mit einer übergeordneten Frage in Erfahrung gebracht (siehe Tabelle 4-31): „Wenn Sie die Situation im Nachhinein beurteilen würden: War das, was passiert ist, für Sie…“

Tabelle 4-31: Operationalisierung der Variable Mitverantwortlichkeitsgefühl

Variable	Variable	Variable	Label
f743_1	f841_1	f44_1	Gewalt?
f743_2	f841_2	f44_2	ein Verbrechen?
f743_3	f841_3	f44_3	etwas, für das diejenigen, die es getan haben die Verantwortung tragen?
f743_4	f841_4	f44_4	etwas, für das diejenigen, die es getan haben, bestraft werden müssen?
f743_5	f841_5	f44_5	etwas für das Sie sich mitverantwortlich fühlen?

Quelle: INFAS/IFF (2004), siehe Anhang G

Bei der Kreuztabellierung der Antworten auf die o.g. Fragen zeigt sich, dass, obwohl viele der Frauen die Situation als Gewalt oder Verbrechen einschätzen, für die der/die Täter zur Rechenschaft gezogen werden sollten, sie sich dennoch mitverantwortlich fühlen. Angenommen wird daher, dass das Mitverantwortlichkeitsgefühl mehr Einfluss auf das Hilfesuchverhalten als die anderen Items haben wird.

Um den Aspekt des Gefühls der Mitverantwortung bei der weiteren Auswertung zu berücksichtigen, wurde aus den Angaben zu den schlimmsten Situationen körperlicher (f743_5) und sexueller Gewalt (f841_6) sowie Gewalt in der aktuellen Partnerschaft (f44_6) eine neue Variable „Mitverantwortlichkeitsgefühl“ gebildet. Im ersten Umkodierungsschritt wurden alle Frauen, die mindestens eine der drei Fragen mit nein beantworteten, auf nein gesetzt. Im zweiten Schritt erhielten alle Frauen, die bei einer der drei Fragen ein ja angaben, in der neuen Variable die Kategorien ja. Da diese Frage nur einem Teil der Frauen gestellt wurde, liegt eine hohe Zahl an Missings vor. Dennoch wird diese Variable im weiteren Verlauf geprüft.

Mitbetroffenheit von Kindern

Aus qualitativen Interviews mit Betroffenen ist bekannt, dass die Mitbetroffenheit von Kindern häufig als Trigger für eine Trennung vom gewalttätigen Partner wirkt. Frauen, die sich selbst wenig schützen oder keine Grenzen ziehen können, sind eher dazu fähig, wenn Kinder ebenfalls in die Gewalttätigkeiten hineingezogen werden (Holmes & Mayer 2003; GiG-net 2008: 288). Daher wird in der weitergehenden Analyse kontrolliert, ob die Mitbetroffenheit von Kindern einen Einfluss auf das Hilfesuchverhalten hat.

Im Kontext mit der zum Zeitpunkt der Befragung heutigen oder letzten gewalttätige Partnerschaft wurde danach gefragt, ob Kinder im Haushalt leben oder lebten (f42). Wurde diese Frage nicht verneint, so wurde weiter danach gefragt, inwieweit die im Haushalt lebenden Kinder die gewaltvollen Auseinandersetzungen mitbekommen haben oder selbst in diese Auseinandersetzungen hineingerieten. Gefragt wurde (siehe Tabelle 4-32):

Tabelle 4-32: Operationalisierung der Variable Mitbetroffenheit von Kindern

Variable	Label „Das Kind/die Kinder...
f43_1	haben die Situation angehört.
f43_2	haben die Situation gesehen.
f43_3	gerieten in die Auseinandersetzung hinein.
f43_4	haben versucht, mich zu verteidigen oder zu schützen.
f43_5	haben versucht, meinen Partner zu verteidigen oder zu schützen.
f43_6	wurden in der Situation selbst körperlich angegriffen.

Quelle: INFAS/IFF (2004), siehe Anhang G

Die Variable „Mitbetroffenheit von Kindern" wurde gebildet, wenn die Eingangsfrage zu im Haushalt lebenden Kindern bejaht wurde. Als Kategorien fließen die Antworten auf die Fragen f43_1 bis f43_6 mit ein, so dass die Variable die Ausprägungen „keine Kinder", „angehört", „gesehen", „mithineingeraten", „Mutter verteidigt/geschützt" und „selbst angegriffen" aufweist.

4.6.7 Inanspruchnahme institutioneller Hilfe (Outcome Variable)

Das Ziel der vorliegenden Untersuchung ist, jene Faktoren zu bestimmen, die einen positiven Einfluss auf das Hilfesuchverhalten von Frauen haben, die Gewalt durch den oder einen Intimpartner erlitten hatten. Demnach gehen in die Outcome-Variable alle Antworten des mündlichen und schriftlichen Fragebogens ein, in denen institutionelle Unterstützung gesucht wurde (siehe Tabelle 4-33). Würden ausschließlich die Variablen aus dem schriftlichen Bogen einfließen, dann wären 282 Frauen mit einem entsprechenden Verhalten aus dem mündlichen Bogen nicht berücksichtig worden.

Definiert wird diese Unterstützung als Inanspruchnahme von medizinischer oder therapeutischer Versorgung und das Sich-Hinwenden an psychosoziale oder spezifische Unterstützungseinrichtungen. Wegen der Inkonsistenz der Filterführung müssen jegliche Fragen, die dem vertieften Einblick in das Hilfesuchverhalten dienen, unberücksichtigt bleiben. Beantwortete eine Frau eine dieser Fragen positiv, dann gilt sie als Inanspruchnehmende.

Um gegebenenfalls das Inanspruchnahmeverhalten spezifischer analysieren zu können, wird die Outcome-Variable zum einen differenziert in medizinische/therapeutische und spezifische/psychosoziale, zum anderen werden die positiven Antworten auf die entsprechenden Fragen nach medizinischer Versorgung oder dem Sich-Hinwenden an spezialisierte Beratungsstellen zusammengefasst und so kodiert, dass Überschneidungen sichtbar werden. In die weitere Analyse geht die dichotomisierte Variante der Variable ein. Bei der Strukturgleichungsmodellierung mit LISREL dienen die beiden Variablen der Operationalisierung der Inanspruchnahme von Hilfe und Unterstützung.

Tabelle 4-33: Operationalisierung der Variable Inanspruchnahme

Variable	Label
	mündlicher Fragebogen im Kontext körperlicher Gewalt
F713	„Haben Sie infolge einer dieser Situationen* schon einmal… _1 …medizinische Hilfe in Anspruch genommen?“
F729	„Haben Sie infolge dieses Ereignisses** medizinische Hilfe in Anspruch genommen? Was von dieser Liste trifft auf Sie zu? _1 …ja, ich war beim Arzt/bei einer Ambulanz, aber ich musste nicht im Krankenhaus bleiben. _2 …ja, ich musste im Krankenhaus bleiben.“
F730	„Haben Sie denjenigen, die Sie behandelt haben, erzählt, woher die Verletzungen stammen?“
F734	„Wurden Sie aufgrund des Ereignisses** krankgeschrieben?“
f736_21 bis f736_27	„Mit welchen Personen haben Sie über das Ereignis** gesprochen? Sagen Sie mir bitte nur die zutreffenden Kennziffern von dieser Liste.“ 71 Arzt/Ärztin 72 Sozialarbeiter/in/Therapeut/in
f742	(„Hat diese Situation** zu irgendwelchen langfristigen Folgen geführt….“) „Welche Folgen waren das? _f …Beginn einer Therapie _g …Stationäre Behandlung
	mündlicher Fragebogen im Kontext sexueller Gewalt
f814	„Haben Sie infolge einer dieser Situationen* schon einmal… _1 …medizinische Hilfe in Anspruch genommen?“

Variable	Label
f827	„Haben Sie infolge dieses Ereignisses** medizinische Hilfe in Anspruch genommen? Was von dieser Liste trifft auf Sie zu? _1 …ja, ich war beim Arzt/bei einer Ambulanz, aber ich musste nicht im Krankenhaus bleiben. _2 …ja, ich musste im Krankenhaus bleiben."
f828	„Haben Sie denjenigen, die Sie behandelt haben, erzählt, woher die Verletzungen stammen?"
f832	„Wurden Sie aufgrund des Ereignisses** krankgeschrieben?"
f834_21 bis f834_27	„Mit welchen Personen haben Sie über das Ereignis** gesprochen? Sagen Sie mir bitte nur die zutreffenden Kennziffern von dieser Liste." 71 Arzt /Ärztin 72 Sozialarbeiter/in/Therapeut/in
f840	(„Hat diese Situation** zu irgendwelchen langfristigen Folgen geführt….") „Welche Folgen waren das? _f …Beginn einer Therapie _g …Stationäre Behandlung
f901	Auf dieser Liste sind verschiedene Einrichtungen aufgeführt, die Hilfe anbieten. Haben Sie selbst schon einmal solche Einrichtungen genutzt, als Sie in einer solchen Situation*** waren? _a Frauennotruf _b Frauenhaus _c Frauenberatungsstelle _d Andere Beratungsstelle _e Krisendienst _f Telefonseelsorge _g Therapeutische Praxis _h Psychiatrische Einrichtung _j Opferberatungsstelle"
	schriftlicher Fragebogen im Kontext Partnergewalt
f19	„Haben Sie infolge einer dieser Situationen* schon einmal… _1 …medizinische Hilfe in Anspruch genommen?"
f37	„Haben Sie schon einmal infolge einer solchen Verletzung durch den Partner ärztliche Hilfe in Anspruch genommen? _1 …ja, ich war bei Arzt/Ärztin _2 …bei einer Ambulanz, aber ich musste nicht im Krankenhaus bleiben. _3 …ja, ich musste im Krankenhaus bleiben."
f40	„Wenn Sie jetzt an die körperlichen Auseinandersetzungen oder erzwungenen sexuellen Handlungen in dieser Partnerschaft denken: Wie haben Sie selbst in solchen Situationen reagiert? Ich … _13 …habe versucht, Hilfe durch Beratungsstellen, Hilfseinrichtungen, Frauenhaus oder Behörden zu bekommen."

Quelle: INFAS/IFF (2004)

* körperliche/sexuelle Gewalt
** schlimmste/belastendste Situation körperlicher Gewalt
*** körperliche, sexuelle oder psychische Übergriffe

5 Ergebnisse

Im Folgenden werden die Ergebnisse der statistischen Analyse analog der in Kapitel 3 beschriebenen Auswertungsschritte berichtet. Zu Beginn werden die deskriptiven Befunde, d.h. vornehmlich die univariaten Häufigkeitsverteilungen derjenigen Faktoren, die im Fokus der Untersuchung stehen, im Hinblick auf die Studienpopulation dargestellt. Die einzelnen Ergebnisse sind mit ihren statistischen Kennziffern im Anhang C ausführlich aufgelistet. Zum Vergleich werden diese Merkmalsverteilungen denen der Gesamtpopulation (GP) gegenübergestellt (siehe ebenfalls Anhang C). Im Anschluss werden die Resultate der bivariaten Analyse (Korrelationsanalyse und Unabhängigkeitstest), die schrittweise (stepwise) erfolgte, gezeigt (siehe Anhang D). Die Ergebnisse der multivariaten Analyse (Regressionsmodelle) folgen als drittes (siehe Anhang E), um dann mit der Darstellung der Strukturgleichungsmodelle abzuschließen (siehe Anhang F).

5.1 Studienpopulation

Wie im Kapitel 4 beschrieben, umfasst die Studienpopulation jene Befragten aus der Haupt- und Zusatzbefragung, die 1.) nicht nur die mündliche sondern auch die schriftliche Befragung beantwortet haben und die 2.) jemals in ihrem Leben eine Partnerschaft hatten und mindestens von einer psychischen, physischen oder sexuellen Gewalthandlung durch einen Intimpartner berichteten. Diese Einschlusskriterien erfüllen 1.730 von allen befragten Frauen. Insgesamt liegt von 10.118 Frauen der Haupt- und Zusatzbefragung sowohl ein mündlich als auch schriftlich beantworteter Fragebogen vor (siehe Kapitel 4.6.1).

5.1.1 Demografische Merkmale

Als demografische Merkmale gehen in die Analyse der Studienpopulation das Alter, der Migrationshintergrund, die Anzahl der Kinder, die schulische und berufliche Bildung, Erwerbs- sowie Berufsstatus und das eigene Einkommen als einzelne Faktoren und als Sozialstatusindex ein.

Alter

Von den 1.730 Frauen der Studienpopulation liegen für 1.718 Angaben zum Alter vor. Die jüngste der von Partnergewalt betroffenen befragten Frauen ist 16, die älteste 83 Jahre alt (± 67 Jahre).

Abbildung 5-1: Altersverteilung in absoluten Zahlen

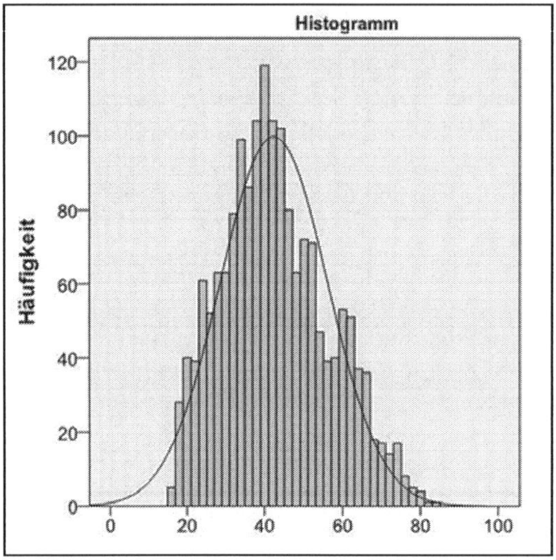

Die Verteilung zeigt einen Median (*Med.*) von 41, einen Mittelwert (*MW*) von 42,29 Jahren und eine Standardabweichung (*SD*) von 13,74. Die von Partnergewalt betroffenen Frauen sind im Vergleich mit denen der Gesamtpopulation (GP) (N = 10.118) im Mittel etwa 4 Jahre jünger (*Med. 44*; *MW* 46,13; *SD* 16,89). Die höchste Prävalenz von Intimer Partnergewalt zeigt sich im Alter zwischen 36 bis 45 Jahren, gefolgt von der Gruppe der 26- bis 35-Jährigen (siehe Abbildung 5-1).

Migration

In der Studienpopulation (n = 1.730) haben 398 Frauen (23,0%) einen Migrationshintergrund. Damit unterscheidet sich die Studien- nur geringfügig von der Gesamtpopulation. Hier liegt der Anteil der Frauen mit einem Migrationshintergrund bei 21,4%.

Kinder

Mehr als ein Viertel der Studienpopulationsfrauen (26,6%; n = 460) gibt an, keine Kinder zu haben. 73,2% der Frauen haben Kinder (n = 1.266).

Knapp ein Viertel (24,5%; n = 424) berichtet von einem Kind, am häufigsten haben die Frauen zwei Kinder (28,8%; n = 499). Mehr als ein Zehntel (11,7%; n = 202) nennt drei Kinder (siehe Abbildung 5-2).

Abbildung 5-2: Anzahl an Kindern

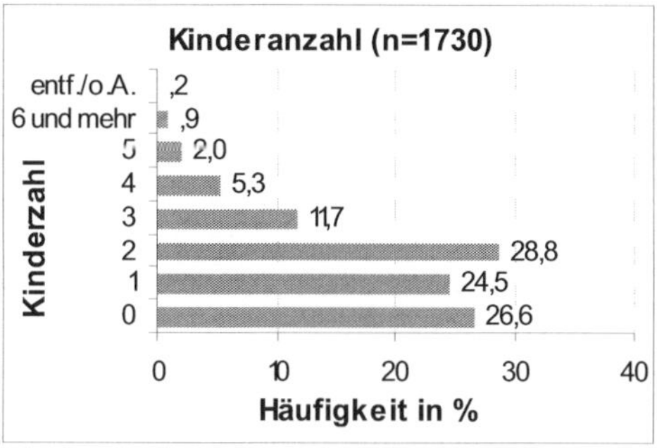

Vier Kinder und mehr haben insgesamt etwas mehr als 7% (n = 141). Im Mittel haben die Befragten 1,5 Kinder (*MW*) (*SD* 1,3; *Med.* 1). Für die GP liegen mit einer Kinderlosigkeit von 27,1% und einer mittleren Anzahl an Kindern (*MW*) von 1,5 (*SD* 1,3) ähnliche Ergebnisse vor.

Schulische und berufliche Bildung

Nach der CASMIN-Bildungsklassifikation zeigt sich, dass die in der Analyse berücksichtigten Frauen mit 27,6% (n = 478) am häufigsten über eine Mittlere Reife mit Ausbildung verfügen, gefolgt von 15,4% (n = 266) mit einem Hauptschulabschluss inklusive Ausbildung, 12,4% (n = 215) der Frauen haben ein Universitätsstudium abgeschlossen (siehe Abbildung 5-3).

Insgesamt befinden sich 19,3% (n = 333) in einer einfachen (primary), 51,4% (n = 889) in einer mittleren (secondary) und 18,2% (n = 314) in einer höheren (tertiary) Bildungsklasse (*Med.* 5 für MRM). Als metrische Variable mit einem Range von 0 – 9, mit 9 als Wert für den höchsten Abschluss, betrachtet, ergibt sich ein *MW* von 5,4 (*SD* 2,2). Die eindeutige Mehrzahl der Frauen verfügt daher über einen Mittlere Reifeabschluss mit einer zusätzlichen Ausbildung.

Im Vergleich mit der GP haben die Frauen der Studienpopulation einen etwas höheren Bildungsabschluss. Um 3 Prozentpunkte haben sie jeweils häufiger das Abitur plus eine Ausbildung oder ein Universitätsstudium abgeschlossen. Der Vergleich der Maßzahlen der zentralen Tendenz zeigt sehr geringe Unterschiede (*MW* 5,1; *SD* 2,14).

Abbildung 5-3: CASMIN-Bildungsklassen

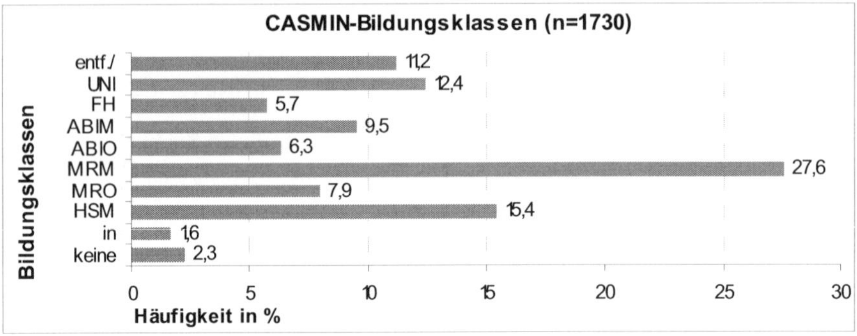

UNI	Universitätsabschluss	FH	Fachhochschulabschluss
ABIM	Abitur mit Ausbildung	ABIO	Abitur ohne Ausbildung
MRM	Mittlere Reife mit Ausbildung	MRO	Mittlere Reife ohne Ausbildung
HSM	Hauptschulabschluss mit Ausbildung		

Erwerbsstatus

Am häufigsten sind die Frauen vollzeit- (28,5%; n = 493) bzw. teilzeitbeschäftigt (18,6%; n = 321) oder sie sind (früh)verrentet (12,6%; n = 218). Geringfügig oder unregelmäßig beschäftigt sind 7,2% (n = 125), 10,6% (n = 184) suchen Arbeit, 9,0% (n = 155) sind Hausfrauen, 3,2% (n = 55) sind vorübergehend freigestellt, 7,0% (n = 121) befinden sich in der Ausbildung und 1,4% (n = 24) sind aus anderen Gründen nicht erwerbstätig (siehe Abbildung 5-4).

Im Vergleich mit den Frauen der GP suchen sie geringfügig häufiger Arbeit (um 3,5 Prozentpunkte), sind etwa um die Hälfte weniger frühberentet, um 2 Prozentpunkte häufiger teilzeit- und um 4 Prozentpunkte häufiger vollzeitbeschäftigt.

Abbildung 5-4: Erwerbsstatus

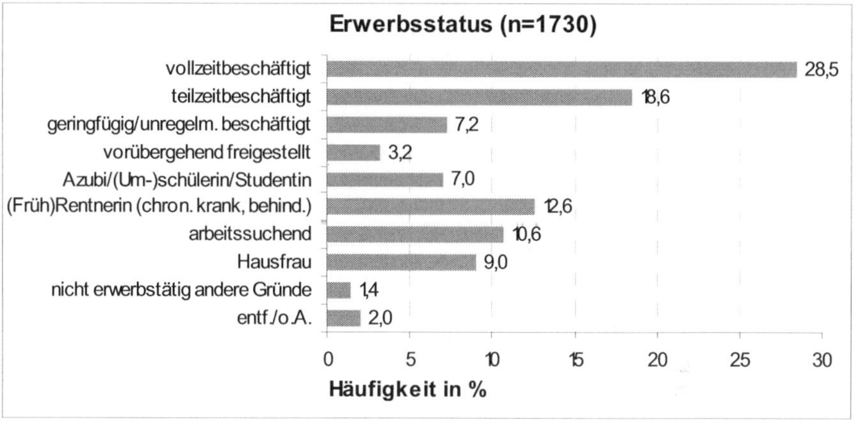

Berufliche Stellung

Am häufigsten geben die Frauen einen mittleren Berufsstatus (29,2%; n = 506) an. Mit 22,9% (n = 397) nehmen sie einen gehobenen und mit 21,2% (n = 366) einen einfachen Berufsstatus ein (siehe Abbildung 5-5). Der Median liegt bei einem mittleren Berufsstatus. Als metrische Variable mit einem Range von 0 – 6 (höchster Berufsstatus) betrachtet beträgt der *MW* 3,62 (*SD* 1,3).

Abbildung 5-5: Berufliche Stellung

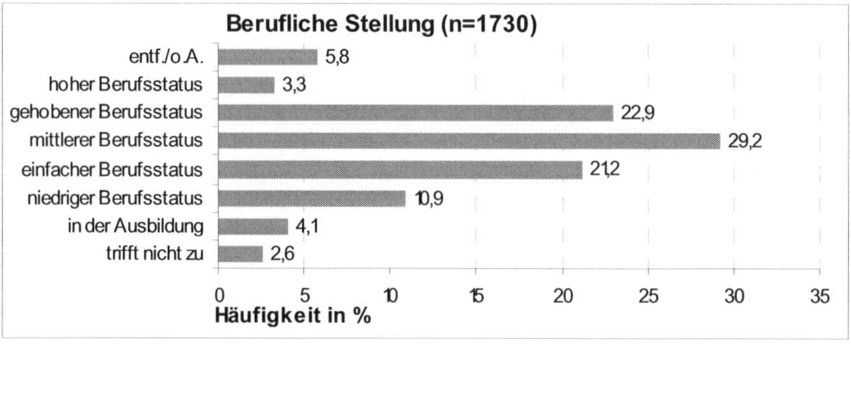

Auch hier zeigt der Vergleich mit den Frauen der GP, dass die gesamte Studienpopulation um 2 Prozentpunkte geringfügig häufiger einen hohen Berufsstatus angibt. Die Maßzahlen der zentralen Tendenz unterscheiden sich kaum (*MW* 3,55; *SD* 1,3).

Einkommen

Im Hinblick auf das eigene monatliche Nettoeinkommen zeigt sich eine hohe Prekarität (siehe Abbildung 5-6): 12,1% (n = 210) der Frauen geben an, kein eigenes Einkommen zu haben, 18,1% (n = 313) nennen einen Wert von unter 500 EUR. Am häufigsten verfügen die Frauen (23,0%; n = 398) über ein eigenes Einkommen von 500 bis unter 900 EUR, 16,2% (n = 278) geben 900 bis unter 1.200 EUR und 14,7% (n = 255) über 1.200 bis unter 1.800 EUR an. Nur ein geringer Teil der Frauen verfügt über ein höheres Einkommen: Bei 3,9% (n = 68) liegt das Einkommen zwischen 1.800 bis unter 2.300 EUR und 3,7% (n = 64) haben über 2.300 EUR und mehr. 8,3% (n = 144) der Frauen machten keine Angaben.

Abbildung 5-6: Eigenes Einkommen in Klassen

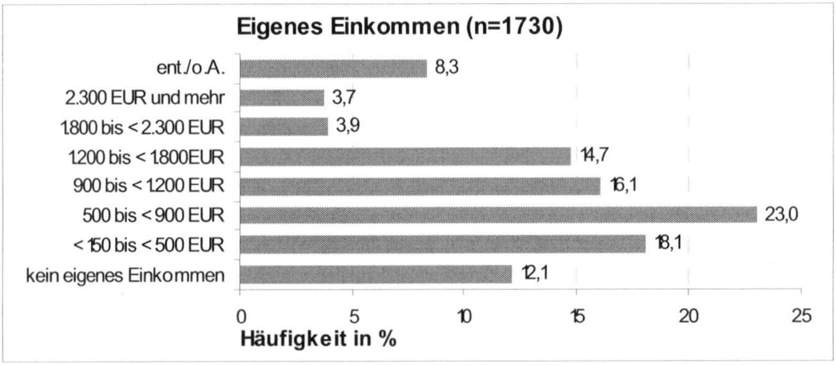

Die gleiche Prekarität ist auch für die Frauen der GP gegeben. Ebenfalls zeigt sich, dass die Frauen der Studienpopulation um jeweils etwa 3 Prozentpunkte besser mit finanziellen Ressourcen ausgestattet sind als die Frauen der GP. Der Anteil der von Gewalt betroffenen Frauen ist unter den Frauen mit keinem oder einem Einkommen bis unter 500 EUR geringer als in der GP.

Analog zu diesem Ergebnis sind Frauen der Studienpopulation eher in den Einkommensgruppen 900 bis 1.200 EUR sowie 1.200 bis unter 1.800 EUR vertreten (siehe Abbildung 5-6).

Abbildung 5-7: Eigenes Einkommen in Wohlstandsklassen

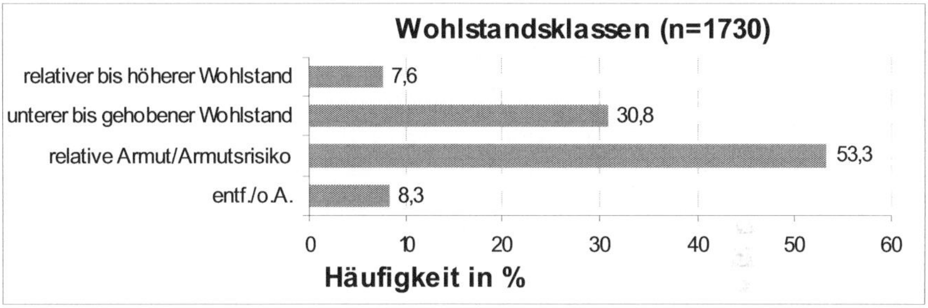

Zur Einteilung nach Wohlstandsklassen ist zu konstatieren, dass die Mehrzahl der Frauen (53,2%; n = 921) in relativer Armut lebt oder durch Armutsrisiken gefährdet ist. Einen unteren bis gehobenen Wohlstand haben etwas mehr als ein Drittel (30,8%, n = 533) und weniger als ein Zehntel (7,6%; n = 132) hat einen relativen bis höheren Wohlstand (siehe Abbildung 5-7). Im Vergleich zur GP befinden sich Frauen der Studienpopulation um 5 Prozentpunkte häufiger in einer unteren bis gehobenen Wohlstandsklasse.

Sozialstatus

Bildung, berufliche Stellung und Einkommen wurden wegen ihrer hohen internen Korrelation zum Sozialstatusindex zusammengefasst (siehe Kapitel 4).

Abbildung 5-8: Sozialstatus

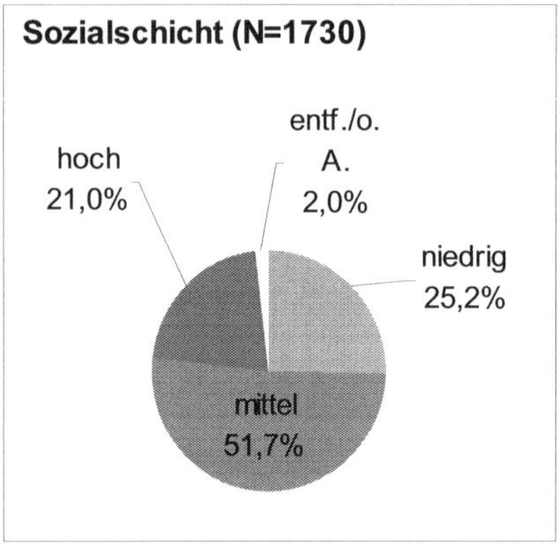

Ewas mehr als die Hälfte der Frauen (51,7%; n = 895) gehört einem mittleren Sozialstatus an, ein Viertel (25,2%; n = 436) einem niedrigen und etwa ein Fünftel (21,0% n = 364) einem hohen Sozialstatus (siehe Abbildung 5-8).

Im Sozialstatusindex spiegeln sich die bereits dargestellten Unterschiede zwischen Studien- und Gesamtpopulation wider: mit 4 Prozentpunkten sind Frauen der Studienpopulation häufiger einem hohen Sozialstatus zugeordnet.

5.1.2 Gesundheit

In das Konstrukt Gesundheit gehen als Indikatoren die Subjektive, die Physische und die Mentale Gesundheit sowie die Verletzungen und chronische Erkrankung/ körperliche Behinderung ein.

Subjektive Gesundheit

Die 1.730 Frauen der Studienpopulation schätzen ihre eigene Gesundheit zu 12,0% (n = 208) als sehr gut ein, zu 38,6% (n = 667) als gut, zu 29,1% (n = 504) als eher gut, zu 12,7% (n = 220) als eher schlecht, zu 4,7% (n = 82) als schlecht, zu 2,3% (n = 40) als sehr schlecht und 0,5% Frauen (n = 9) machten keine Angaben.

Abbildung 5-9: Subjektive Gesundheit

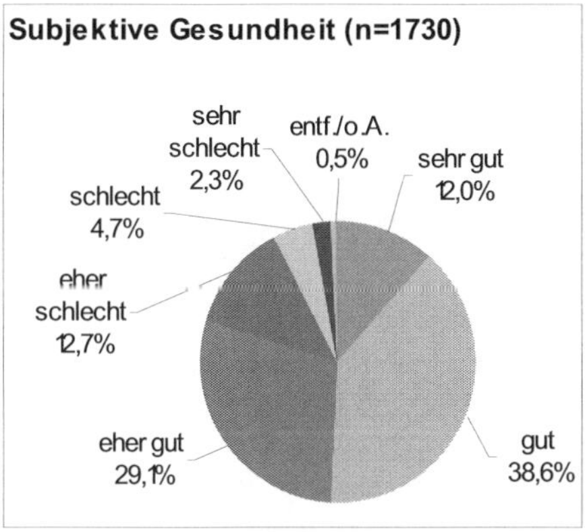

Zusammengefasst schätzt die Hälfte der Frauen ihre Gesundheit als (sehr) gut bzw. knapp 80% als gut ein. Jede Vierte liegt nach ihrer Einschätzung im mittleren Bereich und nur ein sehr geringer Anteil der Frauen (7%; n = 122) bewertet die eigene Gesundheit als (sehr) schlecht.

Damit zeigen die Befragten mehrheitlich eine gute Subjektive Gesundheit (siehe Abbildung 5-9). Als metrische Variable mit einem Rang von 1 (sehr gut) bis 6 (sehr schlecht) liegt der *MW* bei 2,7 (*SD* 1,1) und der Median bei 2,0 für eine gute Subjektive Gesundheit.

Im Vergleich beurteilen die Frauen der Studienpopulation ihren Gesundheitszustand schlechter als die Frauen der GP. Am deutlichsten wird dieser Unterschied bei der Ausprägung sehr gut, der bei den Frauen der Studienpopulation um 4 Prozentpunkte weniger vertreten ist.

Physische Gesundheit

Von den 1.730 Frauen der Studienpopulation machten 1.720 Angaben zu ihrer Physischen Gesundheit, die zu einem Skalenscore mit Werten zwischen 0 bis 100 transformiert wurden, wobei ein höherer Wert für eine schlechtere Gesundheit steht. Für die Studienpopulation ergibt sich ein *MW* von 22,88 (*SD* 14,35). Insgesamt zeichnet sich die Studienpopulation mit einer guten Physischen Gesundheit aus.

Verglichen mit den Frauen der GP haben die Befragten der Studienpopulation eine schlechtere Physische Gesundheit (*MW* 16,70; *SD* 12,07).

Mentale Gesundheit

Insgesamt beantworteten 1.727 Frauen die Itemliste zur mentalen Gesundheit. Der transformierte Scalenscore weist einen *MW* von 36,33 (*SD* 19,58) auf. Auch hier gilt: Je höher der Wert, desto schlechter die Gesundheit. Die Studienpopulation zeigt für die Mentale Gesundheit schlechtere Werte als für die Physische Gesundheit.

Deutlicher wird der schlechtere Mentale Gesundheitszustand der Studienpopulationsfrauen im Vergleich mit den Frauen der GP. Der Unterschied im Mittelwert betragen knapp 12 Scorepunkte (*MW* 24,65; *SD* 17,57).

Verletzungen

83,8% der Frauen (n = 1.450) berichtet von mindestens einer Verletzung im Laufe ihres Lebens. Zu je einem Fünftel sind es eine Verletzung (19,7%; n = 340) oder drei Verletzungen (21,2%; n = 367), ein Viertel nennt zwei Verletzungen (25,5%; n = 441), so dass mehr als zwei Drittel (66,4%) der Frauen bis zu dreimal verletzt war. 11,2% (n = 193) geben an, vierfach verletzt zu sein. Von vier, fünf, sechs und sieben Verletzungen berichten insgesamt 20,5% (n = 302) der Frauen (siehe Abbildung 5-10). Als metrische Variable betrachtet liegt der *MW* bei 2,2 (*SD* 1,46; *Med.* 2,0).

Abbildung 5-10: Anzahl der Verletzungen

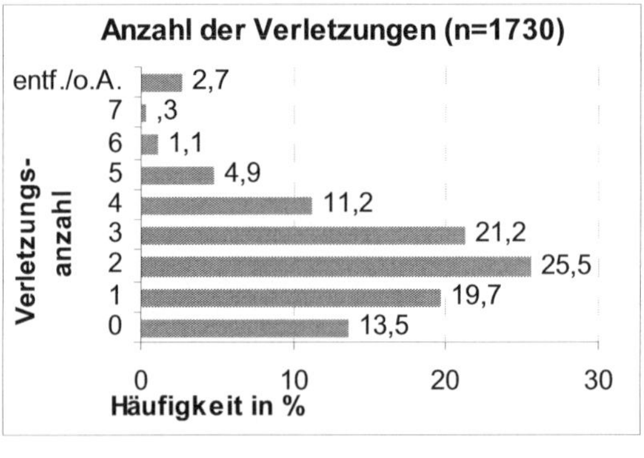

Verglichen mit der GP berichten die Frauen der Studienpopulation seltener von gar keinen Verletzungen (13,9% vs. 24,1%) und häufiger von mehreren Verletzungen. Besonders deutlich wird der Unterschied bei einer Anzahl von drei (21,8% vs. 15,0%) und vier Verletzungen (11,5% vs. 6,6%).

Chronische Erkrankungen und/oder körperliche Behinderungen

Von den 1.730 Frauen geben insgesamt 480 Frauen (27,8%) eine chronische Erkrankung/körperliche Behinderung an. 401 Frauen sind chronisch krank (23,2%), 48 körperlich behindert (2,8%) und 31 sind beides (1,8%). Von den 480 Frauen fühlen sich 11,9% (n = 57) sehr stark in ihrem täglichen Leben eingeschränkt,

16,9% (n = 81) stark, 29,8% (n = 143) mittelmäßig, 24,6% (n = 118) leicht und 16,3% (n = 78) gar nicht. Drei Frauen (0,6%) machen keine Angaben. Verglichen mit der GP sind Frauen der Studienpopulation um 4 Prozentpunkte häufiger chronisch erkrankt.

Für die weitere Frage, ob eine regelmäßige Hilfe oder Unterstützung im täglichen Leben benötigt wird, liegen im Datensatz in 406 Fällen Antworten vor. Wegen der inkonsistenten Filterführung bleibt diese Frage bei der weiteren Analyse und der neuen, zusammengefassten Variablen deshalb unberücksichtigt.

Die Variable „chronische Erkrankung/Behinderung mit Einschränkungen im Alltag" zeigt (siehe Abbildung 5-11), dass von den 1.730 Frauen der Studienpopulation 72,3% (n = 1.250) keinerlei chronische Erkrankungen oder Behinderungen haben. 4,7% (n = 81) sind chronisch erkrankt und/oder körperlich behindert, fühlen sich aber nicht im Alltag eingeschränkt. 15,1% sind ebenfalls erkrankt oder behindert und berichten von leichten bis mittleren Einschränkungen im Alltag.

Abbildung 5-11: Chronische Erkrankung/körperliche Behinderung

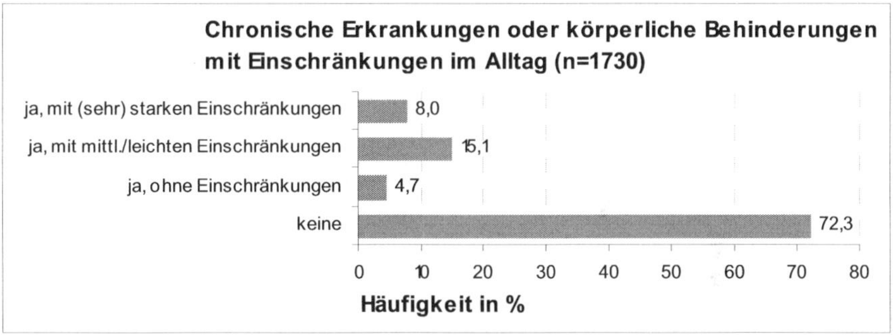

Stark bis sehr stark in den alltäglichen Aktivitäten eingeschränkt, fühlen sich 8,0% der erkrankten oder behinderten Frauen (n = 138).

Die beobachteten Unterschiede zur GP bei den chronischen Erkrankungen wirken sich auf die zusammengefasste Variable aus: Der Anteil nicht chronisch Kranker oder körperlich Behinderter ist unter den Frauen der Studienpopulation um 4 Prozentpunkte geringer, dafür berichten geringfügig mehr dieser Frauen von mittleren/leichten Einschränkungen (15,2% vs. 13,5%) und (sehr) starken Einschränkungen im Alltag (8,0% vs. 6,6%).

5.1.3 Ressourcen

Nachfolgend werden die Ergebnisse für die Personalen und Sozialen Ressourcen dargestellt.

Personale Ressourcen

Im Bereich der Personalen Ressourcen ergeben sich für die Subskalen folgende von 0 – 100 transformierte Werte mit 100 als bestem Ergebnis und Maximum:

- Optimismus (n=1.727): *MW* 63,26 (*SD* 21,63).
- Selbstwirksamkeit (n=1.725): *MW* 72,25 (*SD* 19,43).
- Selbstwertgefühl (n=1.709): *MW* 74,20 (*SD* von 18,97).

Zur Skala Personale Ressourcen (n=1.709) zusammengefasst zeigt sich ein *MW* von 69,97 (*SD* 16,55) (siehe Anhang C).

Insgesamt weisen die befragten Frauen, die alle Gewalt in ihrer Intimpartnerschaft erlebt haben, hohe Werte für die personalen Ressourcen aus. Der niedrigste Wert im Bereich der personalen Ressourcen ergibt sich für die Subskala Optimismus.

Im Vergleich mit den Frauen der GP sind keine Unterschiede in den Medianen und nur 3 bis 5 Punkte geringere Mittelwert bei den einzelnen Subskalen zu finden. Bei dem transformierten Summenscore Personale Ressourcen beträgt die Differenz 4 Scorepunkte (siehe Anhang C).

Soziale Ressourcen

Für die sozialen Ressourcen ergeben sich für die Subskalen folgende transformierte Werte von 0 – 100, mit 100 als höchstem Maß an Ressourcen:

- Soziale Unterstützung (n=1.728): *MW* 74,71 (*SD* 21,58).
- Soziales Netz (n=1.727): *MW* 63,26 (*SD* 21,63).
- Soziale Integration (n=1.730): *MW* 58,45 (*SD* 19,55).

Zur Skala Soziale Ressourcen (n=1.728) zusammengefasst zeigt sich ein *MW* von 66,90 (*SD* 18,43) (siehe Anhang C). Auch im Bereich der sozialen Ressourcen liegen folglich hohe Werte vor, insbesondere für die Subskala soziale Unterstützung. Am geringsten ausgestattet scheinen die befragten Frauen im Hinblick auf die soziale Integration zu sein.

Im Vergleich mit den Frauen der GP zeigen sich die größten Unterschiede bei der Subskala soziales Netz. Der GP-*MW* liegt mit 76,65 um 7 Scorepunkte höher. Der *MW* der Skala soziale Unterstützung beträgt bei den Frauen der Studienpopulation 5 Scorepunkte weniger (siehe Anhang C).

5.1.4 Gewalterfahrung

Da in der vorliegenden Untersuchung Partnergewalt ein Kriterium für den Eingang in die Studienpopulation ist, hat folglich jede Frau Gewalt in irgendeiner Form in einer Intimen Partnerschaft erlitten. Die Prävalenzen für die einzelnen Gewaltformen sind daher nicht auf eine andere Population übertrag- oder generalisierbar, sondern dienen einzig der Beschreibung der Studienpopulation.

Abbildung 5-12: Schnittmengen Partnergewaltformen

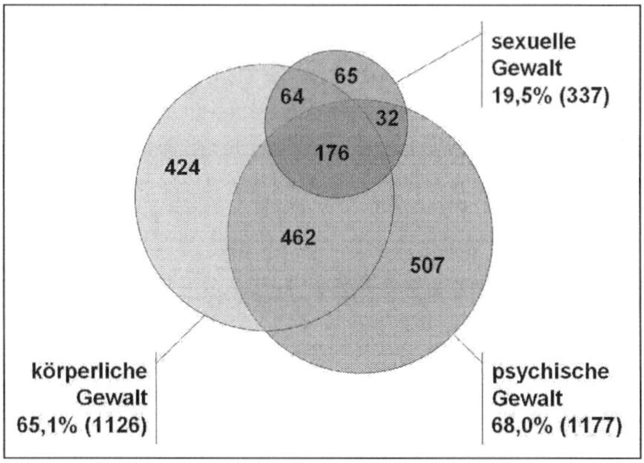

Von den 1.730 Frauen der Studienpopulation haben (nach dem 16. Lebensjahr) jemals in ihrem Leben 1.126 Befragte (65,1%) körperliche Gewalt, 337 Befragte (19,5%) sexuelle und 1.177 der Befragten (68,0%) psychische Gewalt durch einen Intimpartner erlitten (siehe Abbildung 5-12).

Überschneidung der einzelnen Formen von Partnergewalt

Es zeigt sich für diese Studienpopulation ein hohes Maß an Überschneidung der einzelnen Gewaltformen. Deutlich wird dies insbesondere für sexuelle Gewalt, die überwiegend in Kombination mit anderen Gewaltformen auftritt (siehe Abbildung 5-12).

Schweregrad von psychischer Gewalt durch einen Intimpartner

Keine der 1.177 Frauen (68,0%), die von psychischer Gewalt durch den Partner betroffen sind, hat sehr leichte psychische Gewalt erfahren.

Abbildung 5-13: Schweregrad psychischer Partnergewalt

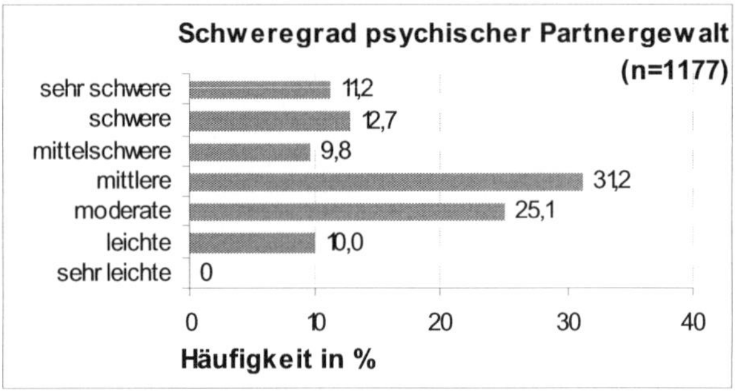

Bei diesen 1.177 Frauen liegt bei insgesamt 35,1% (n = 413) der Fälle leichte oder moderate Gewalt vor, die ohne Folgen blieb. Nach den Angaben von 41,0% (n = 482) handelt es sich um mittlere oder mittelschwere Gewalt. 23,9% der Befragten (n = 282) sind von schwerer psychischer Gewalt betroffen (siehe Abbildung 5-13). Als metrische Variable mit einem Range von 1 (sehr leicht) – 7 (sehr schwer) ergibt sich ein *MW* von 4,24 (*SD* 1,5; *Med.* 4,0).

Schweregrad von körperlicher Gewalt durch einen Intimpartner

Mehr als zwei Drittel der Befragten (65,1%) berichtet von körperlicher Gewalt durch einen Intimpartner. Von diesen 1.126 Frauen liegt unter Berücksichtigung von Häufigkeit, Bedrohungsgefühl und Verletzungen bei 412 Fällen (36,6%) eine sehr leichte bis moderate Gewalt vor.

Abbildung 5-14: Schweregrad physischer Partnergewalt

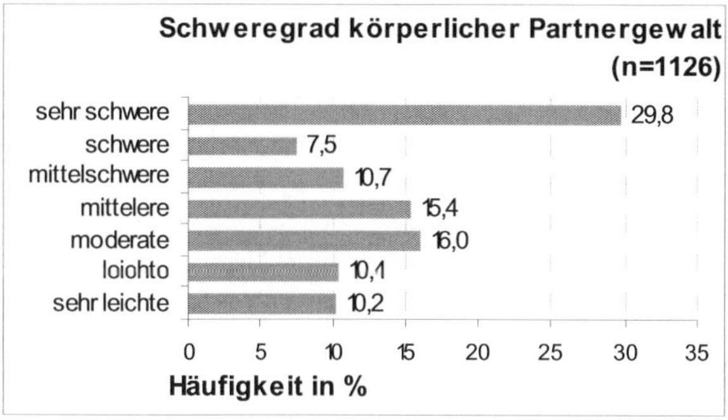

Bei 294 Fällen (26,1%) muss von mittlerer/ mittelschwerer Gewalt und bei 420 Fällen (37,3%), d.h. am häufigsten, von schwerer bis sehr schwerer Gewalt ausgegangen werden (siehe Abbildung 5-14). Metrisch betrachtet mit einer Spannweite von 1 (sehr leicht) – 7 (sehr schwere) beträgt der *MW* 4,5 (*SD* 2,1; *Med.* 4,0).

Schweregrad von sexueller Gewalt durch den Intimpartner

Etwa jede fünfte Frau 19,5% (n = 337), die Gewalt durch einen Intimpartner erlebt hat, berichtet von sexueller Gewalt.

Abbildung 5-15: Schweregrad sexueller Partnergewalt

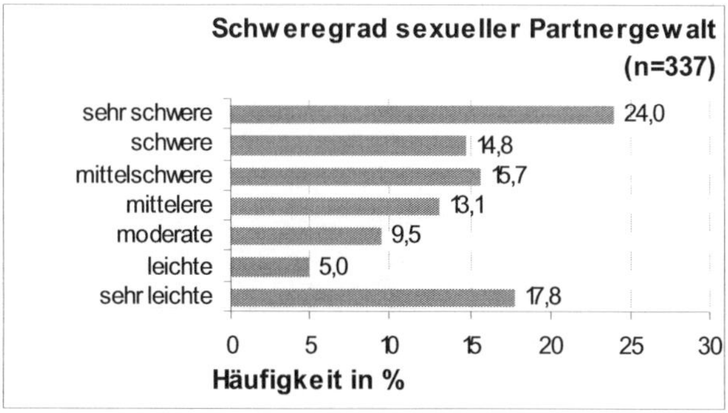

Von diesen erlitten 109 Frauen sehr leichte bis moderate Formen sexueller Gewalt durch einen Intimpartner (32,3%) und 97 Frauen (28,8%) mittlere oder mittelschwere sexuelle Gewaltformen. Mit 38,8% (n = 131) tritt am häufigsten schwere oder sehr schwere sexuelle Gewalt auf (häufige Vergewaltigung mit Bedrohungsgefühl und Verletzungsfolgen) (siehe Abbildung 5-15). Als metrische Variable mit einem Range von 1 (sehr leicht) – 7 (sehr schwer) ergibt sich ein *MW* von 4,5 (*SD* 2,2; *Med.* 5,0).

Schweregrad von Intimer Partnergewalt

Wegen der hohen Korrelation der körperlichen, sexuellen und psychischen Partnergewalt untereinander (siehe Kapitel 5.2.5) wurden die einzelnen Variablen in einen Schweregradindex zusammengefasst (siehe Kapitel 3).

Abbildung 5-16: Schweregrad Partnergewalt

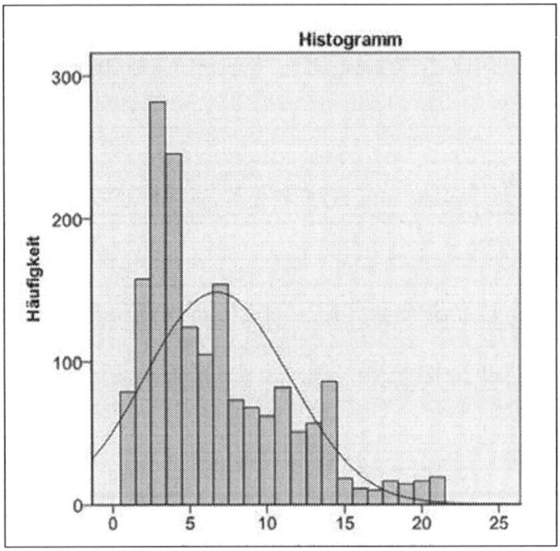

Für diesen Index (n = 1.730) mit einem Wertebereich von 1 bis 21 (mit 21 für das Maximum an Schwere) liegt der *MW* bei 6,77 (*SD* 4,64; *Med.* 5). Im Histogramm (siehe Abbildung 5-16) zeigt sich eindeutig, dass die befragten Frauen häufiger von leichterer bis mittlerer Partnergewalt betroffen sind. So liegt die Grenze des dritten Quartils beim Wert 9, d.h., drei Viertel der Frauen wiesen einen Schweregrad von Partnergewalt mit bis zu 9 von maximal 21 Punkten auf.

5.1.5 *Multiple Gewalterfahrung*

Für multiple Gewalterfahrung werden die Ergebnisse der Variablen „Miterleben von Gewalt zwischen den Eltern“, „Misshandlung in der Kindheit“, „sexuellem Mißbrauch in der Kindheit“ und „familiärer Gewalt nach dem 16. Lebensjahr“ unterschieden.

Miterleben von Gewalt zwischen den Eltern

Etwa jede siebte Befragte (14,2%; n = 246) hat Gewalt zwischen ihren Eltern oder Pflegeeltern miterlebt.

Misshandlung in der Kindheit

Ein Fünftel der Frauen aus der Studienpopulation (20,6%; n = 357) berichtet von leichten bis schweren Formen der Züchtigung oder Misshandlungen in ihrer Kindheit (siehe Abbildung 5-17).

Abbildung 5-17: Misshandlung in der Kindheit

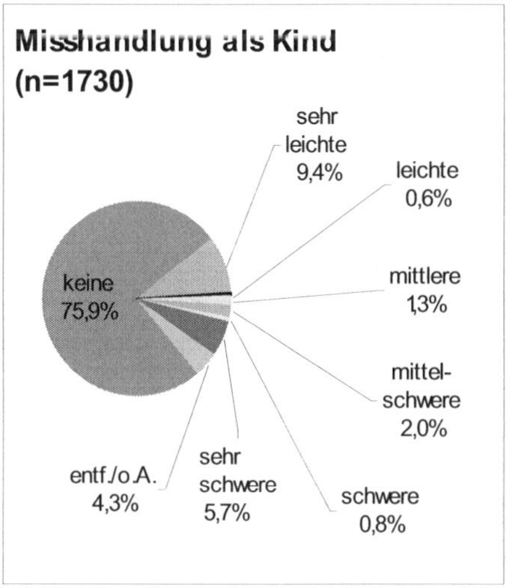

Am häufigsten handelt es sich hier um leichte körperliche oder psychische Formen (9,6%; n = 166). Insgesamt sind (sehr) leichte Formen bei 10,4% der Frauen (n = 179) zu finden, mittlere Formen bei 3,6% (n = 62) und von schweren bis sehr schweren Formen sind insgesamt 116 Frauen (6,5%) betroffen.

Sexueller Missbrauch in der Kindheit

Von den 1.730 Frauen der Studienpopulation gibt ein Fünftel (21,8%; n = 378) sexuellen Missbrauch in der Kindheit an (siehe Abbildung 5-18), wobei mit 13,8% (n = 238) häufiger Frauen von einmaligen Vorfällen berichten.

Abbildung 5-18: Sexueller Missbrauch in der Kindheit

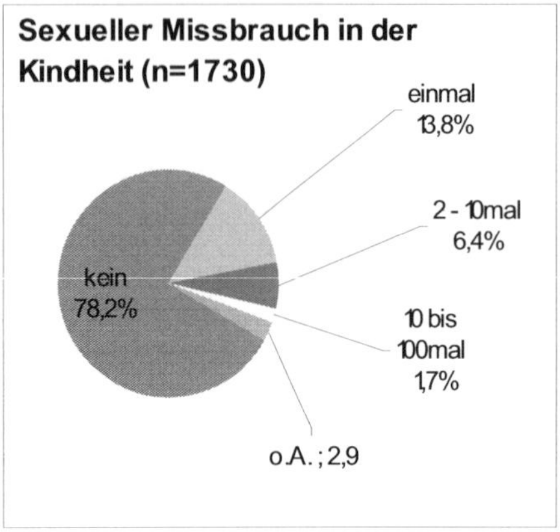

Zwei- bis zehnmaligen sexuellen Missbrauch nennen 6,4% der Frauen (n = 110). Häufigen sexuellen Missbrauch zwischen zehn- bis hundertmal geben 1,7% der Befragten (n = 30) an.

Familiäre Gewalt nach dem 16. Lebensjahr

Ein Viertel der Studienpopulation (25,3%; n = 437) nennt bei den Fragen zur psychischen, körperlichen oder sexuellen Gewalt nach dem 16. Lebensjahr weitere Täter/innen aus der Familie oder der Verwandtschaft. Mit 14,5% (n = 251) tritt die ausschließlich körperliche Gewalt häufiger auf als die ausschließlich psychische Gewalt mit 4,7% (n = 82). Unter kombinierter psychischer und körperlicher Gewalt leidet 3,5% der Frauen (n = 60), unter sexueller Gewalt 1,3% (n = 22) und unter allen drei Formen ebenfalls 1,3% (n = 22) (vgl. Anhang C).

5.1.6 *Moderierende Variablen*

Es folgen die Ergebnisse für die untersuchten Variablen mit potentiell moderierenden Effekt wie „Substanzmittelkonsum als Coping-Strategie", „Bekanntheit von Unterstützung", „Mitverantwortungsgefühl bei körperlicher oder sexueller Gewalt" und „Mitbetroffenheit von Kindern".

Substanzmittelkonsum als Coping-Strategie

Mehr als ein Viertel der Befragten (27,5%; n = 475) konsumiert nach eigenen Angaben Substanzmittel zur Bewältigung der Gewalttätigkeiten.

Abbildung 5-19: Substanzmittelkonsum

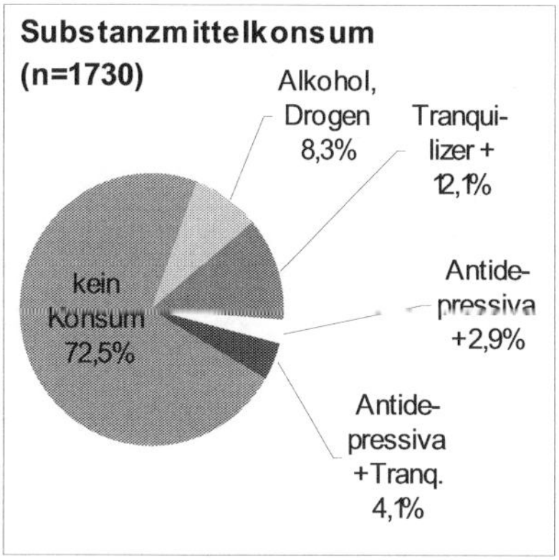

Die am häufigsten eingenommenen Mittel sind mit 12,1% (n = 210) Tranquilizer. Mit 8,3% (n = 143) wird am zweithäufigsten Alkohol, auch in Kombination mit Drogen, konsumiert. Die Einnahme von Antidepressiva oder Aufputschmittel, inklusive Drogen oder Alkohol nennen 2,9% der Frauen (n = 51), kombiniert mit Tranquilizern sind es 4,1% (n = 71). Überwiegend werden Beruhigungsmittel eingenommen (16,2%; n = 281) (siehe Abbildung 5-19). Zusammengefasst nehmen mit 19,2% knapp ein Fünftel der Frauen (n = 332) Psychopharmaka ein und 8,3% (n = 143) konsumieren Alkohol z.T. mit anderen Drogen ohne Psychopharmaka.

Bekanntheit von Unterstützung

Knapp einem Drittel der Studienpopulation (28,4%; n = 491) sind keine spezifischen Beratungsstellen zur Unterstützung bei Partnergewalt bekannt, d.h. sieben von zehn Frauen wissen um derartige Angebote. Von den Befragten haben 297 Frauen (17,2%) bereits eine Unterstützungsstelle in Anspruch genommen. Da Mehrfachantworten möglich waren, wird insgesamt 517mal eine Beratungsstelle genannt.

Mitverantwortungsgefühl bei körperlicher oder sexueller Gewalt

Mehr als ein Fünftel der Studienpopulationsfrauen (22,7%; n = 393) fühlt sich bei den schlimmsten oder belastendsten Situationen körperlicher oder sexueller Gewalt in der Partnerschaft mitverantwortlich.

Mitbetroffenheit von Kindern

Einschränkend muss konstatiert werden, dass die Frage nach der Mitbetroffenheit von Kindern bei Intimer Partnergewalt nur jenen Frauen vorgelegt wurden, die in ihrer aktuellen oder letzten Partnerschaft Gewalt mehr als einmal erlitten hatten (n = 824). 260 Frauen (31,5%) hatten keine Kinder oder lebten nicht mit

Kindern zusammen. Jene 463 Frauen (56,1%), die die Frage bejahten oder keine Angaben machten (12,2%; n = 101), wurden zur Mitbetroffenheit der Kinder gefragt. Aussagen hierzur liegen somit von 564 Frauen vor (siehe Abbildung 5-20): 310 Frauen nennen eine Mitbetroffenheit der Kinder.

Abbildung 5-20: Mitbetroffenheit der Kinder

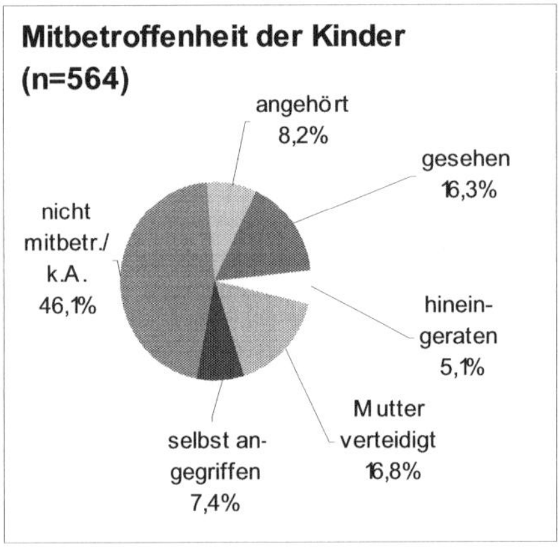

Bei 46 Frauen (2,7%) haben Kinder die Gewalt mitgehört, bei 92 Frauen (5,3%) mit angesehen oder sind bei 29 Frauen (1,7%) in die Gewalthandlungen hineingeraten. In 95 Fällen (5,5%) haben die Kinder versucht, die Mutter zu verteidigen oder zu schützen und in 42 Fällen (2,4%) werden die Kinder selbst angegriffen.

Insgesamt sind etwa 10% der Kinder selbst Gewalttätigkeiten ausgesetzt gewesen. Bei 260 der 564 Frauen (46,1%) haben die Kinder – nach Aussage der Befragten – nichts mitbekommen oder die Frauen können zur Frage keine Aussage machen oder es liegen keine Antworten vor.[83]

5.1.7 Inanspruchnahme institutioneller Hilfe (Outcome)

Zwei Drittel der 1.730 Frauen hat keinerlei institutionelle Hilfe oder Unterstützung erhalten. In der Umkehr haben von den Frauen der Studienpopulation 625 Frauen bzw. 36,1% institutionelle Hilfe in Anspruch genommen.

[83] In der weiteren Analyse wird die Mitbetroffenheit von Kindern nur bei jenen 564 Frauen berücksichtigt, die in der gewalttätigen Partnerschaft mit Kindern zusammenlebten.

Abbildung 5-21: Schnittmenge Inanspruchnahme von institutioneller Hilfe

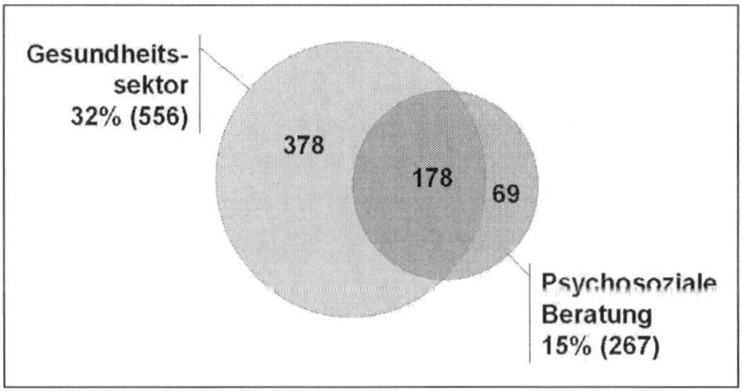

Am häufigsten wenden sich die Frauen an medizinische Einrichtungen (32,1%; n = 556) und in 267 Fällen (15,4%) an spezifische Beratungs- oder Unterstützungsstellen. Werden die Mehrfachantworten berücksichtigt, dann zeigt sich unter den Inanspruchnehmenden (n = 625) folgendes Bild: Ausschließlich medizinische Versorgung nutzten 21,8% (n = 378) und ausschließlich spezifische psychosoziale Unterstützung 4,0% (n = 69), sowohl medizinische als auch spezifisch psychosoziale Unterstützung suchen 10,3% (n = 178) auf (siehe Abbildung 5-21). Damit wird die Gesundheitsversorgung erheblich häufiger von Opfern zur Versorgung und Unterstützung nach erlittener Gewalt durch den Partner aufgesucht.

5.2 Ergebnisse der bi- und multivariaten Analyse

Im Folgenden werden die Ergebnisse, den einzelnen Auswertungsstufen folgend (siehe Kapitel 4.5.5), jeweils für die einzelnen Konstrukte dargestellt. Zunächst werden die Ergebnisse der bivariaten Korrelations- sowie Unabhängigkeitsanalyse und im Anschluss die der multivariaten Regressionsanalysen präsentiert. Die Ergebnisse der bivariaten Analyse bilden die Grundlage für die Regressionsmodellierungen der potentiellen Prädiktoren (siehe Kapitel 4.5.5). Nach Bortz und Döring (2002: 509) bestimmt die „bivariate Korrelation (…) über einen Korrelationskoeffizienten die Enge und Richtung des Zusammenhangs zwischen zwei Merkmalen. (…) Ein bivariater positiver Zusammenhang (positive Korrelation) besagt, daß hohe Ausprägungen auf dem einen Merkmal mit hohen Ausprägungen auf dem anderen Merkmal einhergehen." Für die bivariate Analyse bedeutet eine Korrelation jedoch nicht gleichzeitig eine Kausation zwischen den beobachteten Variablen. Nach Schendera (2008: 2) gilt jedoch umgekehrt: „Liegt keine bivariate Korrelation vor, liegt auch keine bivariate Kausation vor." Das heißt, mit den Regressionsmodellen wird ein unterstelltes Kausalmodell zwischen einer oder mehreren unabhängigen Variablen und einer abhängigen Variablen geprüft, mit dem sowohl Aussagen zum Ausmaß als auch Richtung des Zusammenhangs getroffen werden können (vgl. Schendera 2008: 36f, 132).

Beschrieben werden zum einen jene bivariaten Zusammenhänge, deren Korrelationskoeffizient über dem Wert von |,20| liegt oder andere Auffälligkeiten, zum anderen werden die Regressionsmodelle mit der größten Varianzaufklärung bei minimaler Variablenanzahl sowie die ins Modell eingegangenen Prädiktoren erläutert. Eine Übersicht aller Korrelations- und Unabhängigkeitstestergebnisse ist dem Anhang D und die Ergebnisse der Regressionsmodelle dem Anhang E zu entnehmen.

5.2.1 Demografische Indikatoren (step 1)

Unter den einzelnen demografischen Indikatoren zeigen sich folgende statistisch signifikanten Zusammenhänge (siehe Anhang D):

- Ein höheres Alter der Befragten geht mit einer größeren Anzahl an eigenen Kindern einher und korreliert mit dem Erwerbsstatus.
- Während bei der Korrelationsanalyse kein Zusammenhang zwischen Alter und Bildung zu finden ist, verweist ANOVA auf einen Effekt zwischen dem Bildungsstatus und dem Alter: Je älter die Befragten sind, desto höher ist ihr Bildungsabschluss.
- Zwischen dem Erwerbsstatus und der Kinderzahl besteht ein Zusammenhang mit einem signifikanten mittleren Effekt.[84]
- Unter den Variablen Bildungs- und Berufsstatus sowie Einkommen, die zu einem Sozialstatusindex (SES) zusammengefasst werden, zeigen sich folgende Korrelationen: Je höher der Bildungsstatus, desto höher der Berufsstatus und das eigene Einkommen. Das Einkommen wird sowohl vom Berufsstatus als auch vom Erwerbsstatus bestimmt. Dieses Ergebnis legitimiert die Verwendung des SES in der weiteren Analyse.
- Der Erwerbsstatus steht mit dem Berufsstatus im Zusammenhang.
- Der SES wird am stärksten von jenen Variablen bestimmt, die zu seiner Indexbildung beigetragen haben wie dem Berufsstatus, dem Bildungsstatus und dem Einkommen. Der Erwerbsstatus zeigt einen geringeren Effekt.
- Ein Migrationshintergrund bei den befragten Frauen erweist sich als quasi unabhängig von allen anderen demografischen Faktoren.

[84] Die Interpretation der Korrelationskoeffizienten wird in Kapitel 4.5.5. aufgelistet.

5.2.2 Multiple Gewalterfahrungen (step 2)

Die Variablen der multiplen Gewalterfahrung stehen wie folgt miteinander in Beziehung (siehe Anhang D):

- Eine gewalttätige Beziehung zwischen den eigenen Eltern geht mit der Misshandlung der Befragten in ihrer Kindheit einher und mit der Gewalt durch Familienmitglieder im Erwachsenenleben.
- Familiäre Gewalt korreliert mit einer Misshandlung sowie sexuellem Missbrauch in der Kindheit.

Die weiteren Kombinationen multipler Gewalterfahrungen stehen zwar in einem signifikanten Zusammenhang jedoch mit einem geringen Effekt. Zusammenfassend kann für diese Stichprobe gesagt werden, dass sexueller Missbrauch nicht zwangsläufig mit Gewalt zwischen den Eltern oder Kindesmisshandlung einhergeht. Es scheint sich hier um unabhängige Phänomene zu handeln. Wohl aber zeigt sich ein Zusammenhang zwischen erlebter Misshandlung oder sexuellem Missbrauch in der Kindheit und Gewalt durch andere Familienmitglieder im Erwachsenenleben.

- Zwischen den demografischen Indikatoren und der multiplen Gewalterfahrung bestehen weder bei der Korrelationsanalyse noch bei den Unabhängigkeitstests eine Beziehung (siehe Anhang D), so dass eine Regressionsanalyse nicht zur Anwendung kommt.

5.2.3 Gesundheitsindikatoren (step 3)

Die Gesundheitsindikatoren beeinflussen sich folgendermaßen gegenseitig (siehe Anhang D):

- Die Variable chronische Erkrankung/körperliche Behinderung steht im Zusammenhang mit Physischer und Subjektiver Gesundheit, jedoch nicht nennenswert mit der Verletzungsanzahl oder der Mentalen Gesundheit.
- Physische Gesundheit korreliert mit großem Effekt sowohl mit der Mentalen als auch mit der Subjektiven Gesundheit.
- Auch zwischen der Mentalen und der Subjektiven Gesundheit zeigt sich ein Zusammenhang.

- Die Anzahl der körperlichen Verletzungen im Leben der Frauen steht weitestgehend unabhängig im Komplex Gesundheit: eine Korrelation mit geringem bis mittlerem Effekt zeigt sich für Physische Gesundheit.

Es lässt sich zusammenfassen, dass das Konstrukt Gesundheit maßgeblich von der Physischen Gesundheit bestimmt wird. Bei der weiteren Analyse ist auf Interaktionseffekte zu achten.

Bei der Betrachtung der Korrelationen zwischen den Variablen der multiplen Gewalterfahrung und den Gesundheitsindikatoren sind etliche positive Zusammenhänge aber mit geringem bis mittlerem Effekt erkennbar. Bei der Mentalen und Physischen Gesundheit zeigt sich am deutlichsten ein Zusammenhang (siehe Anhang D):

- Die Mentale Gesundheit wird von der Misshandlung in der Kindheit bestimmt sowie von der Gewalt im Erwachsenenleben durch andere Familienmitglieder.
- Ein ähnliches Muster wird für die Physische Gesundheit deutlich. Auch hier zeigt sich die Auswirkung der Misshandlung in der Kindheit sowie der familiären Gewalt im Erwachsenenleben.

Zusammengefasst werden sowohl die Mentale als auch die Physische Gesundheit von der körperlichen Gewalt in der Kindheit und der Gewalt durch andere Familienangehörige im Erwachsenenleben bestimmt. Im Gegensatz dazu gibt es keine nennenswerten Korrelationen zwischen den Verletzungen, der Subjektiven Gesundheit oder der chronischen Erkrankungen/körperlichen Behinderungen zu den Variablen der multiplen Gewalterfahrung.

Im Hinblick auf einen Zusammenhang zwischen den demografischen Indikatoren und den Gesundheitsindikatoren zeigen sich folgende Korrelationen mit überwiegend geringen bis mittleren Effektstärken (siehe Anhang D):

- Mit steigendem Alter lässt sich eine schlechtere Gesundheit erkennen. So treten mit höherem Alter chronische Erkrankungen/körperliche Behinderungen erwartungsgemäß häufiger auf und chronische Erkrankungen/körperliche Behinderungen sind nicht unabhängig von den Altersklassen.
- Die Subjektive Gesundheit und der Erwerbsstatus sind abhängig von einander. Auch die Variable chronische Erkrankung/körperliche Behinderung ist vom Erwerbsstatus, der u. a. den Zustand einer (Früh)Berentung mit abbildet, abhängig.

Ein Migrationshintergrund der Befragten sowie die Kinderzahl stehen in keiner Beziehung zu den Gesundheitsindikatoren. Auch die weiteren Variablen des Sozialstatus zeigen bei der Korrelationsanalyse keinen nennenswerten Zusammenhang zur Gesundheit (siehe Anhang D).

Für die Gesundheitsindikatoren kann festgehalten werde, dass allein das Alter sowie der Erwerbsstatus mit den Gesundheitsindikatoren korrelieren.

Alle Regressionsanalysen folgen einem theoretisch begründeten und empirisch belegten gerichteten Kausalmodell. Für die Gesundheitsindikatoren (AV) wurde die Hypothese aufgestellt, dass diese von den demografischen Faktoren sowie der multiplen Gewalterfahrung als UV beeinflusst werden. Gleichzeitig soll auch geprüft werden, ob der Partnergewaltindex einen Einfluss als UV hat. Es wurden verschiedene regressionsanalytische Betrachtungen[85] zur Erklärung der Gesundheitsindikatoren vorgenommen, deren Ergebnisse nachfolgend beschrieben werden.

Verletzungszahl

Nach Berechnung der rohen Werte (R^2, β) für jeden Prädiktor (siehe Anhang E.1) wurden im nächsten Schritt in das lineare Regressionsmodell (ENTER) für den Indikator Verletzungszahl (AV) folgende unabhängige Variablen aufgenommen: Partnergewaltindex, Misshandlung als Kind, körperliche, sexuelle und psychische familiäre Gewalt, Migrationshintergrund[86] und als Variablen mit potentiellem Moderatoreffekt Bekanntheit von Unterstützung sowie Mitverantwortungsgefühl.[87] Für dieses Regressionsmodell ergab sich eine Varianzaufklärung von 5%. Die in diesem Schritt sich als stärkste signifikante Prädiktoren erwiesenen Variablen zeigten auch bei der stufenweisen Rückwärtsmethode einen signifikannten Beitrag zur Erklärung der Varianz der Verletzungszahl. Am stärksten erklären der Partnergewaltindex und die Misshandlung als Kind die AV. Der Beitrag von körperlicher familiärer Gewalt sowie Bekanntheit von Unterstützung – beide Variablen blieben ebenfalls im gültigen Modell – tragen weniger zur Varianzerklärung bei (siehe Tabelle 5-1, Abbildung 5-22). Die Überprüfung des endgültigen Modells mittels der stufenweisen Vorwärts-

[85] Das methodische Vorgehen ist detailliert in Kapitel 3.5.5. beschrieben. Die einzelnen Modellierungsschritte und deren Ergebnisse sowie die Bewertung des endgültigen Modells sind ausführlich im Anhang E aufgelistet.

[86] Wegen der Interaktion zwischen Bekanntheit von Unterstützung und Migrationshintergrund geht letzterer in jede Regression ein, in der die Bekanntheit aufgenommen wird.

[87] Diese beide Variablen gehen in alle Regressionen ein, um ihren potentiellen Moderationseffekt zu prüfen (s. Kap. 4.5.5).

methode ergab die gleichen β-Werte für die einzelnen Prädiktoren sowie eine gleiche Varianzaufklärung. Mit den verbleibenden vier Variablen sinkt die Varianzaufklärung geringfügig, bleibt aber bei 5%. Die Modellvoraussetzungen sind erfüllt (siehe Anhang E.1). Anhand der in Kapitel 4.5.5 genannten Kennzahlen (Durbin-Watson-Wert, Cooks Distanz, Mahalanobis, Hebelwert, DfFit) konnte Multikollinearität ausgeschlossen werden. Hinweise für Autokorrelation liegen nicht vor.

Tabelle 5-1: Lineare Regression zur Verletzungszahl

Verletzungszahl (AV)	**b**	**SE b**	**β**	**95% KI**	**für B**
(Konstante)	1,67	0,10		1,47	1,86
Partnergewaltindex	0,04	0,01	,14***	0,03	0,06
Misshandlung als Kind	0,10	0,02	,11***	0,05	0,14
Familiäre Gewalt: körper. + and.	0,25	0,10	,07*	0,06	0,44
Unterstützung bekannt	0,21	0,09	,06*	0,04	0,38

Modell 5: R^2 = ,05; $R^2_{adj.}$ = ,05; ΔR^2 = -,002;
* p < ,05, ** p < ,01, *** p < ,001

Zusammengefasst kann festgestellt werden, dass der Erklärungswert der im Modell verbleibenden unabhängigen Variablen mit einer Varianzaufklärung von 5% und einer Effektstärke von f^2=0,10 gering ist. Von den im Modell berücksichtigten Variablen wirkt sich die Gewalterfahrung, vor allem die körperliche Gewalt, in Kindheit und Erwachsenenleben sowie die Schwere der Partnergewalt auf die Verletzungszahl aus: Je schwerer die erlittene Gewalt ist, desto mehr Verletzungen wurden von den Frauen berichtet.

Mentale Gesundheit

Nach Berechnung der rohen Werte (R^2, β) für jeden Prädiktor (siehe Anhang E.2) gingen im nächsten Schritt in das lineare Regressionsmodell (ENTER) für den Indikator Mentale Gesundheit (AV) folgende unabhängige Variablen ein: Partnergewaltindex, Misshandlung als Kind, körperliche, sexuelle und psychische familiäre Gewalt, Alter (Klassen), Migrationshintergrund und als Variablen mit potentiellem Moderatoreffekt Bekanntheit von Unterstützung sowie Mitverantwortungsgefühl. Die Regressionsgleichung ergab eine Varianzaufklärung von 14%. In der stufenweisen Rückwärtsmodellierung, bei der der Migrationshintergrund wegen nichtsignifikantem und geringem Beitrag ausgelassen wurde, verbesserte sich die Erklärungskraft der einzelnen Prädiktoren geringfügig. Demnach tragen zur Erklärung der Mentalen Gesundheit maßgeblich der Partnergewaltindex, körperliche familiäre Gewalt, das Alter (Klassen) mit negativem Effekt sowie Misshandlung als Kind bei. Der Beitrag von sexueller familiärer Gewalt, psychischer familiärer Gewalt und Bekanntheit von Unterstützung mit negativem Effekt und Mitverantwortungsgefühl mit positivem Effekt tragen nur wenig zur Varianzaufklärung bei (siehe Tabelle 5-2; Abbildug 5-22).

Die Überprüfung des endgültigen Modells mittels der stufenweisen Vorwärtsmethode ergab auch für diesen Indikator die gleichen β-Werte für die einzelnen Prädiktoren sowie eine gleiche Varianzaufklärung. Mit den verbleibenden acht Prädiktoren sinkt die Varianzaufklärung geringfügig, bleibt aber bei 14%. Die Modellvoraussetzungen sind erfüllt (siehe Anhang E.2). Anhand der in Kapitel 4.5.5 genannten Kennzahlen (Durbin-Watson-Wert, Cooks Distanz, Mahalanobis, Hebelwert, DfFit) konnte eine Multikollinearität ausgeschlossen werden. Hinweise für Autokorrelation waren nicht gegeben.

Tabelle 5-2: Lineare Regression zur Mentalen Gesundheit

Mentale Gesundheit (AV)	**b**	**SE b**	**B**	**95% KI**	**für B**
(Konstante)	37,80	1,77		34,33	41,27
Partnergewaltindex	0,63	0,11	,16***	0,42	0,85
Misshandlung als Kind	1,66	0,31	,14***	1,05	2,28
Familiäre Gewalt: körper. + and.	7,57	1,25	,16***	5,13	10,02
Familiäre Gewalt: ausschl. psych.	6,14	2,47	,07*	1,29	10,99
Familiäre Gewalt: sex. + and.	9,55	2,95	,08**	3,75	15,34
Alter (Klassen)	-2,29	0,37	-,16***	-3,00	-1,57
Unterstützung bekannt	-2,81	1,11	-,07*	-4,99	-0,63
Mitverantwortungsgefühl	-3,60	1,14	,08*	1,37	5,84

Modell 1: $R^2 = ,14$; $R^2_{adj.} = ,13$; $\Delta R^2 = ,136$;
* $p < ,05$, ** $p < ,01$, *** $p < ,001$

Zusammengefasst kann festgestellt werden, dass der Erklärungswert der im Modell verbleibenden unabhängigen Variablen mit einer Varianzaufklärung von 14% und einer Effektstärke von f^2=0,16 gut ist. Von den berücksichtigten Variablen wirkt sich jegliche Gewalterfahrung, vor allem aber die körperliche Gewalt, in Kindheit und Erwachsenenleben sowie die Schwere der Partnergewalt negativ auf die Mentale Gesundheit aus: Je höher der Schweregrad der Gewalt ist, desto schlechter ist die Mentale Gesundheit der befragten Frauen.

Physische Gesundheit

Nach Berechnung der rohen Werte (R^2, β) für jeden Prädiktor (siehe Anhang E.3) gingen in das lineare Regressionsmodell (ENTER) für den Indikator Physische Gesundheit (AV) folgende unabhängige Variablen ein: Partnergewaltindex, Misshandlung als Kind, körperliche, sexuelle und psychische familiäre Gewalt, Migrationshintergrund und als Variablen mit potentiellem Moderatoreffekt Bekanntheit von Unterstützung sowie Mitverantwortungsgefühl. Die Regressionsgleichung ergab eine Varianzaufklärung von 13%. In der stufenweisen Rückwärtsmodellierung, bei der der Migrationshintergrund wegen nichtsignifikantem und geringem Beitrag ausgelassen wurde, veränderte sich die Erklärungskraft der einzelnen Prädiktoren kaum. Demnach tragen zur Erklärung der Physischen Gesundheit maßgeblich die Misshandlung als Kind, der Partnergewaltindex sowie körperliche familiäre Gewalt bei. Der Beitrag von sexueller familiärer Gewalt und Bekanntheit von Unterstützung mit negativem Effekt ist gering (siehe Tabelle 5-3, Abbildung 5-22). Die Überprüfung des endgültigen Modells mittels der stufenweisen Vorwärtsmethode ergab auch für diesen Indikator die gleichen β-Werte für die einzelnen Prädiktoren sowie eine gleiche Varianzaufklärung. Mit den verbleibenden fünf Prädiktoren sinkt die Varianzaufklärung geringfügig, bleibt aber bei 13%. Die Modellvoraussetzungen sind erfüllt (siehe Anhang E.3). Anhand der in Kapitel 4.5.5 genannten Kennzahlen (Durbin-Watson-Wert, Cooks Distanz, Mahalanobis, Hebelwert, DfFit) konnte eine Multikollinearität ausgeschlossen werden. Hinweise für Autokorrelation waren nicht gegeben.

Tabelle 5-3: Lineare Regression zur Physische Gesundheit

Physische Gesundheit (AV)	**b**	**SE b**	**β**	**95% KI**	**für B**
(Konstante)	19,97	0,91		18,18	21,75
Partnergewaltindex	0,43	0,08	,14***	0,27	0,58
Misshandlung als Kind	1,86	0,23	,21***	1,41	2,32
Familiäre Gewalt: körper. + and.	4,71	0,91	,13***	2,92	6,50
Familiäre Gewalt: sex. + and.	7,95	2,20	,09***	3,64	12,27
Unterstützung bekannt	-2,94	0,82	-,09***	-4,54	-1,33

Modell 1: R^2 = ,13; $R^2_{adj.}$ = ,12; ΔR^2 = -,001;
* p < ,05, ** p < ,01, *** p < ,001

Zusammengefasst kann festgestellt werden, dass der Erklärungswert der im Modell verbleibenden unabhängigen Variablen mit einer Varianzaufklärung von 13% und einer Effektstärke von f^2=0,15 gut ist. Von den berücksichtigten Variablen wirkt sich die Gewalterfahrung, vor allem aber die körperliche Gewalt, in Kindheit und Erwachsenenleben sowie die Schwere der Partnergewalt negativ auf die Physische Gesundheit aus: Je höher der Schweregrad der Gewalt ist, desto stärker ist der Physische Gesundheitsstatus der befragten Frauen beeinträchtigt.

Subjektive Gesundheit

Nach Berechnung der rohen Werte (R^2, β) für jeden Prädiktor (siehe Anhang E.4) gingen im nächsten Schritt in das lineare Regressionsmodell (ENTER) für den Indikator Subjektive Gesundheit (AV) folgende unabhängige Variablen ein: Partnergewaltindex, Misshandlung als Kind, körperliche, sexuelle und psychische familiäre Gewalt, Alter (Klassen), Erwerbsstatus, Sozialstatusindex, Migrationshintergrund und als Variablen mit potentiellem Moderatoreffekt Bekanntheit von Unterstützung sowie Mitverantwortungsgefühl. In dieser ersten Regressionsgleichung ergab sich eine Varianzaufklärung von 12%. In der stufenweisen Rückwärtsmodellierung, bei der wegen nichtsignifikantem und geringem Beitrag die Variablen körperliche und psychische familiäre Gewalt, Migrationshintergrund, Bekanntheit von Unterstützung sowie Mitverantwortungsgefühl ausgelassen wurden, veränderte sich die Erklärungskraft einzelner Prädiktoren kaum. Maßgeblich tragen zur Erklärung der Subjektiven Gesundheit, das Alter (Klassen), der Partnergewaltindex, Misshandlung als Kind bei. Der Erwerbsstatus und der Sozialstatus tragen mit negativem Effekt und sexuelle familiäre Gewalt mit geringem positivem Effekt kaum bei (siehe Tabelle 5-4, Abbildung 5-22). Die Überprüfung des endgültigen Modells mittels der stufenweisen Vorwärtsmethode ergab auch für diesen Indikator die gleichen β-Werte für die einzelnen Prädiktoren sowie eine gleiche Varianzaufklärung. Mit den verbleibenden sechs Prädiktoren sinkt die Varianzaufklärung geringfügig, bleibt aber bei 11%. Die Modellvoraussetzungen sind erfüllt (siehe Anhang E.4). Anhand der in Kapitel 4.5.5 genannten Kennzahlen (Durbin-Watson-Wert, Cooks Distanz, Mahalanobis, Hebelwert, DfFit) konnte eine Multikollinearität ausgeschlossen werden. Hinweise für Autokorrelation waren nicht gegeben.

Tabelle 5-4: Lineare Regression zur Subjektive Gesundheit

Subjektive Gesundheit (AV)	**b**	**SE b**	**β**	**95% KI**	**für B**
(Konstante)	2,59	,13		2,34	2,84
Partnergewaltindex korr.	,03	,01	,13***	,02	,04
Misshandlung als Kind	,08	,02	,11***	,04	,11
Familiäre Gewalt: sex. + and.	,40	,17	,06**	,06	,73
Alter (Klassen)	,13	,02	,15***	,09	,17
Erwerbsstatus	-,13	,03	-,10***	-,19	-,06
Sozialstatus	-,17	,04	-,10***	-,25	-,08

Modell 1: $R^2 = ,11$; $R^2_{adj.} = ,10$; $\Delta R^2 = ,106$;
* $p < ,05$, ** $p < ,01$, *** $p < ,001$

Zusammengefasst kann festgestellt werden, dass der Erklärungswert der im Modell verbleibenden unabhängigen Variablen mit einer Varianzaufklärung von 11% und einer Effektstärke von f^2=0,12 gut ist und sich von den berücksichtigten Variablen am stärksten das Alter sowie der Partnergewaltindex auf die Subjektive Gesundheit auswirken: Je höher der Schweregrad der Gewalt ist und je älter die Frauen sind, desto schlechter schätzen die befragten Frauen ihren Gesundheitsstatus ein. Die Befragten berichten von einer besseren Subjektiven Gesundheit, wenn sie erwerbstätig sind oder einen höheren Sozialstatus haben.

Abbildung 5-22: Lineare Regressionen zu den Gesundheitsindikatoren

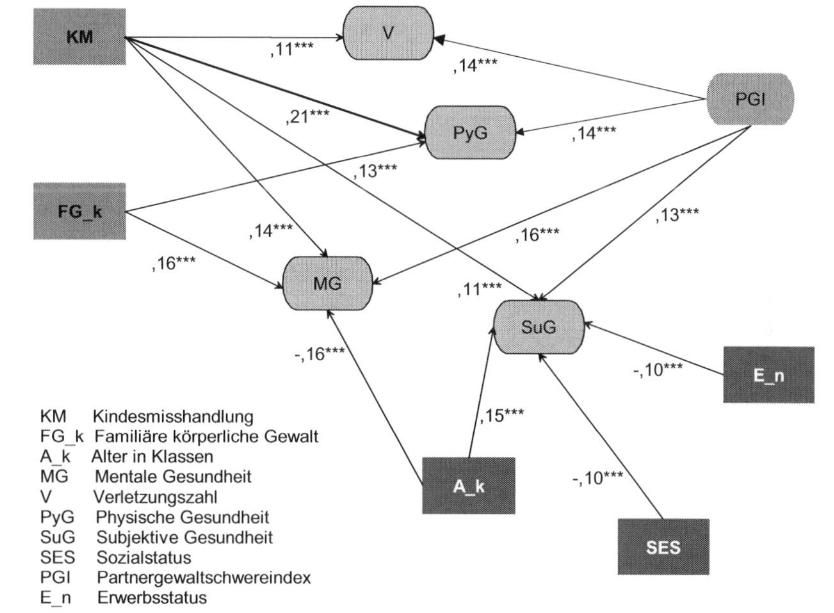

dargestellt sind die ß-Gewichte bzw. die b-Koeffizienten; Werte < ,10 werden nicht berücksichtigt
* p < ,05; ** p < ,01; *** p < ,001

Für die Gesundheitsindikatoren werden die Arbeitshypothesen mit den Regressionen belegt: Demografische Faktoren, multiple Gewalterfahrung und Partnergewalt beeinflussen die Gesundheit. Es zeigen sich für alle Indikatoren ein ähnliches Bild: Je schwerer sowohl die multiple als auch die Partnergewalterfahrung ist, desto stärker wird die Gesundheit belastet. Ein höherer Sozialstatus sowie eine Erwerbstätigkeit führen zu einer besseren Einschätzung der Subjektiven Gesundheit. Ältere Frauen bewerten ihre Subjektive Gesundheit schlechter.

5.2.4 Ressourcen (step 4)

Nachfolgend werden die Ergebnisse der bi- und multivariaten Analysen für die Personalen und Sozialen Ressourcen beschrieben.

Personale Ressourcen

Innerhalb des Konstrukts Personale Ressourcen sind die drei Variablen Optimismus, Selbstwirksamkeits- und Selbstwertgefühl stark miteinander verbunden (siehe Anhang D):

- Das Selbstwirksamkeitsgefühl korreliert mit dem Selbstwertgefühl sowie mit dem Optimismus.
- Optimismus wiederum zeigt einen großen Zusammenhang mit dem Selbstwertgefühl.

Alle drei transformierten Summenscores bilden wegen der hohen Korrelationen untereinander das Konstrukt Personale Ressourcen robust ab, wobei der Zusammenhang zum Selbstwertgefühl im Vergleich zum Zusammenhang mit dem Optimismus stärker ausfällt. In die multivariate Analyse geht daher das Konstrukt Personale Ressourcen ein.

Von den Gesundheitsindikatoren stehen insbesondere die Mentale, die Physische und die Subjektive Gesundheit sowohl zu den einzelnen Summenscores der personalen Ressourcen als auch zum Gesamtkonstrukt in Beziehung. Deutlich wird der negative Zusammenhang, d.h. eine schlechtere Gesundheit geht mit einem geringeren Umfang an personalen Ressourcen einher (siehe Anhang D):

- Die Selbstwirksamkeit korreliert mit der Mentalen, der Physischen sowie der Subjektiven Gesundheit.
- Der Selbstwert steht mit der Mentalen, der Physischen und der Subjektiven Gesundheit im Zusammenhang.
- Auch der Optimismus wird von der Mentalen, der Physischen und der Subjektiven Gesundheit bestimmt.
- Für das Gesamtkonstrukt Personale Ressourcen lassen sich Korrelationen mit mittlerem bis großem Effekt der drei Gesundheitssummenscores finden, wie für die Mentale, die Physische und die Subjektive Gesundheit.

Deutlich wird, wie sehr vor allem die Mentale, die Physische und die Subjektive Gesundheit das Maß an personellen Ressourcen bestimmen.

Personale Ressourcen sind von den Variablen der multiplen Gewalterfahrung gänzlich unabhängig.

Im Hinblick auf die Korrelation zwischen den demografischen Indikatoren und den Personalen Ressourcen wird ein spezifisches Muster deutlich (siehe Anhang D):

- Die Selbstwirksamkeit steht in einem Zusammenhang mit dem Berufsstatus und dem Einkommen.
- Der Selbstwert wird mit geringem Effekt vom Berufsstatus, dem Einkommen und dem Sozialstatus bestimmt.
- Der Optimismus ist vom Erwerbsstatus abhängig. Er korreliert mit dem Berufsstatus und dem Einkommen sowie dem SES.
- Auch das Konstrukt Personale Ressourcen steht in einer Beziehung mit dem Berufsstatus, dem Einkommen und dem SES.

Zusammengefasst zeigt sich die besondere Bedeutung des Berufsstatus, des Einkommens und des SES auf die Personalen Ressourcen.

Auch die Regressionsanalysen der Personalen und Sozialen Ressourcen folgen einem theoretisch begründeten und z.T. empirisch belegten gerichteten Kausalmodell. Für die Personalen Ressourcen (AV) wird die Hypothese aufgestellt, dass diese ebenfalls von den demografischen Faktoren sowie der multiplen Gewalterfahrung und dem Index Partnergewaltschwere als UVs beeinflusst werden.

Für die multivariate Analyse wurden zunächst die rohen Werte (R^2, β) für jeden Prädiktor berechnet (siehe Anhang E.5). In das lineare Regressionsmodell für das Konstrukt Personale Ressourcen (AV) gingen im ersten Schritt (ENTER) folgende unabhängige Variablen ein: Partnergewaltindex, Mentale und Subjektive Gesundheit, Erwerbsstatus, Sozialstatus, Partnergewaltindex, Misshandlung als Kind, körperliche familiäre Gewalt, Alter (Klassen), Migrationshintergrund und als Variablen mit potentiellem Moderatoreffekt Bekanntheit von Unterstützung sowie Mitverantwortungsgefühl. In dieser ersten Regressionsgleichung ergab sich eine Varianzaufklärung von 32%. In der stufenweisen Rückwärtsmodellierung (siehe Tabelle 5-5, Abbildung 5-23), bei der wegen nichtsignifikantem und geringem Beitrag die Variablen Partnergewaltindex, körperliche familiäre Gewalt, Alter (Klassen), Migrationshintergrund und Mitverantwortungsgefühl sowie Physische Gesundheit wegen Interaktion mit der Subjektiven Gesundheit ausgelassen wurden, veränderte sich die Erklärungskraft einzelner Prädiktoren kaum. Maßgeblich tragen zur Erklärung des Konstrukts Personale Ressourcen jeweils mit negativem Effekt die Mentale und die Subjektive Gesundheit bei. Der Erwerbsstatus und der Sozialstatus tragen beide mit positivem Effekt ebenfalls zur Varianzerklärung bei. Der Beitrag von Misshandlung als Kind und die Bekanntheit von Unterstützung ist gering. Die Überprüfung des endgültigen Modells mittels der stufenweisen Vorwärtsmethode ergab die gleichen β-Werte für die einzelnen Prädiktoren sowie eine ähnliche Varianzaufklärung. Mit den verbleibenden sechs Prädiktoren sinkt die Varianzaufklärung geringfügig auf 29%. Die Modellvoraussetzungen sind erfüllt (siehe Anhang E.5). Anhand der in Kapitel 4.5.5 genannten Kennzahlen (Durbin-Watson-Wert, Cooks Distanz, Mahalanobis, Hebelwert, DfFit) konnte eine Multikollinearität ausgeschlossen werden. Hinweise für Autokorrelation waren nicht gegeben.

Tabelle 5-5: Lineare Regression zu den Personalen Ressourcen

Personale Ressourcen (AV)	**b**	**SE b**	**β**	**95% KI**	**für B**
(Konstante)	77,78	1,73		74,38	81,18
Mentale Gesundheit	-0,33	0,02	-,39***	-0,37	-0,29
Subjektive Gesundheit	-2,72	0,35	-,19***	-3,40	-2,04
Misshandlung als Kind	0,77	0,23	,07**	0,31	1,22
Erwerbsstatus	1,89	0,41	,11***	1,07	2,70
Sozialstatus	2,71	0,56	,11***	1,62	3,80
Unterstützung bekannt	2,43	0,81	,07**	0,84	4,02

Modell 4: $R^2 = ,29$; $R^2_{adj.} = ,29$; $\Delta R^2 = -,29$;
* $p < ,05$, ** $p < ,01$, *** $p < ,001$

Zusammengefasst kann festgestellt werden, dass der Erklärungswert der im Modell verbleibenden unabhängigen Variablen mit einer Varianzaufklärung von 29% und einer Effektstärke von f^2=0,41 gut ist. Von den berücksichtigten Variablen wirken sich am stärksten die Gesundheitsindikatoren mit negativem Effekt auf die Personalen Ressourcen aus: Je stärker die Mentale oder Subjektive Gesundheit beeinträchtigt ist, desto geringer ist das Maß an Personalen Ressourcen der befragten Frauen. Erwerbstätigkeit und ein höherer Sozialstatus tragen zu einem höheren Maß an Personalen Ressourcen bei.

Soziale Ressourcen

Das Konstrukt Soziale Ressourcen weist eine hohe interne Korrelation auf und wird durch die transformierten Skalenscores belastbar abgebildet (siehe Anhang D):

- Soziale Unterstützung steht mit dem sozialen Netz in einem starken Zusammenhang.

- Soziale Unterstützung und das soziale Netz korrelieren gleichermaßen mit der sozialen Integration.
- Das Gesamtkonstrukt Soziale Ressourcen steht mit dem sozialen Netz am stärksten in Beziehung, gefolgt von der sozialen Unterstützung und der sozialen Integration.

Gerechtfertigt wird damit, dass in die weitere multivariate Analyse allein das Konstrukt Soziale Ressourcen eingeht.

Alle Summenvariablen der Personalen Ressourcen und der Sozialen Ressourcen korrelieren mittelmäßig bis stark miteinander, das gilt sowohl für die Einzelkonstrukte als auch die Gesamtkonstrukte (siehe Anhang D):

- Soziale Unterstützung steht im Zusammenhang mit der Selbstwirksamkeit, dem Selbstwert und dem Optimismus sowie dem Gesamtkonstrukt Personale Ressourcen.
- Das soziale Netz korreliert mit der Selbstwirksamkeit, dem Selbstwert und dem Optimismus sowie dem Konstrukt Personale Ressourcen.
- Die soziale Integration steht sowohl mit der Selbstwirksamkeit, dem Selbstwert und dem Optimismus als auch auf den Personalen Ressourcen als ganzem Konstrukt in Beziehung.
- Auch für das Konstrukt Soziale Ressourcen lassen sich Korrelationen mit mittelstarken Effekten finden wie zu der Selbstwirksamkeit, dem Selbstwert, dem Optimismus und dem Konstrukt Personale Ressourcen.

Die Gesundheitsindikatoren wirken ähnlich wie bei den Personalen Ressourcen auf die Sozialen Ressourcen. Analog zu den Personalen Ressourcen zeigen die Verletzungen und die chronischen Erkrankungen/körperlichen Behinderungen keinen Einfluss auf die Sozialen Ressourcen. Alle anderen drei Gesundheitsindikatoren stehen im Zusammenhang mit den Summenscorevariablen der sozialen Ressourcen und es gilt, dass ein schlechter Gesundheitszustand mit einem niedrigeren Maß an Ressourcen einhergeht (siehe Anhang D):

- Die soziale Unterstützung wird negativ von der Mentalen, der Physischen und der Subjektiven Gesundheit bestimmt.
- Auch das soziale Netz steht in einer negativen Beziehung zur Mentalen, Physischen und Subjektiven Gesundheit.
- Bei der sozialen Integration ergibt sich ein anderes Bild. Hier hat allein die Subjektive Gesundheit einen geringen bis mittleren Effekt.

- Ebenso führt bei dem Gesamtsummenscore Soziale Ressourcen eine schlechte Mentale, Physische und Subjektive Gesundheit zu einem geringeren Maß an Ressourcen.

Zusammengefasst kann ein Einfluss der Mentalen, Physischen und Subjektiven Gesundheit auf die Variablen der Sozialen Ressourcen festgestellt werden.

Ebenso wie die Personalen Ressourcen werden die Sozialen Ressourcen nicht nennenswert von multipler Gewalterfahrung beeinflusst (siehe Anahng D).

Unter den Variablen der Sozialen Ressourcen wird vor allem die soziale Integration von demografischen Indikatoren bestimmt (siehe Anhang D):

- Die soziale Integration wird durch eine größere Kinderzahl beeinträchtigt, wird jedoch von einem höheren Bildungsabschluss, dem Erwerbsstatus einem höheren Berufsstatus sowie Einkommen und SES gestärkt.
- Der Berufsstatus zeigt einen Einfluss auf die soziale Unterstützung, auf das soziale Netz und die soziale Integration (s. o.).
- Ein Migrationshintergrund wirkt negativ auf das soziale Netz und auf den Gesamtsummenscore Soziale Ressourcen.
- Das Konstrukt Soziale Ressourcen wird bestimmt von der Variable Migration (s. o.), dem Berufsstatus sowie dem SES.

Unter den demografischen Indikatoren wird die Bedeutung des SES und des Erwerbsstatus für die Sozialen Ressourcen deutlich.

Für die multivariate Analyse wurden zunächst die rohen Werte (R^2, β) für jeden Prädiktor berechnet (siehe Anhang E.6). In das lineare Regressionsmodell für das Konstrukt Soziale Ressourcen (AV) gingen im ersten Schritt (ENTER) folgende unabhängige Variablen ein: Partnergewaltindex, Mentale, Physische und Subjektive Gesundheit, Erwerbsstatus, Sozialstatus, Misshandlung als Kind, körperliche familiäre Gewalt, Alter (Klassen), Migrationshintergrund und als Variablen mit potentiellem Moderatoreffekt Bekanntheit von Unterstützung sowie Mitverantwortungsgefühl. In dieser ersten Regressionsgleichung ergab sich eine Varianzaufklärung von 22%. In der stufenweisen Rückwärtsmodellierung (siehe Tabelle 5-6, Abbildung 5-23), bei der wegen nichtsignifikantem und geringem Beitrag die Variablen körperliche familiäre Gewalt und Mitverantwortungsgefühl sowie Physische Gesundheit wegen Interaktion mit der Subjektiven Gesundheit ausgelassen wurden, veränderte sich die Erklärungskraft einzelner Prädiktoren kaum. Maßgeblich tragen zur Erklärung des Konstrukts Soziale Ressourcen jeweils mit negativem Effekt die Mentale und die Subjektive Gesundheit, ein Migrationshintergrund, das Alter und der Partnergewaltindex bei. Der Sozialstatus wirkt positiv auf die Sozialen Ressourcen. Der Beitrag von Misshandlung als Kind, Erwerbsstatus und Bekanntheit von Unterstützung ist gering. Die Überprüfung des endgültigen Modells mittels der stufenweisen Vorwärtsmethode ergab die gleichen β-Werte für die einzelnen Prädiktoren sowie eine ähnliche Varianzaufklärung. Mit den verbleibenden neun Prädiktoren sinkt die Varianzaufklärung geringfügig auf 21%. Die Modellvoraussetzungen sind erfüllt (siehe Anhang E.6). Anhand der in Kapitel 4.5.5 genannten Kennzahlen (Durbin-Watson-Wert, Cooks Distanz, Mahalanobis, Hebelwert, DfFit) konnte Multikollinearität ausgeschlossen werden. Hinweise für Autokorrelation lagen nicht vor.

Tabelle 5-6: Lineare Regression zu den Sozialen Ressourcen

Soziale Ressourcen (AV)	**b**	**SE b**	**β**	**95% KI**	**für B**
(Konstante)	80,92	2,41		76,19	85,65
Mentale Gesundheit	-0,17	0,02	-,18***	-0,22	-0,12
Subjektive Gesundheit	-1,79	0,42	-,11***	-2,61	-0,96
Partnergewaltindex	-0,46	0,09	-,11***	-0,64	-0,27
Misshandlung als Kind	-0,77	0,27	-,07**	-1,31	-0,24
Alter (Klassen)	-1,75	0,33	-,13***	-2,40	-1,09
Migrationshintergrund	-6,57	1,01	-,15***	-8,55	-4,59
Erwerbsstatus	0,99	0,50	,05*	0,01	1,97
Sozialstatus	3,95	0,67	,15***	2,64	5,25
Unterstützung bekannt	2,46	0,96	,06*	0,57	4,35

Modell 4: $R^2 = ,21$; $R^2_{adj.} = ,21$; $\Delta R^2 = -,21$;
* $p < ,05$, ** $p < ,01$, *** $p < ,001$

Zusammengefasst kann festgestellt werden, dass der Erklärungswert der im Modell verbleibenden unabhängigen Variablen mit einer Varianzaufklärung von 21% und einer Effektstärke von f^2=0,27 gut ist. Von den berücksichtigten Variablen wirken sich am stärksten mit negativem Effekt der Indikator Mentale Gesundheit, Migrationshintergrund und Alter sowie positiv der Sozialschichtindex auf die Sozialen Ressourcen aus: Haben die Befragten einen Migrationshintergrund, dann verfügen sie über ein geringeres Maß an Sozialen Ressourcen. Je stärker die Mentale Gesundheit beeinträchtigt ist und je älter die Frauen sind, desto geringer ist der Level an Sozialen Ressourcen. Haben die Befragten einen höheren Sozialstatus, dann verfügen sie über mehr Soziale Ressourcen.

Abbildung 5-23: Lineare Regressionen zu den Ressourcen

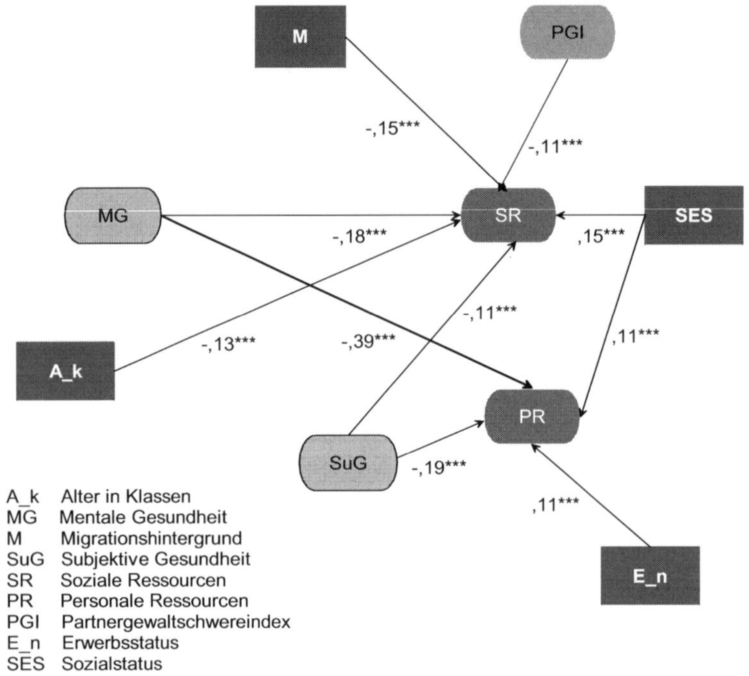

dargestellt sind die ß-Gewichte bzw. die b-Koeffizienten; Werte < ,10 werden nicht berücksichtigt
* p < ,05; ** p < ,01; *** p < ,001

Für die Ressourcen werden die formulierten Arbeitshypothesen z.T. mit den Regressionen belegt: Sowohl die Personalen als auch die Sozialen Ressourcen werden von den demografischen Faktoren beeinflusst. Ein höherer Sozialstatus fördert sowohl die Personalen als auch die Sozialen Ressourcen. Eine intensivere Erwerbstätigkeit beeinflusst positiv die Personalen Ressourcen. Ein höheres Alter und ein Migrationshintergrund verringern das Maß an zur Verfügung stehenden Sozialen Ressourcen. Von den Gesundheitsindikatoren führt eine schlechtere Mentale oder Subjektive Gesundheit zu einer Minderung der Ressourcen. Dieser Effekt ist insbesondere für die Mentale Gesundheit auf die Personalen Ressourcen stark ausgeprägt. Und auch der Index Partnergewaltschwere minimiert die Sozialen Ressourcen.

5.2.5 Schweregrad Intimer Partnergewalt (step 5)

Alle einzelnen Formen Intimer Partnergewalt stehen miteinander in Beziehung und bestätigen damit die bei der deskriptiven Auswertung ermittelte hohe Überschneidung der einzelnen Gewalttypen (siehe Anahng D):

- Je schwerer die erlittene psychische Gewalt ist, desto schwerer sind auch die körperliche und sexuelle Gewalt. Auch die Schwere der körperlichen Partnergewalt steht in einem Zusammenhang mit der Schwere der sexuellen Partnergewalt.
- Sowohl psychische als auch körperliche Gewalt korrelieren mit großem Effekt am stärksten mit der Indexvariable. Sexuelle Partnergewalt zeigt einen etwas schwächeren Zusammenhang mit dem Index.

Die Bildung und Verwendung der Indexvariable Schweregrad Partnergewalt ist damit gerechtfertigt.

Von den sozialen Ressourcen korreliert einzig die soziale Integration mit der sexuellen Partnergewalt:

- demnach geht ein höheres Maß an sozialer Integration mit einem geringeren Schweregrad an sexueller Gewalt einher. Erwartungsgemäß stellt sich dieser Zusammenhang auch beim Konstrukt Soziale Ressourcen mit dieser Gewaltform dar.

Zwischen den personalen Ressourcen und den verschiedenen Formen von Partnergewalt als auch der Indexvariable besteht weitestgehende Unabhängigkeit (siehe Anhang D).

Einige der Gesundheitsindikatoren sind mit einem geringen bis mittleren Effekt mit den Formen der Partnergewalt sowie der Indexvariable korreliert (siehe Anhang D).

- Die psychische Partnergewalt ist von der Subjektiven Gesundheit oder von einer chronischen Erkrankung/körperlichen Behinderung nicht unabhängig. Psychische Gewalt bestimmt weiter die Mentale und die Physische Gesundheit.
- Erwartungsgemäß findet sich ein Zusammenhang zwischen den Verletzungen und körperlicher Partnergewalt. Je mehr von Verletzungen berichtet wurde, desto schwerer ist die erlittene körperliche Gewalt durch den Partner.
- Sexuelle Gewalt ist nicht unabhängig von chronischen Erkrankungen/körperlichen Behinderungen. Die Physische Gesundheit ist wiederum abhängig von sexueller Partnergewalt. Eine Unabhängigkeit liegt zwischen sexueller Partnergewalt und Verletzungen sowie Mentaler Gesundheit vor.

- Für die Indexvariable Intime Partnergewalt ergibt sich ein Zusammenhang mit der Subjektiven Gesundheit.

Zusammengefasst lässt sich feststellen, dass vor allem die Subjektive Gesundheit von Partnergewalt bestimmt wird: die Mentale und Physische Gesundheit stehen ebenfalls in einem Zusammenhang. Erwartungsgemäß geht die körperliche Partnergewalt mit mehr Verletzungen einher.

Für den Zusammenhang zwischen multipler Gewalterfahrung und Intimer Partnergewalt werden zwar signifikante Korrelationen – allerdings mehrheitlich mit geringen Effekten – deutlich. Es zeigt sich (siehe Anhang D):

- Kindesmisshandlung bestimmt sowohl psychische und körperliche Partnergewalt als auch den Partnergewaltindex.
- Im Gegensatz zu den anderen Formen der Partnergewalt ist sexuelle Gewalt gänzlich unabhängig von den Variablen der multiplen Gewalterfahrung.

Kaum eine nennenswerte Beziehung besteht zwischen den demografische Indikatoren und dem Schweregrad Intimer Partnergewalt.

- Allein die sexuelle Partnergewalt steht in einem Zusammenhang mit der Kinderzahl und dem Berufsstatus.

Auch die Regressionsanalyse für die Partnergewaltschwere folgt einem gerichteten Kausalmodell. Es wird die Hypothese aufgestellt, dass die Partnergewaltschwere von demografischen Faktoren, der multiplen Gewalterfahrung und den Gesundheitsindikatoren als UVs beeinflusst wird.

Für die multivariate Analyse wurden zunächst die rohen Werte (R^2, β) für jeden Prädiktor berechnet (siehe Anhang E.7). Für den Index Partnergewaltschwere (AV) gingen im ersten Schritt (ENTER) folgende unabhängige Variablen ein: Misshandlung als Kind, Gewalt zwischen den Eltern, körperliche, sexuelle und psychische familiäre Gewalt, Verletzungsanzahl, Mentale und Subjektive Gesundheit, Personale und Soziale Ressourcen, Alter (Klassen), Migrationshintergrund, Erwerbsstatus, Sozialstatus und als Variablen mit potentiellem Moderatoreffekt Bekanntheit von Unterstützung sowie Mitverantwortungsgefühl. In dieser ersten Regression ergab sich eine Varianzaufklärung von 15%. In der stufenweisen Rückwärtsmodellierung (siehe Tabelle 5-7, Abbildung 5-24), bei der wegen nichtsignifikantem und geringem Beitrag die Variablen Gewalt zwischen den Eltern, körperliche, sexuelle oder psychische familiäre Gewalt, Subjektive Gesundheit, Alter (Klassen), Migrationshintergrund, Erwerbsstatus, Sozialstatus und Bekanntheit von Unterstützung ausgelassen wurden, veränderte sich die Erklärungskraft einzelner Prädiktoren kaum. Maßgeblich tragen zur Erklärung des Indexes Partnergewaltschwere mit einem negativen Effekt die Sozialen Ressourcen sowie das Mitverantwortungsgefühl und positiv die Verletzungsanzahl sowie die Mentale Gesundheit und eine Misshandlung als Kind bei. Gering ist der Erklärungsbeitrag der Personalen Ressourcen. Die Überprüfung des endgültigen Modells mittels der stufenweisen Vorwärtsmethode ergab die gleichen β-Werte für die einzelnen Prädiktoren sowie eine ähnliche Varianzaufklärung. Mit den verbleibenden Prädiktoren sinkt die Varianzaufklärung geringfügig auf 13%. Die Modellvoraussetzungen sind erfüllt (siehe Anhang E.7). Anhand der in Kapitel 4.5.5 genannten Kennzahlen (Durbin-Watson-Wert, Cooks Distanz, Mahalanobis, Hebelwert, DfFit) konnte Multikollinearität ausgeschlossen werden. Hinweise für Autokorrelation lagen nicht vor.

Tabelle 5-7: Lineare Regression zum Partnergewaltindex

Partnergewaltindex (AV)	**b**	**SE b**	**β**	**95% KI**	**für B**
(Konstante)	3,46	0,95		1,60	5,31
Misshandlung als Kind	0,35	0,08	,12***	0,19	0,50
Verletzungen	0,41	0,09	,13***	0,24	0,58
Mentale Gesundheit	0,03	0,01	,13***	0,02	0,05
Personale Ressourcen	0,02	0,01	,07*	0,00	0,04
Soziale Ressourcen	-0,05	0,01	-,19***	-0,06	-0,03
Mitverantwortungsgefühl	1,83	0,28	-,17***	2,37	1,29

Modell 1: $R^2 = ,13$; $R^2_{adj.} = ,13$; $\Delta R^2 = ,13$;
* $p < ,05$, ** $p < ,01$, *** $p < ,001$

Es kann festgestellt werden, dass der Erklärungswert der im Modell verbleibenden Variablen mit einer Varianzaufklärung von 13% und einer Effektstärke von f^2=0,15 gut ist. Von den berücksichtigten Variablen wirken sich am stärksten mit negativem Effekt die Sozialen Ressourcen und das Mitverantwortungsgefühl aus, mit positivem Effekt die Gesundheitsindikatoren Verletzung und Mentale Gesundheit. Von den Variablen der Multiplen Gewalterfahrungen trägt nur die Misshandlung als Kind zur Erklärung bei. Personale Ressourcen zeigen nur eine geringe Erklärung. Das bedeutet: Je weniger Soziale Ressourcen zur Verfügung stehen und die Befragten sich nicht mitverantwortlich fühlen, je schlechter die Mentale Gesundheit oder je höher die Zahl an Verletzungen ist oder Befragte als Kind misshandelt wurden, desto schwerer ist die Partnergewalt ausgeprägt.

Abbildung 5-24: Lineare Regression zum Partnergewaltindex

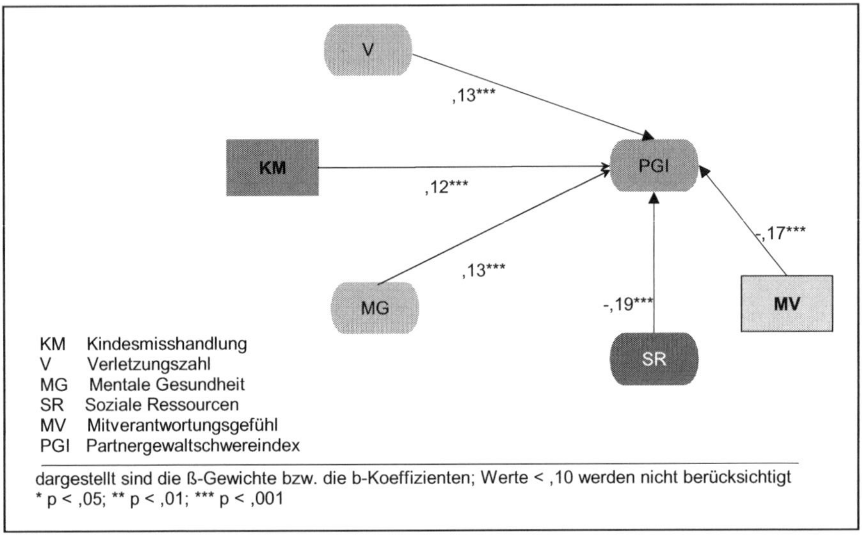

Für den Index Partnergewaltschwere wurde als Arbeitshypothese formuliert, dass es einen Einfluss von demografischen Faktoren, Gesundheitsindikatoren sowie der personalen wie sozialen Ressourcen gibt. Im Regressionsmodell konnte der Einfluss von demografischen Faktoren nicht bestätigt werden. Als Gesundheitsindikatoren gehen eine höhere Verletzungszahl und eine schlechtere Mentale Gesundheit mit einer schwereren Partnergewalt einher. Gleichermaßen wirkt sich die Misshandlung als Kind aus. Den größten Einfluss auf die Partnergewaltschwere haben die Sozialen Ressourcen mit einem protektiven Effekt, d.h. je höher die Sozialen Ressourcen, desto weniger schwere Partnergewalt hatten die Frauen erlitten. Ein Mitverantwortungsgefühl für die Gewalthandlungen ist bei schwerer Partnergewalt nicht zu finden.

5.2.6 Substanzmittelkonsum (step 6) und Moderierende Effekte (step 7)

Der Konsum von Substanzmitteln oder Psychopharmaka als Coping-Strategie stehen in keinem Zusammenhang mit den anderen moderierenden Effekten (siehe Anhang D). Auch die Bekanntheit von Unterstützungsangeboten, das Mitverantwortungsgefühl für körperliche und/oder sexuelle Gewalt durch den Intimpartner sowie die Mitbetroffenheit von Kindern zeigen keine Korrelationen untereinander, so dass alle Variablen unabhängig in die multivariate Analyse eingehen, um ihren Einfluss auf die Inanspruchnahme von Hilfe und Unterstützung zu testen.

Sowohl der Konsum von Substanzmitteln als auch der von Psychopharmaka wird von der Schwere aller drei Formen der Partnergewalt bestimmt, wobei der Effekt bei der sexuellen Gewalt schwächer ausfällt. Folgende Zusammenhänge konnten ermittelt werden:

- Die Indexvariable Partnergewalt korreliert mit dem Substanzmittelkonsum. Nicht unabhängig vom Substanzmittelkonsum sind psychische und körperliche sowie sexuelle Partnergewalt.
- Der Konsum von Psychopharmaka steht mit allen Formen Intimer Partnergewalt in einem geringen bis mittleren Zusammenhang, so mit der psychischen Gewalt, der körperlichen Gewalt, der sexuellen Gewalt und daher auch mit dem Index Partnergewalt.
- Das Gefühl der Mitverantwortung steht mit der Schwere der erlittenen Gewalt im Zusammenhang. Für alle Gewaltformen zeigen sich signifikante Zusammenhänge, die jedoch nur bei der sexuellen Gewalt und bei dem Partnergewaltindex einen nennenswerten Effekt präsentieren.
- Die Mitbetroffenheit der Kinder korreliert mit dem Partnergewaltindex, dabei ist die psychische Partnergewalt nicht unabhängig von der Mitbetroffenheit der Kinder wie ebenso wenig die körperliche Gewalt oder der Partnergewaltindex.

Im Kontext von Partnergewalt und Substanzmittelkonsum wie den weiteren moderierenden Effekten wird die Sonderstellung der sexuellen Gewalt deutlich. Die Bekanntheit von Unterstützungsangeboten ist weder mit der psychischen noch körperlichen Gewalt oder dem Partnergewaltindex assoziiert.

Allgemein sind geringe Korrelationen zwischen den Personalen Ressourcen und einem Substanzmittelkonsum oder anderen moderierenden Effekten zu finden. Der Gesamtsummenscore Personale Ressourcen steht mit dem Substanzmittelkonsum sowie der Mitbetroffenheit der Kinder in Zusammenhang.

Von den Variablen der sozialen Ressourcen steht allein der Gesamtscore Soziale Ressourcen in Beziehung mit dem Substanzmittelkonsum. Andere Korrelationen konnten nicht ermittelt werden.

Die Gesundheitsindikatoren stehen folgendermaßen mit dem Substanzmittelkonsum sowie den moderierende Effekten im Zusammenhang:

- Der Substanzmittelkonsum korreliert mit der Mentalen und Physischen Gesundheit. Auch die Unabhängigkeitstests deuten auf einen Zusammenhang: Die Mentale, die Physische, die Subjektive Gesundheit und die Variable

chronische Erkrankungen/körperliche Behinderungen sind vom Substanzmittelkonsum abhängig.
- Ein ähnliches Bild ergibt sich für den Psychopharmakakonsum, der gleichermaßen mit der Mentalen und Physischen Gesundheit sowie auch mit der Subjektiven Gesundheit korresponidert. Die Mentale Gesundheit ist nicht unabhängig vom Psychopharmakakonsum, ebenso wenig wie die Physische Gesundheit.

Keine der Variablen, die die multiple Gewalterfahrung abbilden, steht in einem nennenswerten Zusammenhang mit dem Konsum von Substanzmitteln bzw. Psychopharmaka oder anderen moderierenden Effekten.

Unter den demografischen Indikatoren zeigt sich allein für die Mitbetroffenheit der Kinder ein nennenswerter Zusammenhang:

- Die Mitbetroffenheit der Kinder wird vom Alter sowie der Kinderzahl und dem Migrationshintergrund beeinflusst.

Deutlich wird die Bedeutung der Gewaltschwere sowie der Gesundheitsindikatoren für den Konsum von Substanzmitteln bzw. Psychopharmaka.

Für die weitere Betrachtung wird der Substanzmittelkonsum auf die Einnahme von Psychopharmaka reduziert, da dieser Aspekt im Fokus steht.

Die Regressionsanalysen für den Konsum von Psychopharmaka, der Bekanntheit von Unterstützungsangeboten und dem Mitverantwortungsgefühl folgen ebenfalls einem theoretisch begründeten und empirisch belegten gerichteten Kausalmodell. Es wird die Hypothese aufgestellt, dass diese drei Variablen von demografischen Faktoren, der multiplen Gewalterfahrung, den Gesundheitsindikatoren und der Partnergewaltschwere als UVs beeinflusst werden.

Zunächst wurden die rohen Werte (*b*, *OR*) für jeden Prädiktor berechnet (siehe Anhang E.8). In das binäre logistische Regressionsmodell für den Psychopharmakakonsum (AV) (siehe Anhang E.8) gingen im ersten Schritt (ENTER) folgende unabhängige Variablen ein: Index Partnergewaltschwere, Mentale, Physische und Subjektive Gesundheit, psychische familiäre Gewalt, Personale und Soziale Ressourcen, Misshandlung als Kind, Verletzungsanzahl, Alter (Klassen), Migrationshintergrund, Erwerbsstatus, Sozialstatus, Mitverantwortungsgefühl und als Interaktion Physische Gesundheit mit Subjektiver Gesundheit, Personale mit Sozialen Ressourcen, Alter (Klassen) mit Mentaler Gesundheit sowie Mitverantwortungsgefühl mit Partnergewaltindex. In dieser ersten Regressionsgleichung ergab sich ein Pseudo-R^2 von 0,14 (Cox & Snell) bzw. 0,22 (Nagelkerke) mit χ^2 (8) = 11,53 (n.s.). In der stufenweisen Rückwärtsmodellierung, bei der wegen nichtsignifikantem und geringem Beitrag die Variablen Subjektive Gesundheit, psychische familiäre Gewalt, Personale und Soziale Ressourcen, Misshandlung in der Kindheit, Verletzungsanzahl, Migrationshintergrund, Erwerbsstatus, Sozialstatus, Mitverantwortungsgefühl sowie die Interaktionsterme Physische Gesundheit mit Subjektiver Gesundheit sowie Personale mit Sozialen Ressourcen ausgelassen wurden, veränderte sich die Erklärungskraft einzelner Prädiktoren kaum. Maßgeblich tragen zur Erklärung des Psychopharmakakonsums (siehe Tabelle 5-8, Abbildung 5-25) das Alter und der Partnergewaltindex bei. Der Beitrag der Mentalen Gesundheit und der Interaktionsterme Alter mit Mentaler Gesundheit sowie Mitverantwortungsgefühl mit Partnergewaltindex ist gering. Die Überprüfung des endgültigen Modells mittels der stufenweisen Vorwärtsmethode ergab die gleichen *b*-Werte für die einzelnen Prädiktoren sowie eine ähnliche Varianzaufklärung. Mit den verbleibenden Prädiktoren sinkt die Varianzaufklärung nicht. Die Modellvoraussetzungen sind erfüllt (siehe Anhang E.8), Hinweise für Multikollinearität lagen nicht vor.

Tabelle 5-8: Binäre logistische Regression zum Psychopharmakakonsum

Psychopharmakakonsum (AV)	**b**	**SE b**	**OR**	**95% KI**	**für OR**
Partnergewaltindex	,12***	,01	1,12	1,09	1,16
Mentale Gesundheit	,06***	,01	1,06	1,04	1,08
Alter (Klassen)	,52***	,12	1,68	1,34	2,11
Alter (Klassen) * Mentale Gesundheit	-,01*	,00	0,99	0,99	1,00
Mitverantwortungsgefühl *	-,06**	,02	0,95	0,91	0,99
Konstante	-5,29***	,50	0,01		

R^2 = ,14 (Cox & Snell); ,22 (Nagelkerke); Modell χ^2 (8)=6,87 n.s.;
* $p <$,05, ** $p <$,01, *** $p <$,001

Zusammengefasst kann festgestellt werden, dass der Erklärungswert der im Modell verbleibenden unabhängigen Variablen mit einer Varianzaufklärung von 22% und einer Effektstärke von f^2=0,27 relativ gut ist. Von den berücksichtigten Variablen wirken sich am stärksten das Alter und die Schwere von Partnergewalt auf den Psychopharmakakonsum aus: Je älter die Befragten sind und je schwerer die erlittene Partnergewalt ist, desto größer ist die Chance, dass Frauen Psychopharmaka nehmen.

Auch für die Variablen mit potentiell moderierenden Effekten wurden multivariate Analysen durchgeführt. Zunächst wurden die rohen Werte (*b*, *OR*) für jeden Prädiktor berechnet (siehe Anhang E.9). In das binäre logistische Regressionsmodell für die Bekanntheit von Unterstützungsangeboten (AV) gingen im ersten Schritt (ENTER) als unabhängige Variablen ein: Alter (Klassen), Migrationshintergrund, Erwerbsstatus, Sozialstatus, Misshandlung als Kind, sexueller Missbrauch, körperliche, psychische und sexuelle familiäre Gewalt, Subjektive Gesundheit, Personale und Soziale Ressourcen, Mitverantwortungsgefühl und als Interaktionsterm Alter (Klassen) mit Mentaler Gesundheit sowie Mitverantwortungsgefühl mit dem Partnergewaltindex. In dieser ersten Regressionsgleichung ergab sich ein Pseudo-R^2 von 0,06 (Cox & Snell) bzw. 0,09 (Nagelkerke) mit χ^2 (8) = 12,09 (n.s.). In der stufenweisen Rückwärtsmodellierung, bei der wegen nichtsignifikantem und geringem Beitrag die Variablen Erwerbsstatus, Misshandlung als Kind, körperliche, psychische und sexuelle familiäre Gewalt, Subjektive Gesundheit, Soziale Ressourcen, Mitverantwortungsgefühl und als Interaktionsterm Alter (Klassen) mit Mentaler Gesundheit sowie Mitverantwortungsgefühl mit Partnergewaltindex nicht aufgenommen wurden, veränderte sich die Erklärungskraft einzelner Prädiktoren kaum. Maßgeblich tragen zur Erklärung der Bekanntheit von Unterstützungsangeboten (siehe Tabelle 5-9, Abbildung 5-25) mit negativen Effekt der Migrationshintergrund und das Alter bei, mit positiven Effekten der Sozialstatus sowie ein sexueller Missbrauch in der Kindheit. Der Beitrag der Personalen Ressourcen ist gering. Die Überprüfung des endgültigen Modells mittels der stufenweisen Vorwärtsmethode ergab die gleichen *b*-Werte für die einzelnen Prädiktoren sowie eine ähnliche Varianzaufklärung. Mit den verbleibenden fünf Prädiktoren steigt die Varianzaufklärung geringfügig. Die Modellvoraussetzungen sind erfüllt (siehe Anhang E.9). Hinweise auf Multikollinearität wurden nicht gefunden.

Tabelle 5-9: Binäre logistische Regression zur Bekanntheit von Unterstützung

Bekanntheit von Unterstützung	**b**	**SE b**	**OR**	**95% KI**	**für OR**
Alter (Klassen)	-,16***	,04	0,86	0,79	0,93
Migrationshintergrund	-,68***	,13	0,51	0,39	0,65
Sozialstatus	,51***	,09	1,66	1,40	1,98
Sexueller Missbrauch	,35***	,10	1,42	1,17	1,72
Personale Ressourcen	,01**	,00	1,01	1,00	1,02
Konstante	-,24	,30	0,78		

R^2 = ,07 (Cox & Snell); ,10 (Nagelkerke); Modell χ^2 (8)=7,17 n.s.;
* $p < ,05$, ** $p < ,01$, *** $p < ,001$

Zusammengefasst kann festgestellt werden, dass der Erklärungswert der im Modell verbleibenden unabhängigen Variablen mit einer Varianzaufklärung von 10% und einer Effektstärke von f^2=0,11 gut ist. Von den berücksichtigten Variablen wirken sich am stärksten ein Migrationshintergrund, der Sozialstatus und ein sexueller Missbrauch auf die Bekanntheit von Unterstützung aus: Die Chance, dass die Befragten Kenntnis von Unterstützungsangeboten haben, ist dann größer, wenn sie einen höheren Sozialstatus haben oder in ihrer Kindheit sexuell missbraucht wurden. Bei Migrantinnen und älteren Frauen ist diese Chance geringer.

Für die multivariate Betrachtung des Mitverantwortungsgefühl für körperliche und/oder sexuelle Gewalt (AV) wurden zunächst die rohen Werte (*b*, *OR*) für jeden Prädiktor berechnet (siehe Anhang E.10). In das binäre logistische Regressionsmodell gingen im nächsten Schritt (ENTER) folgende unabhängige Variablen ein: Partnergewaltindex, körperliche, psychische und sexuelle familiäre Gewalt sowie der Erwerbs- und Sozialstatus. In dieser ersten Regressionsgleichung ergab sich ein Pseudo-R^2 von 0,06 (Cox & Snell) bzw. 0,08 (Nagelkerke) mit χ^2 (8) = 2,77 (n.s.). In der stufenweisen Rückwärtsmodellierung fielen die Variablen sexuelle familiäre Gewalt sowie der Sozialstatus heraus. Bei der Regressionsgleichung mit den verbleibenden Variablen veränderten sich die *b*-Koeffizienten kaum und das Pseudo-R^2 verbesserte sich geringfügig. Zur Erklärung des Mitverantwortungsgefühls (siehe Tabelle 5-10, Abbildung 5-25) tragen maßgeblich die körperliche Gewalt, die psychische familiäre Gewalt und der Erwerbsstatus sowie mit negativem Effekt die Schwere der erlittenenPartnergewalt bei. Die Überprüfung des endgültigen Modells mittels der stufenweisen Vorwärtsmethode ergab die gleichen *b*-Koeffizienten für die einzelnen Prädiktoren sowie eine ähnliche Varianzaufklärung. Mit den verbleibenden vier Prädiktoren steigt die Varianzaufklärung geringfügig. Die Modellvoraussetzungen sind erfüllt (siehe Anhang E.10). Hinweise auf Multikollinearität wurden nicht gefunden.

Tabelle 5-10: Binäre logistische Regression zum Mitverantwortungsgefühl

Mitverantwortungsgefühl (AV)	**b**	**SE b**	**OR**	**95% KI**	**für OR**
Partnergewaltindex	-,10***	,02	1,11	1,08	1,14
Familiäre Gewalt: körper.+ and.	,49**	,15	1,64	1,23	2,18
Familiäre Gewalt: ausschl. psych.	,74*	,29	2,09	1,18	3,72
Erwerbsstatus	,25***	,07	1,28	1,12	1,46
Konstante	-,94	,19	0,39		

R^2 = ,06 (Cox & Snell); ,08 (Nagelkerke); Modell χ^2 (8)=3,92 n.s.;
* p < ,05, ** p < ,01, *** p < ,001

Zusammengefasst kann festgestellt werden, dass der Erklärungswert der im Modell verbleibenden unabhängigen Variablen mit einer Varianzaufklärung von 8% und einer Effektstärke von f^2=0,09 mittelmäßig ist. Von den berücksichtigten Variablen wirken sich am stärksten die familiäre Gewalt und der Erwerbsstatus auf das Mitverantwortungsgefühl aus: Die Chance, dass gewaltbetroffene Frauen sich für die erlittene Gewalt mitverantwortlich fühlen, ist dann größer, wenn sie körperlich oder psychische Gewalt durch Familienmitglieder erleiden und erwerbstätig sind. Bei schwerer Partnergewalt fühlen sich die Frauen eher nicht mitverantwortlich.

Abbildung 5-25: Binäre logistische Regressionen zu den moderierenden Variablen

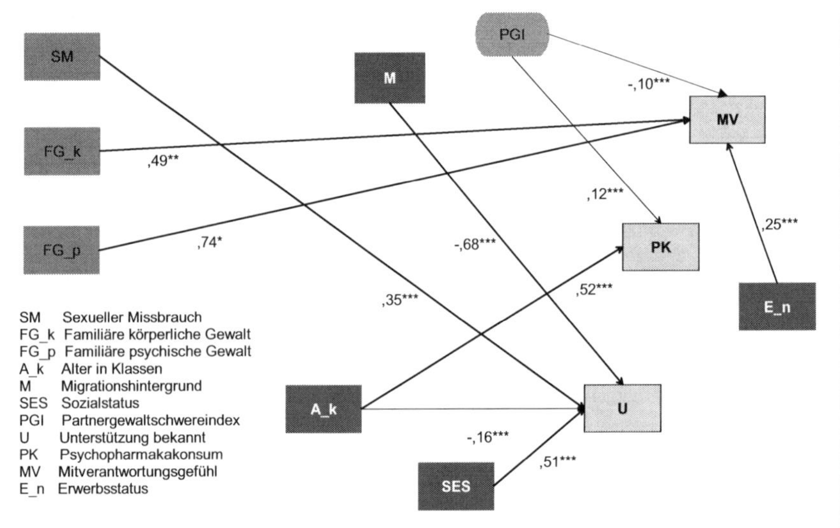

dargestellt sind die ß-Gewichte bzw. die b-Koeffizienten; Werte < ,10 werden nicht berücksichtigt
* p < ,05; ** p < ,01; *** p < ,001

Für die Variablen mit potentiell moderierendem Effekt wurden als Arbeitshypothesen formuliert, dass sie von demografischen Faktoren, Gesundheitsindikatoren, den Ressourcen als auch der Schwere von Partnergewalt beeinflusst werden. Es zeigen sich sehr unterschiedliche Kausalzusammenhänge. Im Regressionsmodell konnte der Einfluss der Gesundheitsindikatoren nicht bestätigt werden. Die Wahrscheinlichkeit, Unterstützungsangebote zu kennen, ist dann höher wenn Frauen keinen Migrationshintergrund und einen höheren Sozialstatus haben oder aber in ihrer Kindheit sexuell missbraucht wurden. Frauen in einem höheren Alter hatten seltener Kenntnis über das bestehende Angebot. Der Konsum von

Psychopharmaka ist dann wahrscheinlicher, wenn Frauen älter sind oder schwerere Partnergewalt erlitten haben. Die Wahrscheinlichkeit, dass Frauen sich für körperliche oder sexuelle Gewalt durch den Partner mitverantwortlich fühlen, ist höher, wenn sie körperliche oder psychische familiäre Gewalt erlitten haben oder aber erwerbstätig sind. Haben sie schwere Formen von Partnergewalt erlitten, dann fühlen sie sich seltener mitverantwortlich.

5.2.7 Inanspruchnahme institutioneller Unterstützung (step 8)

Die Inanspruchnahme von medizinisch/therapeutischer oder spezifischer psychosozialer Unterstützung korreliert mit einigen Variablen (siehe Anhang D). Am deutlichsten zeigt sich ein relativ starker Zusammenhang mit allen Formen von Partnergewalt sowie der Indexvariable.

- Die Inanspruchnahme korreliert mit psychischer, körperlicher und sexueller Partnergewalt sowie dem Partnergewaltindex. Die Unabhängigkeitstests bestätigen diese Korrelationen. Hier ist die Inanspruchnahme nicht unabhängig von der psychischen, der körperlichen oder der sexuellen Partnergewalt sowie dem Index Partnergewalt.
- Zu den Variablen der multiplen Gewalterfahrung besteht eine Beziehung zwischen Misshandlung in der Kindheit mit der Inanspruchnahme.
- Von den Gesundheitsindikatoren korrespondiert allein die Verletzungszahl mit der Inanspruchnahme von Unterstützung. Dieses Ergebnis wird von dem Unabhängigkeitstest bestätigt.
- Der Konsum von Substanzmitteln sowie von Psychopharmaka stehen ebenfalls in einer Beziehung zur Inanspruchnahme. Im Unabhängigkeitstest zeigt sich eine Abhängigkeit des Substanzmittelkonsums von der Inanspruchnahme.
- Für die moderierenden Effekte erweist sich die Variable Bekanntheit von Unterstützung als nicht unabhängig von der Inanspruchnahme ebenso wenig wie das Mitverantwortungsgefühl für körperliche oder sexuelle Partnergewalt. Die Mitbetroffenheit der Kinder korreliert mit der Inanspruchnahme.

Gänzlich unabhängig ist die Inanspruchnahme von den soziodemografischen Faktoren wie Alter, Migrationshintergrund, Bildungs-, Erwerbstätigkeits-, Berufs- oder Sozialstatus sowie Einkommen oder den personalen wie sozialen Ressourcen.

Auch die Regressionsanalyse für die Inanspruchnahme von institutioneller Unterstützung folgt einem theoretisch begründeten und empirisch belegten gerichteten Kausalmodell. Es wird die Hypothese aufgestellt, dass die Inanspruchnahme von demografischen Faktoren, der multiplen Gewalterfahrung, den Gesundheitsindikatoren, dem Index Partnergewaltschwere und den Variablen mit potentiell moderierenden Effekten als UVs beeinflusst wird.

Für die multivariate Betrachtung der Inanspruchnahme von institutioneller Unterstützung (AV) wurden zunächst die rohen Werte (*b*, *OR*) für jeden Prädiktor berechnet (siehe Anhang E.11). In das binäre logistische Regressionsmodell gingen im nächsten Schritt (ENTER) als unabhängige Variablen ein: Partnergewaltindex, Gewalt zwischen Eltern, Misshandlung als Kind, sexueller Missbrauch, körperliche, psychische und sexuelle familiäre Gewalt, Verletzungszahl, Mentale, Physische und Subjektive Gesundheit, chronische Erkrankung/körperliche Behinderung, Bekanntheit von Unterstützung, Mitverantwortungsgefühl sowie Psychopharmakakonsum. In dieser ersten Regressionsgleichung ergab sich ein Pseudo-R^2 von 0,21 (Cox & Snell) bzw. 0,28 (Nagelkerke) mit χ^2 (8) = 12,14 (n.s.). In der stufenweisen Rückwärtsmodellierung fielen die Variablen Gewalt zwischen Eltern, sexueller Missbrauch, körperliche und psychische familiäre Gewalt, Mentale, Physische und Subjektive Gesundheit sowie chronische Erkrankung/körperliche Behinderung heraus. Bei der Regressionsgleichung mit den verbleibenden Variablen veränderten sich die *b*-Koeffizienten und das Pseudo-R^2 kaum. Maßgeblich tragen zur Erklärung der Inanspruchnahme von Unterstützung (siehe Tabelle 5-1, Abbildung 5-26) mit positivem Effekt der Partnergewaltindex, die Bekanntheit von Unterstützung, ein Psychopharmakakonsum, die Verletzungszahl und eine Misshandlung als Kind sowie mit einem negativen Effekt das Mitverantwortungsgefühl bei. Die Überprüfung des endgültigen Modells mittels der stufenweisen Vorwärtsmethode ergab die gleichen *b*-Koeffizienten für die einzelnen Prädiktoren sowie die gleiche Varianzaufklärung. Mit den verbleibenden sechs Prädiktoren verringert sich die Varianzaufklärung geringfügig. Die Modellvoraussetzungen sind erfüllt (siehe Anhang E.11). Hinweise auf Multikollinearität wurden nicht gefunden.

Tabelle 5-11: Binäre logistische Regression zur Inanspruchnahme

Inanspruchnahme (AV)	**b**	**SE b**	**OR**	**95% KI**	**für OR**
Partnergewaltindex	,16***	,02	1,18	1,14	1,21
Unterstützung bekannt	,40**	,15	1,49	1,12	1,98
Mitverantwortungsgefühl	-,42***	,15	0,65	0,49	0,87
Psychopharmakakonsum	,92***	,16	2,50	1,84	3,40
Misshandlung als Kind	,14***	,04	1,15	1,06	1,24
Verletzungszahl	,16***	,04	1,18	1,08	1,28
Konstante	-2,44	,20	0,09		

R^2 = 0,21 (Cox & Snell); 0,28 (Nagelkerke); Modell χ^2 (8)= 12,14 n.s.;
* $p < ,05$, ** $p < ,01$, *** $p < ,001$

Zusammengefasst kann festgestellt werden, dass der Erklärungswert der im Modell verbleibenden unabhängigen Variablen mit einer Varianzaufklärung von 28% und einer Effektstärke von f^2=0,39 sehr gut ist. Von den berücksichtigten Variablen wirken sich am stärksten mit positivem Effekt der Psychopharmakakonsum, die Bekanntheit von Unterstützung, die Schwere von Partnergewalt, die Verletzungszahl und die Misshandlung in der Kindheit aus, während das Gefühl der Mitverantwortung einen negativen Effekt hat. Das bedeutet; wenn sich die Befragten mitverantwortlich fühlten, war die Chance, dass sie medizinische oder psychosoziale Hilfe in Anspruch genommen hatten, geringer, während die Einnahme von Psychopharmaka, die Bekanntheit von Unterstützungseinrichtungen, das Erleiden von schwerer Partnergewalt oder Misshandlung in der Kindheit sowie eine hohe Anzahl an Verletzungen die Chance der Inanspruchnahme steigerten.

Abbildung 5-26: Binäre logistische Regression zur Inanspruchnahme

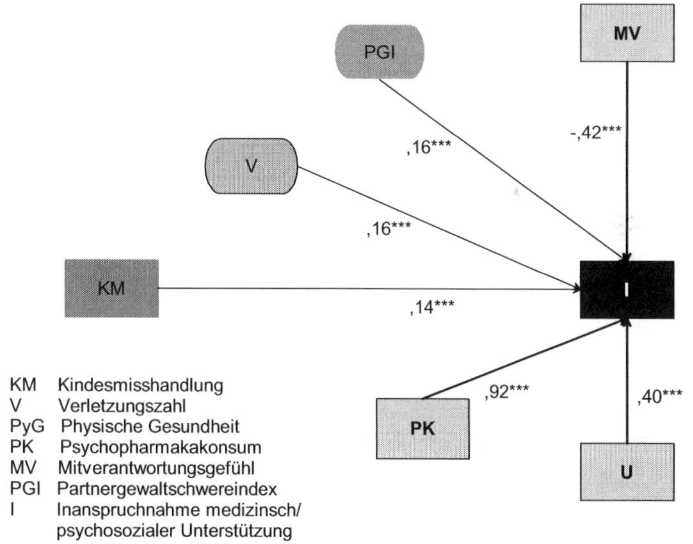

dargestellt sind die ß-Gewichte bzw. die b-Koeffizienten; Werte < ,10 werden nicht berücksichtigt
* p < ,05; ** p < ,01; *** p < ,001

Für die Inanspruchnahme von medizinischer Versorgung oder psychosozialer/ spezifischer Unterstützung und Beratung wurde als Arbeitshypothese formuliert, dass es einen Einfluss von demografischen Faktoren, Gesundheitsindikatoren, den personalen und sozialen Ressourcen, der Partnergewaltschwere sowie der Bekanntheit von Unterstützungsangeboten, dem Psychopharmakakonsum und dem Mitverantwortungsgefühl gibt. Im Regressionsmodell konnte der Einfluss von demografischen Faktoren nicht bestätigt werden. Von den Gesundheitsindikatoren führt allein eine höhere Verletzungszahl zu einer höheren Wahrscheinlichkeit einer Inanspruchnahme. Einzig körperliche Misshandlung in der Kindheit als Variable der multiplen Gewalterfahrung macht die Inanspruchnahme wahrscheinlicher, ebenso wie schwerere erlittene Partnergewalt. Hindernd wirkt das Gefühl der Mitverantwortlichkeit für die Gewalthandlungen. Der Konsum von Psychopharmaka oder die Bekanntheit von Unterstützungsangeboten führen eher zur Inanspruchnahme.

Zur genaueren Bestimmung der Einflussfaktoren wurden zusätzliche Regressionen durchgeführt, die das Hilfesuchverhalten der befragten Frauen nach der Inanspruchnahme von medizinischer Versorgung einerseits und psychosozialer Unterstützung andererseits differenzieren.

Für die multivariate Betrachtung der Inanspruchnahme von medizinischer Versorgung (AV) wurden zunächst die rohen Werte (*b*, *OR*) für jeden Prädiktor berechnet (siehe Anhang E.12). In das binäre logistische Regressionsmodell gingen im nächsten Schritt (ENTER) folgende unabhängige Variablen ein: Partnergewaltindex, Gewalt zwischen Eltern, Misshandlung als Kind, sexueller Missbrauch, körperliche, psychische und sexuelle familiäre Gewalt, Verletzungszahl, Mentale, Physische und Subjektive Gesundheit, chronische Erkrankung/körperliche Behinderung, Bekanntheit von Unterstützung, Mitverantwortungsgefühl sowie Psychopharmakakonsum. In dieser ersten Regressionsgleichung ergab sich ein Pseudo-R^2 von 0,22 (Cox & Snell) bzw. 0,30 (Nagelkerke) mit $\chi^2(8) = 14{,}10$ (n.s.). In der stufenweisen Rückwärtsmodellierung fielen die Variablen Gewalt zwischen Eltern, sexueller Missbrauch, körperliche und psychische familiäre Gewalt, Mentale, Physische und Subjektive Gesundheit sowie chronische Erkrankung/körperliche Behinderung, Alter, Kinderzahl und die Bekanntheit von Unterstützung heraus. Bei der Regressionsgleichung mit den verbleibenden Variablen veränderten sich die *b*-Koeffizienten und das Pseudo-R^2 kaum. Zur Erklärung der Inanspruchnahme von Unterstützung (siehe Anhang E.12) tragen maßgeblich mit positivem Effekt der Partnergewaltindex, ein Psychopharmakakonsum, die Verletzungszahl, eine Misshandlung als Kind und familiäre sexuelle Gewalt sowie mit einem negativen Effekt das Mitverantwortungsgefühl bei. Die Überprüfung des endgültigen Modells mittels der stufenweisen Vorwärtsmethode ergab die gleichen *b*-Koeffizienten für die einzelnen Prädiktoren und die gleiche Varianzaufklärung. Mit den verbleibenden sechs Prädiktoren verringert sich die Varianzaufklärung geringfügig. Die Modellvoraussetzungen sind erfüllt (siehe Anhang E.12). Hinweise auf Multikollinearität wurden nicht gefunden.

Tabelle 5-12: Binäre logistische Regression zur Inanspruchnahme medizinischer Versorgung

Medizinische Inanspruchnahme (AV)	b	SE b	OR	95% KI	für OR
Partnergewaltindex	,15***	,02	1,17	1,13	1,20
Mitverantwortungsgefühl	-,56***	,15	0,57	0,42	0,77
Psychopharmakakonsum	,90***	,16	2,45	1,81	3,32
Misshandlung als Kind	,14***	,04	1,15	1,06	1,24
Familiäre Gewalt: sex.	,91*	,38	2,49	1,18	5,26
Verletzungszahl	,20***	,05	1,22	1,12	1,33
Konstante	-2,39	,20	0,09		

R^2 = 0,21 (Cox & Snell); 0,29 (Nagelkerke); Modell χ^2 (8)= 11,24 n.s.;
* p < ,05, ** p < ,01, *** p < ,001

Zusammengefasst kann festgestellt werden, dass der Erklärungswert der im Modell verbleibenden unabhängigen Variablen mit einer Varianzaufklärung von 29% und einer Effektstärke von f^2=0,41 sehr gut ist. Von den berücksichtigten Variablen wirken sich am stärksten mit positivem Effekt ein Psychopharmakakonsum und sexuelle familiäre Gewalt, die Schwere von Partnergewalt und die Verletzungszahl sowie eine Misshandlung in der Kindheit aus; einen negativen Effekt hat auch hier das Mitverantwortungsgefühl. Das heißt, fühlten sich die Befragten mitverantwortlich, war die Chance, dass sie medizinische Versorgung in Anspruch nahmen, geringer, während die Einnahme von Psychopharmaka und sexuelle Gewalt durch andere Familienmitglieder als den Partner, eine höhere Anzahl an Verletzungen, gravierende Partnergewalt und eine Misshandlung als Kind eher zu einer Inanspruchnahme führten.

Für die multivariate Betrachtung der Inanspruchnahme von psychosozialer Unterstützung (AV) wurden zunächst die rohen Werte (*b*, *OR*) für jeden Prädiktor berechnet (siehe Anhang E.13). In das binäre logistische Regressionsmodell gingen im nächsten Schritt (ENTER) folgende unabhängige Variablen ein: Partnergewaltindex, Gewalt zwischen Eltern, Misshandlung als Kind, sexueller Missbrauch, sexuelle familiäre Gewalt, Verletzungszahl, Mentale, Physische und Subjektive Gesundheit, chronische Erkrankung/körperliche Behinderung, Bekanntheit von Unterstützung, Mitverantwortungsgefühl sowie Psychopharmakakonsum und Kinderzahl. In dieser ersten Regressionsgleichung ergab sich ein Pseudo-R^2 von 0,12 (Cox & Snell) bzw. 0,19 (Nagelkerke) mit $\chi^2(8) = 8,28$ (n.s.). In der stufenweisen Rückwärtsmodellierung fielen die Variablen Gewalt zwischen Eltern, sexueller Missbrauch, sexuelle familiäre Gewalt, Verletzungszahl, Physische und Subjektive Gesundheit sowie chronische Erkrankung/ körperliche Behinderung und Kinderzahl heraus. Bei der Regressionsgleichung mit den verbleibenden Variablen veränderten sich die *b*-Koeffizienten und das Pseudo-R^2 kaum. Zur Erklärung der Inanspruchnahme von Unterstützung (siehe Tabelle 5-13) tragen maßgeblich mit positivem Effekt die Bekanntheit von Unterstützung, ein Psychopharmakakonsum, der Partnergewaltindex und eine Misshandlung als Kind bei. Die Mentale Gesundheit hat kaum einen Effekt. Die Überprüfung des endgültigen Modells mittels der stufenweisen Vorwärtsmethode ergab die gleichen *b*-Koeffizienten für die einzelnen Prädiktoren sowie die gleiche Varianzaufklärung. Mit den verbleibenden sechs Prädiktoren verringert sich die Varianzaufklärung geringfügig. Die Modellvoraussetzungen sind erfüllt (siehe Anhang E.13). Hinweise auf Multikollinearität wurden nicht gefunden.

Tabelle 5-13: Binäre logistische Regression zur Inanspruchnahme psychosozialer Unterstützung

Psychosoziale Inanspruchnahme (AV)	**b**	**SE b**	**OR**	**95% KI**	**für OR**
Partnergewaltindex	,12***	,02	1,13	1,10	1,17
Unterstützung bekannt	1,20**	,20	3,33	2,23	4,95
Psychopharmakakonsum	,70***	,17	2,01	1,44	2,80
Misshandlung als Kind	,12**	,04	1,13	1,04	1,22
Mentale Gesundheit	,01*	,00	1,01	1,00	1,02
Konstante	-4,15	,28	0,02		

$R^2 = 0,11$ (Cox & Snell); 0,19 (Nagelkerke); Modell $\chi^2(8) = 13,36$ n.s.;
* $p < ,05$, ** $p < ,01$, *** $p < ,001$

Zusammengefasst kann festgestellt werden, dass der Erklärungswert der im Modell verbleibenden unabhängigen Variablen mit einer Varianzaufklärung von 19% und einer Effektstärke von f^2=0,23 mittelmäßig ist. Von den berücksichtigten Variablen wirken sich am stärksten die Bekanntheit von Unterstützung und ein Psychopharmakakonsum aus, gefolgt von Gewalt durch den Partner oder Misshandlung in der Kindheit. Das bedeutet: Die Chance, dass eine Frau psychosoziale Unterstützung sucht, ist dann größer, wenn sie von diesem Angebot Kenntnis hat oder Psychopharmaka einnimmt, schwere Partnergewalt erlitten hat oder als Kind misshandelt wurde.

Für alle drei Outcome-Variablen wird der große Einfluss des Psychopharmakakonsums, die Schwere der erlittenen Partnergewalt und die Misshandlung als Kind deutlich. Im Vergleich zwischen Versorgung und Unterstützung sind folgende Unterschiede zu erkennen: ein fehlendes Mitverantwortungsgefühl und die Anzahl an Verletzungen führen zu der Inanspruchnahme von medizinischer Versorgung, während bei der Inanspruchnahme von psychosozialer Unterstützung der große Einfluss der Bekanntheit von diesen Angeboten offensichtlich wird.

5.2.8 Zusammenfassung der bi- und multivariaten Analyse

Nachfolgend werden die Analyseergebnisse der bi- und multivariaten Verfahren zusammenfassend dargestellt. Der Fokus liegt auf den belegten Korrelationen zwischen den beobachteten Variablen oder Konstrukten bzw. den Faktoren, die in den Regressionsanalysen einen erklärenden Beitrag leisten.

Demografie

Mit zunehmendem Alter haben die Befragten mehr Kinder, einen höheren Bildungsabschluss und sind häufiger erwerbstätig. Je mehr Kinder die Befragten haben, desto mehr sind sie in Teil- oder Vollzeit erwerbstätig.

Ein höherer Bildungsstatus geht mit einem höheren Berufsstatus und Einkommen einher. Die Einkommenshöhe wird sowohl vom Berufs- als auch vom Erwerbsstatus bestimmt. Der Erwerbsstatus steht mit dem Berufsstatus in Zusammenhang. Mit diesen Korrelationen ist die Verwendung des SES-Index legitimiert, der am stärksten von jenen Variablen bestimmt wird, die zu seiner Indexbildung beigetragen haben: dem Berufs-, dem Bildungsstatus und dem Einkommen. Der Erwerbsstatus zeigt nur einen geringen Effekt auf den SES.

Ein Migrationshintergrund bei den befragten Frauen erweist sich als quasi unabhängig von allen anderen demografischen Faktoren.

Multiple Gewalterfahrung

Eine gewalttätige Beziehung zwischen den eigenen Eltern (Sekundär-Viktimisierung) geht mit der körperlichen/psychischen Misshandlung der Befragten in ihrer Kindheit sowie Gewalt durch Familienmitglieder im Erwachsenenleben einher. sexueller Missbrauch in der Kindheit scheint ein von anderen Gewalterfahrungen in der Kindheit unabhängiges Phänomen zu sein, denn es zeigen sich keine Zusammenhänge zur Gewalt zwischen den Eltern oder einer Misshandlung in der Kindheit, während körperliche, sexuelle oder psychische Gewalt durch andere Familienmitglieder als den Partner im Erwachsenenleben mit erlebter körperlicher/psychischer Misshandlung oder sexuellem Missbrauch in der Kindheit zusammenhängt.

Zwischen den multiplen Gewalterfahrungen und den soziodemografischen Indikatoren besteht kein Zusammenhang.

Gesundheitsindikatoren

Die Variable chronische Erkrankung und/oder körperliche Behinderung korreliert mit der Physischen und Subjektiven Gesundheit jedoch nicht nennenswert mit der Verletzungsanzahl oder der Mentalen Gesundheit. Die drei Gesundheitsindikatoren Physische, Mentale und Subjektive Gesundheit korrelieren signifikant miteinander, während die Anzahl der körperlichen Verletzungen weitestgehend unabhängig von den anderen Gesundheitsindikatoren ist. Eine Korrelation mit geringem Effekt zeigt sich zwischen Verletzungen und Physischer Gesundheit.

Die multiple Gewalterfahrung in Form von Misshandlung in der Kindheit oder Gewalt im Erwachsenenleben durch andere Familienmitglieder bestimmt die Mentale und die Physische Gesundheit, während weder die Verletzungszahl noch die Subjektive Gesundheit oder die chronischen Erkrankungen/körperlichen Behinderungen nennenswert von den Variablen der multiplen Gewalterfahrung beeinflusst werden.

Von den soziodemografischen Indikatoren ist ein höheres Alter mit einer schlechteren Gesundheit, d.h. mit einer chronischen Erkrankung/körperliche Behinderungen verbunden. Weder ein Migrationshintergrund der Befragten noch die Kinderzahl stehen in irgendeiner Beziehung zu den Gesundheitsindikatoren. Als Sozialstatusvariable korreliert allein der Erwerbsstatus, der auch den Zustand einer (Früh)Berentung umfasst, mit der Subjektiven Gesundheit und einer chronischen Erkrankung/körperlichen Behinderung. Alle weiteren Variablen weisen keinen bedeutenden Zusammenhang zur Gesundheit auf.

Die regressionsanalytische Betrachtung der Gesundheitsindikatoren legt dar, dass sowohl die Verletzungszahl, als auch die Mentale Gesundheit und die Physische Gesundheit von der Gewalterfahrung, vor allem der körperlichen Gewalt in Kindheit und Erwachsenenleben sowie der Schwere der Partnergewalt bestimmt werden: Je mehr Gewalt die Befragten erleiden mussten, desto mehr Verletzungen oder eine schlechtere Mentale bzw. Physische Gesundheit wurde von ihnen berichtet. Weiter ergab sich, dass die Subjektive Gesundheit am stärksten vom Alter der Befragten sowie dem Partnergewaltindex beeinflusst wird: Je älter die Frauen sind und je schwerer die erlittene Gewalt ist, desto schlechter wird der Subjektive Gesundheitsstatus von den befragten Frauen eingeschätzt.

Ressourcen

Sowohl die bi- als auch die multivariate Analyse zeigen für Personale und Soziale Ressourcen ähnliche Korrelationen bzw. Einflussfaktoren.

Personale Ressourcen

Die drei Subskalen Selbstwirksamkeits- und Selbstwertgefühl sowie Optimismus korrelieren stark miteinander, so dass das Gesamtkonstrukt Personale Ressourcen sehr gut abgebildet wird. In der multivariaten Analyse wird daher allein dieses Konstrukt berücksichtigt.

Von den Gesundheitsindikatoren stehen insbesondere die Mentale, die Physische und die Subjektive Gesundheit sowohl zu den einzelnen Summenscores der personalen Ressourcen als auch zum Gesamtkonstrukt in Beziehung. Deutlich wird der negative Zusammenhang, d.h., eine schlechte Gesundheit geht einher mit einem geringeren Umfang an personalen Ressourcen.

Die multiple Gewalterfahrung steht in keinerlei Relation zur den Personalen Ressourcen.

Von den soziodemografischen Merkmalen erweisen sich insbesondere der Berufsstatus, das Einkommen und der SES von Bedeutung für die Personalen Ressourcen.

Die Regressionsanalyse zeigt, dass sich auf die Personalen Ressourcen am stärksten die Gesundheitsindikatoren negativ auswirken: Je stärker die Mentale oder Subjektive Gesundheit beeinträchtigt ist, desto geringer ist das Maß an Personalen Ressourcen der befragten Frauen. Erwerbstätigkeit und ein höherer Sozialstatus tragen zu einem höheren Maß an Personalen Ressourcen bei, wenn auch der Einfluss geringer ausfällt als der der Gesundheitsindikatoren.

Soziale Ressourcen

Auch die drei Subskalen soziales Netz, soziale Unterstützung und soziale Integration zeigen eine sehr gute interne Korrelation auf, so dass das Gesamtkonstrukt Soziale Ressourcen legitimiert ist.

Die Gesundheitsindikatoren wirken ähnlich wie bei den Personalen Ressourcen auf die Sozialen Ressourcen: Weder die Verletzungen noch die chronische Erkrankung/körperliche Behinderung haben einen Einfluss, jedoch stehen die Physische, Mentale und Subjektive Gesundheit sowohl mit den drei Subskalen der sozialen Ressourcen als auch mit dem Gesamtkonstrukt in einem Zusammenhang: Eine schlechte Gesundheit geht mit einem niedrigeren Maß an sozialen Ressourcen einher.

Die Variablen der multiplen Gewalterfahrung haben keine Bedeutung für die Sozialen Ressourcen.

Einige der soziodemografischen Indikatoren sind mit den sozialen Ressourcen assoziiert: Der Berufsstatus zeigt einen Einfluss auf alle drei Subskalen. Darüber hinaus wird die soziale Integration durch eine größere Kinderzahl beeinträchtigt, jedoch von einem höheren Bildungsabschluss, dem Erwerbsstatus, einem höheren Berufsstatus sowie Einkommen und SES gestärkt. Ein Migrationshintergrund wirkt negativ auf das soziale Netz und auf das Gesamtkonstrukt Soziale Ressourcen. Auf das Gesamtkonstrukt wirken außerdem der Berufsstatus sowie der SES.

Die Regressionsanalyse ergab, dass sich auf die Sozialen Ressourcen mit negativen Effekten die Mentale und Subjektive Gesundheit, ein Migrationshintergrund sowie ein höheres Alter und die Partnergewaltschwere auswirken, fördernd wirkt ein höherer SES. Zusammengefasst bedeutet das: Haben die Befragten einen Migrationshintergrund oder sind sie älter, dann ist ihre Mentale oder Subjektive Gesundheit stark beeinträchtig. Haben sie einen niedrigen Sozialstatus, dann verfügen sie über ein geringeres Maß an Sozialen Ressourcen.

Partnergewalt

Alle einzelnen Formen der Intimen Partnergewalt korrelieren stark miteinander und rechtfertigen damit die weitere Bildung und Verwendung der Indexvariable Schweregrad Partnergewalt.

Zwischen den Subskalen sowie dem Gesamtkonstrukt Personale Ressourcen und den verschiedenen Formen von Partnergewalt als auch der Indexvariable besteht weitestgehend Unabhängigkeit.

Von den sozialen Ressourcen korreliert einzig die soziale Integration mit der sexuellen Partnergewalt: ein höheres Maß an sozialer Integration geht mit einem geringeren Schweregrad an sexueller Gewalt einher. Erwartungsgemäß zeigt sich auch ein Zusammenhang zwischen dem Konstrukt Soziale Ressourcen mit sexueller Partnergewalt.

Einige der Gesundheitsindikatoren sind mit geringen bis mittleren Effektstärken mit den Formen der Partnergewalt sowie der Indexvariable korreliert. Bemerkenswert ist die Assoziation zwischen psychischer Partnergewalt und der Mentalen wie Physischen Gesundheit. Zusammengefasst lässt sich feststellen, dass vor allem die Subjektive Gesundheit von Partnergewalt bestimmt wird, die Mentale und Physische Gesundheit stehen ebenfalls in einem Zusammenhang mit der Partnergewalt. Erwartungsgemäß geht körperliche Partnergewalt mit mehr Verletzungen einher. Für die Indexvariable Partnergewaltschwere ergibt sich ein Zusammenhang mit der Subjektiven Gesundheit.

Die multiple Gewalterfahrung steht zwar signifikant in einem Zusammenhang mit Intimer Partnergewalt allerdings mehrheitlich mit geringen Effektstärken: Misshandlung in der Kindheit bestimmt sowohl psychische und körperliche Partnergewalt als auch den Partnergewaltindex. Sexuelle Gewalt durch den Partner ist gänzlich unabhängig von den Variablen der multiplen Gewalterfahrung.

Kaum eine nennenswerte Beziehung besteht zwischen den demografische Indikatoren und dem Schweregrad Intimer Partnergewalt. Allein die sexuelle Partnergewalt steht in einem Zusammenhang mit der Kinderzahl sowie dem Berufsstatus.

Die Regressionsanalyse zeigt:

- Von schwererer Partnergewalt wird dann vermehrt berichtet, wenn die befragten Frauen eine schlechtere Mentale Gesundheit und eine höhere Verletzungszahl berichten.
- Von den Variablen der Multiplen Gewalterfahrungen trägt nur die Misshandlung als Kind zur Erklärung der Schwere von Partnergewalt bei: Sind die Befragten als Kind körperlich misshandelt worden, dann berichteten sie von schwerer Gewalt durch den Partner.
- Ein höheres Maß an Sozialen Ressourcen wirkt sich protektiv auf die Schwere von Partnergewalt aus, hingegen haben die Personalen Ressourcen nur einen geringfügigen Effekt.
- Bei schwerer Partnergewalt fühlen sich Frauen nicht mitverantwortlich.

Substanzmittel- und Psychopharmakakonsum

Der Konsum von Substanzmitteln oder Psychopharmaka als Coping-Strategie steht in keinem oder nur geringem Zusammenhang mit der Bekanntheit von Unterstützungsangeboten, dem Mitverantwortungsgefühl oder der Mitbetroffenheit der Kinder und ebenso wenig mit den Variablen der multiplen Gewalterfahrung.

Zwischen Personalen Ressourcen oder Sozialen Ressourcen und dem Substanzmittelkonsum besteht ein schwacher Zusammenhang.

Deutlich wird die Beziehung der Gewaltschwere sowie der Gesundheitsindikatoren zu dem Konsum von Substanzmitteln bzw. Psychopharmaka: Partnergewaltschwere – in all seinen drei untersuchten Formen sowie als Index – bestimmt den Konsum von Substanzmitteln bzw. Psychopharmaka. Alle Gesundheitsindikatoren stehen in einer Beziehung zu einem Substanzmittel- bzw. Psychopharmakakonsum.

Von den in der Regressionsmodellierung berücksichtigten Variablen wirkten sich am stärksten das Alter und die Schwere von Partnergewalt auf den Psychopharmakakonsum aus: Je älter die Befragten und je schwerer die erlittene Partnergewalt ist, desto größer ist die Chance, dass Frauen Psychopharmaka nehmen.

Mitbetroffenheit der Kinder

Hauptsächlich steht die Mitbetroffenheit der Kinder in einer Beziehung zum Index Partnergewaltschwere. Von den drei Gewaltformen zeigen sich vor allem Zusammenhänge zur psychischen und körperlichen Partnergewalt. Weiter ergab sich eine Korrelation zum Gesamtkonstrukt Personale Ressourcen sowie dem Alter, der Kinderzahl und einem Migrationshintergrund als demografische Indikatoren.

Bekanntheit von Unterstützung

Insgesamt liegen für die Bekanntheit von Unterstützungsangeboten kaum Assoziationen vor: weder zu den anderen potentiell moderierend wirkenden Faktoren (Mitverantwortungsgefühl, Substanzmittelkonsum oder Mitbetroffenheit von Kindern) noch zu den Ressourcen, den Gesundheitsindikatoren, den Variablen der multiplen Gewalterfahrung oder der Partnergewaltschwere.

Die Regressionsanalyse zeigt: Die Chance, dass die Befragten von Unterstützungsangeboten Kenntnis haben, ist dann größer, wenn sie einen höheren Sozialstatus haben oder in ihrer Kindheit sexuell missbraucht wurden. Bei älteren

Frauen und Migrantinnen ist die Chance der Kenntnis eines derartigen Angebots geringer.

Mitverantwortungsgefühl

Ob sich die Befragten für die körperliche und/oder sexuelle Gewalt durch den Partner mitverantwortlich fühlen, steht in keinerlei Beziehung zu einem Substanzmittelkonsum, der Bekanntheit von Unterstützungsangeboten, der Mitbetroffenheit von Kindern, den Personalen oder Sozialen Ressourcen oder den Gesundheitsindikatoren.

Das Mitverantwortungsgefühl wird von der Schwere der sexuellen Partnergewalt als auch dem Index Partnergewaltschwere bestimmt.

Die Regressionsanalyse präsentiert, dass die Chance für ein Mitverantwortungsgefühl unter den Befragten dann größer war, wenn sie Gewalt durch Familienmitglieder erleiden oder erwerbstätig waren. Sie fühlten sich eher nicht mitverantwortlich, wenn die Partnergewalt gravierend war.

Inanspruchnahme

Die soziodemografischen Indikatoren weisen keinen Zusammenhang mit der Inanspruchnahme von medizinischer und/oder psychosozialer Unterstützung auf. Alle drei Formen der Partnergewalt sowie der Index Partnergewaltschwere ebenso wie die Misshandlung als Kind und die Verletzungsanzahl korrelieren mit positivem Effekt mit der Inanspruchnahme. Der Konsum von Substanzmitteln oder Psychopharmaka sowie die Bekanntheit von Unterstützung und die Mitbetroffenheit von Kindern stehen ebenfalls in einem positiven Verhältnis mit der Inanspruchnahme. Fühlten sich die Frauen für die erlittene körperliche oder sexuelle Gewalt durch den Partner mitverantwortlich, dann nahmen sie seltener Hilfe und Unterstützung in Anspruch.

In der Regressionsmodellierung erwiesen sich von den berücksichtigten Variablen als stärkste Einflussfaktoren mit negativem Effekt das Mitverantwortungsgefühl und mit positivem Effekt ein Psychopharmakakonsum, die Bekanntheit von Unterstützung, die Schwere von Partnergewalt und die Verletzungszahl. Das heißt, fühlten sich die Befragten mitverantwortlich, war die Chance, dass sie medizinische oder psychosoziale Hilfe in Anspruch genommen hatten, geringer. Nahmen die Frauen Psychopharmaka ein, war ihnen das Unterstützungsangebot bekannt, war die Partnergewalt gravierend und die Verletzungszahl hoch oder hatten sie körperliche/psychische Misshandlung als Kind erlebt, war die Chance, dass sie Unterstützung aufgesucht hatten, größer.

In der differenzierten Betrachtung nach medizinischer Versorgung bzw. psychosozialer Unterstützung wurden Spezifika deutlich. So machte die Regression für die Inanspruchnahme von medizinischer Versorgung deutlich, dass die Chance der Inanspruchnahme von medizinischer Versorgung geringer war, wenn sich die Befragten mitverantwortlich fühlten, während die Einnahme von Psychopharmaka und das Erleiden von sexueller Gewalt durch andere Familienmitglieder, eine höhere Zahl an Verletzungen, gravierende Partnergewalt und eine Misshandlung als Kind zu einer höheren Inanspruchnahme führten. Die Regressionsanalyse zur Inanspruchnahme von psychosozialer Unterstützung kommt zu dem Ergebnis, dass die Chance, dass eine Frau diese Art von Unterstützung aufsuchte, dann größer ist, wenn sie von diesem Angebot Kenntnis hat oder Psychopharmaka einnimmt, schwere Partnergewalt erlitten hat oder als Kind misshandelt wurde.

Für alle drei Outcome-Variablen wird der große Einfluss des Psychopharmakakonsums, die Schwere der erlittenen Partnergewalt und die Misshandlung als Kind deutlich. Für die Inanspruchnahme von medizinischer Versorgung sind ein fehlendes Mitverantwortungsgefühl und die Anzahl der Verletzung von Bedeutung, während bei der Inanspruchnahme von psychosozialer Unterstützung die Angebotskenntnis einen starken Einfluss hat.

5.2.9 *Grafische Darstellung der multivariaten Ergebnisse*

Abbildung 5-27: Zusammenfassende grafische Darstellung der Regressionsanalysen

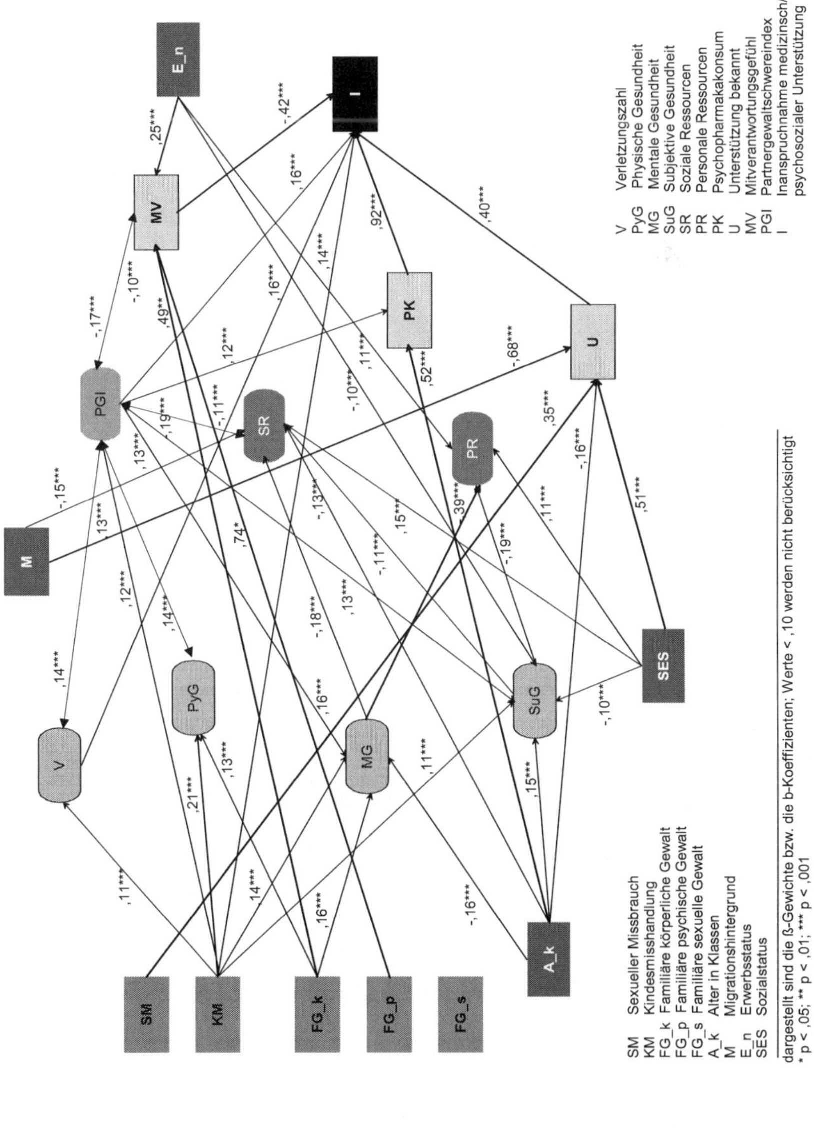

5.3 Ergebnisse der Strukturgleichungsmodellierung

Nachfolgend werden die Ergebnisse der Strukturgleichungsmodelle, mit denen eine Kausalanalyse durchgeführt wurde, erläutert. Die Modelle dienen dazu, ein theoretisch aufgestelltes Hypothesensystem zu prüfen, das auf den Erkenntnissen der bi- und multivariaten Verfahren aufbaut.

5.3.1 Modell 1: Grundmodell der Einflussfaktoren der Inanspruchnahme

Nach theoretischen Überlegungen und basierend auf den bi- sowie multivariaten Ergebnissen wurde in einem ersten Schritt ein Grundmodell (Modell 1) spezifiziert und getestet, das exakt die theoretischen Annahmen wiedergibt. Dieses Modell wurde über die gesamte Stichprobe gerechnet.

Das Grundmodell besteht aus den latenten exogenen Variablen:

- Schicht (schicht): operationalisiert über Alter (alter), Migrationsstatus (migrant), Sozialstatus (SES) und Erwerbsstatus (erwerb),
- Multipler Gewalterfahrung (multgew): operationalisiert über körperliche/ psychische Misshandlung (kind_mis) sowie sexuellem Missbrauch (sex_mis) in der Kindheit und familiäre Gewalt (famgew)

und den latenten endogenen Variablen:

- Partnergewalt (partgew): operationalisiert über den Index Partnergewaltschwere (pg_index)
- Gesundheitsstatus (gesund): operationalisiert über Verletzungszahl (verletz), Physische Gesundheit (phy_ges), Mentale Gesundheit (ment_ges) und Subjektive Gesundheit (sub_ges),
- Ressourcen (ressourc): operationalisiert über Personale Ressourcen (persres) und Soziale Ressourcen (sozres),
- Inanspruchnahme (inanspr): operationalisiert über Inanspruchnahme von psychosozialer Beratung (ber_hilf) und medizinischer Versorgung (med_hilf).

Für dieses Grundmodell (siehe Abbildung 5-28) lag die globale Datenanpassung des Modells mit RMSEA=0,092; CFI=0,842; AGFI=0,862 und SRMR=0,070 nicht mehr im akzeptablen Bereich. Außerdem erwiesen sich einige der spezifizierten Pfade als nicht signifikant (siehe Anhang F.1).

Das Grundmodell lässt gleichwohl erkennen, dass die latente exogene Variable „Schicht" hauptsächlich von den Indikatoren Sozialstatus (0,63) und Erwerbsstatus (0,61) erklärt wird, während das Alter (0,11) oder ein Migrationshintergrund (0,17) keine Bedeutung haben.

Die Indikatoren der latenten exogenen Variable „Multiple Gewalterfahrung" bilden das Konstrukt gut ab, wenngleich der Erklärungsbeitrag von sexuellem Missbrauch in der Kindheit geringer (0,36) ist als der von der Misshandlung in der Kindheit (0,58) oder der von der familiären Gewalt (0,63).

Die latente endogene Variable „Gesundheitsstatus" wird insgesamt gut durch die Gesundheitsindikatoren Physische Gesundheit (0,82), Mentale Gesundheit (0,72) sowie Subjektive Gesundheit (0,66) erklärt, jedoch weniger durch die Verletzungszahl (0,26).

Sowohl die Personalen Ressourcen (0,71) als auch die Sozialen Ressourcen (0,72) tragen gleichermaßen gut zur Bildung des latenten endogenen Konstrukts „Ressourcen" bei.

Die latente endogene Variable „Inanspruchnahme" wird ebenfalls gut durch die sie operationalisierenden Variablen erklärt. Im Vergleich zwischen den Indikatoren trägt die Inanspruchnahme medizinischer Versorgung (0,89) stärker als die Inanspruchnahme psychosozialer Beratung (0,69) zum Gesamtkonstrukt bei.

Abbildung 5-28: Grundmodell der Strukturgleichung (Modell 1)

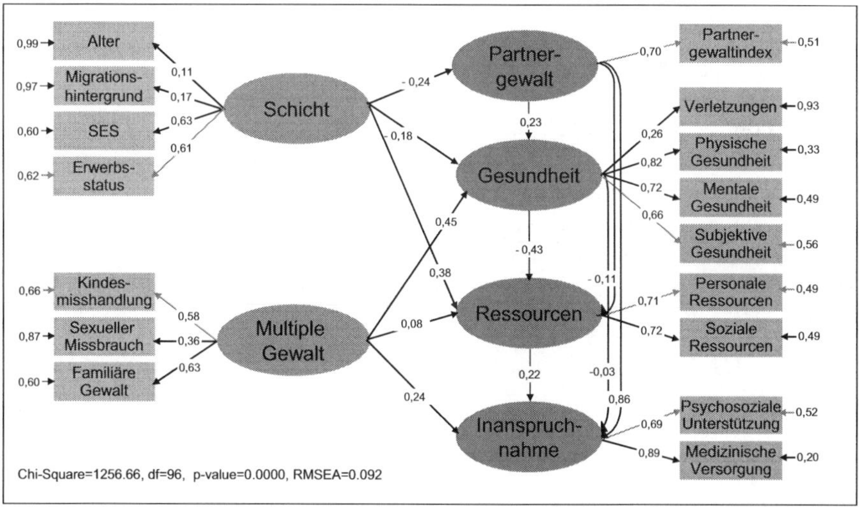

Im Grundmodell zeigt sich weiter, dass nur eine geringe Beziehung zwischen der Schicht und der Partnergewaltschwere mit einem Pfadkoeffizient von -0,24 (5,8% erklärte Varianz) oder dem Gesundheitsstatus mit einem Koeffizienten von -0,18 (3,2% erklärte Varianz) besteht. Der Pfad zwischen Schicht und Ressourcen ist mit einem Koeffizienten von 0,38 (14,4% erklärte Varianz) höher ausgeprägt, d.h. mit einer höheren Schicht verfügen die befragten Frauen über mehr Ressourcen.

Von der Multiplen Gewalterfahrung führt ein Pfad zu dem Gesundheitsstatus mit einem Koeffizienten von 0,45 (20,3% erklärte Varianz) sowie zur Inanspruchnahme mit einem Koeffizienten von 0,24 (5,8% erklärte Varianz). Der Einfluss auf die Ressourcen ist mit 0,08 zu vernachlässigen. Das heißt, mit einer schwereren Gewalterfahrung in der Kindheit oder im Erwachsenenleben durch andere Familienmitglieder geht ein schlechterer Gesundheitsstatus einher.

Unter den latenten exogenen Variablen zeichnet sich die entscheidende Bedeutung der Partnergewaltschwere für die Inanspruchnahme mit einem Pfadkoeffizienten von 0,86 (74,0% erklärte Varianz) ab. Zwischen der Partnergewaltschwere und dem Gesundheitsstatus besteht nur eine geringe Korrelation mit einem Pfadkoeffizienten von 0,23 (5,3% erklärte Varianz) und zu den Ressourcen ist der Pfad mit einem Koeffizienten von -0,11 (1,2% erklärte Varianz) weitaus schwächer ausgeprägt. Der Gesundheitsstatus beeinflusst die Ressourcen mit einem Koeffizienten von -0,43 (18,5% erklärte Varianz). Der Pfad zwischen den Ressourcen und der Inanspruchnahme ist mit einem Koeffizienten von 0,22 (4,8% erklärte Varianz) nur gering ausgeprägt. Die Beziehung zwischen dem Gesundheitsstatus und der Inanspruchnahme kann mit einem Koeffizienten von 0,03 vernachlässigt werden.

Zusammengefasst kann für dieses Modell beschrieben werden, dass ein Pfad von der Schicht über die Partnergewaltschwere auf die Inanspruchnahme möglich wäre. Multiple Gewalterfahrung führt zu einer schlechteren Gesundheit. Ein schlechterer Gesundheitsstatus verringert das zur Verfügung stehende Maß an Ressourcen. Ein höheres Maß an Ressourcen geht mit einer Inanspruchnahme von Unterstützung einher. Den stärksten Einfluss auf die Inanspruchnahme hat die Schwere von Partnergewalt.

5.3.2 Modell 2: Angepasstes Modell der Inanspruchnahme

Wegen der schlechten Fit-Werte wurden im nächsten Schritt nach theoretischen Überlegungen zum einen die nicht signifikanten Pfade zwischen der Multiplen Gewalterfahrung und den Ressourcen sowie Gesundheitsstatus und Inanspruchnahme entfernt. Zum anderen wurden aufgrund einer Begutachtung der Modifikationsindices und theoretischen Überlegungen die Korrelationen zwischen den Fehlervarianzen, zwischen SES und Alter (Korrelate des Einkommens) sowie zwischen Mentaler Gesundheit und Personalen Ressourcen (z.T. ähnliche Iteminhalte) freigegeben. Das so modifizierte Modell 2 (siehe Abbildung 5-29) weist mit RMSEA=0,075 und AGFI=0,900 einen akzeptablen Fit auf, der CFA Wert von 0,894 und der SRMR von 0,058 indizieren dagegen nach wie vor eine schlechte Datenanpassung (siehe Anhang F.2).

Abbildung 5-29: Angepasstes Model der Strukturgleichung (Modell 2)

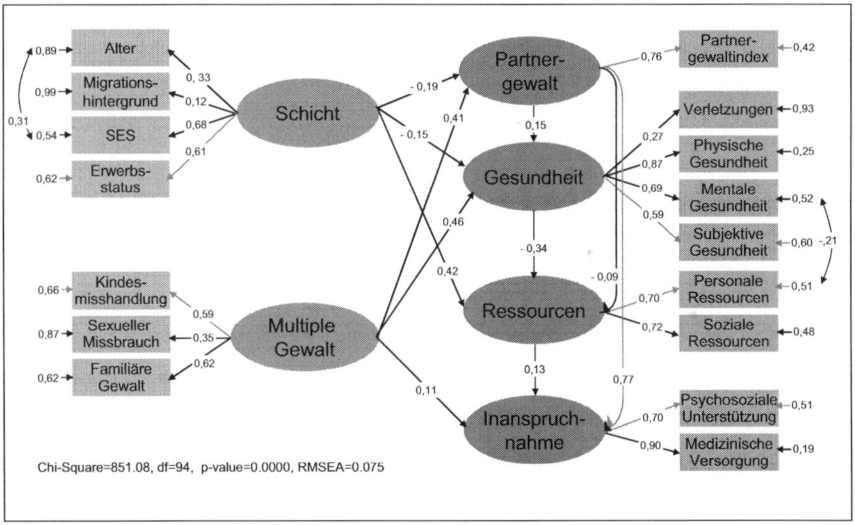

Im Vergleich zum Grundmodell verstärkt sich der Einfluss des Alters auf die latente exogene Schichtvariable mit einem Koeffizienten von 0,33 (10,9% erklärte Varianz), während sich der Pfad zwischen Schicht und der latenten endogenen Variable Partnergewaltschwere auf einen Koeffizienten von -0,19 (3,6% erklärte Varianz) abschwächt. Der Einfluss zwischen Schicht und Ressourcen vergrößert sich auf einen Koeffizienten von 0,42 (17,6% erklärte Varianz), während die Beziehung zwischen der Schicht und dem Gesundheitsstatus annähernd unverändert bleibt. Ausgehend von der Multiplen Gewalterfahrung entsteht ein Pfad zu der Partnergewaltschwere mit einem Koeffizienten von 0,41 (16,8% erklärte Varianz), die Beziehung zwischen Multipler Gewalterfahrung und Gesundheitsstatus bleibt etwa gleich, während sich der Pfad zur Inanspruchnahme auf einen Koeffizienten von 0,24 (5,8% erklärte Varianz) abschwächt. Mit diesem veränderten Modell schwächen sich auch die Pfade zwischen den latenten endogenen Konstrukten ab: der Einfluss der Partnergewaltschwere auf den Gesundheitsstatus sinkt auf einen Koeffizienten von 0,15 (2,3% erklärte Varianz), der Pfadkoeffizient von dem Gesundheitsstatus auf die Ressourcen beträgt nun -0,34 (11,6% erklärte Varianz) und von den Ressourcen auf die Inanspruchnahme 0,13 (1,7% erklärte Varianz). Der Einfluss der Partnergewaltschwere auf die Inanspruchnahme verringert sich ebenfalls.

Unter der Annahme, dass das Modell zutrifft, wird die Inanspruchnahme am stärksten in direkter Weise von der Partnergewaltschwere beeinflusst: Der Pfadkoeffizient von 0,77 indiziert das 59,3% der Unterschiede in der Inanspruchnahme direkt durch die Partnergewalt erklärt werden können (siehe Anhang F.2).

5.3.3 Modell 3: Inanspruchnahme von psychosozialer Beratung/Unterstützung

Im nächsten Schritt wurde das modifizierte Modell separat für die Inanspruchnahme von psychosozialen Beratungs- oder Hilfsangeboten (Modell 3) getestet. Dieses Modell 3 (siehe Abbildung 5-30) für das Beratungshilfsangebot wies mit RMSEA= 0,075 und AGFI= 0,905 einen ähnlichen Fit auf wie das Modell mit der zusammengefassten Inanspruchnahmevariable.

Abbildung 5-30: Inanspruchnahme von psychosozialer Unterstützung (Modell 3)

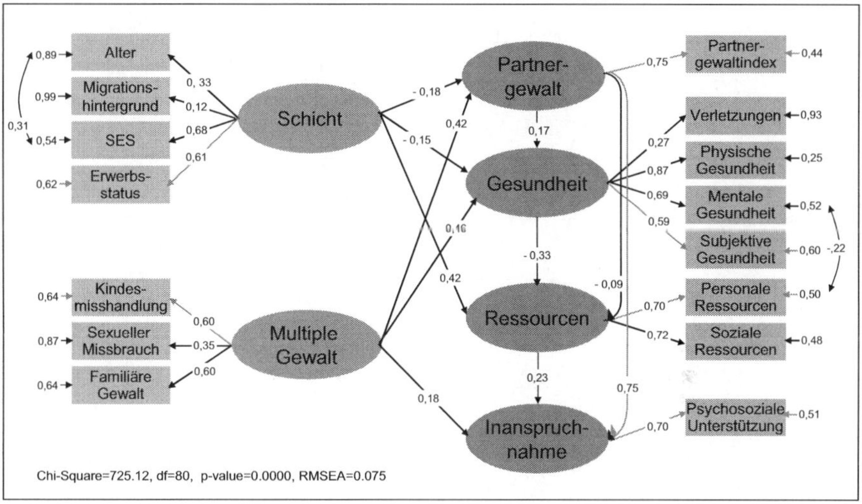

Im Vergleich zu dem angepassten Modell 2 ergeben sich kaum Unterschiede. Auch für dieses Modell zeigt sich, dass die Inanspruchnahme von psychosozialen Beratungs- und Unterstützungsangeboten am stärksten direkt von der Partnergewaltschwere beeinflusst wird, der Pfadkoeffizient fällt mit nur 0,75 geringfügig schwächer aus (56,3% erklärte Varianz), gleichzeitig bekommt der direkte Einfluss multipler Gewalterfahrungen in der Kindheit mit einem Koeffizienten von 0,18 (statt 0,11) ein etwas stärkeres Gewicht. Ebenso wird der über die Ressourcen vermittelte Einfluss mit 0,23 (statt 0,13) etwas stärker. Beide Einflüsse sind aber nach wie vor eher gering (siehe Anhang F.3).

5.3.4 *Modell 4: Inanspruchnahme von medizinischer Versorgung*

In einem weiteren Schritt wurde das angepasste Modell 2 für die Inanspruchnahme von medizinischer Versorgung getestet. Die Spezifikation und Testung des Modells 4 (siehe Abbildung 5-31) für die Inanspruchnahme medizinischer Versorgung resultiert mit RMSEA= 0,0765 und AGFI= 0,901 ebenfalls in einem ähnlichem Fit wie das Modell mit beiden zusammengefassten Inanspruchnahmevariabeln (Modell 2) sowie dem Modell für die Inanspruchnahme psychosozialer der Beratungs- und Unterstützungsangebote (Modell3).

Abbildung 5-31: Inanspruchnahme von medizinischer Versorgung (Modell 4)

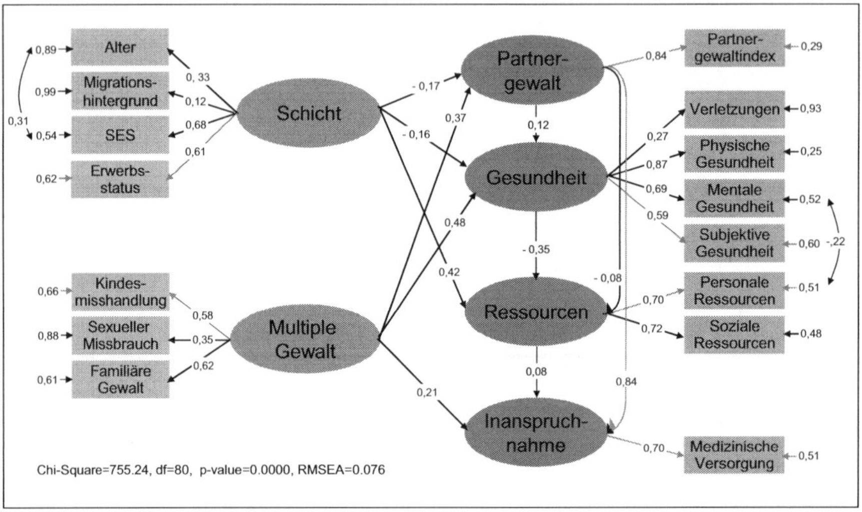

Auch die medizinische Inanspruchnahme wird erneut am stärksten direkt von der Partnergewaltschwere beeinflusst. Mit einem Pfadkoeffizienten von 0,84 (70,6% erklärte Varianz in der Inanspruchnahme) fällt der Einfluss jedoch deutlich stärker aus als für die psychosoziale Beratung/Unterstützung. Der Einfluss der multiplen Gewalterfahrungen in der Kindheit oder der Ressourcen ist hingegen im Vergleich zu dem Modell der Beratungshilfsangebote geringer (siehe Anhang F.4).

5.3.5 Modell 5 und Modell 6: Inanspruchnahme bei Angebotskenntnis

Unter den weiter getesteten Modellen ergeben sich lediglich für die Bekanntheit von Unterstützungsangeboten deutliche Unterschiede in den geschätzten Modellen.

Das Modell 5 für die 1.053 Frauen, denen Unterstützungsangebote bekannt sind, weist mit RMSEA=0,83; CFI=0,86; AGFI=0,88 und SRMR=0,063 bereits für das Grundmodell einen Fit nahe dem akzeptablen Bereich auf (siehe Anhang F.5).

Anschließend wurde auch das modifizierte Modell 2 für die Frauen spezifiziert und getestet, denen Unterstützungsangebote bekannt sind. Diese Modell 6 weist mit RMSEA=0,066; CFI=0,910; AGFI=0,914 und SRMR=0,051 bis auf den CFI einen akzeptablen Fit auf, das heißt, dass das spezifizierte Modell die beobachteten Zusammenhänge zwischen den Variablen in einer akzeptablen Weise erklären kann (siehe Anhang F.6 und Abbildung 5-32).

Unter der Annahme, dass das Modell 6 zutrifft, wird die Inanspruchnahme von psychosozialer Beratung/Unterstützung und/oder medizinischer Versorgung am stärksten durch die Schwere von Partnergewalt beeinflusst. Der Pfadkoeffizient von 0,76 indiziert dass 57,8% der Unterschiede in der Inanspruchnahme direkt durch die Partnergewaltschwere erklärt werden können. Die direkten Einflüsse der multiplen Gewalterfahrungen in der Kindheit (0,11) und die indirekt über die Ressourcen vermittelten Einflüsse (0,08) sind dagegen fast vernachlässigbar. Multiple Gewalterfahrungen in der Kindheit beeinflussen mit Koeffizienten von 0,38 die Partnergewaltschwere und von 0,43 die Gesundheit. Das Konstrukt Schicht hat einen Einfluss von 0,41 auf das Konstrukt Ressourcen und beeinflusst mit einem Koeffizienten von -0,21 die Partnergewaltschwere (d.h. eine höhere Schichtausprägung geht mit geringfügig geringerer Partnergewalt einher). Gesundheitliche Beeinträchtigungen wirken mit -0,31 auf die Ressourcenausprägung (d.h. je weniger Gesundheitsbeeinträchtigungen, desto höher die Ressourcenausprägung). Die direkten Auswirkungen der Partnergewaltschwere auf die Gesundheit fallen mit einem Koeffizienten von 0,19 zwar gering aus, allerdings muss berücksichtigt werden, dass es sich hierbei um den für die Bedeutung von Schichtunterschieden und multiplen Gewalterfahrungen in der Kindheit bereinigten Effekt handelt.

Grundsätzlich ist anzumerken, dass die spezifizierten LISREL-Modelle insgesamt zwar einen maximal akzeptablen Fit aufweisen, allerdings ist dabei zu berücksichtigen, dass das zur Verfügung stehende Datenmaterial aufgrund der vielen kategorialen bzw. dichotomen Variablen für eine LISREL-Analyse nicht optimal ist. Die Verwendung der polychorischen Korrelationen und die A-priori-Normalisierungen stellen zwar sicher, dass die Daten für die LISREL-Analyse geeignet sind, dennoch kann nicht ausgeschlossen werden, dass die Datenanpassung unter diesen Bedingungen nicht so hoch ausfallen kann.

Abbildung 5-32: Modifiziertes Modell 6 bei Angebotskenntnis

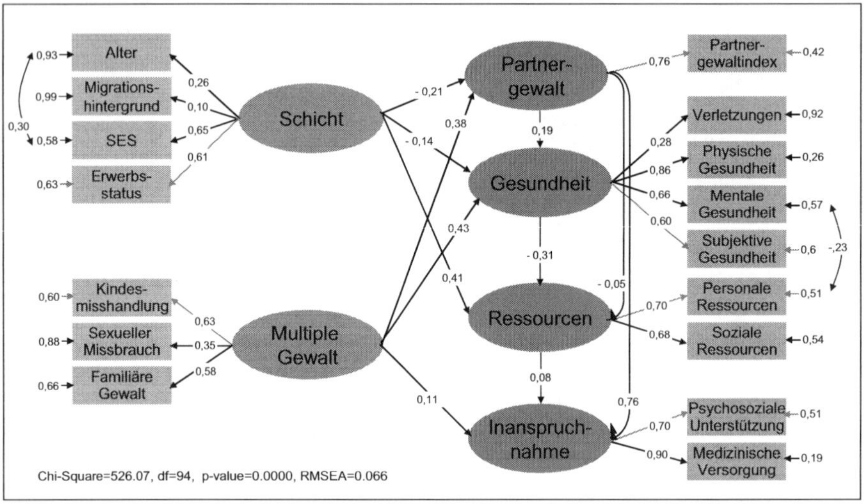

5.3.6 *Weitere Modelle*

Mit weiteren Modellen sollte überprüft werden, ob die Mitbetroffenheit von Kindern, eine chronische Erkrankung/körperliche Behinderung oder ein Psychopharmakakonsum einen Einfluss auf die Inanspruchnahme hat.

Frauen mit vs. ohne Kinder

Es wurde versucht, jeweils ein separates Modell für Frauen mit und ein Modell für Frauen ohne Kinder zu rechnen. Aufgrund der geringen Fallzahl der Frauen mit Kindern konnte jedoch kein extra Modell aufgestellt werden. Die Aufnahme der Variable Mitbetroffenheit von Kindern in das Grundmodell brachte schlechtere Fit-Werte, so dass die Mitbetroffenheit der Kinder gänzlich unberücksichtigt bleibt.

Frauen mit vs. ohne chronische Erkrankung/körperliche Behinderung,

Die Modelle wurden separat für Frauen mit chronischen Erkrankungen/körperlichen Behinderungen und Frauen ohne chronische Erkrankungen/körperliche Behinderungen gerechnet. Im Ergebnis ergaben sich für beide Gruppen nur geringfügige Unterschiede in den Pfadkoeffizienten.

Frauen mit vs. ohne Psychopharmakakonsum

Ein separates Modell zur Überprüfung eines Psychopharmakakonsums war ebenfalls wegen der geringen Fallzahl von ca. 300 Frauen, die Psychopharmaka zur Bewältigung der Gewaltwiderfahrnis konsumieren, nicht möglich. Der Versuch den Psychopharmakakonsum mit in die Modelle aufzunehmen, musste verworfen werden, weil sich die Datenanpassung verschlechterte.

5.3.7 Zusammenfassung der Strukturgleichungsmodellierung

Mit den Strukturgleichungsmodellen werden die Regressionsergebnisse bestätigt: Die Schwere der erlittenen Partnergewalt hat den größten Einfluss auf die Inanspruchnahme von Unterstützung. Multiple Gewalterfahrungen in der Kindheit beeinflussen die Partnergewaltschwere und die Gesundheit. Eine höhere Schicht hat einen positiven Einfluss auf die Ressourcenausprägung und wirkt geringfügig protektiv gegen schwere Partnergewalt. Eine beeinträchtigte Gesundheit wirkt mindernd auf die Ressourcen. Zwar zeigt sich nur eine geringe direkte Auswirkung der Partnergewaltschwere auf die Gesundheit, allerdings muss berücksichtigt werden, dass es sich hier um den für die Bedeutung von Schichtunterschieden und multiplen Gewalterfahrungen in der Kindheit bereinigten Effekt handelt.

Als potentieller Kausalpfad zeichnet sich eine Beziehung zwischen den Multiplen Gewalterfahrungen über die Partnergewaltschwere zur Inanspruchnahme ab.

6 Zusammenfassung, Diskussion und Fazit

Die Ergebnisse der vorliegenden Sekundärdatenanalyse geben verschiedenste Hinweise auf den Komplex von Intimer Partnergewalt gegen Frauen und deren Suche nach Hilfe oder Unterstützung. Bestätigt werden mit diesen Ergebnissen auch einige Erkenntnisse aus dem internationalen Forschungsstand, hingegen andere Ergebnisse widerlegt werden. Für die Hauptfragestellung dieser Arbeit kann zusammengefasst formuliert werden, dass die Inanspruchnahme von medizinischer Versorgung und psychosozialer Unterstützung am stärksten von der Schwere der erlittenen Partnergewalt bestimmt wird. Von den ebenfalls untersuchten Einflussfaktoren ist einzig die Multiple Gewalterfahrung in der Kindheit oder im Erwachsenenleben von Bedeutung. Alle weiteren Faktoren – wie soziodemografische Merkmale, Gesundheitsindikatoren, Ressourcen, Substanzmittelkonsum oder Mitverantwortungsgefühl – beeinflussen die Inanspruchnahme nur gering.

In den folgenden Ausführungen werden die Datenbasis und die Methode der Sekundärdatenanalyse kritisch diskutiert sowie die Kernergebnisse zusammengefasst. Die Ergebnisse werden im Hinblick auf den Forschungsstand und auf das für die Sekundärdatenanalyse formulierte Ziel sowie die aufgestellten Forschungsfragen kommentiert. Im Anschluss werden Empfehlungen für die Forschung, Praxis und politischen Entscheidungsträger abgeleitet.

6.1 Diskussion der Methode

Die vorliegende Arbeit widmet sich der Frage: Welche Faktoren befördern oder behindern das Hilfesuchverhalten der von Intimer Partnergewalt betroffenen Frauen? Im Fokus der Sekundärdatenanalyse standen daher jene Faktoren, die nach dem derzeitigen Forschungsstand die Wahrscheinlichkeit erhöhen, dass sich Opfer von Intimer Partnergewalt aktiv an Gesundheitsversorgungseinrichtungen oder Beratungsstellen um Hilfe wenden wie soziodemografische Merkmale, Gesundheitsindikatoren, personale und soziale Ressourcen, multiple Gewalterfahrung, die Schwere der erlittenen Partnergewalt sowie ein Substanzmittelkonsum, das Gefühl von Mitverantwortung für die Gewaltwiderfahrnisse, die Mitbetroffenheit von Kindern und die Bekanntheit des Unterstützungsangebotes. Dabei wurden die genannten Faktoren nicht als Einzelitems betrachtet, sondern mit allen anderen Faktoren in einem komplexen Modell multifaktoriell für eine Kausalanalyse verknüpft.

Als Datenbasis für diese Untersuchung liegt die vom BMFSFJ in Auftrag gegebene Repräsentativstudie „Lebenssituation, Sicherheit und Gesundheit von Frauen in Deutschland" (Müller & Schröttle 2004) zugrunde. Die Gesamtstudienpopulation basiert auf einer repräsentativen Einwohnermeldestichprobe aus 250 Gemeinden und garantiert nach INFAS eine „größtmögliche (...) Proportionalität der Stichprobe" (2004: 30). Mit einem Oversampling von Frauen mit Mitrationshintergrund wurde für einen hohen Anteil an Migrantinnen in der Studienpopulation gesorgt. Mit einer Fallbasis von über 10.000 im Jahr 2003 befragten Frauen und einem breit gefächerten Fragenbogen stellt die Studie die derzeit umfassendsten Daten zum Komplex Gewalt gegen Frauen für sekundärdatenanalytische Zwecke als Public Use File zur Verfügung. Die Definition der Studienpopulation als auch die Operationalisierung der Variablen und Konstrukte erfolgte – wie für Sekundäranalysen empfohlen (vgl. AGENS 2005) – transparent sowie nachvollziehbar und orientiert sich an den derzeitigen Operationalisierungsstandards (siehe Kapitel 4 und Anhang A sowie B).

Basierend auf dem derzeitigen empirischen Forschungsstand zu den Prädiktoren einer Inanspruchnahme und den theoretischen Überlegungen wurde in dieser Arbeit ein komplexes Modell der Einflussfaktoren aufgestellt und untersucht. Wie in Kapitel 3 ausführlich dargelegt wurde, liegt mittlerweile in Grundzügen ein Erkenntnisstand zum komplexen Geschehen des Copings und der Inanspruchnahme von informeller und formeller Hilfe und Unterstützung im Kontext von Intimer Partnergewalt im internationalen Raum vor, wenngleich die Mehrzahl der Studien (siehe Kapitel 3) über eine bi- oder multivariate Analyse des Einflusses von Einzelitems nicht hinausgeht. In der deutschen Forschung, die bislang generell einen geringen Forschungsstand zum Gesamtthemenfeld der Partnergewalt gegen Frauen vorzuweisen hat, wird sich der besonderen Frage nach den Einflussfaktoren der Hilfesuche nur sehr eingeschränkt gewidmet. Dabei standen qualitative Studien (vgl. Hagemann-White 2001) im Vordergrund (siehe z.B. die Arbeiten von Carol Hagemann-White, Barbara Kavemann, Cornelia Helfferich oder Margrit Brückner). Quantitative Studiendesigns, die die reine Deskription von Einzelmerkmalen überschreiten, wurden bis dato auf das Forschungsthema nicht angewendet. Die vorliegende Untersuchung geht mit ihrem quantitativen Ansatz, basierend auf den für Deutschland repräsentativen Daten zu Intimer Partnergewalt gegen Frauen und einem sehr komplexen sozial- und gesundheitswissenschaftlichen Modell der Einflussfaktoren auf die Hilfesuche gewaltbetroffener Frauen, neue analytische Wege.

Das Modell der Einflussfaktoren beruht auf den theoretisch begründeten Annahmen, dass die Inanspruchnahme von Unterstützung und Versorgung beeinflusst wird (siehe Kapitel 4) von:

- Soziodemografischen Merkmalen, die sich aus den Items Alter, Migrationshintergrund, Kinder(zahl), Schul- und Berufsausbildung, eigenem Nettoeinkommen, Erwerbstätigkeit und Berufsstatus zusammensetzen.
- Multipler Gewalterfahrung, die die primäre (selbsterlittene) Viktimisierung anhand von körperlicher/psychischer Misshandlung oder sexuellem Missbrauch in der Kindheit sowie Gewalt durch andere Familienangehörige im Erwachsenenleben und die sekundäre (bezeugte) Viktimisierung durch Gewalt zwischen den Eltern umfasst.
- Gesundheitsindikatoren, die den allgemeinen Gesundheitsstatus[88] unabhängig von erlittener Gewalt durch die Subjektive, Physische und Mentale Gesundheit sowie die Verletzung(szahl) erfassen.
- Ressourcen, die die zur Verfügung stehenden Personalen und Sozialen Ressourcen einschließen.
- Intimer Partnergewalt(schwere), die sich als Index aus den einzelnen Variablen zusammensetzt, die die Formen der körperlichen, sexuellen und psychischen Gewalt durch einen Intimpartner abbilden.

Weiter wurde angenommen, dass neben diesen Faktoren auch nachfolgende Aspekte einen (moderierenden) Effekt auf das Hilfesuchverhalten der betroffenen Frauen haben können:

- die Kenntnis der Unterstützungsangebote,
- das Gefühl der Mitverantwortung für die erlittene körperliche oder sexuelle Gewalt,
- die Mitbetroffenheit von Kindern – insofern welche vorhanden sind – und
- der Konsum von Substanzmitteln als Coping-Strategie.

Zwischen den einzelnen Konstrukten und Itemvariablen wurden ebenfalls Korrelationen angenommen.

Nach Auswahl der in das Modell aufgenommenen Faktoren, die z.T. bereits im ersten Operationalisierungsschritt zu Skalenscores zusammengefassten wurden,

[88] Die gewaltbedingten Gesundheitsfolgen gingen in die Operationalisierung der einzelnen Gewaltschweregrade ein.

schlossen sich verschiedene statistische Analyseschritte an, die die Fragestellung fokussierten.

Im ersten Schritt wurde eine Deskription durchgeführt, der eine bivariate Korrelations- und Unabhängigkeitsanalyse folgte. Mit diesem Schritt konnten die nachfolgenden Regressionsanalysen auf jene Itemvariablen oder Konstrukte reduziert werden, die sich im vorherigen Analyseschritt als relevant und bedeutend herausgestellt hatten. Weiter verdichtet wurde aus den insgesamt 13 Regressionsmodellen ein Modell für die Strukturgleichungen aufgestellt (siehe Kapitel 4 und Kapitel 5).

Folgende Indikatoren gingen in die Konstrukte der Strukturgleichung ein:

- Sozialschicht: Alter, Migrationsstatus, Sozialstatus (SES) und Erwerbsstatus,
- Multiple Gewalterfahrung: Misshandlung als Kind, sexueller Missbrauch und familiäre Gewalt,
- Partnergewalt: Index Partnergewaltschwere,
- Gesundheitsstatus: Verletzungszahl, Physische, Mentale und Subjektive Gesundheit,
- Ressourcen: Personale Ressourcen und Soziale Ressourcen,
- Inanspruchnahme: Inanspruchnahme von psychosozialer Beratung und Inanspruchnahme von medizinischer Versorgung.

Mit der Methode der Strukturgleichungsmodellierung wurden im Anschluss in verschiedenen Varianten die Kausalpfade auf die Outcomevariable Inanspruchnahme untersucht. Diese Analysemethode eignet sich zur Überprüfung von theoretisch hergeleiteten Kausalzusammenhängen zwischen latenten Variablen anhand von empirischen Daten, d.h., dass in einer Strukturgleichung sowohl beobachtete als auch vermutete Korrelationen analysiert werden können. Das aus den theoretischen Überlegungen und den empirischen Befunden der vorausgegangenen bi- und multivariaten Analysen aufgestellte Grundmodell musste wegen der schlechten Fit-Werte modifiziert werden. Das angepasste Modell wies bessere Werte auf und wurde im Anschluss für verschiedene Subgruppen getestet. Diese Modelle kamen leicht modifiziert zu dem o.g. gleichen Ergebnis: Die Inanspruchnahme von Versorgung und Unterstützung wird zum größten Teil durch die Schwere der Partnergewalt erklärt (siehe Kapitel 5).

Bei der Überprüfung der Modelle stellte sich heraus, dass der den Modellierungen zugrunde liegende Datensatz für eine Strukturgleichungsmodellierung nur eingeschränkt geeignet ist, denn die vornehmlich kategorialen/dichotomen Variablen sind für eine LISREL-Analyse trotz statistischer Anpassung nicht optimal. Mit dieser nicht idealen Datenbasis lassen sich auch die suboptimalen Fit-

Werte erklären. Gleichwohl tragen diese mit den Strukturgleichungsmodellen gewonnenen Ergebnisse zu einem Verständnis des komplexen Geschehens der Hilfesuche im Kontext von Partnergewalt bei (s.u.).

Eine weitere methodische Einschränkung muss im Hinblick auf die Studienpopulation konstatiert werden. Die Ergebnisse aller bi- und multivariaten sowie kausalen Analyseschritte (siehe Kapitel 5) legen den Verdacht nahe, dass die Datenbasis – obwohl mit dem Design der Studie versucht wurde, die weibliche Bevölkerung in Deutschland repräsentativ abzubilden – von einem starken Selektionsbias oder auch Reportingbias bestimmt wird. Die Vermutung gründet sich auf drei wesentliche Befunde, die sich in allen durchgeführten Untersuchungen zeigen und die im Widerspruch zu dem Erkenntnisstand der derzeitigen Gesundheits- und Ungleichheitsforschung stehen (z. B. Wilkinson & Marmot 2003; Razum, Zeeb, et al. 2008).

1. Es lassen sich keine Zusammenhänge zwischen einem Migrationshintergrund und dem Sozialstatus feststellen.
2. Bei keiner der Auswertungsschritte sind nennenswerte Zusammenhänge zwischen dem Sozialstatus oder einem Migrationshintergrund und den Gesundheitsindikatoren ermittelt worden. Die Strukturgleichungsmodellierungen bestätigen diesen Eindruck.
3. Die in die Sekundärdatenanalyse eingeschlossenen Frauen, die alle eine von Partnergewalt bestimmte Biografie haben, erweisen sich zum einen als gut ausgebildet sowie in einer, wenn auch geringfügig, besseren sozialen Position als die Frauen der Gesamtstudienpopulation und zum anderen verfügen sie über ein recht hohes Maß an Ressourcen und sind mit guter Gesundheit ausgestattet.

Dieser Widerspruch zum Erkenntnisstand lässt vermuten, dass die Primär-Studienpopulation (N = 10.118) sowohl bei der Repräsentation der allgemeinen Bevölkerung als auch der Frauen mit Migrationshintergrund einem Selektionsbias unterliegt. Bereits im Methodenbericht zur Repräsentativstudie (INFAS 2004) wird eine Unterrepräsentation von Frauen mit einem geringen Bildungsstand sowie einem Alter über 70 Jahren beschrieben. Bei genauerer Betrachtung der Vorgehensweise zur Rekrutierung der Frauen für die Studie (INFAS 2004: 65, 78ff) stellt sich heraus, dass zum einen etwa die Hälfte aller angesprochenen Frauen nicht für eine Befragung zu diesem sensiblen Thema bereit war, daran gehindert wurde oder nach der Teilnahme am mündlichen Fragebogen die Untersuchung abbrach. Zum anderen wurden Frauen, die in Institutionen leben, nicht in die Studie aufgenommen. Für das Forschungsfeld Intimer Partnergewalt ist jedoch bekannt, dass mit bevölkerungsbasierten Repräsentativstudien eine andere

Population erfasst wird als bei einem Studiensample, in dem die Befragten aus Wohnungslosen, Bewohnerinnen von Zufluchtseinrichtungen oder anderen institutionellen Einrichtungen wie Kliniken, Heimen, Justizvollzugsanstalten rekrutiert werden. Repräsentativstudien erfassen eher *situational couple violence* als die schweren Formen von *intimate partner terrorism* (Johnson 1995; 1999; Piispa 2002; vgl. Kapitel 2). Zusammengefasst kann eine Untererfassung der schweren Fälle von Gewalt angenommen werden, denn unter all diesen Non-Responderinnen, Studienabbrecherinnen oder den nicht erfassten Frauen verbergen sich vermutlich die schweren Fälle von Partnergewalt. Die ermittelten Ergebnisse können daher nur eingeschränkt verallgemeinert werden (siehe Kapitel 5 und Kapitel 6.2). Bei der nachfolgenden Diskussion wird diese Annahme jeweils bei den entsprechenden Ausführungen erläutert.

Weitere Einschränkungen ergeben sich aufgrund der Fragebogenkonstruktion der Repräsentativstudie. Da meist keine bewährten Instrumente bei der Erfassung von bestimmten Sachverhalten – wie z.B. im Hinblick auf den Migrationsstatus, den Gesundheitsstatus oder die personalen und sozialen Ressourcen – verwendet wurden, können die hier ermittelten Ergebnisse nicht mit denen anderer bevölkerungsbasierter Studien verglichen werden. Eine Einordnung der Studienpopulation in den Erkenntnisstand zur sozialökonomischen und gesundheitlichen Lage der allgemeinen deutschen Bevölkerung muss daher entfallen.

Dank der hohen Zahl an Befragten liegt für fast alle Analyseschritte eine ausreichende Fallzahl vor, wenn auch bei manchen Fragen eine hohe Zahl an Missings oder auch Inkonsistenzen in der Beantwortung der Fragen zu finden sind. Bei der Strukturgleichungsmodellierung konnte aufgrund der geringen Fallzahl kein Modell zur Analyse 1.) des Einflusses der Mitbetroffenheit von Kindern bei Frauen mit Kindern sowie 2.) für den Einfluss eines Psychopharmakakonsums durchgeführt werden.

Vor dem Hintergrund dieser Einschränkungen konnte mit den vorliegenden Daten und den angewandten Analyseschritten das Forschungsziel und die Forschungsfragen trotzdem adäquat bearbeitet werden.

6.2 Zusammenfassung und Diskussion der Ergebnisse

Im folgenden werden die wesentlichen Ergebnisse der Analyse im Hinblick auf die Forschungsfrage und Hypothesen zusammengefasst und diskutiert.

6.2.1 (Partner)Gewalt als maßgeblicher Einflussfaktor der Inanspruchnahme

Die Ergebnisse aller Auswertungsschritte der Sekundäranalyse bestätigen das gleiche Bild: Die Schwere der erlittenen Partnergewalt ist der entscheidende Faktor, der Frauen motiviert, psychosoziale Unterstützung oder medizinische Versorgung (auf)zu suchen. Je nach Strukturgleichungsmodell erklärt die Partnergewaltschwere 56,3% bis 74,0% der Varianz in der Inanspruchnahme und bestätigt den in Kapitel 3 rezipierten Forschungsstand. Einigkeit besteht in der Forschung darüber, dass die Schwere der Partnergewalt einer der wesentlichen Faktoren bei der Suche um Hilfe ist (Ferraro & Johnson 1983; Gondolf & Fisher 1988; Piispa 2002; Anderson & Saunders 2003; Goodkind, Sullivan, et al. 2004; Waldrop & Resick 2004; Cattaneo, Stuewig, et al. 2007; Leone, Johnson, et al. 2007; Cattaneo & DeLoveh 2008; Sabina & Tindale 2008; Hyman, Forte, et al. 2009; Montero, Ruiz-Perez, et al. 2010; Barrett & Pierre 2011).

Neben diesem Hauptpfad der Kausalanalyse wird der ebenfalls in allen Modellen sichtbare Einfluss von multipler Gewalterfahrung auf die Inanspruchnahme deutlich. Multiple Gewalterfahrung, die vornehmlich aus den Indikatoren familiäre Gewalt und Misshandlung in der Kindheit und weniger von einem sexuellen Missbrauch in der Kindheit gebildet wird, erklärt einerseits direkt 1,2% bis 5,8% der Varianz in der Inanspruchnahme. Zum anderen zeigt sich ein Pfad von der multiplen Gewalterfahrung über die Partnergewaltschwere zur Inanspruchnahme, deren Varianz je nach Modell zu 13,7% bis 16,8% durch die multiple Gewalterfahrung erklärt wird. Der Zusammenhang zwischen multipler Gewalterfahrung und Partnergewalt ist einerseits als intergenerationale Übertragung (Black, Schumacher, et al. 1999; Krug, Dahlberg, et al. 2002; Bensley, Van Eenwyk, et al. 2003; Watson & Parsons 2005; Black, Hausmann, et al. 2009) bekannt und andererseits gilt multiple Gewalterfahrung in der Kindheit als Risikofaktor für Partnergewalt im Erwachsenenleben (McCord 1983; Widom 1989; Coker, Smith, et al. 2000; Tedeschi 2002; Bensley, Van Eenwyk, et al. 2003; Ehrensaft, Cohen, et al. 2003; Vatnar & Bjørkly 2008). Beide in der Forschung beschriebenen Zusammenhänge werden mit dem Ergebnis der Strukturgleichungsmodelle bestätigt. Ein neues Ergebnis ist der sich über die Partnergewaltschwere vermittelnde Einfluss der multiplen Gewalterfahrung auf die Inanspruchnahme. Hier werden Präventionsfelder für die Praxis erkennbar, die nachfolgend dargelegt werden.

6.2.2 Soziodemografie, Ressourcen und Gesundheitsstatus

Für die Konstrukte Soziodemografie, Ressourcen und Gesundheitsstatus bestätigt sich in allen Strukturgleichungsmodellen der marginale Einfluss dieser Konstrukte auf die Inanspruchnahme von Versorgung oder Unterstützung. Dieses Ergebnis deutete sich bereits in den bi- und multivariaten Analysen an (siehe Kapitel 5) und widerlegt damit die Hypothesen über einen derartigen Zusammenhang.

Soziodemografie

Schicht als soziodemografisches Konstrukt wird vorwiegend durch die Indikatoren SES für Sozialstatus und Erwerbsstatus gebildet; Alter und Migrationshintergrund tragen unwesentlich bei. Es zeigt sich nur ein sehr geringer Einfluss von Schicht als soziodemografisches Konstrukt auf die Partnergewaltschwere, d.h., eine höhere Schicht wirkt - wenn auch nur leicht - protektiv. Dieser geringe Einfluss des Konstrukts Schicht auf die Partnergewaltschwere bestätigt die These, dass Partnergewalt jede Frau treffen kann (Brückner 1998; Krug, Dahlberg, et al. 2002; Michalski 2004; Stith, Smith, et al. 2004) und ist damit in Anlehnung an Popitz (1986) und Trotha (1997) ein „Jederfraus-Risiko". Der Einfluss der Schicht auf die Partnergewalt ist im Vergleich zur multiplen Gewalterfahrung marginal. Es zeigt sich allerdings, dass sich die Zugehörigkeit zu einer höheren sozialen Schicht positiv auf das Maß an zur Verfügung stehenden Ressourcen auswirkt. Je nach Strukturgleichungsmodell werden 14,4% bis 16,8% der Varianz bei den Ressourcen durch das Konstrukt Schicht erklärt. In den Analysen bestätigen sich jedoch keine Zusammenhänge zwischen der Soziodemografie und dem Gesundheitsstatus oder der Inanspruchnahme.

Diese Ergebnisse widerlegen einerseits die Erkenntnisse der sozialen und gesundheitlichen Ungleichheitsforschung, denn die vielfach empirisch dokumentierten Auswirkungen von einem Migrationshintergrund (Razum, Zeeb, et al. 2008) oder sozialer Ungleichheit (Wilkinson & Marmot 2003; Lampert, Saß, et al. 2005; Richter & Hurrelmann 2006; CSDH 2007; Siegrist & Marmot 2008b) auf den Gesundheitsstatus lassen sich mit dieser Studie nicht belegen, was auf die selektionsbedingte homogene Stichprobe – vor allem im Hinblick auf den Migrationshintergrund – hinweist. Im Hinblick auf den SES kann auch der in Kapitel 4 erläuterte Effekt zutreffen, dass eine herkömmlich aus Bildungs- und Erwerbsstatus sowie Einkommen gebildete SES-Variable den Sozialstatus von Frauen weniger gut abzubilden vermag (Siegrist & Marmot 2008a: 17f). Für künftige Untersuchungen wäre daher die derzeit etablierte Operationalisierung des soziodemografischen Konstrukts zu überdenken.

Der internationale Forschungsstand zu dem Zusammenhang von Sozialstatus und Inanspruchnahmeverhalten im Kontext von Partnergewalt ist nicht einheitlich. Studien aus den USA legen eine Relation zwischen einem höheren Status, mehr finanziellen Ressourcen oder einem höheren Bildungsabschluss und einem stärkeren aktiven Hilfesuchen nahe (Barnett 2000; Henning & Klesges 2002; Anderson & Saunders 2003; Kim & Gray 2008; Sabina & Tindale 2008). Diese Tendenz kann mit den Ergebnissen der Sekundärdatenanalyse nicht belegt werden. Studien aus anderen Ländern (vgl. Christi-McMullin 2005; Hyman, Forte, et al. 2006) kommen zu einem anderen Ergebnis und führen diese Divergenz auf das in ihren Ländern im Vergleich zur USA meist kostenlose Angebot an Beratung und auf die als Sachleistung angebotene medizinische Versorgung zurück. Dieser Aspekt könnte auch den hier vorliegenden Ergebnissen der Sekundäranalyse zugrunde liegen, denn in Deutschland werden die medizinische Versorgung als auch die psychosoziale Unterstützung durch Beiträge oder aus Steuergeldern finanziert und verursachen im Fall der Inanspruchnahme keine weiteren hohen Kosten.

Die in der Literatur beschriebenen empirischen Ergebnisse zu den Korrelationen zwischen soziodemografischen Einzelaspekten wie Alter (Zink, Jacobson, et al. 2006; Coker, Flerx, et al. 2007; Beaulaurier, Seff, et al. 2008; Band-Winterstein & Eisikovits 2009; Erez, Adelman, et al. 2009; Nägele, Böhm, et al. 2010a; Nägele, Böhm, et al. 2010b), Migrationshintergrund (Dutton, Orloff, et al. 2000; Wachholz & Miedema 2000; Barnett 2001; Raj & Silverman 2002; Bui 2003; Ingram 2007; Schröttle & Khelaifat 2007; Barrett & Pierre 2011), Kinder(zahl) (DeVoe & Smith 2002; GiG-net 2008; Dlugosch 2010; Meyer 2010; Rhodes, Cerulli, et al. 2010), Sozial- oder Erwerbsstatus (Barnett 2000; Henning & Klesges 2002; Anderson & Saunders 2003; Kim & Gray 2008; Sabina & Tindale 2008) und der aktiven Hilfesuche bei Partnergewalt können auch mit den bi- und multivariaten Verfahren der Sekundärdatenanalyse nicht belegt werden.

Gesundheitsstatus

Der Gesundheitsstatus wird vornehmlich durch die Indikatoren Physische, Mentale und Subjektive Gesundheit und weniger durch die Verletzung(szahl) bestimmt. Wie bei der Soziodemografie kommt auch dem Gesundheitsstatus weder in den bi- und multivariaten noch den kausalen Verfahren eine einflussnehmende Rolle bei der Hilfesuche zu. Das widerspricht sowohl den formulierten Hypothesen als auch dem gesundheitswissenschaftlichen (vgl. RKI 2006) wie dem gewaltfokussierten (Billings & Moos 1981; Kemp, Green, et al. 1995; Milberger,

Israel, et al. 2003; Waldrop & Resick 2004) Forschungsstand. Ein Zusammenhang zwischen der Mentalen Gesundheit und der Inanspruchnahme wäre zu vermuten, denn wie dargelegt wurde, beeinträchtigt Partnergewalt meist die mentale Gesundheit und verursacht häufig Depressionen (Kemp, Green, et al. 1995; Barnett 2000; 2001), die in der Folge zu einer Antriebsschwäche führen können. Dass sich in den Ergebnissen der Sekundärdatenanalyse nicht der Forschungsstand widerspiegelt, kann ein weiterer Hinweis auf den Selektionsbias, d.h. auf die Untererfassung von schweren Fällen sein.

Erkennbar sind hingegen folgende Pfade:

1. von der Partnergewaltschwere auf die Gesundheit, die je nach Strukturgleichungsmodell 1,4% bis 5,3% der Varianz des Gesundheitsstatus erklärt und
2. weitaus stärker von der multiplen Gewalterfahrung auf die Gesundheit, die die Varianz zu 18,5% bis 23,0% erklärt.

Mit diesem Ergebnis bestätigt sich der konsistente Forschungsstand zur gesundheitsbeeinträchtigenden Wirkung von Gewalt in der Kindheit (Kilpatrick & Williams 1997; Lemmey, Malecha, et al. 2001; Krug, Dahlberg, et al. 2002; McFarlane, Groff, et al. 2003; Bair-Merritt, Blackstone, et al. 2006; Griffing, Lewis, et al. 2006; Köhlmeier & Amann 2006) oder durch den Partner im Erwachsenenleben (vgl. Feder, Ramsay, et al. 2009). Handlungsfelder für die Prävention werden erkennbar, die im Anschluss erläutert werden.

Ressourcen

Das Konstrukt Ressourcen wird gleichermaßen von den Personalen als auch Sozialen Ressourcen gebildet. Wie bei der Soziodemografie und dem Gesundheitsstatus erweisen sich auch die Ressourcen von geringer Relevanz für die Inanspruchnahme von Unterstützung oder Versorgung (0,6% bis 5,3% erklärte Varianz). Vorliegende Erkenntnisse zu einem positiven Einfluss der Ressourcen auf die Hilfesuche (Mitchell & Hodson 1983; Mitchell & Hodson 1986; Goodkind, Gillum, et al. 2003; Waldrop & Resick 2004; Taft, Resick, et al. 2007; Sabina & Tindale 2008; Wright & Johnson 2009; Montero, Ruiz-Perez, et al. 2010) werden mit diesen Ergebnissen nicht bestätigt. Ein interessanter Zusammenhang zeigt sich bei differenzierter Betrachtung der Inanspruchnahme. Der Einfluss der Ressourcen vergrößert sich, wenn allein die Inanspruchnahme von psychosozialer Unterstützung untersucht wird (5,3% Varianzaufklärung), dabei verringert sich der Einfluss der multiplen Gewalterfahrungen sowohl auf die Inanspruchnahme selbst als auch auf die Partnergewaltschwere. Wird der Einfluss der Ressourcen allein auf die Inanspruchnahme von medizinischer Versorgung betrachtet, dann zeigt sich mit einer Varianzaufklärung von 0,6% keinerlei relevante Beziehung der Ressourcen. Dieser – wenn auch schwache – Zusammenhang zwischen Ressourcen und psychosozialer Unterstützung deutet Unterschiede im komplexen Handlungsgeschehen der Hilfesuche an. Die Inanspruchnahme von psychosozialer Unterstützung scheint durch andere Faktoren begünstigt zu sein, die weiterer Erforschung bedürfen.

Wie bereits oben beschrieben, besteht ein Einfluss der Soziodemografie (14,4% bis 16,8% Varianzaufklärung) sowie der Gesundheit (9,6% bis 18,5% Varianzaufklärung) auf die Ressourcen: Eine höhere Schicht stärkt und eine schlechtere Gesundheit schwächt die Ressourcen.

6.2.3 Einfluss der Variablen mit potentiell moderierendem Effekt

Von den zu testenden Modellen für Variablen mit einem potentiell moderierenden Effekt war allein das Modell für die Frauen, denen Unterstützungsangebote bekannt sind, akzeptabel. Es zeigte die besten Fit-Werte und keine wesentlichen Unterschiede in den Pfaden sowie deren Koeffizienten. Aufgrund der geringen Fallzahlen konnten nicht alle Variablen, von denen angenommen wurde, dass sie einen moderierenden Effekt auf die Inanspruchnahme haben, mit einem Strukturgleichungsmodell überprüft werden. Diese Situation trat bei den Variablen Konsum von Psychopharmaka sowie der Mitbetroffenheit von Kindern auf. Der Vergleich der Frauen mit und ohne chronische Erkrankungen/körperliche Behinderungen ergab nur geringfügige Unterschiede in den Pfadkoeffizienten.

Aus den multivariaten Analysen sind folgende Korrelationen berichtenswert:

- Der starke Zusammenhang zwischen einem Psychopharmakakonsum und der Inanspruchnahme kann aus der Tatsache erklärt werden, dass einem derartigen Konsum eine Verschreibung vorausgeht und somit der Psychopharmakakonsum immer im Zusammenhang mit der Inanspruchnahme von medizinischer Versorgung steht.
- Fühlen sich die Frauen für die erlittene körperliche oder sexuelle Gewalt mitverantwortlich, dann suchten sie weniger Unterstützung. Mit zunehmender Partnergewaltschwere fühlen sich Frauen nicht mehr mitverantwortlich.
- Eine geringere Kenntnis der Unterstützungsangebote haben ältere Frauen und Frauen mit einem Migrationshintergrund.

6.2.4 Fazit der Ergebnisse

Die Ergebnisse der verschiedenen statistischen Analysen lassen sich in folgende Kernaussagen zusammenfassen:

- Intime Partnergewalt wird als ein Misshandlungssystem bestätigt, dass die Gesundheit langfristig beeinträchtigt.
- Gewalt durch den Partner oder durch Familienmitglieder kann jede Frau unabhängig von soziodemografischen Faktoren treffen.
- Gewalt in der Kindheit erhöht das Risiko für Gewalt im Erwachsenenleben durch den Partner oder Familienangehörige.
- Soziale Ressourcen können vor Gewalt in der Paarbeziehung schützen.
- Die Inanspruchnahme von Versorgung oder Unterstützung wird maßgeblich von der Schwere von Partnergewalt, dem Mitverantwortungsgefühl für die Partnergewalt und der Mitbetroffenheit der Kinder bestimmt.

Als Erkenntnisgewinn der vorliegenden Sekundäranalyse zum derzeitigen Forschungsstand kann der im Modell belegte statistische Nachweis gelten für:

- die Jederfraus-Risiko-These,
- die intergenerationale Übertragung bzw. die Viktimisierung in der Kindheit als Risiko für Partnergewalt im Erwachsenenalter,
- den Haupteinfluss von Partnergewalt auf die Inanspruchnahme,
- den Kausalpfad von der multiplen Gewalterfahrung über die Partnergewalt zur Inanspruchnahme.

In das Inanspruchnahmeverhalten der betroffenen Frauen sowie den Gesamtkomplex der Intimen Partnergewalt ist mit diesem umfassenden Einflussfaktorenmodell ein tiefergehender Einblick gelungen, der zur Theoriebildung beitragen kann.

6.3 Fazit für Forschung, Praxis und Politik

Die Ergebnisse der Sekundärdatenanalyse bestätigen vorausgegangene Beobachtungen aus der Praxis sowie bestehende Erkenntnisse aus der Forschung und beleuchten Aspekte, die für eine Verbesserung der (Lebens)Situation von gewaltbetroffenen Frauen wesentlich sind. Es zeigen sich Forschungsdesiderate und Handlungsfelder, die eine weitergehende Bearbeitung mit angemessenen Methoden und Umsetzungsstrategien sowie eine Einbettung in politische Strategien erfordern.

6.3.1 Fazit für die Forschung

Mit der vorliegenden Sekundärdatenanalyse konnten entscheidende Einblicke in den Komplex des Hilfesuchens von Frauen, die Gewalt in ihrer Paarbeziehung erlitten haben, gewonnen werden. Gleichwohl ergeben sich weitergehende Fragen zum Hilfesuchverhalten: Wie ist es zu erklären, dass die Schwere von Partnergewalt der entscheidende Faktor für die Hilfesuche ist? Welche Faktoren haben den Entscheidungsprozess der Frauen beeinflusst? Welche Bedingungen oder welche Angebote müssten bestehen, damit sich Frauen frühzeitig an spezifische Stellen um Unterstützung wenden? Welche Faktoren begünstigen, dass es von Partnergewalt betroffenen Frauen gelingt, sich aus der Beziehung zu befreien und ambitionierte Zukunftsperspektiven zu entwickeln und zu realisieren?

Als Resümee aus der Sekundäranalyse können folgende (methodische) Aspekte für künftige Forschungsprojekte zu dem komplexen Phänomen der Hilfesuche im Kontext von Partnergewalt abgeleitet werden:

- Qualitative Interviewmethoden und lebensweltorientierte Ansätze sind für einen vertiefenden Einblick in die Entscheidungsprozesse der Betroffenen bei Hilfesuche und Wahl der Coping-Strategie geeignet.
- Umfassendere Modelle sind zu der Erforschung des Problems Intime Partnergewalt, ihre gesundheitlichen und sozialen Folgen sowie Coping und Hilfesuchen erforderlich. Eine Orientierung an dem von der WHO (Krug, Dahlberg, et al. 2002: 12) in Anlehnung an Bronfenbrenner (1981; 1986) vorgestellten ökologischen Modell der Einflussfaktoren auf das Entstehen und somit auch auf die Prävention von Partnergewalt ist sinnvoll (Gesellschafts-, Gemeinde-, Beziehungs- und Individualebene), d.h., dass gesellschaftliche Veränderungen sowohl im Diskurs über Partnergewalt gegen Frauen (gesellschaftliche Ebene) als auch in der Angebotsstruktur (Gemeindeebene)[89] Berücksichtigung finden sollten.
- In künftigen Studien sind Partnergewalttypen, wie sie von Johnson (1995; 1999) vorgeschlagen wurde und sich auch in der Studie von Helfferich und Kavemann (2004) zeigen, zu differenzieren und kontrastieren.
- Für derartig umfassende Analysen sind weitere quantitative Studien erforderlich, die bereits in der Fragebogenentwicklung die zukünftige Modellie-

[89] Für Ende 2012 ist bspw. die bundesweite Eröffnung des Hilfetelefons geplant. Weitere Informationen sind zu finden beim BMFSFJ: Themen-Lotse „Frauen vor Gewalt schützen: Erstes bundesweites Hilfetelefon" vom 20.07.2011, einsehbar unter www.bmfsfj.de/BMFSFJ/Service/themen-lotse,did=173904.html (Zugriff am 15.08.2011).

rung und das Datenniveau für komplexe Analyseverfahren berücksichtigen sollten, damit z.B. Strukturgleichungsmodelle durchgeführt werden können.
- Gesundheitspsychologisch komplexe Beziehungen bei interpersoneller Gewalt – wie z.B. zwischen Misshandlung, Stress und Gesundheit – sind ein wichtiges zu bearbeitendes Forschungsthema, um das Kausalsystem der einzelnen Faktoren zu erhellen.

Bislang nimmt die Forschung zu interpersoneller Gewalt in den deutschen Gesundheitswissenschaften nur einen marginalen Raum ein und beschränkt sich vornehmlich auf die Beschreibung der Phänomene Prävalenz, Inzidenz sowie gesundheitliche und soziale Folgen. Derartig weitergehende Forschungsprojekte können das Verständnis sowohl für das Wirkungsgeschehen bei Gewalt in nahen Beziehungen als auch für die spezifische Situation der betroffenen Frauen vergrößern sowie für Entscheidungsträgerinnen und -träger in Politik und Praxis Empfehlungen für geeignete(re) Präventionsmaßnahmen generieren.

6.3.2 Fazit für die Versorgungs- und Unterstützungspraxis

Aus den Kernaussagen der Analyseergebnisse lassen sich Verbesserungsvorschläge für die institutionelle Unterstützung ableiten, die vornehmlich auf der Bedeutung der Faktoren Partnergewaltschwere, Mitverantwortungsgefühl, Angebotskenntnis sowie intergenerationale Übertragung für das Inanspruchnahmeverhalten basieren.

Beratung- und Unterstützungsbereich

Für den Bereich der psychosozialen Beratung und Unterstützung für von Partnergewalt betroffene Frauen sind folgende Erkenntnisse von Bedeutung:

- Die Schwere von Partnergewalt ist der wesentliche, begünstigende Faktor der Hilfesuche, so dass sich die Frage stellt, wie Frauen in einem früheren Stadium von Gewalt in der Beziehung Unterstützung im Sinne einer Primärprävention (z.B. durch Paar- oder Familienberatung) erfahren können.
- Viele Frauen – vor allem auch ältere Frauen und Migrantinnen – waren nicht über das Unterstützungsangebot informiert, d.h., es muss weiter umfassend über die Angebotsstruktur aufgeklärt werden (mit einer altersgerechten und kultursensiblen Methode).

- Viele Frauen fühlten sich für die erlittene Gewalt mitverantwortlich und nahmen dann seltener Versorgungs- und Unterstützungsangebote in Anspruch, d.h., den betroffenen Frauen muss das Gefühl der Mitverantwortung genommen werden.
- Sekundäre oder primäre Viktimisierung in der Kindheit beeinträchtigt die Gesundheit langfristig und wirkt als Risiko für Intime Partnergewalt im Erwachsenenleben, d.h., die Dringlichkeit von Maßnahmen der Gewalt-Prävention für Kinder und Jugendliche wird deutlich. Die Stärkung der individuellen Ressourcen der Kinder, die Betonung der Bedeutung sozialer Netze und respektvoller Beziehungen zwischen den Geschlechtern (z.B. Anti-Teendating-Violence-Projekte)[90] müssen in die Kinderbetreuung und –beratung integriert werden.

Die Frauenbewegung und Frauen(gesundheits)forschung haben in den letzten Jahrzehnten viel dazu beigetragen, um das Problem Intime Partnergewalt von dem Nimbus eines privaten und tabuisierten Themas zu befreien. Angesichts der o.g. Ergebnisse bedarf es jedoch weiterer Anstrengungen für eine Entstigmatisierung sowie eine Veränderung des gesellschaftlichen Diskurses. Es braucht weitere Aufklärung darüber, dass

1. Partnergewalt gegen Frauen kein individuelles oder ein Randgruppen-Problem ist,
2. Gewalt nicht dem Unvermögen oder der Unzulänglichkeit der Frauen entspringt, sondern allein in der Verantwortung des gewalttätigen Partners liegt und
3. eine frühe Hilfe die Situation verbessern kann. Um Frauen zu einer früheren Hilfesuche zu motivieren, kann die Betonung der langfristigen Folgen für die mitbetroffenen Kinder hilfreich sein.

Gesundheitsbereich

Der Gesundheitssektor wird nach der Sekundärdatenanalyse von den betroffenen Frauen am häufigsten in Anspruch genommen, d.h., er ist als Ort für eine An-

[90] Der Begriff kommt aus den USA und meint Gewalt, die in den ersten Intim-Beziehungen der Jugendlichen auftritt. Diesem Problem widmet sich derzeit das an der Hochschule Fulda initiierte Studienprojekt „Safer Teen Dating“, siehe: www.hs-fulda.de/index.php?id=9508 (Zugriff am 16.08.2011). Die WHO sieht in derartigen Projekten derzeit die größten Primärpräventionspotentiale für Partnergewalt gegen Frauen (WHO & LSHTM 2010).

sprache der Opfer, für eine Intervention und eine Weiterleitung an das psychosoziale Unterstützungsnetz besonders geeignet. Unter Berücksichtigung der o.g. wesentlichen Faktoren lassen sich folgende Empfehlungen für diesen Versorgungsbereich ableiten:

- Weil sich Partnergewaltschwere als der maßgebliche Faktor für die Inanspruchnahme von Hilfe herausgestellt hat, kann als Essenz an die Beschäftigten des Gesundheitssektors vermittelt werden, dass sich Frauen, wenn sie sich an Gesundheitseinrichtungen wenden, meist in schweren gewaltbestimmten Beziehungen befinden. Diese Frauen müssen ernst genommen werden, denn auch wenn sie vielleicht auf den ersten Blick wegen nicht gravierenden Gesundheitsproblemen vorstellig werden, kann dies ein Ausdruck der Suche von Hilfe sein. Eine frühzeitige Intervention kann Gewalt vermeiden helfen (Primärprävention).
- Der hohe Anteil an sich mitverantwortlich fühlenden Frauen legt eine Aufklärung über die Gewaltverantwortlichkeit nahe, die auch innerhalb der Gesundheitsversorgung erfolgen könnte. Bereits in einer sensiblen ersten Ansprache[91] könnten geschulte Gesundheitskräfte diesen Aspekt vermitteln und so wesentlich zu einer psychischen Entlastung der Betroffenen beitragen (Sekundärprävention).
- Partnergewalt beeinträchtigt die Gesundheit der betroffenen Frauen. Bei der Minimierung der (langfristigen) Auswirkungen auf die Gesundheit kann ein frühzeitiges Erkennen von Gewalt als Ursache für Verletzungen oder Beschwerden dienen (Tertiärprävention). Weil nur ein geringer Teil der von Gewalt betroffenen Frauen als solche erkannt werden, empfiehlt sich als adäquates und probates Mittel zum Erkennen von Partnergewalt eine Routinebefragung oder ein Screening in der Gesundheitsversorgung (vgl. Brzank & Blättner 2010). Sowohl die Routinebefragung als auch das Screening könnten neben der Identifizierung von Opfern auch der Sensibilisierung für Gewalt als weitreichendes Problem in allen Bevölkerungsteilen dienen. Ein frühzeitiges Erkennen und Ansprechen kann ebenfalls dazu führen, dass betroffene Frauen bereits vor einer Gewalteskalation psychosoziale Unterstützung in einem früheren Stadium finden (s.o.).

[91] Beispiele für eine sensible Gesprächseröffnung sind dem S.I.G.N.A.L.-Handbuch (Hellbernd, Brzank, et al. 2004: Kapitel 4) und Curriculum (Hellbernd 2006: Kapitel 3.3.4) zu entnehmen.

Für eine Intervention gelten die formulierten Prinzipien[92] (siehe Kapitel 2.5), wobei die Gefährdungssituation der hilfesuchenden Frauen immer vorab zu klären ist (zum Gefährdungsassessment siehe Brzank 2005: 57f). Gesundheitsfachkräfte sollten über das (regionale) Hilfesystem informiert sein und betroffene Frauen weitervermitteln können. Dafür ist ein etabliertes Netzwerk zwischen den Anbietern von Unterstützung und Versorgung hilfreich.

Auch wenn sich die Rezeption des Themas durch den Gesundheitssektor mittlerweile in Leitlinien oder Empfehlungen sowie Fortbildungen der Landesärztekammern zeigt, bedarf es angesichts der Arbeitsverdichtung in der ambulanten und klinischen Gesundheitsversorgung einer entsprechenden Motivierung der Beschäftigten. Die intrinsische Motivation der Gesundheitsfachkräfte könnte dadurch gesteigert werden, dass 1.) der Zusammenhang zwischen Primär- und Sekundär-Viktimisierung in der Kindheit und sowohl der Partnergewalt im Erwachsenenleben als auch der langfristigen Beeinträchtigung der mentalen und physischen Gesundheit sowie 2.) die Präventionspotentiale im Sinne einer Gesundheitsförderung verdeutlicht werden. An die häufig altruistischen Beweggründe, die zur Berufswahl der Gesundheitskräfte geführt haben, kann appelliert werden, damit die Bereitschaft für eine (frühe) Intervention vorhanden ist. Für eine extrinsische Motivation bedarf es eines (gesundheits)politischen Engagements.

6.3.3 Fazit für die (Gesundheits)Politik

Die genannten Empfehlungen für die institutionelle Unterstützungs- und Versorgungspraxis bedürfen der Einbettung in eine politische Strategie. Ein gesellschaftliches Klima sollte geschaffen werden, in dem in allen Teilen der Bevölkerung Partnergewalt gegen Frauen als nicht akzeptabel geächtet wird und zu einer Angelegenheit des allgemeinen öffentlichen Interesses wird.

Auch wenn sich die Übernahme der gesellschaftlichen Verantwortung für Partnergewalt gegen Frauen in den letzten 20 Jahren z.T. in der deutschen Gleichstellungspolitik niedergeschlagen hat, haben nach Meinung der S.I.G.N.A.L.-Koordinierungsstelle „Forschungserkenntnisse und Interventionskonzepte (…) bisher keinen systematischen Eingang in die Gesundheitsversorgung gefunden“ (SIGNAL 2010). Von gesundheitspolitischer Seite wird dem Problem nach wie vor eine marginale Bedeutung zu gemessen, die angesichts der epidemiologi-

[92] Die Prinzipien einer Intervention bei Intimer Partnergewalt sind ausführlich im S.I.G.N.A.L.-Handbuch beschrieben (Hellbernd, Brzank, et al. 2004).

schen Erkenntnisse zu Prävalenz, Inzidenz, Morbidität sowie Mortalität von Intimer Partnergewalt gegen Frauen nicht angemessen ist.

- Eine systematische Integration des Themas in den Gesundheitssektor würde bedeuten, dass Intime Partnergewalt als Problemfeld ein fester Bestandteil der medizinischen und pflegerischen Aus-, Fort- und Weiterbildung wird und bei der Anamnese Gewalt als potentielle Ursache für Verletzungen, Beschwerden oder psychische Störungen immer mitzudenken ist.
- Materielle und immaterielle Anreizsysteme müssen geschaffen werden, damit Gesundheitskräfte bereit sind, sich für eine Intervention zu engagieren.
- Es braucht einen klaren Versorgungsauftrag durch die Politik, damit eine Intervention nicht von dem Engagement Einzelner abhängt.
- Das Ausloben von Forschungsfeldern im Kontext von interpersonaler Gewalt und Gesundheit könnte sowohl bei der Verankerung des Themas in den Gesundheitssektor und die Gesundheitswissenschaften helfen als auch neue Erkenntnisse zum Zusammenhang von Gewalt-Exposition und Gesundheit sowie Prävention erbringen.
- Ausreichend finanzielle Ressourcen für Intervention, Prävention und Forschung müssen nachhaltig und planbar verfügbar sein.

Genügend Gründe sprechen für ein stärkeres politisches Engagement und eine nachhaltige Verankerung von Partnergewalt in die Gesundheitspolitik und –versorgung: Partnergewalt gegen Frauen ist zerstörerischer als eine unheilbare Krankheit, denn sie beeinträchtigt nicht nur ein Leben. Aber Gewalt ist kein Schicksal, sondern identifizierbar und verhinderbar und damit ein andauerndes Thema für Public Health.

Literatur

Abel T, Abraham A & Sommerhalder K (2006). Kulturelles Kapital, kollektive Lebensstile und die soziale Reproduktion gesundheitlicher Ungleichheit. In: Richter M & Hurrelmann K: Gesundheitliche Ungleichheit. Wiesbaden: VS-Verlag für Sozialwissenschaften, 195-208.

Access Economics (2004a). The Cost of Domestic Violence to the Australian Economy: Part I. A report prepared for the Australian Goverment's Office of the status of Women: Commonwealth of Australia

Access Economics (2004b). The Cost of Domestic Violence to the Australian Economy: Part II. A report prepared for the Australian Goverment's Office of the status of Women: Commonwealth of Australia.

AGENS (2005). GPS - Gute Praxis Sekundäranalyse: Arbeitsgruppe Erhebung und Nutzung von Sekundärdaten

Ahrens W, Bellach B & Jöckel K (Hg.) (1998). Messung soziodemographischer Merkmale in der Epidemiologie. München: MMV Medizin Verlag.

Anderson DK & Saunders DG (2003). "Leaving an abusive partner: an empirical review of predictors, the process of leaving, and psychological well-being." Trauma Violence Abuse 4(2): 163-91.

Antonovsky A (1979). Health, stress and coping: New perspectives on mental and physical well-being. San Francisco: Jossey-Bass.

Antonovsky A (1987). Unraveling the mystery of health. How people manage stress and stay well. San Francisco: Jossey-Bass.

Antonovsky A (1997). Salutogenese. Zur Entmystifizierung der Gesundheit. Tübingen: dgvt.

Babitsch B, Lampert T, Müters S & Morfeld M (2006). Ungleiche Gesundheitschancen bei Erwachsenen: Zusammenhänge und mögliche Erklärungsansätze. In: Richter M & Hurrelmann K: Gesundheitliche Ungleichheit. Wiesbaden: VS-Verlag für Sozialwissenschaften, 231-251.

Bacchus L, Mezey G & Bewley S (2002). "Women's perceptions and experiences of routine enquiry for domestic violence in a maternity service." Bjog 109(1): 9-16.

Bacchus L, Mezey G & Bewley S (2003). "Experiences of seeking help from health professionals in a sample of women who experienced domestic violence." Health Soc Care Community 11(1): 10-8.

Bacchus L, Mezey G, Bewley S & Haworth A (2004). "Prevalence of domestic violence when midwives routinely enquiry in pregnancy." BJOG: an International Journal of Obstretics and Gynecology 111: pp.441-445.

Bacchus L, Mezey G & Bewley S (2006). "A Qualitative Exploration of the Nature of Domestic Violence in Pregnancy." Violence Aainst Women 12(6): 588-604.

BAG W (Hg.) (2008). Statistikbericht 2004 - 2006. Bielefeld: BAG W Verlag, Bundesarbeitsgemeinschaft Wohnungslosenhilfe e. V.

Bair-Merritt MH, Blackstone M & Feudtner C (2006). "Physical health outcomes of childhood exposure to intimate partner violence: a systematic review." Pediatrics 117(2): e278-90.

Baker CK, Cook SL & Norris FH (2003). "Domestic Violence and Housing Problems." Violence against Women 9(7): 754-783.

Baker CK, Niolon PH & Oliphant H (2009). "A Descriptive Analysis of Transitional Housing Programs for Survivors of Intimate Partner Violence in the United States." Violence against Women 15(4): 460-481.

Bals N (2008). Häusliche Gewalt: Die Entdeckung eines sozialen Problems, konträre Strömungen und Deutschland als „Entwicklungsland". In: Groenemeyer A & Wieseler S: Soziologie sozialer Probleme und sozialer Kontrolle. Realitäten, Repräsentationen und Politik. Wiesbaden VS Verlag für Sozialwissenschaften 98-114.

Bandura A (1977). "Self-efficacy: Toward a unifying theory of behavioral change." Psychological Review 84(2): 191-215.

Bandura A (1986). Social foundations of thought and action: A social cognitive theory. Englewood Cliffs, N.J.: Prentice-Hall

Band-Winterstein T & Eisikovits Z (2009). ""Aging Out" of Violence: The Multiple Faces of Intimate Violence Over the Life Span." Qualitative Health Research 19(2): 164-180.

Barnett OW (2000). "Why Battered Women Do Not Leave, Part 1." Trauma, Violence, & Abuse 1(4): 343-372.

Barnett OW (2001). "Why Battered Women Do Not Leave, Part 2." Trauma, Violence, & Abuse 2(1): 3-35.

Barrett BJ & Pierre MS (2011). "Variations in Women's Help Seeking in Response to Intimate Partner Violence: Findings From a Canadian Population-Based Study." Violence against Women 17(1): 47-70.

Baumgartner MP (1993). Violent networks: The origins and management of domestic conflict. In: Felson RB & Tedeschi JT: Aggression and violence: Social interactionist perspectives. Washington, DC: American Psychological Association, 209-231.

Beaulaurier RL, Seff LR & Newman FL (2008). "Barriers to Help-Seeking for Older Women Who Experience Intimate Partner Violence: A Descriptive Model." Journal of Women & Aging 20(3): 231-248.

Begenau J (1996). Soziale Lebensbedingungen und Gesundheit von Frauen aus Ostdeutschland. In: Maschewsky-Schneider U: Frauen - das kranke Geschlecht? Mythos oder Wirklichkeit. Opladen: Leske + Budrich, 85-98.

Benard C & Schlaffer E (1978). Die ganz gewöhnliche Gewalt in der Ehe. Texte zu einer Soziologie von Macht und Liebe. Reinbek bei Hamburg: Rowohlt.

Bensley L, Van Eenwyk J & Wynkoop Simmons K (2003). "Childhood family violence history and women's risk for intimate partner violence and poor health." American Journal of Preventive Medicine 25(1): 38-44.

Ben-Zur H (2002). "Coping, affect and ageing: The role of mastery and self-esteem." Personality and Individual Differences 32: 257-372.

bff (2009). Frauen mit Behinderung in Frauenberatungseinrichtungen – Bestandsaufnahme und Handlungsbedarf. Berlin: Bundesverband Frauenberatungsstellen und Frauennotrufe

Biesold K-H & Barre K (2003). Auswirkungen von Stress und Traumatisierung bei Soldaten der Bundeswehr. In: Zielke M, Meermann R & Hackhausen W: Das Ende der Geborgenheit? Die Bedeutung von traumatischen Erfahrungen in verschiedenen Lebens- und Ereignisbereichen: Epidemiologie, Prävention, Behandlungskonzepte und klinische Erfahrungen Lengerich, Berlin, Bremen, Miami, Riga, Viernheim, Wien, Zagreb: Pabst Science Publishers.

BIG e.V. (1997). Gewalt gegen Frauen im häuslichen Bereich. Alte Ziele - Neue Wege. Berlin: Berliner Initative gegen Gewalt e.V.

Billings AG & Moos RH (1981). "The role of coping responses and social resources in attenuating the stress of life events." J. Behav. Med. 4: 139-157.

Bischof G & John U (2002). Suchtmittelabhängigkeit bei Männern und Frauen. In: Hurrelmann K & Kolip P: Geschlecht, Gesundheit und Krankheit. Männer und Frauen im Vergleich. Bern: Huber, 342-358.

Bitzker K (2009). Körperliche und sexuelle Gewalt gegen Frauen und reproduktive Gesundheit. Dissertation, Charité - Universitätsmedizin Berlin, Online-Publikation www.diss.fu-berlin.de/diss/receive/FUDISS_thesis_000000009431.

Black D, Schumacher JA, Smith AM & Heyman RE (1999). Partner, child abuse risk factor literature review: National Network on Family Resiliency, National Network for Health. www.nnh.org/risk. (Zugriff am 15.09.2005).

Black S, Hausmann A, Dempsey SH, Davis MB & Robbins S (2009). From childhood Exposure to Domestic Violence Vicitmization: Female Intergenerational Transmission of Domestic Violence. Family Violence and Health Practice: Family Violence Prevention Fund. 2009/02.

Blättner B (2007). "Das Modell der Salutogenese." Prävention und Gesundheitsförderung 2(2): 67-73.

Blättner B (2010a). Nachhaltigkeit von Interventionsprojekten gegen Gewalterfahrungen in Hessen. Vortrag auf der S.I.G.N.A.L.-Fachtagung In: SIGNAL e.V.: „Erwünscht und integriert? Interventionsprojekte in der gesundheitlichen Versorgung gegen Gewalt an Frauen." Dokumentation zur Fachtagung von S.I.G.N.A.L. e.V. vom 19. - 20.02.2010 an der Charité Berlin. Berlin.

Blättner B (2010b). Statement bei der Podiumsdiskussion auf der S.I.G.N.A.L.-Fachtagung „Erwünscht und integriert? Interventionsprojekte in der gesundheitlichen Versorgung gegen Gewalt an Frauen" vom 19. - 20.02.2010 an der Charité Berlin. .

Blättner B, Krüger K & Grewe A (2009). A.U.S.W.E.G. Ärztliche Dokumentation der Folgen häuslicher Gewalt. Sichtweise der Gesundheitsversorgung - Eine Evaluationsstudie in Hessen. Fulda: HS-Fulda.

BMFSFJ (2007). Aktionsplan II der Bundesregierung zur Bekämpfung von Gewalt gegen Frauen Bonn: Bundesministerium für Familie, Senioren, Frauen und Jugend.

BMGS (2005). Lebenslagen in Deutschland. Der 2. Armuts- und Reichtumsbericht der Bundesregierung. Bonn.

Böhm K, Tesch-Römer C & Ziese T (2009). Gesundheit und Krankheit im Alter. In: Beiträge zur Gesundheitsberichterstattung des Bundes. Berlin Robert Koch-Institut.

Bonomi AE, Anderson ML, Rivara FP & Thompson RS (2009). "Health care utilization and costs associated with physical and nonphysical-only intimate partner violence." Health Serv Res 44(3): 1052-67.

Bordt E-M, Haag T & Sellach B (2006). Arbeitsmaterialien: Statistik Frauenhäuser und ihre Bewohnerinnen. Bewohnerinnenstatistik 2004. Frankfurt/M.: Frauenhauskoordinierung e.V.

Bortz J & Döring N (2002). Forschungsmethoden und Evaluation. Berlin, Heidelberg, New York: Springer.

Bortz J (2005). Statistik für Human- und Sozialwissenschaftler. Heidelberg: Springer Medizin Verlag.

Bortz J, Lienert GA & Boehnke K (2008). Verteilungsfreie Methoden in der Biostatistik. Heidelberg: Springer Medizin Verlag.

Bourdieu P (1983). Ökonomisches Kapital, kulturelles Kapital, soziales Kapital. In: Kreckel R: Soziale Ungleichheiten. Göttingen 183-198.

Bowker LH (1983). Beating wife beating. Lexington, MA: Heath.

Boyle A & Todd C (2003). "Incidence and prevalence of domestic violence in a UK emergency department." Emerg Med J 20(5): 438-42.

Boy A & Salihu HM (2004). "Intimate partner violence and birth outcomes: a systematic review." Int J Fertil Womens Med 49(4): 159-64.

Bradley F, Smith M, Long J & O'Dowd T (2002). "Reported frequency of domestic violence: cross sectional survey of women attending general practice." Bmj 324(7332): 271.

Brandfaß U, Glammeier S & Hornberg C (2009). "Ungedeckte Unterstützungsbedarfe gewaltbetroffener Frauen." IFF-OnZeit 1 (1): 7-18.

Brauns H & Steinmann S (1999). "Educational Reform in France, West-Germany and the United Kingdom: Updating the CASMIN Educational Classification " ZUMA Nachrichten 44(23): 7-44.

Bronfenbrenner U (1981). Die Ökologie der menschlichen Entwicklung. Natürliche und geplante Experimente. Stuttgart: Klett-Cotta.

Bronfenbrenner U (1986). "Ecology of the Family as a Context for Human Development." Developmental Psychology 22: 723-742.

Brückner M (1983). Die Liebe der Frauen. Über Weiblichkeit und Mißhandlung. Frankfurt/M.: Verlag Neue Kritik.

Brückner M (1998). Wege aus der Gewalt gegen Frauen und Mädchen. Frankfurt/M.: Fachhochschulverband.

Brzank P & Hellbernd H (2006). "Psychische Konsequenzen von häuslicher Gewalt gegen Frauen." Public Health Forum 49(Mental Health): 15-17.

Brzank P (2001). Gesundheitsökonomische Kosten von häuslicher Gewalt. Studienarbeit im postgraduierten Public Health Studium an der TU-Berlin. Berlin.

Brzank P (2002). Erfahrungen und Erwartungen an die Gesundheitsversorgung im Kontext häusliche Gewalt. Explorative Interviews mit betroffenen Frauen. Studienarbeit im postgraduierten Public Health Studium an der TU-Berlin. Berlin.

Brzank P (2003). Häusliche Gewalt bei Patientinnen einer Ersten Hilfe-Versorgung. Eine Befragung im Rahmen der S.I.G.N.A.L.-Begleitforschung. Prävalenzen, Gesundheitliche Folgen, Unterstützungsmöglichkeiten in der medizinischen Versorgung,

Unterschiede zwischen Gewaltbetroffenen und Nichtbetroffenen. Unveröffentlichte Magisterarbeit im postgradualen Studiengang Public Health der TU-Berlin.

Brzank P (2005). Häusliche Gewalt gegen Frauen: gesundheitliche Versorgung. Das S.I.G.N.A.L.-Interventionsprogramm. Materialien zur Implementierung von Interventionsprogrammen. Berlin: Gefördert vom Bundesministerium für Familie, Senioren, Frauen und Jugend.

Brzank P (2005). Psychotherapeutische Versorgungsangebote für gewaltbetroffene Frauen in Berlin. Eine quantitative Befragung Berliner Psychotherapeutinnen und Psychotherapeuten. Berlin: BIG-Hotline, Senatsverwaltung für Wirtschaft, Arbeit und Frauen, Senatsverwaltung für Gesundheit, Soziales und Verbraucherschutz (Hg.).

Brzank P (2009). "Häusliche Gewalt gegen Frauen: Soziökonomische Folgen und gesellschaftliche Kosten. Einführung und Übersicht." Bundesgesundheitsblatt Gesundheitsforschung Gesundheitsschutz 52(3): 330-8.

Brzank P, Hellbernd H & Maschewsky-Schneider U (2004). "Häusliche Gewalt gegen Frauen: Gesundheitsfolgen und Versorgungsbedarf - Ergebnisse einer Befragung von Erste-Hilfe-Patientinnen im Rahmen der S.I.G.N.A.L.-Begleitforschung." Gesundheitswesen 66(3): 164-9.

Brzank P, Hellbernd H & Maschewsky-Schneider U (2006). Häusliche Gewalt gegen Frauen und Gesundheit: Besonderer Versorgungsbedarf und Interventionsmöglichkeiten der Gesundheitsversorgung. In: Hey M & Maschewsky-Schneider U: Kursbuch Versorgungsforschung. Berlin: MWV Medizinisch Wissenschaftliche Verlagsgesellschaft, 24-42.

Brzank P, Hellbernd H, Maschewsky-Schneider U & Kallischnigg G (2005). "Häusliche Gewalt gegen Frauen und Versorgungsbedarf. Ergebnisse einer Befragung von Patientinnen einer Ersten Hilfe/Rettungsstelle." Bundesgesundheitsblatt Gesundheitsforschung Gesundheitsschutz 48(3): 337-45.

Brzank P & Blättner B (2010). "Screening nach Gewalt gegen Frauen durch den Partner: Internationale Diskussion, Überlegungen für Deutschland." Bundesgesundheitsblatt Gesundheitsforschung Gesundheitsschutz 53(2).

Bui HN (2003). "Help-Seeking Behavior Among Abused Immigrant Women." Violence against Women 9(2): 207-239.

Bullinger M & I K (1998). SF-36 Fragebogen zum Gesundheitszustand: Manual. Göttingen: Hogrefe.

Burris BH (1993). Technocracy at work. Albany: State University of New York Press.

Büscher G & Gerber A (2010). Gesundheitsökonomische Evaluationen als Ansatz zur Steuerung der Ausgaben im Gesundheitswesen. In: Lauterbach KW, Lüngen M & Schrappe M: Gesundheitsökonomie, Management und Evidence-based Medicine. Handbuch für die Praxis, Politik und Studium. Stuttgart: Schattauer, 63-81.

Campbell JC (1989). "A Test of Two Explanatory Models Of Women's Responses to Battering." Nursing Research 38(1): 18-23.

Campbell JC (1994). "Domestic homicide: risk assessment and professional duty to warn." Md Med J 43(10): 885-9.

Campbell JC & Lewandowski LA (1997). "Mental and physical health effects of intimate partner violence on women and children." Psychiatr Clin North Am 20(2): 353-74.

Campbell JC, Kub J, Belknap RA & Templin TN (1997). "Predictors of depression in battered women." Violence Against Women, 3(3): 271-293.

Campbell JC (1998). Making the health care system an empowering zone for battered women: health consequences, policy recommendations, introduction, and overview. In: Campbell JC: Empowering survivors of abuse. Thousand Oaks, London, New Delhi: Sage Publications. 10, 3-23.

Campbell J, Torres S, Ryan J, King C, Campbell DW, Stallings RY & Fuchs SC (1999). "Physical and nonphysical partner abuse and other risk factors for low birth weight among full term and preterm babies: a multiethnic case-control study." Am J Epidemiol 150(7): 714-26.

Campbell JC (2002). "Health consequences of intimate partner violence." Lancet 359(9314): 1331-6.

Campbell JC, Jones AS, Dienemann J, Kub J, Schollenberger J, O'Campo P, Gielen AC & Wynne C (2002). "Intimate partner violence and physical health consequences." Arch Intern Med 162(10): 1157-63.

Campbell JC, Webster D, Koziol-McLain J, Block C, Campbell D, Curry MA, Gary F, Glass N, McFarlane J, Sachs C, Sharps P, Ulrich Y, Wilt SA, Manganello J, Xu X, Schollenberger J, Frye V & Laughon K (2003). "Risk factors for femicide in abusive relationships: results from a multisite case control study." Am J Public Health 93(7): 1089-97.

Campbell JC, Laughon K & Woods A (2006). Impact of intimate partner abuse on physical and mental health: how does it present in clinical practice? In: Roberts G, Hegarty K & Feder G: Intimate Partner Abuse and Health Professionals: New Approaches to Domestic Violence. London UK: Elsevier 43-61.

Carmen EH, Rieker PP & Mills T (1984). "Victims of violence and psychiatric illness." American Journal of Psychiatry 141: 378-383.

Cattaneo LB, Stuewig J, Goodman LA, Kaltman S & Dutton MA (2007). "Longitudinal helpseeking patterns among victims of intimate partner violence: The relationship between legal and extralegal services." American Journal of Orthopsychiatry 77(3): 467-477.

Cattaneo LB & DeLoveh HLM (2008). "The Role of Socioeconomic Status in Helpseeking From Hotlines, Shelters, and Police Among a National Sample of Women Experiencing Intimate Partner Violence." American Journal of Orthopsychiatry 78(4): 413-422.

Cattaneo LB (2010). "The role of socioeconomic status in interactions with police among a national sample of women experiencing intimate partner violence." Am J Community Psychol 45(3-4): 247-58.

CDC (2003). Preventing Intimate Partner Violence, Sexual Violence and Child Maltreatment. Centers for Disease Controll and Prevention (Zugriff am 24.06.2004).

Chang JC, Buranosky R, Dado D, Cluss P, Hawker L, Rothe E, McNeil M & Scholle SH (2009). "Helping women victims of intimate partner violence: comparing the approaches of two health care settings." Violence Vict 24(2): 193-203.

CHANGE (1999). Health Outcomes of Violence Against Women. In: John Hopkins University School of Public Health - Population Information Program: Population Reports. Baltimore. Series L, No. 11, 18.

Cheney AB & Bleker EG (1982). Internal-external locus of control and repression-sensitization in battered women. Paper presented at the American Psychological Association Convention. Washington, DC.

Christi-McMullin K (2005). "Economic resources and woman abuse: Differences and similarities among African American, Hispanic, and White women." Journal of Ethnic & Cultural Diversity in Social Work 14(3/4): 103-123.

Cohen J (1988). Statistical Power Analysis for the Behavioural Sciences. Hillsdale, New Jersey, US: Lawrence Erlbaum Associates

Coker A, Smith P, McKeown R & King M (2000). "Frequency and correlates of intimate partner violence by type: physical, sexual, and psychological battering." Am J Public Health 90(4): 553-559.

Coker AL, Smith PH, Bethea L, King MR & McKeown RE (2000). "Physical health consequences of physical and psychological intimate partner violence." Arch Fam Med 9(5): 451-7.

Coker AL, Smith PH, Thompson MP, McKeown RE, Bethea L & Davis KE (2002). "Social Support Protects against the Negative Effects of Partner Violence on Mental Health." Journal of Women's Health & Gender-Based Medicine 11(5): 465-476.

Coker AL, Watkins KW, Smith PH & Brandt HM (2003). "Social support reduces the impact of partner violence on health: application of structural equation models." Prev Med 37(3): 259-67.

Coker AL (2007). "Does Physical Intimate Partner Violence Affect Sexual Health?: A Systematic Review." Trauma Violence Abuse 8: 149-177.

Coker AL, Flerx VC, Smith PH, Whitaker DJ, Fadden MK & Williams M (2007). "Intimate partner violence incidence and continuation in a primary care screening program." Am J Epidemiol 165(7): 821-7.

Cokkinides VE, Coker AL, Sanderson M, Addy C & Bethea L (1999). "Physical violence during pregnancy: maternal complications and birth outcomes." Obstet Gynecol 93(5 Pt 1): 661-6.

Coleman JS (1988). "Social Capital in the Creation of Human Capital." The American Journal of Sociology 94, Supplement: Organizations and Institutions: Sociological and Economic Approaches to the Analysis of Social Structure: 95-120.

Connell R (1995). Masculinities. Cambridge: Polity Press.

Corso PS, Mercy JA, Simon TR, Finkelstein EA & Miller TR (2007). "Medical Costs and Productivity Losses Due to Interpersonal and Self-Directed Violence in the United States." Am J Prev Med 32(6): 474-82.

Crowne SS, Juon HS, Ensminger M, Burrell L, McFarlane E & Duggan A (2010). "Concurrent and long-term impact of intimate partner violence on employment stability." J Interpers Violence 26(6): 1282-304.

Crutchfield RD & Wadsworth T (2002). Armut und Gewalt In: Heitmeyer W & Hagan J: Internationales Handbuch der Gewaltforschung. Wiesbaden: Westdeutscher Verlag 83-104.

CSDH (2007). Achieving Health Equity: from root causes to fair outcomes. Geneva Commission on Social Determinants of Health (WHO).

Curry M & Harvey M (1998). Stress Related to Domestic Violence During Pregnancy and Infant Birth Weight. In: Campbell AD: Empowering Survivorsôf Abuse. Thousand Oaks, California: SAGE.

Dackweiler R-M & Schäfer R (2002). Gewalt, Macht, Geschlecht - Eine Einführung. In: Dackweiler R-M & Schäfer R: Gewalt-Verhältnisse. Feministische Perspektiven auf Geschlecht und Gewalt. . Frankfurt, New York: Campus Verlag, 9-26.

D'Avolio DA (2011). "System Issues: Challenges to Intimate Partner Violence Screening and Intervention." Clinical Nursing Research 20(1): 64-80.

Day T (1995). The health-related costs of violence against women in Canada: The tip of the iceberg. London, Ontario: Center for research on Violence against Women and Children, Center for Excellence in Health Care Initiative (Hg.).

DeKeseredy WS & Schwarts MD (1998). Measuring the Extent of Woman Abuse in Intimate Heterosexual Relationships: A Critique of the Conflict Tactics Scales, VAWnet, a project of the National Resource Center on Domestic Violence/Pennsylvania Coalition Against Domestic Violence. www.vawnet.org. (Zugriff am 12.08.2011).

Demaris A & Kaukinen C (2005). "Violent Victimization and Women's Mental and Physical Health: Evidence from a National Sample." Journal of Research in Crime and Delinquency 42(4): 384-411.

DeVoe ER & Smith EL (2002). "The Impact of Domestic Violence on Urban Preschool Children: Battered Mothers' Perspectives." Journal of Interpersonal Violence 17(10): 1075-1101.

DGEpi (2008). Leitlinien und Empfehlungen zur Sicherung von guter epidemiologischer Praxis (GEP) (Langversion). Mit Änderungen nach Evaluation (April 2004), Mit Ergänzung durch Ausführungsbestimmung zur Guten Praxis Sekundärdaten Analyse (GPS) (März 2008): GMDS, DGSMP, DR-IBS.

DHHS (2003). In Harm's Way: Domestic Violence and Child Maltreatment. http://library.adoption.com/articles/in-harms-way-domestic-violence-and-child-maltreatment.html. (Zugriff am 12.08.2011).

Dlugosch S (2010). Mittendrin oder nur dabei? Miterleben häuslicher Gewalt in der Kindheit und seine Folgen für die Identitätsentwicklung. Wiesbaden: VS-Verlag für Sozialwissenschaften.

Dobash RE & Dobash RP (1979). Violence against Wives: A Case against the Patriarchy. New York: Free Press.

Dobash RP, Dobash RE, Wilson M & Daly M (1992). "The Myth of Sexual Symmetry in Marital Violence." Social Problems 39(1): 71-91.

Dobash RP & Dobash RE (2002). Gewalt in heterosexuellen Partnerschaften. In: Heitmeyer W & Hagan J: Internationales Handbuch der Gewaltforschung. Wiesbaden: Westdeutscher Verlag 921-942.

Drossman DA, Talley NJ, Leserman J, Olden KW & Barreiro MA (1995). "Sexual and physical abuse and gastrointestinal illness. Review and recommendations." Ann Intern Med 123(10): 782-94.

Dutton MA, Orloff LE & Hass GA (2000). "Characteristics of help-seeking behaviors, resources, and service needs of battered immigrant Latinas: Legal and policy implications." Georgetown Journal on Poverty Law and Policy 7: 245-305.

Dutton MA, Green BL, Kaltman SI, Roesch DM, Zeffiro TA & Krause ED (2006). "Intimate partner violence, PTSD, and adverse health outcomes." J Interpers Violence 21(7): 955-68.
Duvvury N, Grown C & Redner J (2004). Costs of Intimate Partner Violence at the Household and Community Levels. An Operational Framework for Developing Countries. ICRW - International Center for Research on Women.
Edleson JL (1999). "Children's Witnessing of Adult Domestic Violence." J Interpers Violence 14(8): 839-870.
Edleson JL, Mbilinyi LF, Beeman SK & Hagemeister AK (2003). "How Children Are Involved in Adult Domestic Violence: Results From a Four-City Telephone Survey." J Interpers Violence 18(1): 18-32.
Egger R, Fröschl E, Lercher L, Logar R & Sieder H (1995). Gewalt gegen Frauen in der Familie. Wien: Verlag für Gesellschaftskritik.
EHEMU (2009). Health questions from the Minimum European Health Module used in EU-SILC in the 26 EU countries. Montpellier, F: European Health Expectancy Monitoring Unit.
Ehrensaft MK, Cohen P, Brown J, Smailes E, Chen H & Johnson JG (2003). "Intergenerational Transmission of Partner Violence. A 20-Year Prospective Study." Journal of Clinical and Consulting Psychology 71(4): 741-753.
Elliott SJ (1995). "Psychosocial stress, women and heart health: a critical review." Soc Sci Med 40(1): 105-15.
Emrich C (2004). LISREL interaktiv. Einführung in die interaktive Modellierung komplexer Strukturgleichungsmodelle. Wiesbaden: Deutscher Universitäts-Verlag.
Enders-Dragässer U & Sellach B (1999). Frauen in der stationären Psychiatrie. Ein interdisziplinärer Bericht. Lage: Verlag Hans Jacobs.
Enders-Dragässer U, Sellach B & Roscher S (2000). Frauen ohne Wohnung. Handbuch für die ambulante Wohnungslosenhilfe für Frauen. Modellprojekt "Hilfen für allein stehende wohnungslose Frauen" im Auftrag des Bundesministeriums für Familie, Senioren, Frauen und Jugend. Stuttgart, Berlin, Köln.
Enders-Dragässer U (2002). Berufliche Förderung von alleinstehenden wohnungslosen Frauen: Modellprojekt im Auftrag des Bundesministeriums für Familie, Senioren, Frauen und Jugend 1998 - 2000. Schriftenreihe des BMFSFJ Bd. 186.1. Stuttgart: BMFSFJ.
Envall E & Eriksson A (2007). Costs of Violence against Women. Extensive summary of a report published in Swedish in December 2006. United Nations Entity for Gender Equality and the Empowerment of Women.
Eppel H (2007). Stress als Risiko und Chance: Grundlagen von Belastung, Bewältigung und Ressourcen. Stuttgart: Kohlhammer
Epple F, Croy I & Schellong J (2010). "Häusliche Gewalt bei Patienten - durch medizinische Fachkräfte vermutlich unterschätzt: Eine Vollerhebung bei Dresdner und Chemnitzer niedergelassenen medizinischen Fachkräften und solchen des Dresdner Universitätsklinikums." Zeitschrift für Evidenz, Fortbildung und Qualität im Gesundheitswesen: online verfügbar 3 November 2010.
Erez E, Adelman M & Gregory C (2009). "Intersections of Immigration and Domestic Violence." Feminist Criminology 4(1): 32-56.

Ernst A & Füller I (1988). Schlucken und Schweigen. Wie Arzneimittel Frauen zerstören können. Köln: Kiepenheuer & Witsch.

Faltermaier T (1987). Lebensereignisse und Alltag. Konzeption einer lebensweltlichen Forschungsperspektive und eine qualitative Studie über Belastungen und Bewältigung von jungen Krankenschwestern. München Profil Verlag.

Fanslow JL, Norton RN & Spinola CG (1998). "Indicators of assault-related injuries among women presenting to the emergency department." Ann Emerg Med 32(3 Pt 1): 341-8.

Fanslow JL & Robinson EM (2010). "Help-Seeking Behaviors and Reasons for Help Seeking Reported by a Representative Sample of Women Victims of Intimate Partner Violence in New Zealand." Journal of Interpersonal Violence 25(5): 929-951.

Feder G, Ramsay J, Dunne D, Rose M, Arsene C, Norman R, Kuntze S, Spencer A, Bacchus L, Hague G, Warburton A & Taket A (2009). "How far does screening women for domestic (partner) violence in different health-care settings meet criteria for a screening programme? Systematic reviews of nine UK National Screening Committee criteria." Health Technol Assess 13(16): iii-iv, xi-xiii, 1-113, 137-347.

Feldman SE (1983). Battered women: Psychological correlates of the victimization process. Unpublished doctoral dissertation. Dissertation Abstracts International, 44, 1221-B.

Felitti VJ, Anda RF, Nordenberg D, Williamson DF, Spitz AM, Edwards V, Koss MP & Marks JS (1998). "Relationship of childhood abuse and household dysfunction to many of the leading causes of death in adults. The Adverse Childhood Experiences (ACE) Study." Am J Prev Med 14(4): 245-58.

Ferraro KJ & Johnson JA (1983). "How women experience battering: The process of victimization." Soc. Probl. 30: 325-339.

Field A (2009). Discovering Statistics Using SPSS. Los Angeles, London, New Dehli, Singapore, Washington DC: SAGE.

Folkman S, Lazarus RS, Pimley S & Novacek J (1987). "Age differences in stress and coping processes." Psychology and Aging 2: 171-184.

Follingstad DR, Neckerman AP & Vormbrock J (1988). "Reactions to victimization and coping strategies of battered women: The ties that bind." Clinical Psychology Review 8(4): 373-390.

Ford-Gilboe M, Wuest J, Varcoe C, Davies L, Merritt-Gray M, Campbell J & Wilk P (2009). "Modelling the effects of intimate partner violence and access to resources on women's health in the early years after leaving an abusive partner." Soc Sci Med 68(6): 1021-9.

Freichel S, Mann E & Teichmann AT (2010). "Gewalt gegen Frauen in der Schwangerschaft." Der Gynäkologe 43(10): 853-859.

Fromm S (2008). Neue Variablen berechnen. In: Baur N & Fromm S: Datenanalyse mit SPSS für Fortgeschrittene. Ein Arbeitsbuch. Wiesbaden: VS-Verlag für Sozialwissenschaftler, 88-111.

Fugate M, Landis L, Riordan K, Naureckas S & Engel B (2005). "Barriers to Domestic Violence Help Seeking." Violence against Women 11(3): 290-310.

Fydrich T & Sommer G (2003). Diagnostik sozialer Unterstützung. In: Jerusalem M & Weber H: Psychologische Gesundheitsförderung - Diagnostik und Prävention. Göttingen: Hogrefe Verlag, 79 - 104.

Galtung J (1971). Gewalt, Frieden und Friedensforschung. In: Senghaas D: Kritische Friedensforschung. Frankfurt/M: Suhrkamp, 55-104.

Galtung J (1975). Strukturelle Gewalt. Beiträge zur Friedens- und Konfliktforschung. Reinbek bei Hamburg: rororo.

Garmezy N, Masten AS & Tellegen A (1984). "The study of stress and competence in children: A building block of developmental psychopahtology." Child Development 55: 97-111.

Gazmararian J, Adams M & LE S (1995). "The relationsship between pregnancy intendedness and physical violence in mothers of newborns." Obstet Gynecol 85: 1031-8.

Gazmararian JA, Lazorick S, Spitz AM, Ballard TJ, Saltzman LE & Marks JS (1996). "Prevalence of violence against pregnant women." Jama 275(24): 1915-20.

Gelles RJ & Straus MA (1988). Intimate partner violence: The causes and consequences of abuse in American family. New York: Simon & Schuster.

Gelles RJ & Harrop JW (1989). "Violence, battering, and psychologic distress among women." Jounal of Interpersonal Violence 4(4): 400-20.

Gershenson H, Musick J, Ruch-Ross H, Magee V, Rubino K & Rosenberg D (1989). "The Prevalence of Coercive Sexual Experience Among Teenage Mothers." Journal of Interpersonal Violence 4(2): 204-19.

Geyer S (2008). "Einzelindikator oder Index? Masse sozialer Differenzierung im Vergleich." Gesundheitswesen 70(5): 281-8.

Giesecke J & Müters S (2006). Strukturelle und verhaltensbezogene Faktoren gesundheitlicher Ungleichheit: Methodische Überlegungen zur Ermittlung der Erklärungsanteile. In: Richter M & Hurrelmann K: Gesundheitliche Ungleichheit. Wiesbaden: VS-Verlag für Sozialwissenschaften, 353-366.

GiG-net (Hg.) (2008). Gewalt im Geschlechterverhältnis. Erkenntnisse und Konsequenzen für Politik, Wissenschaft und soziale Praxis. Leverkusen, Opladen: Budrich Verlag.

Gillioz L, de Puy J & Ducret V (1997). Domination et violence envers la femme dans le couple. Lausanne: Editions Payot.

Gillum TL, Sun CJ & Woods AB (2009). "Can a health clinic-based intervention increase safety in abused women? Results from a pilot study." J Womens Health (Larchmt) 18(8): 1259-64.

Glammeier S, Müller U & Monika S (2004). Unterstützungs- und Hilfebedarf aus der Sicht gewaltbetroffener Frauen. In: Müller U & Schröttle M: Lebenssituation, Sicherheit und Gesundheit von Frauen in Deutschland. Eine repräsentative Untersuchung zu Gewalt gegen Frauen in Deutschland. Im Auftrag des Bundesministeriums für Familie, Senioren, Frauen und Jugend. Berlin, 618-731.

Gloor D & Meier H (2003). "Gewaltbetroffene Männer – wissenschaftliche und gesellschaftlich-politische Einblicke in eine Debatte." FamPra.ch, die Praxis des Familienrechts 3: 526–547.

Godenzi A (1993). Gewalt im sozialen Nahraum Basel, Frankfurt/M.: Helbing Lichtenhahn Verlag.

Godenzi A & Yodanis C (1998). Erster Bericht zu den ökonomischen Kosten der Gewalt gegen Frauen. Freiburg Schweiz: Universität Freiburg.

Goebel J, Habich R & Krause P (2008). Private Haushalte – Einkommen, Ausgaben, Ausstattung. In: (Hg.) SB: Datenreport 2008.

Gomolla A (2009). Auswirkungen häuslicher Gewalt auf Kinder und ihre Mütter unter Gesichtspunkten einer entwicklungsorientierten Psychotraumatologie Dissertation, Naturwissenschaftliche Fakultät, Klinische Psychologie der Universität Konstanz, Online-Publikation: http://kops.ub.uni-konstanz.de/handle/urn:nbn:de:bsz:352-opus-74823: 142.

Gondolf EW & Fisher ER (1988). Battered Women as Survivors: An Alternative to Treating Learned Helplessness. Lexington, MA: Lexington Books.

Goodkind JR, Gillum TL, Bybee DI & Sullivan CM (2003). "The Impact of Family and Friends' Reactions on the Well-Being of Women With Abusive Partners." Violence against Women 9(3): 347-373.

Goodkind JR, Sullivan CM & Bybee DI (2004). "A Contextual Analysis of Battered Women's Safety Planning." Violence against Women 10(5): 514-533.

Griffing S, Lewis CS, Chu M, Sage RE, Madry L & Primm BJ (2006). "Exposure to Interpersonal Violence as a Predictor of PTSD Symptomatology in Domestic Violence Survivors." J Interpers Violence 21(7): 936-954.

Grobe TG & Schwartz F (2003). Arbeitslosigkeit und Gesundheit. Gesundheitsberichterstattung des Bundes, H 13. Robert Koch-Institut (Hg.). Berlin.

Gutierres SE & Van Puymbroeck C (2006). "Childhood and adult violence in the lives of women who misuse substances." Aggression and Violent Behavior 11(5): 497-513.

Hackhausen W (2003). Die Bedeutung des Posttraumatischen Belastungssyndroms (PTBS) für die Sozialmedizin und die medizinische Rehabilitation. In: Zielke M, Meermann R & Hackhausen W: Das Ende der Geborgenheit? Die Bedeutung von traumatischen Erfahrungen in verschiedenen Lebens- und Ereignisbereichen: Epidemiologie, Prävention, Behandlungskonzepte und klinische Erfahrungen Lengerich, Berlin, Bremen, Miami, Riga, Viernheim, Wien, Zagreb: Pabst Science Publishers.

Hagemann-White C & Kavemann B (1981). Hilfen für mißhandelte Frauen. Abschlußbericht der wissenschaftlichen Begleitung des Modellprojekts Frauenhaus Berlin. Stuttgart, Bonn: Kohlhammer, Schriftenreihe des Bundesministeriums für Jugend, Familie und Gesundheit.

Hagemann-White C (Hg.) (1992). Strategien gegen Gewalt im Geschlechterverhältnis. Bestandsanalyse und Perspektiven. Pfaffenweiler: Centaurus-Verlagsgesellschaft.

Hagemann-White C (1998). Gewalt gegen Frauen und Mädchen – welche Bedeutung hat sie für die Frauengesundheit? In: Arbeitskreis Frauen und Gesundheit im Norddeutschen Verbund Public Health: Frauen und Gesundheit(en) in Wissenschaft, Praxis und Politik. Bern/ Göttingen/ Toronto/ Seattle: Hans Huber Verlag, 142-154.

Hagemann-White C (2001). "European Research on the Prevalence of Violence Against Women." Violence Against Women 7(7): 732-759.

Hagemann-White C (2001). "Gewalt gegen Frauen: ein Überblick deutschsprachiger Forschung." Journal für Konflikt- und Gewaltforschung 3(2).

Hagemann-White C (2002). Gender-Perspektiven auf Gewalt in vergleichender Sicht. In: Heitmeyer W & Hagan J: Internationales Handbuch der Gewaltforschung. Wiesbaden: Westdeutscher Verlag 124-150.

Hagemann-White C (2002). Gewalt im Geschlechterverhältnis als Gegenstand sozialwissenschaftlicher Forschung und Theoriebildung: Rückblick, gegenwärtiger Stand, Ausblick. In: Dackweiler R-M & Schäfer R: Gewalt-Verhältnisse. Feministische Perspektiven auf Geschlecht und Gewalt. Reihe "Politik der Geschlechterverhältnisse" Bd. 19. Frankfurt, New York: Campus Verlag, 29-52.

Hagemann-White C & Bohne S (2003). Versorgungsbedarf und Anforderungen an Professionelle im Gesundheitswesen im Problembereich Gewalt gegen Frauen. In: Nordrhein-Westfalen L: Zukunft einer frauengerechten Gesundheitsversorgung in NRW. Bericht der Enquetekommission des Landtags Nordrhein-Westfalen. Wiesbaden: VS Verlag für Sozialwissenschaften, 167-184.

Hagemann-White C, Katenbrink J & Rabe H (2006). Combating violence against women. Stocktaking study on the measures and actions taken in Council of Europe member States. Strasbourg: Directorate General of Human Rights.

Haller B & Dawid E (2006). Kosten häuslicher Gewalt in Österreich. Wien: Institut für Konfliktforschung.

Halpern LR, Susarla SM & Dodson TB (2005). "Injury location and screening questionnaires as markers for intimate partner violence." J Oral Maxillofac Surg 63(9): 1255-61.

Hanson MJ (2010). "Health behavior in adolescent women reporting and not reporting intimate partner violence." J Obstet Gynecol Neonatal Nurs 39(3): 263-76.

Hapke U, Rumpf H-J, Meyer C & John U (2003). Traumata und posttraumatische Belastungsstörungen in der Allgemeinbevölkerung. Poster auf der wissenschaftlichen Jahrestagung der DGSMP, Greifswald, 24.-27. September.

Hapke U, Schumann A, Rumpf H-J, Meyer C & John U (2003). Trauma, Post-traumatic Stress Disorder, and Substance Abuse in the Community. Poster auf dem 15. Internationalen Suchtkongress, Hamburg, 10.-12. September.

Harnischmacher R & Müther J (1987). "Das Stockholm-Syndrom. Zur psychischen Reaktion von Geiseln und Geiselnehmern." Archiv für Kriminologie: 1-12.

Hastings DP & Kantor GK (2003). "Women's victimization history and surgical intervention." AORN J 77(1): 163-8, 170-1, 173-4 passim.

Hathaway JE, Mucci LA, Silverman JG, Brooks DR, Mathews R & Pavlos CA (2000). "Health status and health care use of Massachusetts women reporting partner abuse." Am J Prev Med 19(4): 302-7.

Hayden SR, Barton ED & Hayden M (1997). "Domestic violence in the emergency department: how do women prefer to disclose and discuss the issues?" J Emerg Med 15(4): 447-51.

Hearn J (1998). The Violences of Men. How Men Talk About and How Agencies Respond to Men's Violence to Women. London SAGE.

Hedin LW, Grimstad H, Moller A, Schei B & Janson PO (1999). "Prevalence of physical and sexual abuse before and during pregnancy among Swedish couples." Acta Obstet Gynecol Scand 78(4): 310-5.

Hegarty K & Roberts G (1998). "How common is domestic violence against women? The definition of partner abuse in prevalence studies." Aust N Z J Public Health 22(1): 49-54.

Hegarty K (2011). "Domestic violence: the hidden epidemic associated with mental illness." The British Journal of Psychiatry 198(3): 169-170.

Heiliger A, Goldberg B, Schröttle M & Hermann D (2005). Gewalthandlungen und Gewaltbetroffenheit von Frauen und Männern. In: DJI - Deutsches Jugendinstitut: Gender-Datenreport. Kommentierter Datenreport zur Gleichstellung von Frauen und Männern in der Bundesrepublik Deutschland. Berlin: BMFSFJ.

Heise L, Pitanguy J & Germain A (1994). Violence Against Women, The Hidden Health Burden. Worlds Bank Diskussion Paper 225. Washington DC: World Bank (Hg.).

Heiskanen M & Piispa M (1998). Faith, Hope, Battering. A survey of men's violence against women in Finland. Helsinki: Ministry of Social Affairs and the Council. Statistics Finland.

Heitmeyer W & Hagan J (2002). Gewalt. Zu den Schwierigkeiten einer systematischen internationalen Bestandsaufnahme. In: Heitmeyer W & Hagan J: Internationales Handbuch der Gewaltforschung. Wiesbaden: Westdeutscher Verlag 15-26.

Helfferich C (1996). Perspektiven der Frauengesundheitsforschung in Deutschland. In: Maschewsky-Schneider U: Frauen - das kranke Geschlecht? Mythos oder Wirklichkeit. Opladen: Leske + Budrich, 113-126.

Helfferich C, Hendel-Kramer A & Klindworth H (2003). Gesundheit alleinerziehender Mütter und Väter. Gesundheitsberichterstattung des Bundes, Heft 14. Berlin: Robert Koch-Institut (Hg.).

Helfferich C, Kavemann B, Rabe H, Lehmann K, Beilharz H, Bluthardt U, Bornschein E, Ewald J, Federer E, Hendel-Kramer A, Hotel M, Kämmer-Kupfer P, Schröter C, Schweizer B, Thierfelder V & Wagner R (2004). Wissenschaftliche Untersuchung zur Situation von Frauen und zum Beratungsangebot nach einem Platzverweis bei häuslicher Gewalt „Platzverweis - Beratung und Hilfen". Forschungsprojekt, Abschlussbericht. Freiburg: Sozialwissenschaftliches FrauenForschungsInstitut der Evangelischen Fachhochschule Freiburg.

Helfrich CA, Fujiura GT & Rutkowski-Kmitta V (2008). Mental Health Disorders and Functioning of Women in Domestic Violence Shelters. 23: 437-453.

Hellbernd H & Wieners K (2002). "Gewalt gegen Frauen im häuslichen Bereich – Gesundheitliche Folgen, Versorgungssituation und Versorgungsrealität." Jahrbuch Kritische Medizin 36(Versorgungsbedarfe und Versorgungsrealitäten): 135-148.

Hellbernd H, Brzank P, Wieners K & Maschewsky-Schneider U (2004). Häusliche Gewalt gegen Frauen: gesundheitliche Versorgung. Das S.I.G.N.A.L. – Interventionsprogramm. Handbuch für die Praxis, Wissenschaftlicher Bericht. Gefördert mit Mitteln des Bundesministeriums für Familie, Senioren, Frauen und Jugend. Berlin.

Hellbernd H & Brzank P (2006). Häusliche Gewalt im Kontext von Schwangerschaft und Geburt: Interventions- und Präventionsmöglichkeiten für Gesundheitsfachkräfte. In: Kavemann B & Kreyssig U: Handbuch Kinder und häusliche Gewalt. Wiesbaden: VS Verlag für Sozialwissenschaften.

Hellbernd H (2006). Häusliche Gewalt gegen Frauen: gesundheitliche Versorgung. Das S.I.G.N.A.L. - Interventionsprogramm. Curriculum. Berlin: Gefördert mit Mitteln des BMFSFJ.

Helmert U & Schorb F (2006). Die Bedeutung verhaltensbezogener Faktoren im Kontext der sozialen Ungleichheit der Gesundheit. In: Richter M & Hurrelmann K: Gesundheitliche Ungleichheit. Wiesbaden: VS-Verlag für Sozialwissenschaften, 133-148.

Helweg-Larsen K & Kruse M (2003). "Violence against women and consequent health problems: a register-based study." Scand J Public Health 31(1): 51-7.

Helweg-Larsen K, Kruse M, Sørensen J & Brønnum-Hansen H (2010). The cost of violence. Economic and personal dimensions of violence against women in Denmark. Kopenhagen: National Institute of Public Health, University of Southern Denmark, Rockwool Fund Research Unit

Henning KR & Klesges LM (2002). "Utilization of counseling and supportive services by female victims of domestic abuse." Violence and Victims 17: 623-636.

Herbers K, Lütgert H & Lambrecht J (2007). Tötungsdelikte an Frauen in (Ex-) Intimbeziehungen. Eine Analyse kriminalpolizeilicher Ermittlungsakten aus den Jahren 2002-2005. Zwischenbericht. Neuss: IAF Polizei NRW, FB 2, Arbeitsberichte Nr. 2.

Herman JL (1993). Die Narben der Gewalt. Traumatische Erfahrungen verstehen und überwinden. München: Kindler.

Heynen S (2003a). "Erzwungene Schwangerschaft und Mutterschaft durch eine Vergewaltigung." DGgKV Jg.6, Heft 1/2: 98-125.

Heynen S (2003b). Häusliche Gewalt: direkte und indirekte Auswirkungen auf Kinder. Karlsruhe.

Hilberman E (1980). "Overview: “The wife-beater’s wife” reconsidered." Am J Psych: 1336-1347.

Hoffmeyer-Zlotnik JHP (1993). "Operationalisierung von "Beruf" als zentrale Variable zur Messung von sozio-ökonomischem Status." ZUMA Nachrichten 32, Jg. 17.: 135-41.

Holahan CJ & Moos RH (1987). "Personal and contextual determinants of coping strategies." J. Pers. Soc. Psychol. 52: 946-955.

Holmes M, Resnick H, Kilpatrick D & Best C (1996). "Rape-related pregnancy: Estimates and descriptive characteristics from a national sample of women." Am J Obstet Gynecol 175(2): 320-325.

Holmes M & Mayer L (2003). Pregnancy. In: Liebschutz J, Frayne S & Saxe G: Violence against Women: A Physician's Guide to Identification and Management. Philadelphia: American College of Physicians.

Holt-Lunstad J, Smith TB & Layton JB (2010). "Social Relationships and Mortality Risk: A Meta-analytic Review." PLoS Med 7(7): e1000316.

Hornberg C, Schröttle M, Bohne S, Khelaifat N & Pauli A (Hg.) (2008). Gesundheitliche Folgen von Gewalt unter besonderer Berücksichtigung von häuslicher Gewalt gegen Frauen Berlin: Robert Koch-Institut.

Houskamp BM & Foy D (1991). "The assessment of posttraumatic stress disorder in battered women." Journal of Interpersonal Violence 6 (3): 367-75.

Hu L & Bentler PM (1999). "Cutoff criteria for fit indexes in covariance structure analysis: Conventional criteria versus new alternatives." Structural Equation Modeling 6: 1-55.

Hughes HM, Parkinson D & Vargo M (1989). "Witnessing spouse abuse and experiencing physical abuse: A "double whammy?" " Journal of Family Violence 4: 197-209.

Hügli A (2005). Was verstehen wir unter Gewalt? Begriff und Erscheinungsformen der Gewalt. In: Küchenhoff J, Hügli A & Mäder U: Gewalt. Ursachen, Formen, Prävention. Gießen: Psychosozial-Verlag, 356.

Hurrelmann K (2000). Gesundheitssoziologie. Eine Einführung in sozialwissenschaftliche Theorien von Krankheitsprävention und Gesundheitsförderung. Weinheim, München Juventa Verlag.

Hutchison IW & Hirschel JD (1998). "Abused women: Help seeking strategies and police utilization." Violence Against Women 4: 436-456.

Hyman I, Forte T, Du Mont J, Romans S & Cohen MM (2009). "Help-Seeking Behavior for Intimate Partner Violence among Racial Minority Women in Canada." Women's Health Issues 19(2): 101-108.

Idler EL & Benyamini Y (1997). "Self-rated health and mortality: a review of twenty-seven community studies." J Health Soc Behav 38(1): 21-37.

Imbusch P (2002). Der Gewaltbegriff. In: Heitmeyer W & Hagan J: Internationales Handbuch der Gewaltforschung. Wiesbaden: Westdeutscher Verlag 27- 58.

INFAS (2004). Methodenbericht. In: Müller U & Schröttle M: Lebenssituation, Sicherheit und Gesundheit von Frauen in Deutschland. Berlin: Bundesministerium für Familie, Senioren, Frauen und Jugend (Hg.).

Ingram EM (2007). "A Comparison of Help Seeking Between Latino and Non-Latino Victims of Intimate Partner Violence." Violence against Women 13(2): 159-171.

IOM (2011). Clinical Preventive Services for Women: Closing the Gaps. Washington, DC: Institute of Medicine of the National Academies.

Islam MK, Merlo J, Kawachi I, Lindstrom M & Gerdtham U-G (2006). Social capital and health: Does egalitarianism matter? A literature review. 5: 3.

IWA (2003). The Economic and Social Costs of Domestic Violence in Andalusia. Sevilla, Spain: Institute for Women of Andalusia.

Jasinski JL (2004). "Pregnancy and Domestic Violence: A Review of the Literature." Trauma Violence Abuse 5(1): 47-64.

Jaspard M (2001). "Nommer et compter les violences envers les femmes: une première enquête nationale en France." Population & Société 364.

Jewkes R (2002). "Intimate partner violence: causes and prevention." Lancet 359: 1423-29.

Johnson MP (1995). "Patriarchal terrorism and common couple violence: Two forms of violence against women in U.S. families." Journal of Marriage and the Family 57: 283-294.

Johnson MP (1999). Two Types of Violence Against Women in the American Family. Identifying Patriarchial Terrorsim and Common Couple Violence. Irvine (CA): National Council on Family Relations.

Johnson MP (2000). Conflict and control: Images of symmetry and asymmetry in domestic violence. In: Booth A, Crouter A & Clements M: Couples in conflict. Hillsdale. NJ: Lawrence Erlbaum, 95-104.

Johnson MP & Ferraro KJ (2000). "Research on Domestic Violence in the 1990s: Making Distinctions." Journal of Marriage and the Family 4: 948-963.

Johnson MP & Leone JM (2005). "The Differential Effects of Intimate Terrorism and Situational Couple Violence: Findings From the National Violence Against Women Survey." Journal of Family Issues 26(3): 322-349.

Johnson MP (2005). "Domestic Violence: It's not about Gender - Or is it? ." Journal of Marriage and the Family 67: 1126-30.

Jones L, Hughes M & Unterstaller U (2001). "Post-Traumatic Stress Disorder (PTSD) in Victims of Domestic Violence." Trauma, Violence, & Abuse 2(2): 99-119.

Jöreskog KG & Sörbom D (1993). LISREL 8: Structural Equating Modeling With the SIMPLIS Command Language Hillsdale Lawrence Erlbaum Associates.

Jöreskog KG & Sörbom D (2004). LISREL 8.7 for Windows (Computer Software). Lincolnwood: Scientific Software International Inc. .

Kappelhoff P (2007). Methoden der empirischen Wirtschaft- und Sozialforschung. Skript zur Vorlesung. Wuppertal

Kasturirangan A, Krishnan S & Riger S (2004). "The Impact of Culture and Minority Status on Women's Experience of Domestic Violence." Trauma, Violence, & Abuse 5(4): 318-332.

Katz MH (2006). Multivariable Analysis. A Practical Guide for Clinicians. Cambridge, New York: Cambridge University Press.

Kaufmann M (1996). Die Konstruktion von Männlichkeit und die Triade männlicher Gewalt. In: BauSteineMänner: Kritische Männerforschung. Neue Ansätze in der Geschlechtertheorie. Berlin: Argument.

Kaukinen C (2002). "The help-seeking of women violent crime victims: Findings from the Canadian Violence against Women Survey." International Journal of Sociology and Social Policy 22(7-8): 5-44.

Kavemann B (2000). Was lässt sich die Gesellschaft die Gewalt im Geschlechterverhältnis kosten? In: Wildwasser Berlin e.V. Arbeitsgemeinschaft gegen sexuellen Missbrauch an Mädchen: Input 2, Aktuell zum Thema sexualisierte Gewalt. Ruhnmark: Verlag Mebes & Noack, 27-46.

Kavemann B (2002). Kinder und häusliche Gewalt - Kinder misshandelter Mütter. (www.wibig.uni-osnabrueck.de).

Kavemann B (2006). Häusliche Gewalt gegen die Mutter und die Situation der Töchter und Söhne - Ergebnisse neuerer deutscher Untersuchungen. In: Kavemann B & Kreyssig: Handbuch Kinder und häusliche Gewalt Wiesbaden: VS Verlag für Sozialwissenschaften 13-35.

Kavemann B, Leopold B & Schirrmacher G (2001). „Wir sind ein Kooperationsmodell, kein Konfrontationsmodell“. Ergebnisse der wissenschaftlichen Begleitung des Berliner Interventionsprojekts gegen häusliche Gewalt (BIG) Stuttgart, Berlin, Köln Kohlhammer, Bundesministerium für Familie, Senioren, Frauen und Jugend (Hg.).

Kavemann B, Leopold B, Schirmacher G & Hagemann-White C (2002). Fortbildung für die Intervention bei häuslicher Gewalt. Stuttgart: BMFSFJ.

Kelly JB & Johnson MP (2008). "Differentiation among types of intimate partner violence: Research update and implications for interventions." Family Court Review 46 (3): 476-499.

Kemp A, Green BL, Hovanitz C & Rawlings EI (1995). "Incidence and correlates of posttraumatic stress disorder in battered women." J. Interpers. Violence 10: 43-55.

Kendall J, Pelucio MT, Casaletto J, Thompson KP, Barnes S, Pettit E & Aldrich M (2009). "Impact of emergency department intimate partner violence intervention." J Interpers Violence 24(2): 280-306.

Kershner M & Anderson JE (2002). "Barriers to disclosure of abuse among rural women." Minnesota Medicine 85(3): 32-37.

Kessler RC, Sonnega A, Bromet E, Hughes M & Nelson CB (1995). "Posttraumatic Stress Disorder in the National Comorbidity Survey." Archives of General Psychiatry 52: 1048-1060.

Keupp H & Röhrle B (1987). Soziale Netzwerke. Frankfurt/M: Campus.

Keupp H (1994). Psychologisches Handeln in der Risikogesellschaft. Gemeindepsychologische Perspektive. München: Quintessenz.

Keupp H (2009). Fragmente oder Einheit? Wie heute Identität geschaffen wird. Vortrag bei der Tagung „Identitätsentwicklung in der multioptionalen Gesellschaft“ am 25. April 2009 im Kardinal-Döpfner-Haus in Freising. Verfügbar unter: http://www.ipp-muenchen.de/texte (04.05.2011)

Kilpatrick KL & Williams LM (1997). "Post-traumatic stress disorder in child witnesses to domestic violence." Am J Orthopsychiatry 67(4): 639-44.

Kim J & Gray KA (2008). "Leave or stay? Battered women's decisions after intimate partner violence." Journal of Interpersonal Violence 23: 1465-1482.

Kimmel MS (2002). "'Gender Symmetry' in Domestic Violence: A Substantive and Methodological Research Review." Violence Against Women 8(11): 1332-1363.

Kindler H (2008). Partnerschaftsgewalt und Kindeswohl. In: Henry-Hutmacher C: Schutz des Kindeswohls bei Gewalt in der Partnerschaft der Eltern. Berlin: Konrad-Adenauer-Stiftung e.V. , 13-36.

Knoll N & Schwarzer R (2005). Soziale Unterstützung. In: Schwarzer R: Gesundheitspsychologie. Göttingen, Bern, Toronto, Seattle: Hogrefe, 333-349.

Kohli M (1985). Die Institutionalisierung des Lebenslaufs. Historische Befunde und theoretische Argumente. In: Solga H, Powell J & Berger PA: Soziale Ungleichheit. Klassische Texte zur Sozialstrukturanalyse. Frankfurt, New York Campus Verlag. 1, 387-409.

Köhlmeier J & Amann G (2006). "Helfen Resilienzvariablen bei der Bewältigung von Gewalterfahrung? Die Rolle von Kohärenzgefühl und Selbstkonzept bei misshandelten Frauen." Verhaltenstherapie und Verhaltensmedizin 27(2): 143-156.

Kolip P (2003). "Ressourcen für Gesundheit - Potenziale und ihre Ausschöpfung [Health resources--potentials and how to utilise them]." Gesundheitswesen 65(3): 155-62.

Kommoß K (2002). Opfer- und Tatverdächtigenstruktur häuslicher Gewalt aus der "Sicht" der Berliner Polizei 2001. In: Landeskommission Berlin gegen Gewalt: Berliner Forum Gewaltprävention: Häusliche Gewalt. Berlin. 1/2002.

Korf DJ, Meulenbeek H, Mot E & van den Brandt T (1997). Economic Costs of Domestic Violence Against Women. Utrecht, Netherlands: Dutch Foundation of Women's Shelters.

Koziol-McLain J, Coates CJ & Lowenstein SR (2001). "Predictive validity of a screen for partner violence against women." Am J Prev Med 21(2): 93-100.

Krug EG, Dahlberg LL, Mercy JA, Zwi AB & Lozano R (2002). World report on violence and health. Genf: WHO.

Kuhlmann E & Kolip P (2005). Gender und Public Health. Grundlegende Orientierungen für Forschung, Praxis und Politik. Weinheim, München: Juventa.

Kwong MJ, Bartholomew K & Dutton DG (1999). "Gender Differencies in Patterns of Relationship Violence in Alberta." Canadian Journal of Behavioral Science 31(3): 150-160.

Laireiter A-R, Fuchs M & Pichler M-E (2007). "Negative Soziale Unterstützung bei der Bewältigung von Lebensbelastungen." Zeitschrift für Gesundheitspsychologie 15(2): 43-56.

Lampert T, Saß A-C, Häfelinger M & Ziese T (2005). Armut, soziale Ungleichheit und Gesundheit. Expertise des Robert Koch-Instituts zum 2. Armuts- und Reichtumsbericht der Bundesregierung. Beiträge zur Gesundheitsberichterstattung des Bundes. Berlin: Robert Koch-Institut.

Lange C & Lampert T (2005). "Die Gesundheit arbeitsloser Frauen und Männer. Erste Auswertungen des telefonsichen Gesundheitssurveys 2003." Bundesgesundheitsblatt Gesundheitsforschung Gesundheitsschutz 48(11): 1256-64.

Lazarus R & Folkman S (1984). Stress, appraisal, and coping. New York: Springer Pub.

Lechert Y, Schroedter J & Lüttinger P (2006). "Die Umsetzung der Bildungsklssifikation CASMIN für die Volkszählung 1970, die Mikrozensus-Zusatzerhebung 1971 und die Mikrozensen 1976-2004." ZUMA-Methodenbericht 12: 50.

Legewie H & Ehlers W (1992). Knaurs moderne Psychologie (Neubearbeitung). München: Droemer Knaur.

Lemmey D, Malecha A, McFarlane J, Willson P, Watson K, Gist JH, Fredland N & Schultz P (2001). "Severity of violence against women correlates with behavioral problems in their children." Pediatr Nurs 27(3): 265-70.

Lempert L (1996). "Women's strategies for survival: Developing agency in abusive relationships." Journal of Family Violence 11: 269-290.

Lenz A (2003). Empowerment zur Stärkung individueller psychosozialer Ressourcen In: Faulde J: Kinder und Jugendliche verstehen - fördern - schützen. Weinheim, München: Juventa Verlag, 119-130.

Leone JM, Johnson MP & Cohan CL (2007). "Victim Help Seeking: Differences Between Intimate Terrorism and Situational Couple Violence." Family Relations 56(5): 427-439.

Leserman J, Li Z, Drossman DA, Toomey TC, Nachman G & Glogau L (1997). "Impact of sexual and physical abuse dimensions on health status: development of an abuse severity measure." Psychosom Med 59(2): 152-60.

Levendosky A, Eye A, DeJonghe E & Bogat G (2008). Women survivors of intimate partner violence and post-traumatic stress disorder: Prediction and prevention.

Levendosky AA & Graham-Bermann SA (2001). "Parenting in Battered Women: The Effects of Domestic Violence on Women and Their Children." Journal of Family Violence 16(2): 171-192.

LKA-BW (2004). Lagebild: Tötungsdelikte in Paarbeziehungen. Stuttgart.

LKA-Hessen (Hg.) (2008). Häusliche Gewalt/Stalking. Jahresbericht 2008. Wiesbaden: Landeskriminalamt Hessen.

Lloyd S & Taluc N (1999). "The Effects of Male Violence on Female Employment." Violence Against Women 5(4): 370-392.

Löbmann R & Herbers K (2005). Neue Wege gegen häusliche Gewalt. Pro-aktive Beratungsstellen in Niedersachsen und ihre Zusammenarbeit mit Polizei und Justiz. Baden-Baden: Nomos Verlagsgesellschaft.

MacMillan HL, Wathen CN, Jamieson E, Boyle MH, Shannon HS, Ford-Gilboe M, Worster A, Lent B, Coben JH, Campbell JC & McNutt LA (2009). "Screening for intimate partner violence in health care settings: a randomized trial." JAMA 302(5): 493-501.

Macmillan R & Gartner R (1999). "When she brings home the bacon: Labor-force participation and the risk of spousal violence." Journal of Marriage and the Family 61(4): 947-958.

Macy RJ, Nurius PS, Kernic MA & Holt VL (2005). "Battered women's profiles associated with service help seeking efforts: Illuminating opportunities for intervention." Social Work Research 29: 137-150.

Mark H (2000). "Häusliche Gewalt gegen Frauen aus der Sicht niedergelassener Ärztinnen und Ärzte: Ergebnisse einer Befragung in den Berliner Bezirken Hohenschönhausen und Lichtenberg." Zeitschrift für Gesundheitswissenschaften 8 (4): 332-46.

Mark H (2004). Gewalt und Gesundheit. Eine Untersuchung zu körperlichen und sexuellen Gewalterfahrungen und deren Auswirkungen auf die Gesundheit erwachsener Frauen. 2. Workshop für Stipendiatinnen des Berliner Chancengleichheitsprogramms für Frauen in Forschung und Lehre am 10.06.2004 in Berlin.

Mark H, Bitzker K, Grimm A, Klapp BF & Rauchfuß M (2007). "Gesundheitsstörungen erwachsener Frauen im Zusammenhang mit körperlicher und sexueller Gewalt – Ergebnisse einer Berliner Patientinnenstudie." Geburtsh Frauenheilk 67(01): 43,49.

Marmot M (2001). "Economic and social determinants of disease." Bulletin of the World Health Organization 79: 906-1004.

Martin SL, Li Y, Casanueva C, Harris-Britt A, Kupper LL & Cloutier S (2006). "Intimate Partner Violence and Women's Depression Before and During Pregnancy." Violence Against Women 12(3): 221-239.

Martinez M, Schröttle M, Condon S, Springer-Kremser M, Timmermann G, Hagemann-White C, Lenz H-J, May-Chahal C, Penhale B, Reingardiene J, Brzank P, Honkatukia P, Jaspard M, Lundgren E, Piispa M, Romito P, Walby S & Westerstrand J (2006). State of the European research on the prevalence of interpersonal violence and its impact on health and human rights. European Commission - EU Research on Social Sciences and Humanities (Hg.). Osnabrück: Co-ordination on Human Rights Violations (CAHRV).

Maschewsky-Schneider U (1996). Frauen das kranke Geschlecht - Mythos oder Wirklichkeit? In: Maschewsky-Schneider U: Frauen - das kranke Geschlecht? Mythos oder Wirklichkeit. Opladen: Leske + Budrich, 7-18.

Maschewsky-Schneider U, Hellbernd H, Schaal W, Urbschat I & Wieners K (2001). "Über-, Unter-, Fehlversorgung und Frauengesundheit. Ein Forschungsgegenstand für Public Health." Bundesgesundheitsblatt - Gesundheitsforschung – Gesundheitsschutz 44(8): 771-9.

Mathers CD & Schofield DJ (1998). "The health consequences of unemployment: the evidence." Med J Aust 168(4): 178-82.

Matt C (1992). Violence and Delinquency in Abused and Neglected Emoionally Disturbed Children: State University of New York at Albany. Unpublished Master Thesis.

McCauley J, Kern DE, Kolodner K, Dill L, Schroeder AF, DeChant HK, Ryden J, Bass EB & Derogatis LR (1995). "The "battering syndrome": prevalence and clinical characteristics of domestic violence in primary care internal medicine practices." Ann Intern Med 123(10): 737-46.

McCord J (1983). "A forty year perspective on effects of child abuse and neglect." Child Abuse & Neglect 7(3): 265-270.

McFarlane J (2004). Nursing Case Management for Secondary Prevention of Intimate Partner Violence: A Randomized Controlled Trial. National Conference on Health Care and Domestic Violence: Health Consequences of Abuse over the Lifespan, Boston.

McFarlane J, Campbell JC, Sharps P & Watson K (2002). "Abuse during pregnancy and femicide: urgent implications for women's health." Obstet Gynecol 100(1): 27-36.

McFarlane J, Malecha A, Gist J, Schultz P, Willson P & Fredland N (2000). "Indicators of intimate partner violence in women's employment: implications for workplace action." AAOHN J 48(5): 215-20.

McFarlane J, Malecha A, Gist J, Watson K, Batten E, Hall I & Smith S (2004). "Increasing the safety-promoting behaviors of abused women." Am J Nurs 104(3): 40-50; quiz 50-1.

McFarlane J, Parker B & Soeken K (1996). "Abuse during pregnancy: associations with maternal health and infant birth weight." Nurs Res 45(1): 37-42.

McFarlane J, Parker B, Soeken K & Bullock L (1992). "Assessing for abuse during pregnancy. Severity and frequency of injuries and associated entry into prenatal care." Jama 267(23): 3176-8.

McFarlane J, Parker B, Soeken K, Silva C & Reel S (1998). "Safety behaviors of abused women after an intervention during pregnancy." J Obstet Gynecol Neonatal Nurs 27(1): 64-9.

McFarlane J, Soeken K & Wiist W (2000). "An evaluation of interventions to decrease intimate partner violence to pregnant women." Public Health Nurs 17(6): 443-51.

McFarlane JM, Groff JY, O'Brien JA & Watson K (2003). "Behaviors of children who are exposed and not exposed to intimate partner violence: an analysis of 330 black, white, and Hispanic children." Pediatrics 112(3 Pt 1): e202-7.

McFarlane JM, Groff JY, O'Brien JA & Watson K (2006). "Secondary prevention of intimate partner violence: a randomized controlled trial." Nurs Res 55(1): 52-61.

McNutt LA, Carlson BE, Persaud M & Postmus J (2002). "Cumulative abuse experiences, physical health and health behaviors." Ann Epidemiol 12(2): 123-30.

Messerschmidt JW (1986). Capitalism, Patriarchy, and Criem: Toward a Socialist Feminist Criminology. Totowa, New Jersey: Rowman & Littlefield.

Messerschmidt JW (1997). Crime as a Structured Action: Gender, Race, Class, and Crime in the Making Thousand Oaks, California: Sage Publications.

Meuser M (2002). "Doing Masculinity" - Zur Geschlechtslogik männlichen Gewalthandelns. In: Dackweiler R-M & Schäfer R: Gewalt-Verhältnisse. Feministische Perspektiven auf Geschlecht und Gewalt. Reihe "Politik der Geschlechterverhältnisse" Bd. 19. Frankfurt, New York: Campus Verlag.

Meuser M (2006). Männliche Sozialisation und Gewalt In: Berliner Forum Gewaltprävention (Hg.): "Männliche Sozialisation und Gewalt". Dokumentation des 6. Berliner Präventionstages am 24. November 2005. BFG Nr. 24. Berlin

Meyer S (2010). "Seeking Help to Protect the Children?: The Influence of Children on Women's Decisions to Seek Help When Experiencing Intimate Partner Violence." Journal of Family Violence 25(8): 713-725.

Michalski JH (2004). "Making Sociological Sense Out of Trends in Intimate Partner Violence: The Social Structure of Violence Against Women." Violence Against Women 10(6): 652-675.

Milberger S, Israel N, LeRoy B, Martin A, Potter L & Patchak-Schuster P (2003). "Violence against women with physical disabilities." Violence and Victims 18: 581-591.

Mills T (1985). "The assault on the self. Stages in coping with battering husbands." Qual. Sociol. 8: 103-123.

Mitchell RE & Hodson CA (1983). "Coping with domestic violence: Social support and psychological health among battered women." Am. J. Commun. Psychol. 11: 629-654.

Mitchell RE & Hodson CA (1986). Coping and social support among battered women: An ecological perspective. In: Hobfoll SE: Stress, Social Support, and Women. New York: Hemisphere, 153-169.

Moe AM & Bell MP (2004). "Abject Economics. The Effects of Battering and Violence on Women's Work and Employability " Voilence Against Women 10: 29-55.

Moldzio A (1999). Frauenspezifische Ansätze in der stationären traumazentrierten Psychotherapie: Angriffe, Übergriffe. Sexuelle Gewalt gegen Frauen. Wien: Frauenförderung und Koordination von Frauenangelegenheiten. MA 47.

Montero I, Ruiz-Perez I, Escriba -Agüir V, Vives-Cases C, Plazaola-Castano J, Talavera M, Martin-Baena D & Peiro R (2010). "Strategic responses to intimate partner violence against women in Spain: a national study in primary care." Journal of Epidemiology and Community Health.

Moos RH (1995). "Development and applications of new measures of life stressors, social resources, and coping responses." Eur. J. Psychol. Assess. 11: 1-13.

Morfeld M, Bullinger M, Nantke J & Brähler E (2005). "Die Version 2.0 des SF-36 Health Survey. Ergebnisse einer bevölkerungsrepräsentativen Studie " Sozial- und Präventivmedizin 50: 292-300.

Moss V, Pitula C, Campbell J & Halstead L (1997). "The experience of terminating an abusive relationship from an Anglo and African American perspective: A qualitative descriptive study." Issues in Mental Health Nursing 18(433-454).

Muelleman RL, Lenaghan PA & Pakieser RA (1996). "Battered women: injury locations and types." Ann Emerg Med 28(5): 486-92.

Muelleman RL, Lenaghan PA & Pakieser RA (1998). "Nonbattering presentations to the ED of women in physically abusive relationships." Am J Emerg Med 16(2): 128-31.

Muhajarine N & D'Arcy C (1999). "Physical abuse during pregnancy: prevalence and risk factors." Cmaj 160(7): 1007-11.

Müller U (2004). Gewalt. Von der Enttabuisierung zur einflussnehmenden Forschung In: Becker R & Kortendiek B: Handbuch Frauen und Geschlechterforschung. Wiesbaden VS Verlag für Sozialwissenschaften, 549-554.

Müller U & Schröttle M (2004). Lebenssituation, Sicherheit und Gesundheit von Frauen in Deutschland. Eine repräsentative Untersuchung zu Gewalt gegen Frauen in Deutschland. Im Auftrag des Bundesministeriums für Familie, Senioren, Frauen und Jugend. Berlin.

Murphy CC, Schei B, Myhr TL & Mont JD (2001). "Abuse: A risk factor for low birth weight? A systematic review and meta-analysis." Canadian Medical Association Journal 164(11): 1567-1572.

Müters S, Lampert T & Maschewsky-Schneider U (2005). "Subjektive Gesundheit als Prädiktor für Mortalität." Gesundheitswesen 67(2): 129-36.

Nadler A & Fisher JD (1986). The role of threat to self esteem and perceived control in recipient reactions to aid: Theory development and empirical validation. In: Berkowitz L: Advances in Experiemntal Social Psychology. New - York: Academic Press. 19, 81- 124.

Nägele B, Böhm U, Görgen T, Kotlenga S & Petermann F (2010a). IPVoW – Partnergewalt gegen ältere Frauen. Länderbericht Deutschland. Göttingen, Münster: Deutsche Hochschule der Polizei, Zoom - Gesellschaft für prosepektive Entwicklungen e.V.

Nägele B, Böhm U, Görgen T & Tóth O (2010b). IPVoW - Intimate Partner Violence against older Women. Summary Report. Deutsche Hochschule der Polizei Münster, Zoom - Gesellschaft für prospektive Entwicklungen e.V. Göttingen

NCIPC (2003). Costs of Intimate Partner Violence Against Women in the United States. Atlanta (GA): Centers for Disease Control and Prevention.

Nedelmann B (1997). Gewaltsoziologie am Scheideweg. Die Auseinandersetzungen in der gegenwärtigen und Wege der künftigen Gewaltforschung In: Trotha Tv: Soziologie der Gewalt. Opladen/Wiesbaden: Westdeutscher Verlag Sonderheft 37, 59-85.

Neidhardt F (1986). Gewalt - Soziale Bedeutungen und sozialwissenschaftliche Bestimmungen des Begriffs. In: Krey V & Neidhardt F: Was ist Gewalt? Wiesbaden, 109-147.

Neubauer E, Steinbrecher U & Drescher-Aldendorff S (1994). Gewalt gegen Frauen: Ursachen und Interventionsmöglichkeiten. Stuttgart: BMJFFG - Bundesministerium für Jugend, Familie, Frauen und Gesundheit.

O'Campo P, Kirst M, Tsamis C, Chambers C & Ahmad F (2011). "Implementing successful intimate partner violence screening programs in health care settings: Evidence generated from a realist-informed systematic review." Social Science & Medicine 72(6): 855-866.

Parker B & McFarlane J (1991). "Nursing Assessment of the battered pregnant woman." Maternity Child Nursing Journal 16: 161-64.

Pearlin LI (2003). Zum sozialepidemiologischen Verständnis von Public Health: der Streßprozeß. In: Badura B, Elkeles T, Grieger B, Huber E & Kammerer W: Zukunftsaufgabe Gesundheitsförderung. Dokumentation des Kongresses vom 28.-30.April 1989 in Berlin. Berlin: Mabuse-Verlag, 159-172.

Pearlin LI, Schieman S, Fazio EM & Meersman SC (2005). "Stress, Health, and the Life Course: Some Conceptual Perspectives." Journal of Health and Social Behavior 46(2): 205-219.

Peckover S (2003). "'I could have just done with a little more help': an analysis of women's help-seeking from health visitors in the context of domestic violence." Health Soc Care Community 11(3): 275-82.

Pfouts JH (1980). "Violent families: Coping responses of abused wives." Child Welfare 57: 101-111.

Piispa M & Heiskanen M (2001). The Price of Violence. The Costs of Men's Violence against Women in Finland. Helsinki: Statistics Finland and Council for Equality, Ministry of Social Affairs and Health.

Piispa M (2002). "Complexity of Patterns of Violence Against Women in Heterosexual Partnerships." Violence Against Women 8(7): 873-900.

PKS-Berlin (Hg.) (2010). Polizeiliche Kriminalstatistik 2010. Berlin Der Polizeipräsident in Berlin.

Plazaola-Castano J, Ruiz-Perez I & Montero-Pinar MI (2008). "Apoyo social como factor protector frente a la violencia contra la mujer en la pareja [The protective role of social support and intimate partner violence]." Gac Sanit 22(6): 527-33.

Plichta S (1992). "The effects of woman abuse on health care utilization and health status: A literature review." Women's Health Issues 2(3): 154-163.

Plichta SB (2004). "Intimate partner violence and physical health consequences: policy and practice implications." J Interpers Violence 19(11): 1296-323.

Plichta SB (2007). Interactions Between Victims of Intimate Partner Violence Against Women and the Health Care System: Policy and Practice Implications. 8: 226-239.

Popescu M, Drumm R, Dewan S & Rusu C (2010). "Childhood Victimization and its Impact on Coping Behaviors for Victims of Intimate Partner Violence." Journal of Family Violence 25(6): 575-585.

Popitz H (1986). Phänomene der Macht. Tübingen: Mohr Siebeck.

Portes A (1998). "Social Capital: Its Origins and Application in Modern Sociology." Annual Review of Sociology 24: 1-24.

Postmus JL, Severson M, Berry M & Yoo JA (2009). "Women's Experiences of Violence and Seeking Help." Violence against Women 15(7): 852-868.

Powell KE, Mercy JA, Crosby AE, Dahlberg LL, Simon TR & Lester K (2008). Public Health Models of Violence and Violence Prevention: Encyclopedia of Violence, Peace, & Conflict. Oxford: Academic Press, 1806-1819.

Projektgruppe AKII (2005). Verhinderung von Gewalteskalationen in Paarbeziehungen bis hin zu Tötungsdelikten. Bericht der Projektgruppe. Stuttgart: Deutsche Hochschule der Polizei (DHPol).

Pühl K (2003). Zwischen Diskurs und Subjekt. Einleitung. In: Kohler F & Pühl K: Gewalt und Geschlecht. Konstruktionen, Positionen, Praxen. Opladen Leske + Budrich, 7-21.

Raj A & Silverman J (2002). " Violence against immigrant women: The roles of culture, context, and legal immigrant status on intimate partner violence." Violence Against Women 8: 367-398.

Rasch B, Friese M, Hofmann W & Naumann E (2006). Quantitative Methoden Band 1. Einführung in die Statistik für Psychologen und Sozialwissenschaftler. Heidelberg: Springer Medizin Verlag

Ratner PA (1993). "The incidence of wife abuse and mental health status in abused wives in Edmonton, Alberta." Can J Public Health 84(4): 246-9.

Ravens-Sieberer U & Bullinger M (2000). KINDL-R: Fragebogen zur Erfassung der gesundheitsbezogenen Lebensqualität bei Kindern und Jugendlichen. Revidierte Form. Manual

Razum O, Zeeb H, Meesmann U, Schenk L, Bredehorst M, Brzoska P, Dercks T, Glodny S, Menkhaus B, Salman R, Saß A-C & Ulrich R (2008). Migration und Gesundheit. Schwerpunktbericht der Gesundheitsberichterstattung des Bundes. Berlin: Robert Koch-Institut.

Reddemann L & Sachsse U (2000). Traumazentrierte Psychotherapie der chronifizierten, komplexen Posttraumatischen Belastungsstörung vom Phänotyp der Borderline-Persönlichkeitsstörung. In: Kernberg O, Dulz B & Sachsse U: Handbuch der Borderline-Störungen. Stuttgart, New York.

Reinecke J & Pöge A (2010). Strukturgleichungsmodelle in den Sozialwissenschaften. In: Wolf C & Best H: Handbuch der sozialwissenschaftlichen Datenanalyse. Wiesbaden: VS Verlag für Sozialwissenschaften, 775–804.

Rhodes K, Cerulli C, Dichter M, Kothari C & Barg F (2010). "“I Didn’t Want To Put Them Through That”: The Influence Of Children on Victim Decision-making in Intimate Partner Violence Cases." Journal of Family Violence 25(5): 485-493.

Richardson J, Coid J, Petruckevitch A, Chung WS, Moorey S & Feder G (2002). "Identifying domestic violence: cross sectional study in primary care." Bmj 324(7332): 274.

Richter M & Hurrelmann K (2006). Gesundheitliche Ungleichheit. Grundlagen, Probleme, Perspektiven. Wiesbaden: VS Verlag für Sozialwissenschaften.

Ritz-Timme S & Graß H (2009). "Häusliche Gewalt: Werden die Opfer in der Arztpraxis optimal versorgt?" Dtsch Arztebl 106(7): A 282-3.

Rivara FP, Anderson ML, Fishman P, Bonomi AE, Reid RJ, Carrell D & Thompson RS (2007a). "Healthcare utilization and costs for women with a history of intimate partner violence." Am J Prev Med 32(2): 89-96.

Rivara FP, Anderson ML, Fishman P, Bonomi AE, Reid RJ, Carrell D & Thompson RS (2007b). "Intimate partner violence and health care costs and utilization for children living in the home." Pediatrics 120(6): 1270-7.

RKI (2006). Gesundheit in Deutschland. Gesundheitsberichterstattung des Bundes. Berlin: Robert Koch-Institut.

RKI (Hg.) (2006). Migrantensensible Studiendesigns - Zur Repräsentation des Migrationsstatus in der Sozial- und Gesundheitsforschung. Dokumentation der Fachtagung vom 25. November 2005. Eine Kooperation mit dem Robert Koch-Institut und dem Interdisziplinären Forschungsverbund Epidemiologie in Berlin (EpiBerlin). Berlin: Eigenverlag.

RKI (Hg.) (2011). Daten und Fakten: Ergebnisse der Studie »Gesundheit in Deutschland aktuell 2009«. Berlin.

Ruiz-Perez I, Plazaola-Castano J & Del Rio-Lozano M (2007). "Physical health consequences of intimate partner violence in Spanish women." Eur J Public Health 17(5): 437-43.

Rusbult CE & Martz JM (1995). "Remaining in an abusive relationship: An investment model analysis of nonvoluntary dependence." Personality and Social Psychology Bulletin 21: 558-571.

Sabina C & Tindale RS (2008). "Abuse Characteristics and Coping Resources as Predictors of Problem-Focused Coping Strategies Among Battered Women." Violence against Women 14(4): 437-456.

Sachsse U (1996). Selbstverletzendes Verhalten. Psychodynamik - Psychotherapie. Das Trauma, die Dissoziation und ihre Behandlung. Göttingen, Zürich.

Saltzman LE (2004). "Definitional and Methodological Issues Related to Transnational Research on Intimate Partner Violence." Violence Against Women 10(7): 812-830.

Saltzman LE, Green YT, Marks JS & Thacker SB (2000). "Violence against women as a public health issue: comments from the CDC." Am J Prev Med 19(4): 325-9.

Sarason I, Levine HM, Basham RB & Sarason B (1983). "Assessing Social Support : The Social Support Questionnaire." Journal of Personality and Social Psychology 44: 127-139.

Sarason IG, Sarason BR, Shearin EN & Pierce GR (1987). "A brief measure of social support: Practical and theoretical implications." Journal of Social and Personal Relationships 4: 497-510.

Sarkar NN (2008). "The impact of intimate partner violence on women's reproductive health and pregnancy outcome." J Obstet Gynaecol 28(3): 266-71.

Satcher D (1995). "Violence as a public health issue." Bull N Y Acad Med 72(1): 46-56.

Schendera CF (2008). Regressionsanalyse mit SPSS. München: Oldenbourg Verlag.

Schenk L, Bau AM, Borde T, Butler J, Lampert T, Neuhauser H, Razum O & Weilandt C (2006). "Mindestindikatorensatz zur Erfassung des Migrationsstatus. Empfehlungen für die epidemiologische Praxis." Bundesgesundheitsblatt Gesundheitsforschung Gesundheitsschutz.

Schmuel E & Schenker J (1998). "Violence against women: the physician's role." Eur J Obstet Gynecol Reprod Biol 80(2): 239-45.

Schneider NF, Krüger D, Lasch V, Limmer R & Matthias-Bleck H (2001). Alleinerziehen – Vielfalt und Dynamik einer Lebensform. Stuttgart, Berlin, Köln: BMFSFJ.

Schneider U (1981). Methoden präventiver Frauengesundheitsforschung. In: Schneider U: Was macht Frauen krank? Ansätze zu einer frauenspezifischen Gesundheitsforschung. Frankfurt/M: Campus, 164-170.

Schnurr PP & Green BL (2004). "Understanding relationships among trauma, post-traumatic stress disorder, and health outcomes." Adv Mind Body Med 20(1): 18-29.

Schröder K (1997). Persönlichkeit, Ressourcen und Bewältigung. In: Schwarzer R: Gesundheitspsychologie. Ein Lehrbuch. Göttingen, Bern, Toronto, Seattle Hogrefe-Verlag für Psychologie.

Schröttle M & Ansorge N (2008). Gewalt gegen Frauen in Paarbeziehungen. Eine sekundäranalytische Auswertung zur Differenzierung von Schweregraden, Mustern, Risikofaktoren und Unterstützung nach erlebter Gewalt. Bielefeld: BMFSFJ.

Schröttle M & Khelaifat N (2007). Gesundheit - Gewalt - Migration. Eine vergleichende Sekundäranalyse zur gesundheitlichen und Gewaltsituation von Frauen mit und ohne Migrationshinergrund in Deutschland. Enddokumentation Bielefeld: BMFSFJ.

Schröttle M, Martinez M, Condon S, Jaspard M, Piispa M, Westerstrand J, Reingardiene J, Springer-Kremser M, Hagemann-White C, Brzank P, May-Chahal C & Penhale B (2006). Comparative reanalysis of prevalence of violence against women and health impact data in Europe - obstacles and possible solutions. Testing a comparative approach on selected studies. Osnabrück: Co-ordination on Action on Human Rights Violations (CAHRV).

Schwartz MD (2005). "The Past and the Future of Violence Against Women." J Interpersonal Violence 20(1): 7-11.

Schweikert B (2000). Gewalt ist kein Schicksal. Ausgangsbedingungen, Praxis und Möglichkeiten einer rechtlichen Intervention bei häuslicher Gewalt gegen Frauen unter besonderer Berücksichtigung von polizei- und zivilrechtlichen Befugnissen. Baden-Baden.

Senghaas D (Hg.) (1971). Kritische Friedensforschung. Frankfurt/M: Suhrkamp.

SenGUV (2007). Verbesserung der Angebote für gewaltbetroffene Frauen in der psychiatrischen Versorgung in Berlin. Ergebnisse einer Bestandsaufnahme. Berlin: Senatsverwaltung für Gesundheit, Umwelt und Verbraucherschutz: 185.

Sharps PW, Koziol-McLain J, Campbell J, McFarlane J, Sachs C & Xu X (2001). "Health care providers' missed opportunities for preventing femicide." Prev Med 33(5): 373-80.

Siegrist J & Marmot M (2008). Einleitung In: Siegrist J & Marmot M: Soziale Ungleichheit und Gesundheit: Erklärungsansätze und gesundheitspolitische Folgerungen Bern: Verlag Hans Huber.

Siegrist J & Marmot M (Hg.) (2008b). Soziale Ungleichheit und Gesundheit: Erklärungsansätze und gesundheitspolitische Folgerungen Bern: Verlag Hans Huber.

SIGNAL (2010). Koordinierungs- und Interventionsstelle in der Gesundheitsversorgung bei häuslicher und sexualisierter Gewalt eröffnet. Pressemitteilung vom 02.06.2010.

Sofsky W (1993). Die Ordnung des Terrors: Das Konzentrationslager. Frankfurt am Main: S. Fischer.

Sofsky W (1996). Traktat über die Gewalt. Frankfurt am Main: S. Fischer.

Spangaro JM, Zwi AB, Poulos RG & Man WY (2010a). "Six months after routine screening for intimate partner violence: attitude change, useful and adverse effects." Womens Health 50(2): 125-43.

Spangaro JM, Zwi AB, Poulos RG & Man WY (2010b). "Who tells and what happens: disclosure and health service responses to screening for intimate partner violence." Health Soc Care Community 18(6): 671-80.

Stark E & Flitcraft A (1995). "Killing the beast within: Women battering and female suicidality." International Journal of Health Science 25 (1): 43-64.

Stark E, Flitcraft A & Frazier W (1979). "Medicine and patriarchal violence: The social construction of a private event." Internal Journal of Health Services 9: 461-493.

Steinbach B (2001). Sexuelle Gewalt gegen Frauen - Risikofaktor für psychische Krankheiten. In: Riecher-Rössler A & Rhode A: Psychische Erkrnakungen bei Frauen. Für eine geschlechtersensible Psychiatrie und Psychotherapie. Basel: Karger.

Stith SM, Smith DB, Penn CE, Ward DB & Tritt D (2004). "Intimate partner physical abuse perpetration and victimization risk factors: A meta-analytic review." Aggression and Violent Behavior 10(1): 65-98.

Stöckl H (2009). Partner violence during pregnancy and its risk and protective factors in Germany. unveröffentlichte Dissertation, University of Oxford, Nuffield College. Oxford

Stoff B (2009). Evaluation „Fünf Jahre Gewaltschutzgesetz im Großherzogtum Luxemburg“. Im Auftrag des Ministère de l'Egalité des Chances Luxembourg. Osburg: Büro PLAN B.

Strasser P (2006). "In meinem Bauch zittert alles" - Traumatisierung von Kindern durch Gewalt gegen die Mutter. In: Kavemann B & Kreysigg U: Handbuch KInder und häusliche Gewalt. Wiesbaden: VS Verlag für Sozialwissenschaften.

Straus MA (1979). "Measuring Intrafamily Conflict and Violence: The Conflict Tactics (CTS) Scales." Journal of Marriage and the Family 41(1): 75-88.

Straus MA (1999). The Controversy over Domestic Violence by Women: A Methodological, Theoretical, and Sociology of Science Analysis. In: Arriaga X & Oskamp S: Violence in Intimate Relationships. Thousand Oaks, CA: Sage Publications.

Straus MA, Hamby SL, Boney-McCoy S & Sugarman DB (1996). "The Revised Conflict Tactics Scales (CTS2): Development and Preliminary Psychometric Data." Journal of Family Issues 17: 283-316.

Strube MJ & Barbour LS (1983). "The decision to leave an abusive relationship: Economic dependence and psychological commitment." J. Marriage Fam. 45: 837-844.

Stürmer U (2005). Sind Partnertötungen präventabel?. Internetdokumentation 10. Deutscher Präventionstag. www.praeventionstag.de/nano.cms/dokumentation/details/111

Sullivan CM (1991). "The Provision of Advocacy Services to Women Leaving Abusive Partners." Journal of Interpersonal Violence 6(1): 41-54.

Sutherland C, Bybee D & Sullivan C (1998a). "The long-term effects of battering on women's health." Womens Health 4(1): 41-70.

Sutherland CA, Bybee DI & Sullivan CM (2002). "Beyond bruises and broken bones: the joint effects of stress and injuries on battered women's health." Am J Community Psychol 30(5): 609-36.

Swanberg JE & Macke C (2006). Intimate Partner Violence and the Workplace: Consequences and Disclosure. 21: 391-406.

Taft CT, Resick PA, Panuzio J, Vogt DS & Mechanic MB (2007a). "Coping among victims of relationship abuse: a longitudinal examination." Violence Vict 22(4): 408-18.

Taft CT, Resick PA, Panuzio J, Vogt DS & Mechanic MB (2007b). "Examining the correlates of engagement and disengagement coping among help-seeking battered women." Violence Vict 22(1): 3-17.

Tan C, Basta J, Sullivan CM & Davidson WS (1995). "The Role of Social Support in the Lives of Women Exiting Domestic Violence Shelters." Journal of Interpersonal Violence 10(4): 437-451.

Tedeschi JT (2002). Die Sozialpsychologie von Aggression und Gewalt In: Heitmeyer W & Hagan J: Internationales Handbuch der Gewaltforschung. Wiesbaden: Westdeutscher Verlag

Teegen F (2000). "Psychotherapie der Posttraumatischen Belastungsstörungen." Psychotherapeut 45: 341-49.

Thompson MP, Kaslow NJ, Kingree JB, Rashid A, Puett R & Jacobs D (2000). "Partner violence, social support, and distress among inner-city African American women." American Journal of Community Psychology 28: 127-143.

Tjaden P & Thoennes N (2000). "Prevalence and consequences of male-to-female and female-to-male intimate partner violence as measured by the National Violence Against Women Survey." Violence against Women 6(2): 142-161.

Tobin DL, Holroyd KA, Reynolds RV & Wigal JK (1989). "The hierarchical factor structure of the Coping Strategies Inventory." Cognitive Ther. Res. 13: 343-361.

Trotha Tv (Hg.) (1997a). Soziologie der Gewalt. Kölner Zeitschrift für Soziologie und Sozialpsychologie. Opladen/Wiesbaden: Westdeutscher Verlag

Trotha Tv (1997b). Zur Soziologie der Gewalt In: Trotha Tv: Soziologie der Gewalt Opladen/Wiesbaden Westdeutscher Verlag Sonderheft 37, 9-59.

Ulrich Y, Cain K, Sugg N, Rivara FP, Rubanowice D & Thompson R (2003). "Medical care utilization patterns in women with diagnosed domestic violence." Am J Emerg Med 24 (1): 9-15.

UNICEF (2000). Domestic Violence against Women and Girls. Innocenti Digest 6, June 2000. www.unicef-irc.org/publications/213

Urban BY (2000). Anonymous Foundation Domestic Abuse Prevention Program Evaluation: Final Client Survey Report. Chicago, IL: The University of Illinois at Chicago.

Urban D & Mayerl J (2008). Regressionsanalyse: Theorie, Technik und Anwendung. Wiesbaden VS Verlag für Sozialwissenschaftler.

Vatnar S & Bjørkly S (2008). "An Interactional Perspective of Intimate Partner Violence: An In-depth Semi-structured Interview of a Representative Sample of Help-seeking Women." Journal of Family Violence 23(4): 265-279.

Vatnar SKB & Borkly S (2010). "An Interactional Perspective on the Relationship of Immigration to Intimate Partner Violence in a Representative Sample of Help-Seeking Women." Journal of Interpersonal Violence 25(10): 1815-1835.

Verbundprojekt (Hg.) (2001). Bericht zur gesundheitlichen Lage von Frauen in Deutschland. Schriftenreihe des BMFSFJ. Stuttgart.

Vest JR, Catlin TK, Chen JJ & Brownson RC (2002). "Multistate analysis of factors associated with intimate partner violence." Am J Prev Med 22(3): 156-64.

Vinton L (2003). "A model collaborative project toward making domestic violence centers elder ready." Violence Against Women 9(12): 1504-1513.

Vogt I (1999). Prämissen einer frauenspezifischen Suchtarbeit. Ergebnisse aus der Forschung. Frauen-Sucht-Gesellschaft, Fachtagung. Katholische Akademie Trier: Ministerium für Kultur, Jugend, Familie und Frauen, Rheinland-Pfalz.

Vos T, Astbury J, Piers L, Magnus A, Heenan M, Stanley L, Walker L & Webster K (2006). "Measuring the impact of intimate partner violence on the health of women in Victoria, Australia." Bulletin of the World Health Organization 84(9): 739-44.

Wachholz S & Miedema B (2000). "Risk, fear, harm: Immigrant women's perceptions of the "policing solution" to woman abuse." Crime, Law, & Social Change 34: 301-317.

Walby S (2004). The Cost of Domestic Violence. Funded by Department of Trade and Industry, Women and Equality Unit. London.

Walby S & Allen J (2004). Domestic Violence, sexual assault and stalking. Findings from the British Crime Survey. Home Office Research Study 276. London: Home Office Research, Development and Statistics Directorate.

Walby S & Myhill A (2001). "New Survey Methodologies in Researching Violence against Women." Br J Criminol 41: 501-522.

Walby S (2009). The Cost of Domestic Violence: Up-date 2009. Project of the UNESCO Chair in Gender Research. Lancaster: Lancaster University.

Waldrop AE & Resick PA (2004). "Coping Among Adult Female Victims of Domestic Violence." Journal of Family Violence 19(5): 291-302.

Walker L (1983). The battered women syndrom study. In: Finkelhor D, Gelles RJ & Hotaling G: The dark side of families. Beverly Hills: Sage Publications.

Warshaw C & Ganley A (1998). Improving the Health care response to domestic violence: A resource manual for health care providers. San Francisco, California: The Family Prevention Fund.

Waters H, Hyder A, Rajkotia Y, Basu S, Rehwinkel J & Butchart A (2004). The economic dimensions of interpersonal violence. Genf: Department of Injuries and Violence Prevention, World Health Organization (WHO).

Watson D & Parsons S (2005). Domestic Abuse of Women and Men in Ireland: Report on the National Study of Domestic Abuse. Dublin: National Crime Council.

Watts C, Heise L, Ellsberg M & Garcia-Moreno C (2001). Putting women first: Ethical and safety recommendations for research on domestic violence against women. Geneva: WHO Department of Gender, Women and Health.

West CM, Kaufman Kantor G & Jasinski JL (1998). "Socio-demographic predictors and cultural barriers to help seeking behavior by Latina and Anglo American battered women." Violence and Victims 13: 361-375.

WHA (1996). Prevention of violence: a public health priority. World Health Assembly. WHA49.25

WHO & LSHTM (Hg.) (2010). Preventing Intimate Partner Violecne and Sexual Violence against Women: Taking Action and Generating Evidence. Geneva: World Health Organization, London School of Hygiene and Tropical Medicine.

WHO (1948). Chronicle of the World Health Organization. Development and Constitution of the WHO. New York, Geneva: United Nations, World Health Organization.
WHO (1996). Global Consultation on Violence and Health. Violence: a public health priority (document WHO/EHA/SPI.POA.2). Geneva: World Health Organization.
WHO (2002). The European Health Report. Copenhagen, DK: WHO Regional Office for Europe.
WHO (Hg.) (2003). Weltbericht Gewalt und Gesundheit. Zusammenfassung. Genf: World Health Organisation.
WHO (2005). The World Health Report 2005: Make every mother and child count. Geneva: World Health Organization.
WHO (o.J.). Intimate Partner Violence and Alcohol - Fact Sheet, World Health Organisation. www.who.int/violence_injury_prevention/violence/world_report/factsheets/ft_intimate.pdf. (Zugriff am 03.11.2006).
Widom CS (1989). "Does violence beget violence? A critical examination of the literature." Psychological Bulletin 106(1).
Wieviorka M (2006). Die Gewalt Hamburg: Hamburger Edition.
Wiist WH & McFarlane J (1999). "The effectiveness of an abuse assessment protocol in public health prenatal clinics." Am J Public Health 89(8): 1217-21.
Wilkinson RG & Marmot M (2003). Social determinants of health: The solid facts. Copenhagen: WHO Regional Office Europe.
Wilmers N, Enzmann D, Schaefer D, Herbers K, Greve W & Wetzels P (2002). Jugendliche in Deutschland zur Jahrtausendwende: Gefährlich oder gefährdet? Ergebnisse wiederholter, repräsentativer Dunkelfelduntersuchungen zu Gewalt und Kriminalität im Leben junger Menschen 1998–2000. Baden-Baden.
Wilt S & Olson S (1996). "Prevalence of domestic violence in the United States." J Am Med Womens Assoc 51(3): 77-82.
Wingood GM, DiClemente RJ & Raj A (2000). "Adverse consequences of intimate partner abuse among women in non-urban domestic violence shelters." Am J Prev Med 19(4): 270-5.
Winkler J & Stolzenberg H (1999). "Der Sozialschichtindex im Bundes-Gesundheitssurvey." Das Gesundheitswesen 61(Sonderheft 2): 178-183.
Winkler J & Stolzenberg H (2009). Adjustierung des Sozialen-Schicht-Index für die Anwendung im Kinder- und Jugendgesundheitssurvey (KiGGS) 2003/2006. Wismarer Diskussionspapiere. Wismar: Hochschule Wismar, Fak. für Wirtschaftswissenschaften. 7: 28.
Winkler J (1998). Die Messung des sozialen Status mit Hilfe eines Index in den Gesundheitssurveys der DHP. In: Ahrens W, Bellach B & Jöckel K: Messung soziodemografischer Merkmale in der Epidemiologie. München: MMV Medizin Verlag, 69-86.
Wisner C, Gilmer T, Saltzman L & Zink T (1999). "Intimate Partner Violence Against Women. Do Victims Cost Health Plans More?" Journal of Family Practice 48(6): 439-443.
Wright CV & Johnson DM (2009). "Correlates for Legal Help-Seeking: Contextual Factors for Battered Women in Shelter." Violence and Victims 24: 771-785.

Wu V, Huff H & Bhandari M (2010). "Pattern of Physical Injury Associated with Intimate Partner Violence in Women Presenting to the Emergency Department: A Systematic Review and Meta-Analysis." Trauma, Violence, & Abuse 11(2): 71-82.

Wuest J, Ford-Gilboe M, Merritt-Gray M, Varcoe C, Lent B, Wilk P & Campbell J (2009). "Abuse-related injury and symptoms of posttraumatic stress disorder as mechanisms of chronic pain in survivors of intimate partner violence." Pain Med 10(4): 739-47.

Wuest J, Merritt-Gray M, Lent B, Varcoe C, Connors AJ & Ford-Gilboe M (2007). "Patterns of medication use among women survivors of intimate partner violence." Can J Public Health 98(6): 460-4.

Wurm S & Tesch-Römer C (2005). Alter und Gesundheit In: Schwarzer R: Gesundheitspsychologie. Göttingen: Hogrefe, 71-89.

Wydler H, Kolip P & Abel T (Hg.) (2000). Salutogenese und Kohärenzgefühl. Grundlagen, Empirie und Praxis eines gesundheitswissenschaftlichen Konzepts. Weinheim, München: Juventa Verlag.

Zenker C (2002). Ursachen von Abhängigkeitserkrankungen bei Frauen und notwendige Unterstützung. In: Die Drogenbeauftragte der Bundesregierung: Frauen und Sucht. Dokumentation des BundesFrauenKongresse Sucht "Ungeschminkt" am 5. und 6 September 2002 in Berlin.

Zink T, Jacobson CJ, Pabst S, Regan S & Fisher BS (2006a). "A Lifetime of Intimate Partner Violence." Journal of Interpersonal Violence 21(5): 634-651.

Zink T, Jacobson CJ, Regan S, Fisher B & Pabst S (2006b). "Older women's descriptions and understandings of their abusers." Violence against Women 12(9): 851-65.

Zink T, Regan S, Jacobson CJ & Pabst S (2003). "Cohort, Period, and Aging Effects." Violence against Women 9(12): 1429-1441.

Anhang

Der ausführliche Anhang, der das Kodierschema der Gewaltvariablen sowie die Ergebnisse der einzelnen Analyseschritte tabellarisch oder grafisch darstellt, ist auf den Seiten des VS-Verlages zu finden unter :

www.vs-verlag.de/buch/978-3-531-18755-6/Wege-aus-der-Partnergewalt.html